北京师范大学文学院现代汉语研究所国家社科基金成果书系

2013 年度国家社科基金重大项目"百年汉语发展演变数据平台建设与研究"（项目编号：13&ZD133）阶段性成果

2014 年度北京市社科规划重点项目"海峡两岸词汇的差异与融合"（项目编号：14WYA003）阶段性成果

海峡两岸

民族共同语对比研究

刁晏斌 著

中国社会科学出版社

图书在版编目(CIP)数据

海峡两岸民族共同语对比研究 / 刁晏斌著 . —北京：中国社会科学
出版社，2017.3
ISBN 978 - 7 - 5161 - 9909 - 1

Ⅰ.①海… Ⅱ.①刁… Ⅲ.①海峡两岸 - 民族共同语 - 对比研究
Ⅳ.①H1②H002

中国版本图书馆 CIP 数据核字（2017）第 038072 号

出 版 人	赵剑英	
责任编辑	曲弘梅	
责任校对	季 静	
责任印制	戴 宽	

出 版	中国社会科学出版社	
社 址	北京鼓楼西大街甲 158 号	
邮 编	100720	
网 址	http://www.csspw.cn	
发 行 部	010 - 84083685	
门 市 部	010 - 84029450	
经 销	新华书店及其他书店	

印刷装订	北京君升印刷有限公司	
版 次	2017 年 3 月第 1 版	
印 次	2017 年 3 月第 1 次印刷	

开 本	710 × 1000 1/16	
印 张	22.75	
插 页	2	
字 数	378 千字	
定 价	98.00 元	

凡购买中国社会科学出版社图书，如有质量问题请与本社营销中心联系调换
电话：010 - 84083683

前　言

　　本人在 2013 年发表的一篇论文中，首次使用了"海峡两岸民族共同语"这一指称形式（见《从两个距离差异看两岸共同语的差异及其成因》，《杭州师范大学学报》2013 年第 3 期），次年，又在《云南师范大学学报》策划、主持了一个主题为"海峡两岸民族共同语研究"的专栏（见该刊第 46 卷第 2 期），再次使用了这一术语。

　　就现在的情况来看，着眼于两岸对比以及台湾"国语"的指称形式比较混乱，前者有"两岸语言、两岸汉语、两岸华语、海峡两岸语言、海峡两岸汉语、海峡两岸现代汉语、海峡两岸共同语"等；后者则有"台湾话、台湾汉语、台湾语言、台湾口语、台湾华语、台湾官话、台湾普通话、台湾地区国语、台湾地区华语"等。

　　我们认为，单指台湾，以"台湾'国语'"为宜；两岸共指，"海峡两岸民族共同语"（简称"两岸共同语"）应该是一个比较妥当的形式。本书就使用这两个术语，其中台湾"国语"为求简省，一律以"国语"称之，而大陆普通话则简称为"普通话"。

　　在上述"海峡两岸民族共同语研究"专栏的"主持人语"中，本人写了以下一段话：

　　时至今日，对于海峡两岸语言的研究，我们不仅要回顾过去，更应该展望未来。回顾过去，主要是为了总结成绩、找出不足，以利于这一研究更好地发展；而展望未来，则是要寻找新的增长点或突破口，从而使之向更高、更深的层次发展。

　　这里实际上说出了本人一段时间以来进行两岸民族共同语比较研究的目标追求，而本书就是这方面努力的一个集中体现。

　　我们在《港澳台地区标准书面汉语的共性与个性》（《语言教学与研究》2014 年第 6 期）一文中，提出了一个"标准书面汉语"的概念，大致是指各地教材、公务文书以及主流媒体等所用的规范认可度比较高的"普通话/国语/华语"书面形式。

本书所用语料，就是在这一范围内择取的，其中台湾语料主要取自《自立晚报》（该报可以提供2003年至今的全部文章，检索方便，本书举例凡出处不加说明者，均为出自该报）和"联合知识库"（号称全球唯一拥有1951年至今台湾新闻的数据库，包括《联合报》《经济日报》《联合晚报》《民生报》《星报》等超过1100万笔资料）。此外，我们还在一定程度上利用厦门大学"至善繁体汉语语料库"，该语料库是目前已知规模最大的封闭式台湾语料库，规模超过23亿字。

大陆语料主要以1946年至今的《人民日报》图文数据库为依据（凡出自本报的对应性列举的大陆用例，一律不标出处，只标时间，出自其他媒体的则既标出处也标时间）。此外，我们也在一定程度上使用北京语言大学BCC语料库的报纸库（约20亿字），以及"百度新闻"等。

本书所用工具书主要有《现代汉语词典（第6版）》（书中简称《现汉》）和《两岸常用词典》（书中简称《词典》）。

本书内容分为四个板块，第一板块是第一章，大致相当于一个"绪论"，而主体部分则是后三个板块。第二板块主要讨论两岸民族共同语的差异，包括二、三、四共三章；第三板块是第五章，主要讨论两岸民族共同语的融合问题；第四板块即第六章从另外一个角度，探讨相关研究的新视角和新方向，和其他各章相比，本章可能更具方法论上的意义和价值。

以上的内容安排，是我们所提海峡两岸民族共同语对比研究"两翼模式"的具体体现，而这一思想即使在某一具体板块的具体内容之中，也会有所体现。比如，在讨论差异的时候，我们也会考虑到融合的问题，并且也会拿出一定的笔墨来对某些具体表现进行描写和叙述；"融合"一章的安排，首先是基于对以往差异的了解和认识，而在具体到某一现象时，往往也是循着这样的"发现"程序，并且还安排了一节历时的考察，来从比较宏观的角度把握和叙述两岸民族共同语由差异到融合的发展经历。

本书是作者一段时间以来从事相关研究的总结之作，然而它同时也是一个新的起点，本人希望能在两岸民族共同语对比研究中走得更远一些。

刁晏斌
2016年秋于北京

目　录

第一章

海峡两岸民族共同语及其对比研究

笔者长期从事现代汉语历时发展演变即"现代汉语史"的研究，关于现代汉语的历史发展演变线索，我们曾经在 2009 年画过一幅线路图，给出了一个大致的描述①，即：

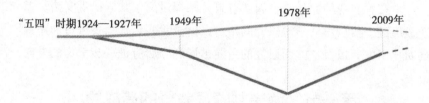

图中上边的线代表国语，下边的线代表大陆普通话。如果要对这个线路图作一简单的解释，那就是：最终形成于"五四"时期的现代汉语（当时称为"国语"）在 1924—1927 年的第一次国内革命战争期间因为出现国共两个政权的对立而在两个政治区域内开始趋向分化；1949 年中华人民共和国成立、国民党政权退居台湾，使得这一分化进一步扩大和加剧；此后在长期的人为隔离和对立中，两岸共同语各自在相互封闭的环境中独立发展，到 1978 年大陆改革开放之初，其差异达到了最大化；此后，由于两岸逐渐开始恢复交往和交流，两岸的民族共同语也趋向于化异为同，开始走上了融合之路，原有的差异有了一定程度的缩小，而到目前，这一过程还在持续中。

如果换一个角度来表述，就是现代汉语的发展演变其实是由两条线索

---

① 刁晏斌：《海峡两岸及港澳地区现代汉语差异与融合研究》，商务印书馆 2015 年版，第 428 页。

构成的，二者相加，才算是一部完整的现代汉语史。就笔者个人的研究而言，这两条线索都有不同程度的涉及，仅就由笔者主持的几项国家社会科学基金项目来说，2005 年获批的一般项目"现代汉语历时发展演变研究"是关于普通话线索的；2010 年获批的一般项目"两岸四地若干现代汉语差异与融合现象研究"基本属于后一条线索，当然也涉及两条线索之间的关系；2013 年获批立项的重大招标项目"百年汉语发展演变数据平台建设及研究"则试图对两条线索及其关系做出更加全面深入的研究。

在现代汉语史的视角下，我们对两岸共同语及其对比研究有以下几点认识：

第一，二者本为一体，后来有一个明显的分化与变迁过程；

第二，当今两岸共同语的诸多差异是历时发展在共时平面的反映；

第三，两岸共同语今后的发展主要是缩小差异，由差异走向融合。

本章中，我们先从语言内部着眼，来探讨两岸共同语现实诸多差异的造成原因，然后再从学术研究的角度，讨论我们为什么要进行两岸共同语的对比研究，以及这方面研究的主要进展和今后应进一步努力的方向。

第一节　两岸共同语差异的造成原因

一段时间以来，人们对海峡两岸民族共同语诸多方面的差异进行了比较多的研究，对造成差异的原因也进行了比较多的探讨，但是总体来说，人们在探因时多从语言之外的社会方面着眼，而真正立足于语言本身的考察和阐述却并不太多，另外深入程度似乎也不太够。

我们认为，要对两岸共同语的差异原因进行深入剖析，首先要明确以下几点：

第一，今天两岸共同语的共时差异，是早期"国语"在不同社会中历时发展演变的结果和体现。简单地说，国语的分化与隔离，始于 20 世纪 20 年代"国统区"与中共领导的革命根据地的对立，其肇始时间是在第一次国内革命战争时期，到 1949 年国民党政府去台以后，分化进一步加深和加快，并最终形成今天的状况。

第二，语言与社会共变，因此语言的发展变化无疑会受各种社会因素的影响、拉动或制约，但是，对于语言的发展演变而言，社会因素只是外因，而语言内部各种因素的交汇、矛盾及其相互影响才是内因，如毛泽东所说："唯物辩证法认为外因是变化的条件，内因是变化的根据，外因通过内因而起作用。"① 所以，要想全面、深入了解两岸共同语差异的原因，我们还应当更多地从各自语言本身以及二者之间运动变化的事项及其轨迹上寻求突破。

第三，语言及其使用情况的发展变化异常复杂，就原因与结果之间的关系而言，有时候是一果多因、一因多果，而更多的时候却是多因多果、多果多因，所以，对两岸共同语差异内部原因的探讨，应当充分考虑各种因素，既要进行微观层面原子式的考察和辨识，也要作宏观视角下的总体把握与分析。因此，小到基本单位及其关系的变化，大至整个系统内部的平衡与不平衡，以及各种语体、文体等的一致与不一致，协调与不协调等，都应该在视野之中。

基于以上认识，以下我们主要从"两个距离"的角度，对造成两岸共同语书面语共时差异的原因进行可能有别于以往的解释和说明，这两个距离一是两岸共同语与早期国语之间的距离，二是两岸口语与书面语之间的距离。我们的基本认识是，上述两个距离在两岸的明显不同，是造成两岸共同语差异最重要的语言内部原因。

一　与早期国语的距离：大陆远大于台湾

我们曾经撰文讨论过"港式中文"与早期现代汉语之间的关系（所谓早期现代汉语，也就是这里所说的早期国语），主要的结论是，港式中文的"底本"是20世纪前半叶的全民共同语即国语，而不是与后来普通话相当的"标准汉语"，二者无论在词汇还是语法上都有很高的相似度，而这恰恰是造成港式中文特点及其与内地普通话诸多差异的最重要原因之一。② 当把目光转向国语时，我们发现，上述结论也同样适用，即早期国语、现今的国语以及普通话三者之间距离的远近同样也是造成两岸共同语及其使用诸多差异的一个重要原因。

其实，有的学者已经从这一角度作过论述，比如仇志群说："台湾从1949年以来与大陆长期隔绝，形成一个封闭的汉语言环境。虽然坚持以国语为标准语，但台湾的国语的规范标准，自然地靠向了南方官话痕迹颇

---

① 毛泽东：《矛盾论》，载《毛泽东选集》第1卷，人民出版社1991年第2版，第301页。
② 刁晏斌：《港式中文与早期现代汉语》，《山西大学学报》2012年第1期。

重的 50 年代前的现代汉语书面语，也可以说靠向了一个历史的静态的标准。"① 周质平也提到，"所有台湾语文上的特色，可以一言以蔽之曰'饶富古意'，台湾呈现的是中国二十世纪中期以前的语文现象，甚至连标点符号都'一仍旧惯'"②。

对于造成这一现状的部分原因，台湾学者郑良伟从制度层面作了一定程度的揭示："（台湾）在书面语方面：使用半文半白的现代中文，高初中一定爱读无现代社会价值的文言文，使用注音符号，反对横写，坚持直写，压迫台湾话文，予台湾的现代中文变成孤立无容易学习的文字，也及中国大陆脱节。"③

而台湾作家和文化学者龙应台则从另一个角度作了以下的表述："国民党来了以后，它的文化'保守'反而带来好处：就是说，中华文化的传统一起受到强调，人文古典的学习一直没断过，五四以来的白话文运动在台湾也等于是一脉相传下来。"④ 按，这里的"五四以来的白话文运动"实际上是指这一运动的结果，即形成于那个时代的白话文所用的语言形式，也就是我们这里所说的早期国语。

上述表述能够得到大量语言事实的支持和证明：比如在文字方面，台湾仍在使用繁体字；在语音方面，保留了一些旧有的读音，注音符号还在使用。⑤ 当然，表现最为充分的，还是在词汇方面，主要是更多地使用一些早期国语中经常使用的"古旧"词语，比如，在表达丧事的时候，经常就用到以下一些：

> 痛失英才、哲人其萎、生劳死哀、懿复长昭、德范堪钦、福寿全归、风范长存、懿范长存、挽环（花圈）、星沉宿海、浩气长存、哀挽、遗泽千古、德被群伦、为联敬挽之、千秋永别、永垂范泽、同泣启、同泣叩⑥

---

① 仇志群：《台湾五十年来语文规范化述略》，《语文建设》1996 年第 9 期。
② 周质平：《台湾语文发展的歧路——是"母语化"，还是"孤岛化"？》，《读书》2004 年第 2 期。
③ 郑良伟：《演变中的台湾社会语文》，自立晚报社出版部 1990 年版，第 4—5 页。
④ 龙应台：《白话文需要古典汉语的熏陶——台湾作家龙应台答中国〈新闻周刊〉问》，《新闻周刊》2004 年 5 月 3 日。
⑤ 戴红亮：《台湾语言文字政策》，九州出版社 2012 年版，第 23 页。
⑥ 万星：《谈台湾国语词汇与普通话的一些差异》，《内江师专学报》1999 年第 1 期。

另外，在词形等方面，也有较多的差异，比如赵一凡在指出台湾至今仍在使用"利权、威权、制限、良善、暗黑、找寻、情热"等时说，这些词"在大陆都曾存在过，或曾与另一个形式同时使用，但它们最终被自然淘汰，同时与之相对的另一个形式'权利'、'权威'、'限制'、'善良'、'黑暗'、'寻找'、'热情'取代了它们，并逐渐'约定俗成'地固定下来成为今天的规范形式"①。也就是说，早期国语中的同素倒序词，台湾至今仍在使用，由此表现出一致性和延续性，而大陆则取消其中的一个，即是对早期国语状况的改变，或者说是在这方面拉大了与早期国语的距离。

有些词语在两岸使用频率的高低，同样也能反映上述距离差异。比如，现代汉语中有一组主要来自方言的"虚义动词"，如"搞""抓"与"干""弄"等，它们在早期国语中较少使用，曾经有很长时间在台湾用得也都不多，而在大陆却一直很常用，特别是"搞"和"抓"，其功能与作用几近于"万能动词"，用得更是非常普遍。这一现象遭到一些台湾学者的非议，比如亓婷婷这样写道："如'抓'、'搞'这两个语意粗鄙的动词，使用范围相当广泛，从抽象的权柄，劳动，到具体实物，都可一贯使用。如'抓生产'、'搞研究'，我们看到流行新词在破坏传统语言甚至社会结构。"② 台湾学者持这样的态度，当然是因为这两个词在台湾很少使用。

语法方面，比如我们在讨论早期现代汉语语法特点的时候曾经提到，此期介词结构做处所补语的情况比较普遍，如"护士放我在他的背上"，③而我们在讨论台湾语法特点时，也曾注意到这一形式依然常用，例如"你请回吧，别浪费一丝一毫的关注在我身上。"④

正是由于上述成系统的表现，最终造成了海峡两岸民族共同语表达风格上的总体性差异，即如周殿生所说："台湾国语在很大程度上继承和沿袭了'五四'以后白话文的某些特点，即使是口语也不乏斯文；而大陆

---

① 赵一凡：《浅谈两岸三地同实异形词及其规范问题》，《现代语文》2008 年第 3 期。

② 亓婷婷：《略论台湾地区流行新词与社会心理之关系》，《（台湾）华文世界》1989 年总第 51—52 期。

③ 刁晏斌：《初期现代汉语语法研究（修订本）》，辽海出版社 2007 年版，第 183 页。

④ 刁晏斌：《差异与融合——海峡两岸语言应用对比》，江西教育出版社 2000 年版，第 167 页。

的普通话则更多地表现为大白话和大众化，因此更为普通化。"① 杨必胜则比较过两岸新闻用语的异同，认为台湾新闻在风格上的突出特点是文言色彩较浓，而这主要是因为其基本上沿袭了新中国成立前报纸文风的缘故；② 我们也曾列举很多语言事实，证明了台湾国语"古旧"的色彩非常浓厚。③

大陆普通话正因为表现出周殿生所说的"大白话和大众化"特点，所以才与早期以及今日台湾的国语有所不同。这一距离差异的产生当然不会是没有原因的，郭熙就此写道："国共两党在文告语言运用上迥然有异。前者近乎文言，后者则是地道的白话，共产党人更乐意采用'五四'倡导的白话，而国统区则相对更乐意采用'文'些的书面语。他们各自的传统深深地影响了以后几十年的语言运用。在今天的海峡两岸，我们只要浏览一下报章，就不难发现各自传统的烙印。"④ 郭熙还以语法为例，对这一变化的源流及过程等作了进一步的说明："50 年代所确立的规范实际上是大陆地区汉语的规范。而大陆地区的汉语实际上是以延安时代形成的'标准化的革命工作语言'为源头的。从这个意义上说，吕叔湘、朱德熙的《语法修辞讲话》的'语法'实际上就是延安形成的'现代汉语'的语法，后来提出的'典范的现代白话文著作'的主体由于种种原因实际上也是延安风格的。《讲话》的重要贡献之一就是使得延安形成的新一代白话书面语得以普及，成为统一的新的书面语。"⑤ 这种"新的书面语"当然已与早期以及今日台湾国语拉开了很大的距离。

二　书面语与口语的距离：台湾远大于大陆

这里所说的书面语与口语，在大陆一方指的是普通话的书面语和口语，而在另一方则是指国语的书面语和口语。我们在讨论第一个距离差异的时候，实际上也是在说这第二个距离的不同了：台湾通用书面语与早期国语保持了远高于大陆的一致性，实际上也就意味着它与台湾口语的发展并不同步，由此自然就会造成二者之间很大程度上的不一致，实际上就是

---

①　周殿生：《谈两岸非通用词语》，《新疆大学学报》2006 年第 5 期。

②　杨必胜：《台湾新闻的文言色彩与简缩词》，《语文建设》1998 年第 8 期。

③　刁晏斌：《台湾语言的特点及其与内地的差异》，《中国语文》1998 年第 5 期。

④　郭熙：《试论海峡两岸汉语差异的起源》，《语言学通讯》1993 年第 1—2 期。

⑤　郭熙：《中国社会语言学（增订本）》，浙江大学出版社 2004 年版，第 289 页。

距离在不断地拉大。

　　然而，在以往的相关研究中，除语音（语音主要是口语性的）外，人们一般不太注意区分口语和书面语，由此就在很大程度上忽略了二者之间的关系及其对两岸共同语差异的影响甚至于一定程度上的决定作用，这不能不说是一个缺憾。我们认为，在相关研究已经取得较大进展并且有了相当基础的今天，应当充分注意和重视进行分语体的研究，特别是注意书面语与口语二者之间关系的变化消长及其内外原因的研究，由此来寻找新的增长点，以及重新审视和认识两岸共同语差异的造成原因及下一步的可能发展趋向。

　　总体而言，台湾的言、文距离大于大陆，甚至相对而言存在相当程度的言、文背离现象，而这正是造成两岸共同语一系列对立性差异的另一个重要原因。

　　游汝杰认为，两岸书面语有较为明显的风格差异，台湾书面语与口语的距离较大，其重要原因之一是有较多的文言成分。①

　　徐杰、王惠在讨论新加坡华语时说："新加坡是在没有普通话口语基础，没有普通话直接影响的情况下推广华语的，其长期用作学校教材的书面语也是五四时期的书面语。"② 这在相当程度上也适用于中国台湾，台湾也是在没有普通话口语基础的情况下推广国语的。

　　那么，台湾是在什么样的情况下推行国语的？鲁国尧曾经引用了几位学者对台湾光复之初语言状况的记述：

　　　　这时，台湾同胞三十岁以下的人，不但不会说国语，不会认汉字，甚至讲台湾话（闽南话、客家话），也没有说日本话那么的方便。自政府机关、学校，以至一般社会，还多是用日本话。在城市里交谈的语言多是日本话，通信也用日文。③

　　时至今日，"台湾虽然早已普及了国语，但是仍然以方言为主要交际工具，形成了一个复杂的多语社会。同时一种很有特色的台湾化国语也由

---

① 游汝杰：《台湾与大陆华语文书面语的差异》，《语文建设》1992 年第 11 期。
② 徐杰、王惠：《现代华语概论》，八方文化创作室（新加坡）2004 年版，第 296 页。
③ 鲁国尧：《台湾光复后的国语推行运动和〈国音标准汇编〉》，《语文研究》2004 年第 4 期。

标准国语衍化而成，并在很大程度上取代了标准国语。"① 这种"台湾化国语"主要是指口语，台湾学者李振清称为"次标准国语"，并就此写道："台湾书面语一定程度的停滞，或滞后，而口语则在方言等的影响下，有了更大的发展变化。今天台湾人口头所说的'国语'，是一种离'标准国语'已经相当远的'次标准国语'，它在语音上离前者更远，带有更多、更明显的方言特点，比如语法上常用'有+动'句等。"②

这里提到的"有+动"句，学者们多称为"有+VP"形式，我们曾经对其在台湾书面语和口语中的使用情况作过调查，结果显示，它已经成为通用口语中的"主流"形式，但在书面语中却只是"支流"，不仅使用数量少，类型也比较单一。③ 正因为如此，以至于时至今日，仍有台湾的语言教师和语言研究者认为这种书面形式是一种病句，因为与"标准国语"的规范不相一致。④

此外，我们还调查过"而已"一词在国语口语和书面语中的使用情况，二者的使用频率差异很大，在口语性比较强的小说中每万字的使用数达到2.19次，而在书面语的报纸中，却只有0.29次，前者是后者的7.5倍强，并且，后者还多见于一些采访性的引用中。⑤

语法之外，上述差异在词汇上同样也表现得非常充分，比如前引的"哲人其萎、为联敬挽之"等，一般也不会出现于人们的口语中。

吕叔湘曾经谈道："汉语演变的主要趋势是语词多音化，而汉字不表音，便于一个字来代表一个复音词，比如嘴里说'眉毛和头发'，笔底下写'眉发'，既省事，又'古雅'，一举两得。"⑥ 在国语中，这种"嘴里说"与"笔底下写"的对立相当多见，实际上仍然是反映了书面语与口语之间的不一致，例如"承担责任—承责、惩罚暴力—惩暴、抽取佣金—抽佣、贩售安非他命—贩安、提供保卫—供卫、鼓足勇气—鼓勇、超

---

① 仇志群、范登堡：《台湾推行国语的历史与现状》，《台湾研究》1994年第4期。

② 同上。

③ 刁晏斌：《两岸四地"有+VP"形式考察》，《励耘学刊》2012年第1辑。

④ 黄宝珊、吴铭宏、刘怡廷、王翠芳：《"有"+动词之语法分析》，第六届现代汉语语法国际研讨会论文，台湾高雄，2011年12月。

⑤ 刁晏斌：《试论海峡两岸语言的微观对比研究——以"而已"一词的考察分析为例》，《北京师范大学学报》2012年第4期。

⑥ 吕叔湘：《语文常谈》，生活·读书·新知三联书店1983年版，第78页。

过实际—过实、实施袭击—施袭"。①

其实，两地书面语与口语距离不同，一方面，表现在国语书面语与口语之间距离较远，另一方面，也是更为明显和突出的，则是表现在大陆普通话书面语与口语的距离之近，而后者才是造成两地通用书面语差异的更重要原因。

关于大陆普通话与口语之间的关系，有些港澳学者"跳出三界外"，所以可能看得更清楚一些。香港的姚德怀指出，内地语言自新中国成立后"多从俗不从雅"，② 而澳门的程祥徽则就两岸公文的差异对比说："海峡那边的台湾保留传统较多，行文不少文言成分；海峡另一边的大陆则尽量与口语接近，公文形式走向简化。"③ 公文用语尚且"尽量与口语接近"，一般书面语言自然更是如此了。

其实，不少大陆学者也意识到这一点，李志江说："（与台湾）相比较而言，大陆的普通话更为崇尚口语，许多书面语词在大陆已渐罕用，甚至不用，退而成为古语词。"④ 韩敬体也指出，新中国成立后，"大陆语文教育提倡语体文，倡导言文一致，作品语言趋向口语化，不少文言词被语体词或短语所取代，书面语中传承的带文言色彩的词语大为减少，书信用语也语体化了"⑤。

上述"抓、搞"等的使用情况，就是大陆"言文一致"的最好例子，而"承责、维生"等大陆书面语之所以不用，主要是因为口语中没有这样的说法，如果口语中有，那么书面语中自然也会有，就像"调研、劳保、普法、维稳"等一样。

我们曾经注意到，两地的讣告类文本差异明显，⑥ 究其原因，还是书

---

① 刁晏斌：《港台汉语独特的简缩形式及其与内地的差异》，《华文教学与研究》2011 年第 1 期。

② 姚德怀：《各华语地区语言现象的异同值得研究》，《语文建设通讯》（香港）2007 年总第 87 期。

③ 程祥徽：《公文改进三步骤》，载《中文变迁在澳门》，三联书店（香港）有限公司 2005 年版，第 99—102 页。

④ 李志江：《略论〈现代汉语词典〉中收录的社区词》，载周荐、董琨主编《海峡两岸语言与语言生活研究》，香港商务印书馆 2008 年版，第 257—267 页。

⑤ 韩敬体：《海峡两岸词语的歧异和减少歧异的设想》，载周荐、董琨主编《海峡两岸语言与语言生活研究》，香港商务印书馆 2008 年版，第 112—120 页。

⑥ 刁晏斌：《差异与融合——海峡两岸语言应用对比》，江西教育出版社 2000 年版，第 209—210 页。

面语与口语的距离差异。

以下是刊于台湾某日报的一则讣告：

> 道公恸于×××年十一月三日下午五时卅分柏寿天年寿终于台中市中山医院享寿九十六岁谨择于×××年十一月廿九日（星期五）上午九时在台中市殡仪馆景福厅设奠家祭九时卅分公祭后发引安葬于台中市鲁青公墓　谨此讣
>
> 闻　中兴大学刘前校长道元先生治丧委员会启

按，这则讣告充满了古旧色彩，这些除了来自称呼语（如"道公""刘前校长道元先生"）、古旧词语（如"柏寿天年""发引"）外，还包括其行文方式以及格式等，如全文不用标点，句首的"道公"用大号黑体字，"谨此讣闻"的"闻"另起一行，用大号红体字，等等。

作为对比，我们再看一则刊于《辽宁经济日报》的内地人士讣告：

> 中国人民政治协商会议辽宁省委员会副主席、中国国民党革命委员会中央监察委员会常务委员、民革辽宁省委员会名誉主席刘鸣九同志，因病医治无效，于 1997 年 9 月 14 日凌晨 1 时 40 分在沈阳逝世，享年 97 岁。
>
> 定于 1997 年 9 月 20 日上午 10 时，在省人民医院殡仪厅为刘鸣九同志送别。
>
> 特此讣告
>
> 　　　　　　　　　政协辽宁省委办公厅

两相比较，就知道什么叫"尽量与口语接近"了。

三　"距离"视角下的两岸共同语差异及其研究

本节试图从"两个距离"差异的角度，对造成海峡两岸民族共同语书面语共时差异的原因进行解释和说明，我们认为，引进"距离"的视角，会对我们的相关研究有一定促进作用，具体来说，大致有以下几点：

第一，有助于对两岸共同语差异原因的宏观把握。两岸共同语差异头绪繁多，涉及共同语及其使用的几乎所有方面，而造成的原因也可以说是纷纭复杂的，着眼于某一或某些具体的"点"，固然可以得出一些局部性的认识，但是全局性的认识，则有赖于更高层次的总体性把握。我们认为，上述两个距离巨大而又明显的差异，正是造成两岸诸多语言事项具体差异的宏观性原因，而抓住这一原因，基本就可以起到提纲挈领之效。

第二，有助于开阔思路，寻找新的研究增长点。上述两个距离差异，反映了历时与共时两组关系：由历时来看，就是当代两岸共同语与二者共同的来源即早期国语或早期现代汉语之间的关系；由共时来看，则是共同语的书面语与口语之间的关系。两地各有上述两组关系，呈基本对立的分布，其间值得而且应该探寻的东西有很多。比如，以往的两岸共同语对比研究，人们只进行共时层面的比较，基本不涉及历时的因素及其表现；而在共时层面，除某些方面（如语音、文字等）外，大致也是只着眼于整个"语言"，而并未进行书面语与口语及其下位的细致划分，因此所得结论有时未免笼统，甚至于粗疏。所以，上述两个方面亟待加强。就历时一方面来说，当今两岸共同语的诸多差异，是各自不同的历时发展过程在共时平面的表现，因此，要真正了解和理解这些共时差异，就必须同时掌握这一历时过程，即如姚德怀所说："归根结柢便是内地、台湾、香港以及各华语地区的汉语/华语近百年来的演变过程是怎样的，最终又怎样达到各地区当代华语的现况。"①

第三，可以由此及彼，促进"全球华语"的研究。前引徐杰、王惠的话，说明新加坡是在没有普通话口语基础，没有普通话直接影响的情况下推广华语的，② 而我们也进一步指出，当今中国台湾的国语书面语也是脱离了口语基础的。针对这一点，朱德熙曾经指出："至于台湾国语，由于长期与基础方言北京话隔绝，必然要发生变异。与基础方言隔绝的另一后果是使它失去了赖以维持其稳定性的制约力量。所以台湾国语的不稳定的程度与普通话相比，恐怕是有过之而无不及。"③ 朱景松、周维网也说："研究台湾国语词汇的变异，对于词汇理论的探索有很大意义。台湾国语词汇差异的形成，在语言史上提供了一个特殊例证。人们可以通过这个例证看一看，由于同民族共同语的主体（首先是北京口语）长期隔绝，一

---

① 姚德怀：《各华语地区语言现象的异同值得研究》，《语文建设通讯》（香港）2007 年总第 87 期。

② 徐杰、王惠：《现代华语概论》，八方文化创作室（新加坡）2004 年版，第 296 页。

③ 朱德熙：《现代汉语语法研究的对象是什么?》，《中国语文》1987 年第 5 期。

个地区的民族共同语会在多大程度上保持本来面貌，会发生什么样的变化，以及哪些因素影响它变化。"①

其实，我们还可以进一步推而广之，即新加坡和台湾的情况也适用于包括港澳在内的其他许多华语子社区，所以，上引两段话也适用于全球华语的研究。

第二节　为什么要进行两岸共同语的对比研究

我们认为，这里提出的是一个应该认真思考并且很好回答的问题，而要回答这个问题，我们认为大致可以从观念与认识和目标与支点这两个方面来说。

一　应有的观念与认识

许嘉璐说："两岸语言文字的差异，就是分头演变之果，是特定历史环境之使然，其实也是对汉语汉字的传承和丰富，都应该得到尊重、珍惜。"② 作为一名从事两岸共同语对比研究已有较长时间的汉语研究者，笔者对这段话有以下两点理解和认识：

其一，从共时层面来说，当代汉语因有上述差异而更加丰富。两岸当下的民族共同语合而成为一个巨大的共时平面，所有现象和用法的总和构成了当代"大现代汉语"的共时全貌，这一全貌远比任何一地汉语的单一面貌更为复杂多样、丰富多彩，在形式和内涵上都达到了一个包罗两岸的"最大值"，不仅能给人们提供更多的观察角度和研究内容，而且也为更多理论、方法的运用提供了更大的空间和现实需求。对两岸众多语言现象的充分观察、充分描写和充分解释，一方面为当代的语言研究者提供了展示自己才华、进行多样性研究并产出高水平成果的非常广阔的空间和舞台，另一方面也提出了巨大的挑战。

其二，从历时层面来说，两岸语言文字的差异并非凭空产生，而是各自独特社会发展过程及其环境、文化等的产物，是历时发展变化在共时层面的表现。把演变的过程准确还原，弄清其来龙去脉以及各种影响与制约

---

① 朱景松、周维网：《台湾国语词汇与普通话的主要差异》，《安徽师范大学学报》1990 年第 1 期。

② 许嘉璐：《携手建设，为两岸为世界做贡献》，《人民日报》2012 年 2 月 9 日第 12 版。

因素和条件，同样也是一项充满挑战性的任务，而这样的研究，无疑也会为当代汉语以及汉语语言学注入新鲜血液、带来新的活力。

如果把以上两个层面结合在一起考虑，那就是：在当下的语言研究中，共时与历时相结合已经成为人们的共识，而两岸共同语对比研究正为这一旨趣的实现提供了最好的机遇、场地和条件。正因为如此，两岸共同语差异及融合的事实及其背后的规律和理论内涵，可以说是上天对所有汉语研究者的一份厚赐，不仅应该充分尊重和珍惜，更应该充分开发和利用，从而出成果、出方法、出理论，进而推动整个汉语语言学研究，使之达到更高的层次和境界。毫无疑问，这才是我们要深入进行两岸共同语对比研究的最根本原因。

二 研究的目标与支点

以往的两岸共同语对比研究大致有两个目标和诉求，一是着眼于语言交流与沟通，二是着眼于相互了解和认识，由此就形成以下两个重要支点：

一个是应用语言学的支点，它对应的是第一个目的，即扫除语言障碍。毫无疑问，两岸共同语对比研究始于、着眼于并立足于应用，即为了满足两岸中国人相互间有效交流、无障碍沟通的需要。可以说，这种"经世致用"的目的贯穿在相关研究的始终。着眼于应用以及应用性的研究，仍然是今后两岸共同语对比研究的重要目的，但却远不应该是它的全部，特别是对"纯学术"的研究而言。

另一个是社会语言学的支点，它对应的是第二个目的，即了解对方社会和人。如前所述，人们在相关的研究中，比较重视对造成差异的各种原因的分析，尤其重视从语言之外的社会方面来寻求解释，无疑就包含上述目的和诉求。就社会语言学来说，一方面，它的实质就是从社会看语言和从语言看社会；另一方面，语言变异始终是它的核心研究内容，而两岸共同语的差异及融合的事项都是语言变异的具体表现。所以，相关研究很大程度上可以归之于社会语言学的研究，而以往的研究很大程度上也都以此为重要支点。

即使从"纯研究"和"纯学术"的角度看，以上两个方面的取向和追求也都是非常重要的，但是却远非全部的目标和归宿。我们认为，这一研究总的目标应该是：充分描写和解释两岸共同语的现实面貌及其历时发展变化，进而上升到理论高度，为世界语言学奉献基于独特的当代汉语现实而提炼升华的理论与方法，从而做出属于两岸中国人自己的理论贡献。

　　所以，我们为什么要进行两岸共同语的对比研究，除了以上两个方面外，还应该而且必须站在更高的高度，具有更广阔的视野，确定更远大的目标，从而拓展和深化这一研究，并使之具有更大的意义和价值。以下将结合下一节提到的相关研究中存在的问题与不足，仍从"支点"的角度来对此略作陈述。

　　我们认为，进行两岸共同语对比研究，除以上应用语言学和社会语言学这两个支点外，还应该有以下四个重要支点：

　　一是本体语言学的支点。所谓本体语言学，就是致力于语言本体研究的一个语言学的分支学科；而所谓本体研究，简单地说就是对语言本质特征及其发展规律的研究。我们认为，以前的研究更多地关注并侧重于"对比"，而对两岸共同语各自的"本体"状态和特点却有一定程度的忽略，所以下一步应该加强的，就是把各种相关现象作为"本体"的研究。关于这一点，我们在下文还要进一步讨论。

　　二是演化语言学的支点。演化语言学又称历时语言学，它以某一语言在一定的时间范围内所经历的种种变化及相关事项（如原因、规律等）为研究对象。前边已经提到，无论差异还是融合，其实都是历时演化/演变的结果，而且这样的演化/演变还一直在持续进行的过程中。我们以往在这方面有明显不足，首先就是因为我们还没有建立这样一个角度以及相关理念的匮乏，所以在这方面我们还要做出更多、更大的努力。

　　三是理论语言学的支点。理论语言学的主要目标是从具体的语言现象中总结归纳出普遍、系统的理论和规律，并用它们指导各个具体语言的学习与研究。两岸共同语诸现象既有丰满厚重的历时内涵，又有丰富多样的共时表现，正是一片可以深耕理论与方法的沃土。比如，徐大明指出，言语社区理论"一旦全面、成熟地发展起来，必然成为社会语言学的核心理论，而且会在普通语言学理论中取得重要地位。"[①]海峡两岸是一个言语社区下的两个共性明显、个性突出的子社区，在这方面正是一个最佳的用武之地。

　　四是全球华语学的支点。"全球华语学"是我们提出的一个概念，[②]

---

① 徐大明：《言语社区理论》，《中国社会语言学》2004 年第 1 期。
② 刁晏斌：《两岸四地语言对比研究现状及思考》，《汉语学习》2012 年第 3 期。

顾名思义，它是一门关于全球华语及其研究的学问。这一概念今天对很多人来说还比较陌生，但是我们有理由相信，这门学问将来一定会成为"显学"。两岸诸多语言现象的对比研究，无疑可以纳入全球华语及全球华语学研究的范围，并且可以作为其中最重要的组成部分。从某种意义上说，全球华语的形成也可以看作是两岸共同语的地域扩展和延伸结果，因此，了解和掌握了后者，对前者在一定程度上会有"思过半"的功效。

第三节　对以往研究的简单回顾与总结

一　已有工作和主要进展

两岸共同语的对比研究主要集中在那些互有差异的现象，在以往的研究中，人们比较关注、讨论比较集中的问题大致有以下一些：

一是差异的类型。这几乎是所有相关工作中人们最先想到和开始做的，而在早期的一些研究中，这往往也是最重要的内容，且主要集中在词汇方面。朱广祁从以下几个角度考察了港台词语与大陆差异的表现形式：（1）新词的产生，（2）旧词的保留，（3）词义的引申变化，（4）方言词的影响，（5）行业语进入普通词汇，（6）外民族词汇的引进；[①] 刁晏斌把差异归纳为三个方面，即同一事物用不同的词语表达，同一词语表达不同的事物，彼有此无或此有彼无；[②] 苏金智则把差异的模式归结为形同义异、物同名异、同中有异三种。[③] 此后的相关研究，大致都是在上述框架和模式下进行的。

二是台湾语言现象在大陆地区的引进和使用情况。一般情况是，人们多在研究当代汉语新词语或语法等现象时提及或者是作为一方面的内容进行考察与讨论，词汇方面的名目多为"港台新词语""来自港台的新词语"等，但多是举例说明以及就内容等方面的简单分类等。这方面，较早的单篇论文是李明的《港台词语在大陆的使用情况》（《汉语学习》1992 年第 3 期），此后刁晏斌从增加新词语、增加新义项、非常用义变为

---

① 朱广祁：《港台词语研究与大汉语词汇研究》，《山东大学学报》1992 年第 2 期。
② 刁晏斌：《大陆台湾词语的差别及造成原因》，《文史杂志》1994 年第 2 期。
③ 苏金智：《台港和大陆词语差异的原因、模式及其对策》，《语言文字应用》1994 年第 4 期。

常用义、扩大使用范围、提高使用频率、古旧词语复活、产生仿造词语、出现新的搭配形式八个方面，讨论了在港台词语的影响和冲击下大陆词语产生的变化。①

三是某些具体方面的差异。词汇方面，涉及能指与所指及其相互异同的，人们比较关注同形异义词和同义异形词，前者如苏金智《海峡两岸同形异义词研究》（《中国语文》1995 年第 2 期），后者如侯昌硕《试谈海峡两岸的同义异形词语》（《湛江师范学院学报》1999 年第 4 期）。此外，人们关注相对比较多的还有外来词语，如谢米纳斯《海峡两岸外来语比较研究》（《赣南师范学院学报》1996 年第 1 期）、史有为《语言社群类型与台湾的外来词》（《语言文字应用》1999 年第 2 期）。缩略词语方面，如李亚明的《港台复合缩略词语结构分析》（《烟台师范学院学报》1998 年第 1 期）、杨必胜的《台湾新闻的文言色彩与简缩词》（《语文建设》1998 年第 8 期）等。另外，科技术语界相关的对比研究也比较多，比如盛玉麒在《术语标准化与信息技术》期刊上用几年的时间连载《海峡两岸同源异形电脑术语辨析》，其他如李平《当代海峡两岸术语差异分析》（《哈尔滨工业大学学报》2005 年第 4 期），周其焕《略论海峡两岸科技术语的对照和统一》（《中国民航学院学报》2005 年第 1 期），刘青、温昌斌《海峡两岸科技名词差异问题分析与试解》（《中国科技术语》2008 年第 3 期）等。语法以及其他方面的对比研究比词汇方面少得多，涉及范围也相对较窄，比较重要的成果如李英哲《官话和台湾话问句否定词的比较研究》（《江汉大学学报》1996 年第 1 期），廖礼平《台湾小说单音形容词的重叠形式——海峡两岸词的重叠形式的对比研究》（《徐州师范大学学报》1999 年第 3 期），侯昌硕《从台湾当代小说看海峡两岸汉语的语法差异——兼析两岸语言融合的态势》（《延安大学学报》2003 年第 4 期）。以整个两岸语法某些差异为比较对象的主要有刁晏斌《海峡两岸及港澳地区现代汉语差异与融合研究》（商务印书馆 2015 年版）中的一些研究。语法之外，还有一些零星的研究，如李青梅《海峡两岸字音比较》（《语言文字应用》1992 年第 3 期）、孙剑艺《论海峡两岸汉字的现状与前景》（《山东大学学报》1995 年第 1 期）、廖新玲《海峡两岸现代汉语词汇读音差异比较研究》（《华侨大学学报》2010 年第 1

---

① 刁晏斌：《流行在大陆词语中的"港台来客"》，《北方论丛》2001 年第 2 期。

期）等。

四是差异的原因分析。这是伴随第一方面一直持续进行的一项研究内容，多集中在社会政治文化等方面。蒋有经从不同政治制度下语言政策的差异、具体社会生活的差异、特定区域文化的作用、外来词语的影响等四个方面分析了两岸词汇差异的形成原因；① 郭熙则从海峡两岸共同语分化的角度来追溯差异的起源："五四"文白之争的尾巴留下了一个分化的诱因，苏区的建立埋下了后来分化的种子，中共延安根据地的建立以至整个解放区的扩大和蓬勃发展则使得分化日趋明显化；② 於贤德、顾向欣分析了不同的政治制度以及意识形态的对立，以及特定的区域文化所起的相当重要的作用，③ 是目前所见认识比较深刻的一篇。

五是融合及其表现。朱广祁较早提出"对港台与大陆间的词语融合现象，应进行深入的研究分析和切实的指导"，④ 此后朱广祁又提到两岸语文的统一问题，⑤ 可以认为是对融合的另一种表述。刁晏斌曾就海内外汉语的融合及其原因进行过专门的讨论，⑥ 而到 2000 年出版的被认为是国内外第一部以海峡两岸共同语应用对比为研究对象的专著即以"差异与融合"为名。⑦ 李昱、施春宏提出海峡两岸词语互动问题，对此的理解和表述是，包括台湾词语对大陆交际的影响，也包括大陆词语对台湾交际的影响，还包括来回传递的过程。⑧

仅从以上五个方面来看，两岸共同语对比研究作为一个比较独特的领域，已经粗具规模，不但搭起了一个比较合理的框架，而且对几乎所有较为重要的问题也都有不同程度的涉及，因此总体而言取得了很大的成绩。

二　存在的问题与不足

但是，在充分肯定成绩的同时，我们还应该清醒地意识到存在的不

① 蒋有经：《海峡两岸汉语词汇的差异及其原因》，《集美大学学报》2006 年第 3 期。
② 郭熙：《试论海峡两岸汉语差异的起源》，《语言学通讯》1993 年第 1—2 期。
③ 於贤德、顾向欣：《海峡两岸词语差异的政治文化因素》，《汕头大学学报》2000 年第 4 期。
④ 朱广祁：《港台词语研究与大汉语词汇研究》，《山东大学学报》1992 年第 2 期。
⑤ 朱广祁：《海峡两岸的语文差异与统一》，《山东大学学报》1994 年第 1 期。
⑥ 刁晏斌：《新时期大陆汉语与海外汉语的融合及其原因》，《辽宁师范大学学报》1997 年第 4 期。
⑦ 刁晏斌：《差异与融合——海峡两岸语言应用对比》，江西教育出版社 2000 年版。
⑧ 李昱、施春宏：《海峡两岸词语互动关系研究》，《当代修辞学》2011 年第 3 期。

足，因为这关乎相关研究今后向何处去，以及最终能走多远。

归纳一下，笔者认为，我们的研究在以下几个方面还存在较为明显的不足：

1. 精细化的研究不足

这方面的表现大致有以下三个：

一是以往的研究由于受一些条件的限制，人们多是基于已有工具书，由此来比较各地词语等的参互异同。这样的研究往往有一个弊病，就是粗疏有余而精细不足，由此自然会影响到研究的质量和水平，并且还有可能在一定程度上造成"失真"。吴礼权曾就这一问题进行过讨论，指出有些学者因不了解台湾所使用词汇的真实内涵而拿大陆普通话中表示另一个概念的词来与之比照，因而出现不够准确的问题，如将台湾的"观光"与大陆的"旅游"来比照，便是概念内涵不准确的比照。在台湾，"观光""旅游"二词并存，但内涵不一样：前者是指国外或境外旅游，后者指本地旅游。①

二是港台/台港或台港澳往往囫囵一片，不作细致区分。相关研究中，固然有一些是针对两岸或香港与内地的，但更多的却是以四地中其他三地或两地作为一个整体来与大陆或内地进行对比，这样做虽然有一定的原因（比如客观上有一些语言形式确实很难准确区分来源地），但显然是不够准确和精细的。

三是多停留在表面或比较浅表的层次，像有无的比较、能指与所指之间异同的比较等，很多都属此类。再比如，在"意义"的对比研究中，人们基本都是以"义项"为对象，这样就掩盖或忽略了很多具体、细微的差异，并且带来很大的局限性，关于这一点，我们下文再讨论。

2. 对融合问题研究不足

虽然如前所述，人们早已注意到词语融合的问题，并且也进行过一些研究，但是却有明显的不足，主要表现除了数量较少、范围较窄外，还有方向单一（多单向、少双向或多向）的问题。造成这些不足的原因大致有三个：

一是观念的影响。因为两岸共同语对比研究起于沟通和交流的需要，

---

① 吴礼权：《还原海峡两岸现代汉语词汇差异的真实面貌——略论海峡两岸词汇差异的对比研究问题》，《楚雄师范学院学报》2011年第1期。

最初都以差异为着眼点和着力点，影响所及，在以后的研究中，一些人似乎也只知有此，而不知其他了。

二是早期的融合主要是通过大陆对台港澳词语的引进来实现的，对此人们已经予以足够的关注，而影响所及，在以后的研究中，似乎一提融合，首先想到的就是这种单向的吸收，如前边提到的李昱、施春宏的论文，① 虽然提出和讨论的是海峡两岸词语的互动问题，但就具体内容而言，基本还是单向性的。至于大陆与台港澳中的一地或多地，以及多地之间的互动与融合，往往就更不在考虑的范围之内了。

三是具体条件的限制。两岸语言对比研究的主力是大陆学术界，由于受各方面条件的限制，在语感、语料等方面往往有或多或少的不足，对彼方语言使用状况的全面了解和准确把握往往也有局限，所以有时也难以进行深入细致的双向或多向互动研究。

3. 对历时方面的研究不足

这方面的问题首先表现在一些研究者历时观念的缺失、相关知识的匮乏，以及由此而导致的对某些材料或现象认定和处理的失当。比如，前引吴礼权从九个方面分析了台湾《两岸常用词语对照手册》中存在的问题，其中第五种就是没有掌握词汇的动态变化，把大陆原有词语当作现在通行的词语，并以此与台湾所使用的标准语比照，用来说明两岸词汇差异。② 例如，用大陆的"路条"来与台湾的"通行证"对照，用"奶头"与"奶嘴"对照，用"可视歌曲"与"MTV"对照等，而其实大陆"路条"等早已不用。反过来看，大陆编著的工具书以及相关研究成果更多，所以这样的问题也就更多、更突出。

这方面问题其次表现在共时的研究中缺少历时的考察与分析。两岸共同语的诸多差异，其实是各地语言历时发展状况在共时层面的反映，因此，如果不了解历时，对共时的了解和认识必然会有很大的局限。例如，一般人都知道，在台湾地区，万能动词"搞"的使用频率一度比较低，且往往有贬义色彩，如果从历时角度解释，则是因为台湾"国语"书面语在很大程度上沿袭早期现代汉语，反映的基本是那时此词的面貌和使用状况。另外，在不同时期，"搞"在大陆以及台湾地区的使用情况也都不

---

① 李昱、施春宏：《海峡两岸词语互动关系研究》，《当代修辞学》2011 年第 3 期。

② 吴礼权：《还原海峡两岸现代汉语词汇差异的真实面貌——略论海峡两岸词汇差异的对比研究问题》，《楚雄师范学院学报》2011 年第 1 期。

是静止不变的，因此有更丰富的历时内涵，这些情况不清楚，就无法对此词在两岸的差异及融合情况形成全面完整的认识。

最后，如果着眼于进一步的发展，或者是提出更高的要求，那就是到目前为止还没有专门的历时性研究。前引姚德怀的论文已经指明了这方面应该研究的内容，① 然而这样的工作到目前为止显然还没有展开。"无史"这一状况的形成当然也是有原因的：一是传统观念的影响，索绪尔划分共时历时是一个很大的贡献，但是却在一定程度上割裂了二者，而后来的一些研究者更是有过之而无不及，往往主张并从事于一些分解式的、各管一段的研究；二是如前所述，两岸共同语对比研究开始于并且始终致力于，同时似乎也满足于一种共时平面的差异研究，史的研究还没有真正提到日程上来；三是客观上也有语料等方面的限制。

4. 理论性或有理论色彩的研究不足

这也是一个比较严重的问题，表现得也较为明显和突出。相关研究始终围绕"对比"来进行，这当然有其必要性和合理性，但是却不应止步于此。然而，现在我们看到：一是有一些研究基本停留在"分类—举例/罗列"的模式，很少使用业已存在并被证明行之有效的理论和方法来进行深层次的考察与分析；二是虽然有一些分析，但往往都是针对某一现象或形式本身，多是一些"就事论事"式的解释和说明；三是很少看到就所讨论现象进行一些规律性的总结或理论性阐述的论著。正因为有以上三种表现，所以就相当一部分成果来说，学术含量往往不高。

我们认为，以下几个方面的理论对相关研究至关重要：一是语言接触理论，二是语言对比（比较）理论，三是语言发展理论，四是语言规范和规划理论。② 进行富有理论色彩的研究，除了应该更多地使用一般"本体"研究中人们常用的理论和方法外，还应该更多更好地运用上述四方面的理论和方法，并且用两岸共同语对比材料和事实进一步验证相关的理论，甚至对其有所补充、有所纠正。

---

① 姚德怀：《华语地区语言现象的异同值得研究》，《语文建设通讯》（香港）2007 年总第87 期。

② 刁晏斌：《关于海峡两岸语言对比研究的思考》，《语言文字报》2012 年 1 月 4 日第4 版。

第四节　应该怎样进行两岸共同语的对比研究

本节中，我们将结合第三节指出的四点"不足"，以及第二节提出的后四个"支点"，来讨论今后应该怎样进行两岸共同语的对比研究。

我们曾就海峡两岸民族共同语对比研究提出过一个"一、二、三"模式，① 就是一个背景，即把整个研究置于全球华语这一大背景下；两个面向，即面向两岸人民实际的语言交际和沟通，面向两岸现代汉语的研究；三个结合，即点与面结合、事实与理论结合、共时与历时结合。

在这一模式下，我们认为，当下以及今后一段时间内的两岸共同语对比研究，应该在以下五个方面做出更大的努力。

一　系统性的研究

所谓系统性的研究，就是注重整体以及整体性的研究。以前我们的相关研究，太过注重"对比"，这样有时就难以避免"猎奇"的眼光，即只注重那些有较为明显标志和表现的差异点，而在研究旨趣上也多是注意如前所说的同形异义、同义异形、有无之别，以及同中之异等，这样虽然也能对比较对象的特点等形成一些认识，但却往往难以深入，并且总体而言有点无面，难以做到点、面结合。具体来说，一是研究的项目不全，比如相对于"词"而言，"语"的研究就明显不足，像一些固定语（如成语、谚语等）就较少涉及，至于语法、修辞以及表达方式和语体风格等其他方面，欠缺就更多、更明显了；二是对某些"点"的比较因为缺少了"面"的支撑，而显得单薄甚至于肤浅，比如缩略词语的研究已经比较多了，但是从系统的角度全面考察分析的似乎还没有。

我们认为，正确的思路和做法是，应该先对海峡两岸各自的语言面貌有一个全面、深入的了解和认识，在此基础上再进行相互间的对比，这样才有可能真正做到全面深入。我们曾就研究内容的系统性和知识体系的系统性这两个方面进行过阐述，② 在此我们还要再加上一点，就是进行多维的研究，即不能拘泥并满足于传统的要素研究，以及分解性、原子式的研

---

① 刁晏斌：《关于海峡两岸语言对比研究的思考》，《语言文字报》2012 年 1 月 4 日，第4 版。

② 刁晏斌：《两岸四地语言对比研究现状及思考》，《汉语学习》2012 年第 3 期。

究，比如在词汇方面，就要更多地进行结合词形、词义和词用的综合性研究，而且每一方面也都不是单一的，比如词义就至少应结合三个方面来进行，即概念义、色彩义和语法义。

二　本体性的研究

上文讨论的"本体语言学的支点"，其实就是强调应该进行更多、更好的本体性研究。前边提到以往太过注重"对比"，其结果一方面忽略了面，另一方面还在找到并指出各种差异的同时，却在一定、甚至很大程度上忽略了各种语言现象自身的特点，由此而在本体的研究上表现出诸多不足，而最主要的问题往往就是不够深入细致。上引吴礼权列出的九项失误，① 很多都与此有关。

举一个简单的例子。比如有的研究笼统地指出，两岸有同素倒序词的对立，如说大陆使用"素质"，而台湾却在使用"质素"，一些工具书也是这样立条并进行对比的。但是，实际的情况往往是，台湾（也包括港澳地区）大致沿袭早期现代汉语的习惯，两词并用，只不过频率有差异，比如许蕾考察指出二者在台湾的使用频率是 12∶1。② 当然，这还仅仅是一项频率调查，而在频率差异的背后，一定还会有二者此消彼长以及替代分化的变化过程，而与此相伴的，可能还有意思表达、组合功能、使用环境等多方面差异，总之有相当大的"本体"研究空间。如果由这一对同素异序词推而广之，我们对两岸四地现存的所有同素异序词就可以作为一个专题，来进行这样的共时与历时两个维度的调查和研究。

三　创新性的研究

所谓创新性的研究，一是就内容而言，二是就方法而言，而二者很大程度上又是结合在一起的。

前面提到，以往的研究主要关注并着力于差异对比，而词义方面的对比往往是借助于工具书，以义项为考察单位和对象，因而有较大的局限，总体而言比较粗放与粗疏。其实，两岸共同语差异不仅有显性的，还有隐

---

① 吴礼权：《还原海峡两岸现代汉语词汇差异的真实面貌——略论海峡两岸词汇差异的对比研究问题》，《楚雄师范学院学报》2011 年第 1 期。

② 许蕾：《海峡两岸日常生活词语差异及其原因研究》，中国国际广播出版社 2014 年版，第 167 页。

性的，对后者人们关注得就远远不够，甚至根本就忽略不计。徐复岭提出"同形同义异用词"的概念，指的是形式完全相同、词汇贮存义或核心意义也都相同，只是实际语用或附加意义不尽相同的词语，把它归为隐性差异词的下位类型。① 文章按照使用范围不同、搭配对象不同、语法特点不同、文化附加义或色彩附加义不同、活跃程度和使用频率不同等细分为不同的类型，并进行了初步的说明和讨论。这样的研究从本体角度而言显然在已有基础上深入了一步，而相较于"传统"的对比研究，无疑就是一种创新，它的创新性就体现在对隐性义及其差异的关注与发掘，而它的意义和价值则主要体现在研究策略、研究方式和研究诉求的转变以及由此而带来的研究思路、角度以及着力点等的变化。② 循着这样的思路，我们一方面可以把相关工作做得更细，另一方面也可以在一些具体问题的研究中走得更远，并且这里边还有一些理论和方法的内涵，值得认真总结与挖掘，而这正是我们极力推崇和倡导的创新性研究。

我们提出了两岸共同语"间接对比"和"直接对比"的概念（见本书第六章），前者是指长期以来人们一直使用的语料采集与选取方式，以及基于这一方式的研究；后者相对于前者而言，是指有意识、有目的地选取能够形成"直接对比"的两岸语料，并以此为基础而进行的相关研究。比如，我们在本书第六章将以美国 Simon & Schuster（西蒙与舒斯特公司）2011 年出版的 *Steve Jobs* by Walter Isaacson（沃尔特·艾萨克森著 *Steve Jobs*）的两岸翻译文本，即大陆的《史蒂夫·乔布斯传》（中信出版社 2011 年 10 月第 1 版）和台湾的《贾伯斯传》（天下远见出版股份有限公司 2011 年 10 月第 1 版）为语料，借由原文中同一句话的不同翻译，来进行"最小"对比，发现了不少间接对比中较难以发现的语言事实。如果说上述隐性差异是研究内容的一种创新，那么这种语料的选择以及基于此类语料的研究或许可以算作方法上的创新。

四　综合性的研究

所谓综合性研究，就是从一点到多点、从局部到整体，共时与历时有机结合、定性分析与定量分析互相支持的研究思路和做法。上边"系统

---

① 徐复岭：《试论两岸同形同义异用词》，《武陵学刊》2014 年第 1 期。

② 邹贞：《论两岸通用词语的隐性差异——以"起跑"为例》，《武陵学刊》2014 年第 6 期。

性研究"中已经提到这个问题了，以下结合具体实践作进一步的说明。

以往的很多研究，多是一些单点式的简单对比，比如，进行词义的对比，通常只局限于概念义，考察某一义项的有无及异同等，鲜少及于其他方面，比如色彩义、蕴含义、语法义等；进行某一语法现象的对比，也多是就某一或某些形式的有无来举例说明，至于这些形式本身的语法—语义特点、使用的条件与环境，以及频率高低、范围大小，和其他同义或近义形式的关系及其消长变化，在整个或某一局部的表达体系中的作用和价值等，则往往付之阙如，更遑论结合历时发展的考察与分析了。

当然，我们也不是说进行每一项对比研究都要程式化地进行如此复杂的考察和验证，但是有一个总体性的原则必须明确：我们的研究应该跳出狭隘简单的"对比"窠臼，进入本体性、立体化、全景式的"比较"层次，并根据这一需要来确定研究策略、调整研究内容。在这一原则下，再根据具体问题来确定具体的研究内容以及着力点。比如，杨必胜标题为《台湾新闻的文言色彩与简缩词》，① 仅由标题看，比较微观地说，文章把简缩词和文言色彩联系并结合起来，这显然就是由单点到多点了；相对宏观地看，则是把台湾一类具体词的特点及其与大陆的差异，放在语体风格和色彩这一大的背景下，来进行考察与分析，这样本项研究的意义和价值就不止于一类词甚至词汇本身，而是及于整个语言表达体系以及言语风格的差异。

五　即时性的研究

两岸共同语的差异与融合是一个动态的实时过程，以往的研究多针对一些"后时"语料，比如出版几年、十几年，甚至几十年的工具书、文学作品等，虽然也有一些研究用到比较贴近现实的语料，但总体而言一是数量并不占优，二是或多或少也还是有一些滞后，不能与语言应用的实际同步。所以，这方面需要有一个总体的改观。在一个词语产生时间可以精确地追溯到某一秒的时代，即时性语料的使用以及基于这样的语料所做的语言实时状况的即时性研究就是应有之义了。特别是语言现象的融合，有时用"日新月异"来形容也不为过，所以更应强调这种即时性。

这方面的研究大致有以下两个着力点：一是"开始做"，即完全或主

---

① 　杨必胜：《台湾新闻的文言色彩与简缩词》，《语文建设》1998 年第 8 期。

要依据一些即时语料来进行差异与融合的对比研究，这样才能反映某一现象本身及两岸之间对比的最新实时状况；二是"接着做"，即针对某些已有研究作进一步的后续研究，补上从当时到当下这一段时间的空缺，从而形成一个时间上有连续性、内容上有延展性的完整研究。

除了以上"五性"外，就研究手段和方式而言，我们还需要在以下两个方面做出进一步的努力。

一是加强两岸合作。目前，我们基本只在工具书编纂以及科技术语的协调方面有比较成功的合作，而在其他方面无疑还有待加强。陆俭明曾经列出两岸汉语学界在全球汉语热背景下目前需要合作攻关的几个方面：一是相关汉语言文字学的基础性研究，二是海外汉语教学所需教材教辅材料的编写，三是相关工具书的编写，四是相关教学资源库的开发，五是海外汉语教学一些理论问题的探讨。① 我们这里所说的合作研究，大致属于上述五个方面的第一方面，而合作的范围主要是海峡两岸，但也可以扩大到整个"大华语"地区。

二是扩大语料来源。进行两岸共同语对比研究，在语料方面总会有或多或少的限制，但目前总体而言还是不断向好，可以利用的资源越来越多，特别是随着大陆与台湾实现"三通"和文化经贸交流的持续进行，两岸的联系日前密切，往来也比较方便，加之互联网提供的交流之便，为实地的和网络上的语言调查提供了以往难以企及的诸多便利，应该充分利用。就后者来说，比如台湾地区的一些媒体网站可以自由访问，其中不少都提供某一时间范围内的检索服务，大陆地区自然也有更多的类似资源，而这些实际上就可以组合成巨量的实时动态对比语料库，利用它们能够方便、快捷、高效地做很多工作。

---

① 陆俭明：《全球汉语热背景下的两岸汉语学界合作的内容和思路》，《云南师范大学学报》2011 年第 4 期。

第二章

两岸词汇差异对比研究

两岸共同语中，词汇的差异最为明显和突出，所以相关的研究最多，成果也最突出。但是，即使如此，这方面也还有很多工作可做，比如既可以以某些类聚为单位，进行比较成系统、成规模的对比研究，也可以以某些有突出特点的个体为对象，来进行细颗粒度或高清晰度的描写分析，从而在整体上把相关研究推向一个新的高度。

本章中，我们以词类为纲，分别选取三大类实词，即名词、动词和形容词，每类中各选若干词，来进行较为细致的描写、分析与说明。我们考察的项目和范围，大致包括词典义、语法义和色彩义三个方面，试图使读者在尽可能多的方面对两岸词汇的差异情况形成一些新的认识。

第一节　两岸名词对比研究

现代汉语的名词众多，分类不一，这里我们按具体名词和抽象名词分别进行考察，其中前者又包括指人名词与指物名词，因此我们按两大类三小类来分别进行。

一　指人名词"干部"

查《两岸常用词典》（李行健主编，高等教育出版社 2012 年版，如本书"前言"中所说，本书以下简称《词典》），释义如下：

①政党或团体中，担任领导或管理工作的人员。［例］领导~｜班级~｜学生会~。

②★国家机构、军队或团体中的公职人员（士兵、勤杂人员除

外)。［例］国家～｜工会～。

按，标星号为大陆特有义，由此显示，"干部"一词在两岸是有差异的，似乎大陆使用的范围更广一些。但是，就一般的情况来看，是此词在国语中的使用范围更广，[①] 指称对象也更杂一些。例如:[②]

(1) 抵龟山岛后先至普陀岩祈福参拜，再视察龟山岛 401 高地周边设施，并到龟山岛安检所慰勉龟山岛海巡署干部。(2016.5.12)

按，同文中在指称同一对象时，还用到了"海岸巡防署人员"。由此显示，这里的"干部"似乎更符合大陆特有义的范围，但是却并未把"士兵、勤杂人员"等排除在外，所以包括一个较大的范围。

总体而言，国语中"干部"一词与大陆最大的不同，是大量用于指称公司、企业人员，以下均为此类用例:

(2) 受刑人王令麟入监之后，外界就传出他在监狱里可以继续办公，且公司高级干部每周都到监所开会的消息。(2014.11.14)

(3) 12 日晚发生的大爆炸造成中隆纸业 1 名台籍干部轻伤。(2015.8.13)

(4) 现任戴董事长入主悠游卡公司之后，大量进用过去其涉嫌掏空的公司成员当悠游卡公司干部。(2015.8.28)

(5) 其中数位已毕业实习生代表并已在恩智浦公司担任中坚干部要职，为双方产学丰硕合作成果提供最佳见证。(2016.2.3)

(6) 新光金控暨各子公司……鼓励多元背景的青年学子加入，以成为公司未来的中坚干部为目标。(2016.3.6)

(7) 方子杰平均每 2 天就特许接见，以利王服刑期间能与东森集团干部洽谈业务、营运事宜。(2016.3.19)

(8) 这段期间，郭台铭信守与夏普的承诺，没有外流任何一个技术和任何一张蓝图，且在 SDP 只有派任一位台湾干部，获得夏普

---

① 为求简省，本书以下用"国语"简称台湾"国语"，用"普通话"简称大陆普通话。
② 本书例句大陆的主要出自《人民日报》，台湾的主要为《自立晚报》，为省篇幅，我们只标日期，出自其他媒体的例子则标明出处和日期。

的信任，更获得 SDP 员工的爱戴。(2016. 4. 2)

以下几例用于指称饭店、酒店的从业人员，因为他们也代表企业：

（9）学校能培训，让他们在学校就有实务经验，出社会后就能到饭店当干部，几年后就能成为副总或总经理。(2014. 8. 13)

（10）（陈某）更干起贩毒勾当，将 K 他命、一粒眠、奶茶包等二、三级毒品贩卖给酒店小姐及干部赚取暴利。(2014. 10. 7)

（11）经警方长期监控埋伏，在新北市三重区 2 处民宅内，将洪嫌及其同为酒店经纪干部之友人犯嫌柯某所持有之毒品一举缉获。(2015. 1. 19)

其次，还较多用于指称各种"单位"，特别是一些民间社团的工作人员，例如：

（12）最重要的是部分学运干部虽然具有绿色的背景，但整个学运却跳脱了蓝绿。(2014. 4. 9)

（13）通常这些"老"学生因经历过"社会大学""高学力"的洗礼，不但学习精神胜过年轻人，加上自己多是单位机关的中高阶主管，也常是民间社团的重要干部。(2015. 6. 24)

（14）紧急联络 29 名布鲁塞尔地区留学生，及比利时地区台湾同学会的会长与干部，请其密切注意紧急情况，随时提高警觉。(2016. 3. 22)

再次，是用于其他一些大陆较少使用的范围，例如：

（15）由消防局第四救灾救护大队副大队长林士闵率特种搜救队干部等 5 人参加。(2015. 8. 28)

（16）警友办事处主任林清泉于 25 日率办事处干部前往分局慰问警察辛劳。(2015. 9. 26)

（17）学生时期就参加开发活动的 Tony，不仅在 DAKUO 数创中心找到创业伙伴，现在进阶成为讲师，更是游戏社群的重要干部。

（2016. 2. 1）

（18）渔业署举办的"奖励水产海事相关院校及职训中心毕业生上渔船服务"计划、"渔船干部船员训练"与"养殖青年学堂系列讲座"等，都能提供从理论到实作的完整训练课程。（2016.5.1）

甚至还可以用于指称犯罪团伙中的骨干分子：

（19）另有女性赵〇〇为首之暴力犯罪集团，以自设宫庙为据点，由其老公充任为重要干部并纠集成员，先巧立名目诱使被害人签立本票，再以恐吓、强制、妨害自由等方式胁迫偿还债务。（2014.6.4）

（20）刑事警察局会同相关单位破获一起银联卡诈欺车手集团，逮获主嫌陈〇宏、干部、车手头、车手及相关共犯等18人到案。（2015.12.29）

如果把两岸上述差异简单归纳一下，即普通话比较严格地限定在"政党或团体"，或者是"国家机构、军队或团体"的范围内使用，而国语却基本没有这样的限定，所以它的使用范围更广、用例更多。另外，大陆的"干部"多在组合中使用，并形成许多凝固形式，如我们2016年6月19日搜索百度新闻，仅在第一页的20个标题中，就有16个是在组合中使用的，不重复的有"纪检干部、党员干部、领导干部、农村干部、村干部、老干部、援藏干部、驻村干部、党务干部、离休干部"。以上用例显示，台湾"干部"多为独立使用或者用于某些临时组合中，由此也形成了两岸一个非常明显的差异。

二 指人名词"民众"

此词《词典》释义为："人民群众。［例］创造就业机会，造福广大～｜普通～。"

"民众"未列两岸差异义项，但是它的使用，两岸却有一定差异。两岸差异首先表现在使用数量和频率上，在1949年至今（2016年5月18日）的《人民日报》数据库中，包含此词的文本数为24998个，似乎已经不少，而同一日在台湾"联合知识库"中检索，这一数字是371442

个，是大陆的近 15 倍。虽然两个数据库的语料数量并不相同，所以这个 15 倍并非反映两岸此词用量的真实对比，但总体而言台湾用得多、大陆用得少，应该是不争的事实。与此形成鲜明对比的，是两地同义的"群众"的使用情况：大陆是 330733 个，而台湾则是 13301 个，前者是后者的近 25 倍。由此，我们大致可以说，大陆"民众"用得少，是因为"群众"用得多；同样，台湾"民众"用得多，所以"群众"就用得少。

因此，我们会看到很多情况下大陆用"群众"的地方台湾用"民众"，例如：

（1）台北街头一度出现 7 级强阵风，有民众被强风吹得险些滑倒，身旁友人实时伸出援手。（《中国时报》2015.9.29）

（2）由于许多民众纷纷表示希望能介绍更多亲朋好友来访，所以馆方特别加长展期至 9 月 20 日。（2016.4.19）

（3）有别于一般消防通报系统，灾害发生时仅发出现场广播通知民众，新增的远程监控系统更可同时通报管理者。（2016.5.9）

（4）房市展望保守，买房民众观望，房市交易不振，导致土增税征起件数较去年同期减少 17.3%。（2016.5.11）

普通话中，"民众"通常不单独使用，主要是用于修饰其他成分或被其他成分修饰，例如：

（5）首先是从民众的需要出发，建设提供行政服务的"服务政府"。从出生到养老，民众所需要的服务可以一站式解决。（2016.5.9）

（6）如果两岸关系不稳定，台湾民众的利益无法得到保障，最终受害的还是台湾广大民众。（2016.5.10）

而国语中，则基本没有这样的限制，其中最典型的是做主语，例如：

（7）台博馆与悠游卡公司也宣布"悠游爱地球 展翅的生命力"巡回影展活动信息，即日起到七月间，民众可凭任一悠游卡免费至光点华山电影院观赏"迷雾森林里的活宝石"影片，并可凭票根参加现场抽奖。（2016.4.22）

（8）4/30 日起连续二日，民众不妨为自己规划一趟八德商圈之旅，和全球科技趋势同步体验 VR 最新的穿戴科技、畅游不同类型刺激好玩的国内外游戏体验吧！（2016.4.28）

（9）民众除可便利支付消费外，店家亦可利用大数据来了解消费者行为，作为营运参考。（2016.4.29）

（10）如果民众对服环保替代役有兴趣，欢迎至环保署网站之环保替代役男专区查阅相关信息。（2016.5.10）

也包括做小句的主语，例如：

（11）中市府着手研议中秋是否禁止民众公园烤肉。（2008.8.28）

（12）要求民众不要在公共场所聚集，以免发生事故。（2014.5.18）

（13）欢迎民众前往河滨来场纾压的轻旅行，更欢迎民众到河滨草地野餐，享受春天最舒适怡人的温度。（2016.4.21）

（14）我们第一步先朝向英语教育功能，希望民众透过收听节目就能轻松好英文。（2016.5.5）

普通话中"民众"具有中性趋褒的感情色彩，因此不用于行为"不良"者，而台湾似乎在这方面没有明显的限制，所以就会出现以下这样的用例：

（15）台北市总计有 682 处市辖公园绿地纳入规范，违规民众将依烟害防制法处罚。（Upaper 2014.4.7）

（16）基隆市警局保安队警员上月到海洋广场，使用 M-Police 警用人脸辨识系统，取缔违规吸烟民众。（《联合报》2015.4.22）

（17）民众在脸书贴上照片痛批，虽然两天后就"有人"主动清除岩石上的涂鸦，但相关单位应该全力追查、究责，揪出没有公德心的违法民众。（同上 2016.1.12）

（18）逃兵通缉犯蔡铭华日前涉嫌在凤山市一家超商抢走醉酒民众轿车，并开车做案。（同上 2006.12.11）

（19）过去为严惩酒驾民众，提高酒驾肇事刑责……不论死伤皆只处1年以上7年以下有期徒刑。（2016.5.7）

两岸"民众"一词使用的最大差异，表现在以下方面：此词在大陆基本是作为统称使用的，所以由此可以归纳出它的第一个语义特征［＋统称］；既然是统称，那么在使用中一般就不会用于个体，因此又有了第二个语义特征［－个体］。由以上两个语义特征，就决定了此词在使用时一般不会接受那些通常与个体名词共现的表数量词语或结构的修饰。普通话的用例与此高度吻合，极少"民众"受数量结构或指量结构修饰的用例（现在这一情况略有变化，详下），而国语中这样的用例却很普遍，例如：

（20）他还当场问民众，关于5岁幼儿就读托儿所免学费的问题，没想到，竟然没有一个民众可以完整回答。（2011.11.14）

（21）今天近7千民众以接力跑步旅游，深入小镇街巷风光。（2016.4.17）

（22）三峡大豹溪4月23日当天就有288位戏水民众。（2016.4.24）

（23）（母亲节歌星联欢会）吸引近千位民众到场同欢，场面热闹温馨。（2016.5.4）

（24）涉及肯亚电信诈骗案的45名台湾民众目前仍被关押在中国大陆。（2016.5.5）

（25）今日活动现场约有百位民众，穿着轻装跟着新北市自然生态保育团队导览志工的脚步，一同探索山林奥妙。（2016.5.8）

为了对比大陆的使用情况，我们2016年7月31日在人民日报数据库中分别以"名民众""位民众"和"个民众"（台湾与"民众"组合的，主要是这三个量词）为关键词进行检索，得到的合格用例分别为92个、17个、8个，以下分别是这三个组合形式的最早用例：

（26）据新华社香港12月1日电　台北消息：昨天，台湾百余名民众聚集在台北"美国在台协会"前抗议美国众议员索拉兹率团抵台考察选举。（1989.12.2）

（27）当希拉克总统向群众招手时，我看见一名男子举枪瞄准总统，射出一发子弹之后，刺客身旁的一位民众立即猛击歹徒的手。受惊的群众纷纷逃离现场，谢拉里则扑向刺客，抓住刺客手中的步枪，另一位民众则抓住步枪的前端，把枪口朝上推。（2002.7.18）

（28）据统计，今年1月到3月，台湾共发生9952件诈骗案件，每月平均3300多个民众受害，受骗损失金额约6亿多元新台币。（2004.4.21）

三个首见用例中，有两个有明显的台湾背景，另一例也有"海外"背景；时间上也均在20世纪80年代末两岸开始交流、大陆开始较多吸收台湾用语形式以后，所以我们有理由相信这是两岸共同语开始融合后的表现，属于普通话的新用法。但是，相对于《人民日报》中包含"民众"一词的总共25351个文本数（这是2016年7月31日的检索结果，比上述2016年5月18日检索所得的24998个文本数又多了353个），这样用例的数量还是相当少的，至少说明这方面的融合还很不充分。

三 一组指物名词

汉语指物名词众多，与前边的指人名词不同，我们这里选取一组表示"饭食"的词，来进行两岸之间的对比考察。具体主要包括以下三组：

早饭、午饭、晚饭

早餐、午餐、晚餐

早膳、午膳、晚膳

我们曾经调查过各地华语（包括新加坡、马来西亚、印度尼西亚以及中国港澳等国家和地区）上述三组词的使用情况及差异，在谈及选择理由时，我们大致提到以下几点：第一，同一意思可以由三组同义词来表达，这种情况在汉语/国语/华语中并不多见；第二，餐食类词有比较稳定的使用频率，并且基本不受时间因素的影响；第三，三组词在语体色彩上有明显而整齐的从口语色彩到书面语色彩的级差，即口语（"饭"类）—中性（"餐"类）—书面语（"膳"类），其发展变化也在普通话与各地华语中有不同的表现。①

---

① 刁晏斌、侯润婕：《从餐食类名词看全球华语的共同基础》，《汉语学报》2016年第3期。

除上述三点外，以上三组词在两岸共同语中有不同的表现，并且有非常明显的历时发展变化线索，仅就此而言，也是非常值得归纳与总结的。

（一）三组词在两岸的分布情况及其变化

我们的做法是分别选取大陆与台湾各一家主流媒体进行定点调查，大陆以第一大报《人民日报》1946 年至今的图文数据库为对象，以每 10 年为一个点，分别调查以上三组词在 1950 年、1960 年、1970 年、1980 年、1990 年、2000 年和 2010 年共 7 个时间点上全年的使用量及具体用法；台湾以联合报系的联合知识库为对象，也是选取了 7 个时间点，但是具体时间比大陆错后两年，因为大陆的调查在前，而在进行台湾的调查时，才注意到联合知识库的时间起始点是 1952 年，此时如果再重新进行《人民日报》的调查会很费时间和精力，而台湾除此之外，似乎也没有与《人民日报》匹配度相对较高的其他媒体可供选择，加之两年的时间差距对总体的调查结果而言不会有太大的误差，所以我们就"将错就错"，仅就二者的数据来进行对比。

两岸两家媒体对上述三组词的使用情况如表 1 所示：

表 1   海峡两岸餐食类名词使用情况对比考察

词＼时空	1*		2		3		4		5		6		7	
	陆	台	陆	台	陆	台	陆	台	陆	台	陆	台	陆	台
早 饭	42	3	70	3	22	2	30	3	19	2	21	1	31	0
午 饭	41	3	41	8	12	4	50	4	57	2	32	3	76	0
晚 饭	50	12	87	22	17	13	65	13	52	5	45	0	72	1
早 餐	8	5	10	28	1	9	27	16	41	15	60	6	163	22
午 餐	3	6	42	10	8	8	45	15	39	7	112	24	128	17
晚 餐	8	12	33	10	5	23	32	9	41	4	55	10	56	16
早 膳	0	0	0	0	0	0	0	0	0	0	0	0	0	0
午 膳	0	1	0	0	0	0	0	0	0	0	0	0	0	1
晚 膳	0	0	0	0	0	0	0	0	0	0	0	0	0	0

注：* 这里的序号分别代表上述 7 个时间点，其中台湾比大陆错后 2 年。

以下对表中数据所反映的三组词在两岸的分布和使用情况分别进行分析说明。

1. "饭"类词

三类词中，两岸"饭"类词的分布差异最为明显和突出，其具体表现就是大陆用得多而台湾用得少。"早饭"大陆7个时间点的总用量是235个，而台湾是14个；"午饭"大陆308个，台湾24个；"晚饭"大陆398个，台湾66个。如果三词相加，则大陆总用量是941个，而台湾是104个，二者之比约为9.05∶1。虽然两岸一年报纸的总字数并不相同（具体差异很难统计），因此上述数据肯定不会比频率对比来得准确，但是再考虑并参照其他各组词的用量变化，则两岸之间的差距对比应该是真实有效的。

两岸"饭"类词使用量的差异，可以从这类词自身的语体风格以及两岸总体语言风格的差异方面寻求解释。

我们先简单地说一下两岸总体语言风格的差异。本书后面专门有一章讨论两岸语言风格差异问题，主要结论是国语在一般的表达中更注重生动性、简约性和庄雅性，并由此而与普通话产生了较为明显的风格差异。就"庄雅"一点而言，国语更具古旧色彩，更趋向于使用一些文言、古白话以及早期现代汉语的词语及表达方式等，普通话总体上则呈通俗化与口语化的特点（详后），而由此正好决定了对"饭"类词的使用取向。因为如前所述，"饭"类词的语体风格在三类词中处于口语化程度最高的一端，所以与普通话有更高的一致性和兼容性，因此用得比较多，而与国语有一定程度的不协调，所以用得就相对少一些。

两岸"饭"类词使用差异的另一个方面，是如果着眼于历时，普通话中呈明显的由多到少趋向，而国语则无明显变化。如果仅从上表看，似乎不同的时间点之间变化不大，比如"早饭"1950年42例，2010年31例，相差不多，而"午饭"2010年的76例比1950年的41例还多出不少。其实不然，因为不同年份的《人民日报》版面数是不同的，比如1950年有42例，但报纸只有6版，前者除以后者，则年均每版用量为7例；而2010年有31例，但报纸却有24版，前后相除，年均每版用量仅为1.29例，与1950年相差很多。

我们考察的各时间点《人民日报》的版数如下：

1950年6版，1960年8版，1970年6版，1980年8版，1990年8版，2000年12版，2010年24版。

如果按平均每版的使用量来对比，就能比较明显地看出差异，《人民日报》不同时间点"饭"类词每版的年平均使用量如表2所示：

表 2   "饭"类词每版年平均使用量

词 \ 年份	1950	1960	1970	1980	1990	2000	2010
早 饭	7	8.75	3.67	3.75	2.38	1.75	1.29
午 饭	6.83	5.13	2	6.25	7.13	2.67	3.17
晚 饭	8.33	10.88	2.83	8.13	6.5	3.75	3

为了使各词用量及其变化更为直观一些，下边再分别用柱形图和折线图呈现如图 1、图 2 所示：

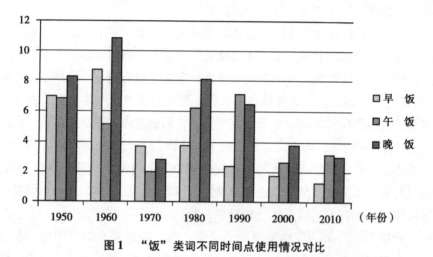

图 1   "饭"类词不同时间点使用情况对比

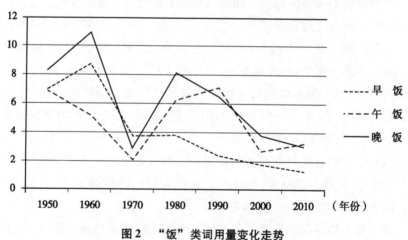

图 2   "饭"类词用量变化走势

另外，"文化大革命"期间的 1970 年各词的使用量也处于一个比较低的点上，这是非常有意思的，我们初步的解释是，因为此阶段强调和突出的是"斗争"，对日常"生活"的关注和反映远少于其他各阶段，因此"最生活"的"饭"类词（包括"餐"类词等）用得都比较少。社会语言学的主要旨趣是从社会看语言和从语言看社会，而无论朝哪方面看，社会生活与某些词语类聚的使用及其变化的关系，应该都是一个非常好的观察角度，我们这里的考察对象就是一个很好的例子。

2."餐"类词

如果仍然从上边使用频率和历时变化两个角度来看，则两岸"餐"类词的使用情况与"饭"类词有所不同：大陆总体使用频率少于台湾，而历时变化则表现为从少到多。以下我们分别讨论。

表1显示，台湾"餐"类词的使用大致有以下两个特点：

其一，同期"餐"类词的使用量均比"饭"类词高，这一点在表中反映得非常清楚。就总的用量及其与大陆的对比而言，"早餐"大陆7个时间点的总用量是310个，而台湾有101个；"午餐"大陆377个，台湾87个；"晚餐"大陆230个，台湾84个。三词相加的总用量，大陆是917个，台湾是272个，两岸之比是3.37∶1。与"饭"类词的9.05∶1相比，很显然台湾"餐"类词的使用量要比"饭"类词高出许多。

其二，总体使用频率比较平稳，前后相比没有大的起落，表明此类词一直是国语中饭食类词的主体。

就普通话而言，"餐"类词的使用很有特点，特别富有现代汉语史的内涵，因此非常值得探讨。

"餐"类词的使用量虽然略低于"饭"类词，二者相差无多，但是如果着眼于历时，却有非常明显的发展变化，具体表现为以下两个方面。

第一，使用量呈非常明显的前低后高走势。这一点由表1反映得非常清楚。为了使这一点更加显豁，我们在表2的基础上增加"餐"类词的年平均每版使用量数据，对比如表3所示：

表3　　　　　　　"餐/饭"类词每版年平均使用量对比

年份 词	1950	1960	1970	1980	1990	2000	2010
早餐/饭	1.33/7	1.25/8.75	0.17/3.67	4.5/3.75	5.13/2.38	5/1.75	6.79/1.29
午餐/饭	0.5/6.83	5.25/5.13	1.33/2	5.63/6.25	4.88/7.13	9.33/2.67	5.33/3.17
晚餐/饭	1.33/8.33	4.13/10.88	0.83/2.83	4/8.13	5.13/6.5	4.58/3.75	2.33/3

根据表 3 数据，我们以柱形图见图 3 描述"餐/饭"类词每版年平均使用量对比值。以 1950 年的"早餐/饭"为例，该项比值为 1.33/7，即 0.19。当比值小于 1 时，表明"餐"类词的用量少于"饭"类；当比值大于或等于 1 时，则表明前者大于或等于后者。所以，"餐/饭"类词的比值变化，其实也就是"餐"类词使用量的变化，比值越高，自然表明"餐"类词的使用量越大。

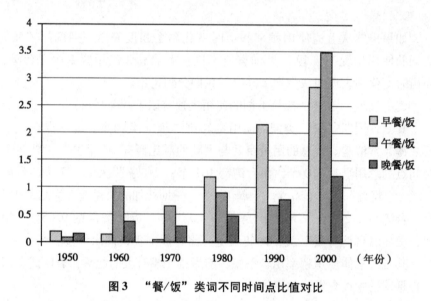

图 3　"餐/饭"类词不同时间点比值对比

为了使上述比值变化更加直观，再以折线图的形式呈现（见图 4）。

第二，使用范围有非常明显的前后变化，这大致在两个方面表现出来，而两方面都是"饭/餐"类词此消彼长的重要原因。

其一是不同时期的使用场合不同。大致以 20 世纪 70 年代末 80 年代初为界，此前"饭"类词基本用于一般的日常表达，而"餐"类词则多用于比较"正式"或"涉外"的场合（二者经常是重合的）。

在这一阶段，"餐"类词差不多有 80% 以上用于外事报道，例如：

（1）声明说："8 月 10 日上午，总评议长太田薰同正在访问的中国代表团团长刘宁一共进早餐。"（1960. 8. 12）

（2）阮昆副总理等越南战友还同战士们共进了午餐，进行了亲切的谈话。（1970. 10. 6）

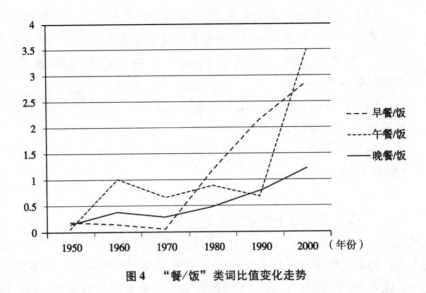

图4 "餐/饭"类词比值变化走势

以上二例中的"餐"均不可以用"饭"替换，这说明二者已经初步实现了语体功能分化，或者说在语体色彩上初步形成互补性分布，即一个"俗"一个"雅"，一个日常一个正式。这一点，在与二类词直接相关联的动词的选择上也能体现出来："饭"类词最主要的搭配动词是"吃"与"做"，另外还有个别"用"的例子；而"餐"类词主要的搭配动词是颇具文言色彩的"进"，其次是"用"。

再看一个两类词的对比用例：

（3）其中一个学生说："以前我每顿午饭大概要花三四元钱，自从学校去年免费供应午饭后，这几元钱我就省了。"（《周口5个试点县部分农村学校为学生提供营养午餐》，《周口晚报》2012.2.24）

按，此例记录学生原话用"午饭"，而标题中则用"午餐"，两相比较，语体风格的差别还是比较明显的。

进入20世纪80年代以后，"餐"的"雅"与"正式"色彩逐渐褪去，其表现之一就是更多地用于"一般"场合，表现之二是开始经常与普通的常用动词"吃"搭配使用。以上两点实际上也是本阶段"餐"类词用量增加的原因之一，由此也造成了前后阶段之间的差异。

以下举几个"早餐"的用例：

（4）为了挤出更多的时间用到四化建设上去，上海人民正在改变着在家吃早餐的生活习惯。据测算，现在每天早上六点半到七点半之间，大约有一百六十多万人在街头店、摊头吃方便早餐。（1980.4.24）

（5）队员们还抱怨早餐吃不饱。加拿大队与组委会交涉，并声称要搬家。（1990.7.18）

（6）早上6点起床，打网球，吃早餐，看看报纸和电视新闻。（2000.12.22）

另外，"餐"类词在不同时期组合能力不同，这也是造成其使用量明显变化的一个重要原因。20世纪80年代以前，"餐"类词的组合能力普遍不强，相对比较多用的组合形式似乎只有"早/午/晚餐会"等有限的几个；进入80年代以后，它们却活跃起来，大量地用于构成新词语，这自然造成了前后阶段之间使用范围上的不均衡。

"餐"类词作为组合成分构成一个新词语，在当下很常见。2016年5月2日，我们在百度新闻上分别以"午餐"和"午饭"为关键词进行检索，其中一共得到含"午餐"的新闻37页（每页20条），我们见到的不重复的组合形式有以下一些：

免费午餐、爱心午餐、放心午餐、营养午餐、商务午餐、慈善午餐、特惠午餐、工作午餐、问题午餐、阳光午餐、春蕾午餐、校园午餐、公司午餐、学生午餐、待用午餐、创意午餐、花样午餐、街头午餐、方便午餐、健康午餐、希望午餐、减肥午餐、平价午餐，美味午餐、自助午餐、午餐演讲会、午餐市场、午餐会、午餐费、午餐盒、午餐篮、午餐铃、午餐肉、午餐包、防盗午餐袋、免费网络午餐、午餐难、午餐便当、午餐工程、午餐时光、午餐时刻、午餐经济

此外，还有一些"虚化"的用例，如"经济午餐、精神午餐、语言学午餐、免费法制午餐、财经午餐"等。

以上词语绝大多数都不能以相对应的"饭"类词取代，而我们同时以"午饭"为关键词检索到的组合形式却只有以下几个：

午饭时间、午饭便当、爱心午饭、免费午饭、午饭难、年午饭、午饭恐惧症

再比如"早餐"，其组合形式有"早餐工程、早餐店、营养早餐、早餐专区、早餐配送、音乐早餐、放心早餐、阳光早餐、早餐车、早餐（网）点"等。

此外，还有一些临时的组合，取"饭"类还是"餐"类，也有明显的倾向性，例如"免费的午餐/晚餐，最后的午餐/晚餐"，大致就不宜用"饭"类词取代；就是像"丰盛的晚餐、标准的午餐"这样的组合，因为用了书面色彩相对浓厚一些的修饰语，也不太适合与"饭"类词组合。

3. "膳"类词

《现代汉语词典（第6版）》（以下简称《现汉》）未收"膳"类词，表明该词典的编纂者们认为这类词在现代汉语中已经退出使用了，而台湾的《重编国语辞典（修订版）》收"早膳"和"晚膳"。

表1的数据似乎也提供了事实的支持：普通话的7个时间点均无用例，而国语中"午膳"有2个用例。

为了进一步了解两岸"膳"类词的真实使用情况，我们扩大了调查范围，即在整个《人民日报》和联合知识库的范围内进行检索，为了更好地进行两岸之间以及与另外两类词之间的对比，我们同时也调查了另外两类词的总使用量，调查的时间是2016年4月30日。

《人民日报》数据库中包含以下各词的文本数分别是：

早饭 1895　　　午饭 2777　　　晚饭 3529
早餐 2048　　　午餐 3560　　　晚餐 1877
早膳 3　　　　　午膳 6　　　　　晚膳 4

联合知识库中包含以下各词的文本数分别是：

早饭 147　　　　午饭 677　　　　晚饭 1439
早餐 15322　　　午餐 17814　　　晚餐 13371
早膳 6　　　　　午膳 39　　　　　晚膳 18

以上数据显示，无论是在大陆还是台湾，"膳"类词都是极少地、偶尔地使用。但是即便如此，在两岸的使用中也还是有比较明显的不同。具体来说，就是大陆是"有条件"的使用，而台湾则是"无条件"的使用。

这里的条件，主要是指语境及叙述对象等的限制。

当今普通话对"膳"类词的有限使用，主要限定在三种场合，一是涉古的作品，如姚雪垠的《李自成》中就有六七例；二是翻译作品，比如《源氏物语》中仅"早膳"就有4例；三是关于港台的新闻报道。①

反观国语，虽然用例不多，但是却没有上述限制，因此都是一般语境中的现实使用，例如：

（7）桃园县政府举办午餐研习营活动加强学校午膳供应质量。（2005.5.28）

（8）可怜的明朗，甚至是头湿湿的跟妻子和外母大人共进晚膳的，吃完饭后才准许去洗头。（2005.5.3）

以下一例用于构词：

（9）商业午膳券，1张480元+10%，周年庆期间买10张送1张。（2015.7.30）

以下再举几个《联合报》的用例：

（10）市警城中分局说昨天上午八时四十分左右，五十六岁的森胜夫在忠孝西路希尔顿饭店二楼早膳，他将皮包搁在座椅上，即径自取用早餐。（1997.7.12）

（11）随后刘守成陪信众一起午膳，闲聊家常。（2015.11.29）

（12）日前有狗仔队拍到许志安与好友张卫健母子和吴国敬等一起晚膳，只见安仔与一位貌似张茜的女子同行。（2013.11.26）

---

① 刁晏斌、侯润婕：《从餐食类名词看全球华语的共同基础》，《汉语学报》2016年第3期。

以上几例，"膳"类词都用于陈述，表达的是"进/用早/午/晚膳"的意思。关于这样的用法，我们将在下一部分进行讨论。

以下对三类词在两岸的使用情况及其发展变化进行简单的总结：

第一，三类词中，"膳"类词在两岸都趋于萎缩，但相对而言大陆更甚；

第二，"饭"类与"餐"类词的使用频率都有一定程度的此消彼长的变化，这一点大陆远比台湾明显和突出；

第三，三类词在语体色彩上呈明显的互补分布格局，虽然在长期的使用和发展中有一定程度的模糊，但大体上的区分还是比较清楚的；

第四，"餐"类词与"饭"类词出现功能分化的趋势，具体表现是前者更多地用于构成新词语，而后者则主要还是在原有的范围内使用，这一点也以大陆的表现更为明显和突出。

（二）三组词在两岸的用法差异及其变化

以上三类词在两岸的用法也略有差异，并且还有历时性的变化，以下对此进行讨论。

1. 台湾的使用情况

在早期现代汉语中，以上三类词，除了指称"饭食"外，有时还表示"吃饭食"的意思，用如动词。比如，"早餐"有时就是"吃早餐"的意思。我们曾经以《东方杂志》（1904—1948 年）为对象，作过一个调查，① 具体做法是"饭""餐"类词各顺次取 100 个，看它们名用和动用的数量，"膳"类词因为用量相对较小，对其全部用例进行统计，具体结果如下：

早饭：96：4；早餐：85：15；早膳：25：10

午饭：98：2；午餐：76：24；午膳：35：25

晚饭：99：1；晚餐：75：25；晚膳：31：18

比如"早饭"，在 100 个用例中，有 96 例指早上所吃的饭，另 4 例义为吃早饭，即用为动词。

台湾的三类词中，分别都在一定程度上保留了早期现代汉语中可以动用的习惯，比如《重编国语辞典（修订版）》收"早膳"一词，义项一

---

① 刁晏斌、侯润婕：《从餐食类名词看全球华语的共同基础》，《汉语学报》2016 年第 3 期。

为"吃早餐",义项二为"早饭"。"饭""餐"类的 6 个词也都收录,但是均未列动词义。然而,在实际的使用中,三类九个词基本都有动词用法,以下各举一个台湾《联合报》的用例:

(13)可是事有凑巧,有一次有一位美国朋友刚来观光,我伴他旅游,早晨到一家点心店里去早膳,他看见邻桌上一位小姐在吃馄饨,吃得津津有味,于是他也要一碗。(1980.1.14)

(14)据消息称,"哥哥"前天上午十一时许独自开车外出,先与设计师好友莫华炳一起午膳,双方聊了很久,莫华炳感觉不到他有异样。(2014.4.3)

(15)李登辉一行将于傍晚提前至机场附近的饭店晚膳,然后于晚间搭长荣班机离英。(2011.7.2)

(16)漱洗方毕,世旭过来接去早餐。(1986.2.27)

(17)大地酒店主打雪花、樱花齐飘的浪漫美景,并为游客准备野餐盒,在花落缤纷的绿野上,优闲午餐。(2016.3.3)

(18)十九日蔡英文在自宅邀宋楚瑜晚餐,双方交谈多项攸关全民的问题,当然两岸问题是前提。(2016.4.22)

较早一些的时候,"饭"类词也有同样的用法,例如:

(19)出来时,陈雪屏邀先生到他家去午饭。(1984.5.5)

(20)早上碰见荷西,说有同胞来晚饭,要去大菜场吗?我也跟去。(1978.11.16)

由上引用例我们可以初步得出以下的结论:

第一,国语中,沿袭以前,基本保留了三类词的名、动两种用法;

第二,各类词的动词用法频率普遍较低,但还是比大陆高一些;

第三,一般多属"自由性"的使用,表明其确实属于"现实使用中"的用例;

第四,如果着眼于历时,动用形式似乎呈减少的趋势,比如根据对《联合报》"餐"类词的调查,1951 年名用与动用的比例是:早餐 16∶2,午餐 69∶7,晚餐 23∶4;1961 年是:早餐 106∶4,午餐 230∶29,晚餐

134：15。但是，在 2001 年、2011 年、2015 年三年中，却没有出现动用的例子。虽然我们知道该报应该会有动用的例子，但是前后对比，差异还是比较明显的。

2. 大陆的使用情况

以下，我们就结合上边归纳的台湾动词用法的四个方面，再对比性地考察一下大陆的情况。

总体而言，以上三类词的动用情况在大陆各不相同："饭"类词基本不动用，"膳"类词只有极个别的用例，"餐"类词也很少。

《人民日报》1950 年全年的用例中，只有"晚餐"的 8 例中有 2 例动用，分别为：

（21）再说哥德堡大会散会后，十来位主人——大会主持人、哥德堡海员工会的负责工作人、进步的文化艺术界的代表们，邀我们去一家饭馆晚餐的时候，即席谈心，特别亲热。（萧三《人民是爱好和平的　从斯德哥尔摩归来》）

（22）威斯敏斯德大教堂、冬宫、约翰·潘胖特·摩尔根的富丽堂皇的公馆以及巴黎交易所经纪人在那里晚餐的"巴黎咖啡馆"的时钟打了十二下了。（H 爱伦堡《半世纪》）

在我们统计的《人民日报》1960 年和 1970 年两个时间段里，均无动用的例子，"餐"类词再一次出现动用的是改革开放后初期的 1980 年。在 45 例"午餐"中，有 4 例动用形式，大致表明随着"餐"类词使用频率的增加，其"传统"的用法也开始复显，例如：

（23）他表示约我来就是想和我一道吃午餐。我一看表，如果在他家午餐，大约还要谈上两个钟头，这样他一定更加吃力。（1980.3.18）

（24）他的妻子刚下班回来，虽然初次见面，却象老朋友般一再留我午餐。（1980.7.24）

此后，"餐"类词的动用形式一直偶有所见，并且似乎时间越靠后，用例越稍多一点。这里按年份排列于下：

（25）北京市政协委员去亚运村工地参观，给他们留下印象最深的，不是已巍然耸立、蔚为壮观的建筑群，而是近万名建设者在鹅毛大雪中蹲在露天午餐的情形。（1990.3.28）

（26）1975 年春节，我家正晚餐，在爆竹声中，有人来告知，"曹瑛同志释放回家哪！"（1990.9.2）

（27）导游一说要到阿尔伯特湖边休息并午餐，乘客们立即有了精神。（2000.3.10）

（28）去萧县早餐后，与宋伟、汪军一行驾车去徐州，先参观了龟山汉墓。（2010.1.5）

（29）非洲联合馆附近可以晚餐。（2010.4.24）

（30）瑞兹的家两室一厅，厅很大，足以容纳当晚的三四十人席地晚餐。（2010.12.21）

（31）"中午 12 点在县委机关灶午餐，晚上 6 点在县委机关灶晚餐"，这是 1 月 14 日陕西省委巡回督导组来留坝县检查教育实践活动工作接待方案里的安排。（2015.1.20）

（32）那天参观完摩耶精舍，溯外双溪进入山中午餐。（2015.11.21）

（33）饶公在两个女儿的搀扶下来到跑马地一家潮州餐厅，与记者和几位文化界朋友午餐。（2015.12.13）

（34）信中大部分内容是关于开学的具体安排，如报到当天家长要带孩子先去哪里，会见到谁，谁会带孩子去教室，几点午餐，几点放学，家长在哪里等候，接送孩子如何停车等等。（2015.12.27）

"膳"类词中，在我们调查的《人民日报》7 个时间点中，只发现两个"早膳"动用的例子，即：

（35）清晨，我们一起在屋前广场上散步，来回往复，有时绕着屋子走两圈，然后到餐厅早膳。晚饭以后，一起缓缓地翻过小坡，到一里外的大剧场去看电影。（1981.4.10）

（36）那一年父亲尚健在，妻上班时在桌上留下几个生汤圆，给我和老父亲早膳。（2008.11.4）

按，以上两例中，前一例出自一篇题为《回忆是为了前瞻》的文章，作者是著名学者唐弢。唐氏生于1913年，20世纪30年代起开始发表作品，所以这里的"早膳"及其动词用法，反映的应该并非当下的语言实际，而正是早期现代汉语的用法。另一例的作者谭慕平出生于1932年，长期从事戏剧、影视文学创作。就此例中的其他用词，如"尚""妻"等看，似乎是走"复古"的路，但是"早膳"却用得不够地道，因为这里是"当早膳"的意思，与一直以来的"吃早膳"有所不同。

四　抽象名词"事迹"

以下，我们再以三个抽象名词为考察对象，继续探讨两岸名词方面的差异，本小节先考察"事迹"。

此词《词典》的释义是："曾经做过的较重要的事情或留下的业绩。［例］光荣～｜伟人～。"《现汉》释义是："个人或集体过去做过的比较重要的事情。"根据上述释义归纳一下，"事迹"的使用大致有两点限制：一是不用于日常的琐事，二是限于"好事"而不是"坏事"，可以记为［－琐事］［＋好事］。正因为有上述语义特征，所以，日常所见最多的是"英雄事迹、先进事迹、典型事迹、模范事迹、感人事迹"等。即使不与其他修饰语共现，"事迹"一词的上述意思也是非常清楚的，比如以下一例：

（1）12岁男孩救人溺亡无见义勇为证书：事迹不突出。（扬子晚报网2016.5.16）

以上说的主要是普通话中的情况，国语中虽然也有这样的意思，但是限制却远没有大陆严格，由此就造成了其使用范围更大一些，以下分别举例说明。

首先，此词可以用于表示日常琐细的事情，例如：

（2）特广征对加工出口区最有贡献之50人小故事，征文活动以"创造加工出口区经济奇迹"或"对园区成长有贡献"之人物为主题，举凡其相关之个人事迹、趣闻、小故事均可。(2016.4.15)

按，由上文的"小故事"以及与"事迹"并列的"趣闻"等，表明其并无明显的"重要"性。

以下几例大致也是如此：

（3）昨日亦表扬 7 月份好人好事事迹，共 14 名警察获颁壹千元奖金。（2009.7.16）

按，此例"好人好事事迹"的组合形式对大陆读者而言陌生化程度比较高，而"事迹"与"好人好事"的并列，则知亦并非大事。

（4）在海葬船舶启航奔向外海时，主办单位为了安慰家属的伤痛之心，特别请多媒体制作公司于出发前访问了家属，请家属提供每一位亡者生前的照片及各种事迹，制作成 DVD。（2009.5.7）

（5）由八田与一所督造的乌山头水库，更是不容错过的景点。除了聆听导览员解说八田先生的故事与事迹，更实地了解水库及坝体设施，与其对嘉南平原深远的影响。（2016.4.23）

其次，是用于"非自主"的所指。

普通话中"事迹"隐含"做"的意思，所以应该含有［＋主动］的语义特征，而在国语中，例（4）就显示了这方面限制并不严格。其实，在实际的使用中，确实有一些并非有意为之的事情或经历等，也可以用"事迹"来表达，而此时它的语义特征是［－主动］，这也是其使用范围大于普通话的一个重要表现，例如：

（6）美国观众可以登录 discovery. com/treasurequest 深入了解 TREASURE QUEST 节目中介绍的沉船事迹。在线专题包括了沉船巡礼、失事时间表与宝藏明细，内容详列深海打捞出的钱币与工艺品种类。（2009.2.3）

按，这里的"事迹"是属于沉船的，"沉船事迹"也就是关于沉船的各种事情。

以下两例均为"受难事迹"，其［－主动］的意味就更加浓厚了：

（7）此次屏东地区所采集的受难事迹，计有 4 名。（2011. 2. 19）

（8）此次的展览总共搜罗了 129 位当年户籍设在新北市的受难者与受难事迹，更是首次以新北市的角度来呈现二二八事件受难者的图文故事。（2016. 2. 22）

正因为普通话中"事迹"隐含"做"的意思，所以它一般就不能再与"做"等动词共现，构成述宾关系，而在国语中，却似乎不大受这样的限制。例如：

（9）创造出此一不凡的杰出佳酿，是为了纪念公元 1263 年麦肯锡家族的领袖做了一个大胆的事迹。（2015. 7. 14）

国语"事迹"与大陆使用范围不同的第三点表现，就是也可以用于"好事"以外的其他事情，甚至是"坏事"。

我们先来看几个"中性"的用例：

（10）这起事迹发生在 9 月 24 日上午 8 时许。（2013. 10. 4）

按，此例上文有"一名妇人跑到基隆港跳海，港警局派出警艇前往救援，无奈快灭顶的该妇仍不领情，生死紧要关头，英勇的港警下水好言相劝，才把她救上岸并送医治疗"，"这起事迹"指的就是这件事情，很显然并不是什么"好事"。

（11）她能问事。她能画符。感应的事迹相当多，很灵验！（2012. 12. 8）

（12）据传相当灵验的事迹更让参拜信众络绎不绝，俨然已是台北市参拜四面佛的重要据点。（2013. 2. 1）

（13）石门乾华十八王公庙因忠犬护主的故事加上灵验事迹频传，不仅成为北台湾最知名的有应公信仰地，并带动祭拜供品——粽子成为石门地区特色美食。（2014. 9. 26）

在此基础上进一步，就是不好的事情了。有的似乎不是特别恶劣，例如：

（14）我们只希望正义之气长存，但不愿遗憾的事迹再度发生。（2008.3.28）

（15）二仁溪最著名的"事迹"，就是"民国"七十年代之后，开始出现于河床燃烧废五金的熔炼业和酸洗造成严重的污染。（2015.5.21）

按，后一例"事迹"加了引号，似乎还有一点"正话反说"的意味，而接下来的例子就是表示明显的贬义了：

（16）最近马英九被朝野骂得臭头，不可能会有正面的信息。作者所撰写的内容，并没有跳脱朝野骂马英九的事迹，怎么会扯出正面的表述？（2012.11.25）

（17）民进党再添一则乌龙事迹，宇昌案蔡主席违法与否应交由司法单位判断，社会观感如何将交由人民判断。（2011.12.23）

再进一步发展，就是程度更高的贬义，主要用于对违法乱纪事项的叙述，例如：

（18）若是揭发马政权背叛人民的事迹成为媒体焦点，就会使人民注意政治运动的内容。（2013.9.17）

（19）可是蒋家不只没有让勾结黑道的事迹曝光，还利用"一清项目"扫黑的机会，将"盟友"抓去坐牢，以方便切割黑道。（2014.4.10）

（20）（蔡正元）任内只看党意、藐视民意，不适任事迹罄竹难书。（2014.11.15）

（21）近来苗栗县新科县长徐耀昌频频为空虚的县库叫屈，媒体也多次起底刘政鸿预算浮滥的事迹。（2015.5.10）

最严重的就是作奸犯科的事实，而这样的事情用"事迹"来表达的也并不罕见，例如：

（22）经过长期跟监搜报，将潘嫌犯案事迹提报警政署核准后，于昨日在桃园市县府路将潘嫌通知到案。（2008.3.18）

（23）游姓女学生吓得激烈反抗，拉扯中，手部遭水果刀划伤，所幸趁机将房门打开尖声大叫，色狼见事迹败露才夺门而逃。（2004.11.15）

（24）陈嫌见事迹败露，快步夺门而出，骑上机车试图逃逸。（2005.1.3）

我们所见的这一类组合形式再如"犯罪事迹、不法的事迹、轻狂的事迹、残害人民的事迹、一些怪力乱神的事迹、发迹事迹、内神通外鬼的事迹"等。

以下用语义特征的对比呈现方式，总结归纳两岸"事迹"意义及用法的差异：

大陆：〔－琐事〕〔＋好事〕〔＋主动〕

台湾：〔±琐事〕〔±好事〕〔±主动〕

五　抽象名词"面向"

《词典》未收该词，《现汉》第6版也未收，《现代汉语规范词典》（以下简称《规范》）收录，标注为动词，释义为"面对着；着眼于"，所举例子是"屋子～大河｜～未来"。

在国语中，"面向"一词相当常用，仅《自立晚报》2003年至今含有此词的文本数就有2800多个，其中仅有少数是与大陆相同的动词用法，比如以下一例：

（1）第四是面向青年，培养两岸经贸合作新生力量。（2016.4.12）

绝大多数都是与大陆不同的名词用法，以下仅就近期的用例酌举若干如下：

（2）在乐活职场上，该处从食、医、住、行、育、乐六大面向推动有效行政服务。（2014.8.29）

（3）在客语向下扎根、丰富客家节庆、活络客庄经济等面向，均有良好成果，值得肯定。（2016.3.17）

（4）针对市场、产业、功能、形象等各面向，汇集政府相关资源，研提创新作法。（2016.4.12）

（5）瀚亚投资与瑞万通博合作，除了有良好的绩效作为后盾，对于产品、业务两大面向更有互补综效。（2016.5.12）

这样的"面向"与普通话的"方面"意思大致相同。其实，国语中，同样的意思有时也用"方面"来表示，例如：

（6）在"永续"方面，则将从"建筑节能"、"节能减碳"及"节约用水"三大方面推动深化措施，以使经济与环境平衡发展。（2014.12.30）

（7）FTA包含很多层面，例如投资、租税、电子商务等方面的经济合作。（2016.3.8）

以下一例"方向"与"面向"并用，意思应该是一致的：

（8）在推动智能国土发展方面，将藉由信息科技建立人民、环境及社会三个面向的互动关联。（2015.4.15）

然而，名词用法的"面向"还不仅仅是"方面"的意思，以下用例就能说明这一点：

（9）Big Ben Limited Edition英国伦敦大笨钟限量版腕表，从表壳到表带，到表盘与机芯，都以多重的细节呼应这新歌德式建筑的面向。（2016.3.27）

（10）高总经理一再强调土银要以"调结构、拉利差、增手收、零弊端、创商机"等五大面向推动多元化业务。（2015.9.3）

按，这两例中的"面向"大致表示面向的目标，与"着眼点"的意思相近，这样才与句中的"呼应……的面向"和"以……五大面向"相一致。

这样的用例在国语中很多见，再如：

　　（11）衡量多方意见与面向，这角色最适合。（2016.2.17）
　　（12）成功结合百货、艺术与休闲娱乐多样性的面向，为消费者提供农历春节假期最佳游逛去处。（2016.2.17）
　　（13）基于健康促进服务产业具有跨专业特性，故推动以民众需求为主要面向，整合产业化发展潜力。（2016.3.8）
　　（14）审视词曲中是否表现出本活动之诉求——轻快、有活力、能振奋人心、易懂易唱、适合老少咸宜演唱为原则，以展现"希望、关怀、感动、快乐"之四大面向。（2016.4.27）
　　（15）本次论坛议题，扣合当代社会价值的发展趋势，及青年实作计划关注的课题面向，共分为"设计思维下的小区及社群参与"……五项议题。（2016.5.14）

与一般的"方面"不同，这样的"面向"大致都有［＋主动追求］的语义特征，即表达的是一种主动朝向的目标，与普通话"方向"的意思较近。以下一例就是"面向"与"方向"并用：

　　（16）建设局长朱正珏指出，远东集团在北部的通讯数字园区，由于有远传及与速博等电信服务业者进驻，提供实际营运开放式测试平台，吸引第三方共同发展电信产业，与高科电信技术中心发展方向一致。而高科电信技术中心目前所规划的项目计划……都可以配合远东集团电信事业发展面向，串连成南北电信专区增加附加价值。（2005.2.24）

下一例采取的是"朝向……面向"的形式，"面向"也是"方向"的意思：

　　（17）节目表演方式将朝向现代、海洋、多元、科技、永续等面向呈现，让世界了解高雄、了解台湾。（2004.8.25）

以下各例均可作如是观：

（18）第一句思考正确的真理，是探讨股市基本面的面向，验证市场有无大幅上涨的理由。（2005.4.10）

（19）文化局局长徐芬春表示，艺文表述的面向多元，这群口足画家的画作用色与布局不凡，可理解他们的生命价值的卓越。（2006.7.26）

（20）让身障朋友从精神及生活自立的面向多方发展。（2015.11.15）

（21）由于过滤产品销售面向广，且横跨液体与气体双领域，因此近年来积极研发跨入滤膜的上游垂直整合领域。（2016.4.12）

如果〔＋主动追求〕的语义特征进一步凸显，那么"面向"大致就有了"取向、趋向"之义，例如：

（22）徐明丰的新作系列以粗犷黝黑的笔触纵横画面，自然流露朴实感性的面向，以强烈的黑白对比色表达酣畅淋漓的思绪。（2004.1.2）

（23）十四日的场次更特别邀请南艺所的张照堂教授出席，讲评纪录片工作者创作影片的多重面向。（2004.2.10）

（24）招生博览园游会中，九所高中职校特别安排各校的优秀社团表演，……给国中生体验高中社团的多元面向。（2004.4.22）

（25）仿古是其作品中的一个重要面向，虽然晓芳先生在仿古领域之成就有目共睹，但却不能就只视其为一仿古之艺术家而简单地加以概括。（2004.12.2）

简单地总结一下：国语中"面向"的词性和词义均比普通话丰富，它兼有动词和名词两个词性；在名词义上，大致可以与普通话的"方面、方向、取向、趋向"这样一组词构成同义关系，因此是非常具有国语特色的一个词。

六　抽象名词"弱势"

"弱势"《现汉》标为名词，释义一是"变弱的趋势"，二是"弱小的势力"。《词典》未收此词。"弱势"在台湾的使用频率比大陆高得多,我们曾就此做过简单的对比统计: 《人民日报》从 1946 年创刊至今(2016 年 6 月 7 日)的 70 年间,含"弱势"的文本数共有 3883 个;相对于该报而言,台湾的《自立晚报》是一家小报,但仅在其提供的检索范围内,即 2003 年年底至今,就有大约 6000 个包含此词的文本,而在近十年的联合知识库中,我们更是搜寻到 57018 笔资料。

从表面上看,"弱势"一词在两岸似乎没有区别,但这不是事实,事实上它在两岸的使用还是有比较明显区别的,我们试从"用法"的角度对其差异作以下的概括:

台湾: [+ 高频] [+ 涉人] [±指称] [±组合]

大陆: [+ 低频] [- 涉人] [+ 指称] [+ 组合]

以下我们就由此入手来展开考察与分析。

作为一个"词",国语与普通话的用法大致有以下两点不同:

其一,台湾"弱势"常用为指人名词,指代在某一或某些方面处于弱势的人,例如:

(1)警察是带枪的弱势,因为工时长、勤务繁重、难以兼顾家庭生活,才使人才大量流失。(2015. 10. 28)

(2)这些钱也帮助了更多弱势,做了很多事。(2016. 1. 14)

(3)社会局的工作包罗万象,社工人员也十分辛劳,不管是弱势、幼儿、妇女、老人、身心障碍者等,都是服务的对象。(2016. 3. 22)

(4)今日受表扬的模范母亲各有特色,除有传统的慈母妈妈,还有为弱势发声,积极参与社会服务的公益妈妈。(2016. 4. 30)

(5)过去民进党长期在野,与社会运动者、弱势站在一起,因为他们比较弱势,没有资源、没有社会角色来发声。(2016. 4. 30)

(6)以关怀弱势为主题的竹田乡端午佳节送暖联欢晚会,28 日晚上在竹田乡公有零售市场前举行。(2016. 5. 29)

其二,用为陈述性成分,《现汉》所标注的名词词性不能涵盖这一部分用例。例如:

（7）蒜农今天亲自说出自身困境，令人深刻体会他们在台湾农业中是最为弱势的农民之一。（2014.6.11）

（8）现在是国民党弱势低迷的时候，改革更需要耐心和包容，希望大家共体时艰。（2015.11.24）

（9）但观察此次选前台股比预期弱势，提前反应选举变数与FED可能升息。（2015.12.15）

（10）如果台北市政府面对市民身家财产、建筑安全影响甚巨的土壤液化数据，都可以产生各种疑云黑箱，则一般的市民又是何其弱势啊！（2016.3.15）

（11）美元可望维持强势，并使日圆相对弱势，这样反而有助于日本的外销出口产业获利增加。（2016.4.11）

（12）难道经济弱势没得选择的人，就一定只能接受健康危害风险高的瘦肉精猪肉吗？这不公平。（2016.4.27）

作为固定语言单位的构成成分，"弱势"在两岸的使用有非常明显的范围差异。

国语中，"弱势"主要用于构成指人的各种组合形式，在《自立晚报》2014—2016年的大约800个文本中，不重复的组合形式就有以下一些：

弱势族群、弱势群众、弱势民众、弱势家庭、弱势朋友、弱势儿童、弱势学童、弱势孩子、弱势里民、弱势妇女、弱势长者、弱势长辈、弱势老人、弱势军眷、弱势荣民、弱势官兵、弱势青年学子、弱势移民、弱势劳工、弱势农民、弱势住户、弱势用户、弱势对象、弱势团队、弱势独老、弱势独居长者、弱势边缘户、弱势单亲家庭、弱势人民、弱势病患、弱势外配、弱势生命、弱势小生命、弱势同胞、弱势基层运动员、弱势者、弱势户、社会弱势、就业弱势

以及一些与人相关的组织、地区或活动等，如：

弱势团体、弱势社福团体、弱势机构、弱势单位、弱势地区、弱势身份、弱势助学、弱势加额补助、弱势人文关怀、弱势照护、弱势

关怀、弱势照顾、弱势扶贫、弱势就学制度、弱势平权、弱势优先

与人无关，表示经济活动状况的也有以下一些：

　　弱势美元、弱势欧元、弱势货币、弱势反弹、弱势抵抗、弱势盘整、弱势运行、弱势产业、弱势格局、弱势微型保险

　　而我们 2016 年 6 月 7 日在百度新闻进行检索，前 15 页计 300 条中，"弱势"构成的组合形式几乎都是关于股市或市场运行及其表现的，如"弱势盘整、弱势震荡、弱势格局、弱势整理、弱势下行、弱势走低、弱势下跌、弱势回调、弱势承压、弱势行情、弱势表现、弱势下探、弱势回落、弱势反弹、弱势市场、虚假弱势、弱势氛围、弱势格局、弱势运行、弱势维稳、弱势波动、弱势开盘、弱势纠结、弱势平衡、弱势横盘、弱势偏空、弱势股、弱势多头主导、弱势特征"，用的基本都是"强势"的相反义，其意义及使用范围与台湾有较大差异，而与台湾相同的指人组合形式仅有"弱势群体、弱势儿童"，另外还有一个"弱势动物"。

　　以上事实说明，两岸"弱势"一词，不仅有使用频率的差异，更有表义及使用范围的不同，另外在用法上也有明显的区别。

第二节　两岸动词对比研究

　　两岸常用词的差异，在动词方面也有比较明显的表现。本节中，我们主要以动作动词和心理动词为考察对象，每类中各取几个词，来进行举例性的分析说明及对比考察。

一　动作动词"抓"

　　动作动词是动词中最常用、数量最多的一类，同时也是最典型的动词。其中有不少因为使用频率高，发展得比较充分，所以在两岸呈现的差异也比较突出，因此非常值得深入探究。

　　《词典》中，"抓"共列出 6 个义项，与《现汉》基本相同：聚拢手指取物；搔，用指甲或爪子在物体上划；捉拿，捕捉；掌握，把握；吸引，掌控；着重指导，集中注意力地从事。其中前五个义项未标地区归

属，表明是两岸共用义；第六个义项标为"陆"，则表明为大陆特有义。

以下，我们就以此为分类依据，讨论上述前五个两岸共有义在台湾的使用情况，第六个大陆特有义则在本书第五章中再讨论。

5个共有义的"抓"在两岸都属常用词，均有一定的使用频率，国语中的用例如：

（1）后来一言不合，林祥龙即随手抓起车行内铁锤重击死者头部。（2004.1.29）

（2）冬季湿疹是个很容易预防的皮肤病，但若已抓得血迹斑斑，应尽速找皮肤专科医师治疗，以免陷入"痒—抓—更痒—更抓"的恶性循环中。（2004.2.7）

（3）以我们做生意的立场来讲，我们要主动出去抓客人，就算是陆客，我们自己也要主动来做。（2009.5.8）

（4）自己抓鱼这么多年，知道这行有多辛苦，舍不得孩子跟我吃苦。（2016.5.1）

（5）台湾渔民被日本抓起来，不但上了手铐，还把渔民衣服脱光检查。（2016.5.6）

（6）司机讲："下什么车？煞车早就坏了，赶快抓稳，下坡了！"（2016.5.4）

由上述"抓捕"义，引申出抓住某些坏人坏事，大陆的用例如：

（7）中国足协视此次抓赌打假为"契机"，誓言"进一步加强足球的行业管理，端正行业风气"。（2009.11.9）

（8）过去一提到纪委，好像就是抓贪腐。（2015.6.9）

台湾这样的用例如：

（9）不要让李全教在揭弊的过程中孤单，并让李全教继续在抓贪的历程中勇敢继续再奋战。（2006.5.22）

（10）马指示检警调全面抓黑心食品克期完成。（2014.10.20）

（11）他也提醒警方应积极作为，能否确实抓贿，最重要是警方

第一时间是否有积极举动。(2016. 1. 7)

台湾选举文化发达，也由此滋生了不少消极甚至丑恶现象，它们也都有可能成为"抓"的对象，例如：

（12）对手以钞票对付她的政见，以作票让她含恨落选，所以呼吁三民东区乡亲要发挥"保护在地好立委"的精神，一起抓买票、抓作票。(2008. 1. 5)

（13）撒钱买票不如布线抓对手贿选，对选情帮助更大。(2010. 9. 27)

（14）黄适卓则说，利用通讯软件，民众也可以更简单地检举不法的选举行为，他要邀请桃园乡亲一起"抓鬼"，抓贿选及选举不公。(2014. 9. 28)

两岸"抓"在表达上述意思的时候，经常会带上不同类型的补语，形成一个韵律词或表义的单位，比如以上用例中的"抓起、抓稳、抓起来"等。当"抓"为"捉拿、捕捉"义且后带宾语时，普通话中一般用"抓住"，而国语中也有这样的形式，以下各举一例：

（15a）陆：当他坚持和战友们抓住罪犯之后，晕倒在了雪地上。(2002. 7. 24)

（15b）台：警察抓住了小偷，搜查发现他家里有大量的时装杂志。(2016. 4. 6)

但是，有几个普通话中极少使用的组合形式在国语中却比较常用，表义上也很有特色，以下集中讨论其中的几个。

1. 抓出（来）

国语中经常使用"抓出（来）"，而普通话中这一组合形式虽然也有，但却表示另外的意思（详后），由此就形成了两地的区别，例如：

（16）这种事他亦十分痛心，因此责成警察局一周内抓出逞凶的飙车族。(2006. 2. 7)

（17）担任律师的人应该循司法途径抓出不法之徒，可是他们不走这一条路。（2006. 3. 19）

（18）潘孟安要求金管会务必抓出黑手，严格审查交易案。（2011. 4. 11）

（19）持续推动食品安全卫生管理法等相关法令推动，抓出黑心商人。（2015. 11. 28）

（20）从 24 日晚 10 时就有飙车族在中山南路、青岛东路口发生冲撞，警方实时赶到逮捕闹事者；11 时半左右又在林森南路、青岛东路发生扔掷点燃信号弹事件，警方到场搜证抓出造事者。（2014. 3. 25）

最后一例前句用"逮捕"，后一句用"抓出"，虽然二者表示的意思相同，但是因为后者用到趋向动词"出"，所以似乎另含动作背景及方向，即甄别出来再予抓捕的意思。以下一例似乎可以证明这一点：

（21）希望环保署尽速完成调查，并公布数据，务必抓出元凶、加以严惩。（2008. 12. 26）

按，本文标题为《县长与环保署长视察大发区污水厂 务必找出元凶》，则"抓出"义同"找出"。

以下一例"抓回"，大致也可以理解为"找回"：

（22）这项名为水源韭菜常飘香、宝岛芬芳美名扬的水源韭菜美食节，在抓回水源里的发展记忆与文化传承。（2006. 9. 6）

如果受事者用"把"等提前，则"抓"也可以与"出来"共现，表达同样的意思，例如：

（23）业界一直呼吁政府把比较差劲的少数害群之马抓出来，不要毁了绝大多数守法业者的商誉与商机。（2012. 3. 25）

（24）完整揭露隐匿疫情的真相，以将"担心崩盘，隐匿不报"的黑手抓出来。（2012. 3. 5）

由于以"抓捕"为核心义的"抓出"常用，所以它逐渐产生了相对抽象的意义，大致义为把某些比较抽象的东西找出、抓住，既可用于"不好"的事物，也可以用于中性或好的方面，前者的用例如：

（25）该节目指出要全民不分蓝绿一定要抓出民进党政府政商挂勾掏空国库的真相。（2005.10.27）

（26）交叉比对后，透过互相产生的矛盾，把问题抓出来，并解决问题，我相信伤害就能降到最低。（2014.11.12）

（27）除了抓出中选会计算票数的错误，1月16日当天，联盟的志工也在开票现场，发现一些选务方面的值得争议之处。（2016.1.24）

后者的用例似乎更多，例如：

（28）我会先抓出花莲市场定位——乐活、天然、生态、自然，而符合时代潮流也是花莲重要天然因素。（2009.4.20）

（29）由于每天的血糖波动会有极大的差异，因此要判断数值失控的原因，就必须靠自我血糖监测（SMBG），才能抓出原因。（2009.11.10）

（30）我觉得要选几个比较重要的文化面来做，而不是一味的抄袭国外或大陆的东西，台湾的特点要抓出来，我第一个想到的绝对是原住民文化。（2012.12.26）

（31）虽然现代科技这么发达，很难抓出一个地图上没有的目标。（2013.5.17）

同样的意思也可以由"抓出来"表示，但似乎以用于"不好"方面的居多，例如：

（32）今年宗教艺术节也有特殊的展现，将老祖宗的东西抓出来传承下去。（2005.6.15）

（33）他相信司法的调查，把贪腐抓出来，如果冤枉，也要还给公道。（2006.12.2）

（34）交叉比对后，透过互相产生的矛盾，把问题抓出来，并解决问题。（2014. 11. 12）

（35）只是贪腐者可以与商人勾结，一万元的支出开了十万元的发票，也可能拿回扣，这些都不是靠律师与会计师核章就可以抓出来的弊端。（2015. 5. 26）

大陆虽然也有不少"抓出"，但其中的"抓"表示的是上述 6 个义项中的第六个，例如：

（36）让我们以李思维身上体现出的负责任精神为榜样，下力气抓出一批有质量的优秀作品来。（2014. 3. 27）

（37）通过改革创新抓出实效，让群众共享改革发展成果。（2016. 3. 7）

由此，两岸在"抓出"的表义及使用上，就产生了明显的差异。

2. 抓对

大陆"抓对"偶见使用，但其中的"抓"仍为义项六，即"加强力量做"或"集中注意力地从事"义，而"对"表达的也是"错"的反义，即如以下的用例：

（38）只要工作抓对了、抓狠了、抓实了，相信群众是拥护的。（2008. 10. 7）

（39）所以说，基层的文化氛围、群众的文化需求，只要我们找准了、抓对了老百姓就一定会拥护。（2011. 11. 21）

只在极个别的情况下，"抓"才是另外的意思，即"选取并把握住"，即"抓住机会"中的"抓"。这样的用例如：

（40）这就要求对问题有深刻理解，才能抓住主要矛盾。只要主要矛盾抓对了，你的简化就是合理的，其结果工程上就能用。（2002. 6. 24）

按，句中的"抓对"承上句的"抓住"，所以这两个"抓"应该是同样的意思。

大陆此义的"抓对"用得极少，是因为同样的意思大致用"抓准"来表达，例如：

（41）在追肥管理上一定要抓准时机，过早追施氮肥易造成徒长，营养生长过旺，遇风雨倒伏落蕾问题。（2008.12.28）

（42）抓准、抓住、抓好战略重点，是保证"十三五"发展开好头、起好步的关键，是保证全面建成小康社会决胜阶段获得全胜的关键。（2016.4.17）

而在国语中，与上述"抓准"相当的"抓对"用得却比较多，其对象多为"机会、趋势、方向"类名词，例如：

（43）改变台湾的经济现状不是一朝一夕的事情，但只要抓对方向，就能实现。（2007.12.22）

（44）大赦该案可以解决社会问题，又建立良好的风范，可惜他没有抓对时机。（2008.7.22）

（45）只要抓对趋势，耐心执行纪律的投资，资产增长的梦想就有机会实现。（2009.4.29）

（46）若抓对商机趋势，获利爆发力及规模成长将相对傲人。（2011.10.12）

也有其他类型的宾语，但用例较少，如：

（47）若抓对了产业政策方针，跟着政府这双看得见的手投资，投资方向不会偏离。（2009.7.13）

（48）民进党所检讨的败选原因五花八门，可是没有抓对真正的问题。（2012.2.29）

（49）（歇脚亭珍珠奶茶）虽然价格订得比当地的台湾品牌贵，却因抓对香港年轻人的饮食文化，让香港的歇脚亭至今仍屹立不摇。（2014.8.25）

（50）台湾出现经济奇迹的重要因素除了台湾人拼命赚钱外，更懂得抓对市场的变化。（2014.10.24）

因为有补语"对"，所以"抓对"的结果一定是［＋合意］的，因此其所带宾语基本都是［＋中性］的，但是也有一些是［＋合意］的词语，这样其实在一定程度上就出现了语义特征的重叠，而这也可以看作国语的独特之处。例如：

（51）只是他的行事风格真的学习蒋经国，抓对适当时机才会出击。（2013.9.22）

（52）第一，要有明确的主题；第二，抓对适当的时机。（2014.4.13）

（53）选举就像一场战争，要抓对了天时、地利、人和，才可能立于不败之地。（2014.12.24）

"抓对"的意思，偶尔也可以由其他组合形式取代，我们见到的只有以下几例：

（54）一定要掌握脉动，抓清目标与方向，才有办法带领党生存又发展。（2004.8.16）

（55）只要把这个关键抓清楚，再来考虑制度设计是否符合立法精神。（2012.10.9）

（56）但第一次手术因玻尿酸剂量没抓好，导致鼻形移位、变形，让自卑的她足不出户。（2008.12.18）

在一定的语境中，"清""清楚"与"好""对"可以形成同义关系，所以这三例中的"抓清""抓清楚"与"抓好"大致都可以用"抓对"来替换。

因为"抓对"用得多，所以同样意思的"抓准"用得就很少了，我们在十余年的《自立晚报》中仅发现以下二例：

（57）必须抓准当前机遇与大陆展开协商，落实下列政策，以达

成两岸经济"完全的正常化"。(2008.11.26)

（58）25—34 岁的网络世代，是永庆经纪人的中坚分子……抓准他们喜爱团队合作、讨厌呆板和无聊……所以，永庆以工时弹性化、服务行动化、制度游戏化，彻底翻转房仲工作型态。(2016.5.5)

另有一例取否定形式，即"抓不准"，大致义同"拿不准"：

（59）天气非常不稳定，影响区域包括平地与低洼地区，由于下雨是局部区域，抓不准是下在哪个地区，所以民众应提高警觉。(2005.6.14)

这一多一少，正好与大陆相反，形成了一种"互补"的分布。

3. "抓到""紧抓"与"抓紧"

国语中还有"抓到"这一组合形式，表达的并非像大陆"嫌犯抓到了"的"抓到"，而是表示"找到并抓住"的意思，例如：

（60）正处于伤心时刻的珍希如同抓到了唯一的依靠，便欣然地答应。(2004.5.6)

（61）他也不会……无限上纲、吹毛求疵，用显微镜来检视她，希望抓到毛病。(2006.11.21)

（62）政府这一年来，尤其是财经和大陆政策已经抓到重要的方向，而这个方向对台湾有利。(2009.5.19)

（63）在新旧之间抓到平衡，这会在观光客心里留下深刻印象，重点不在品项多，而是怎么在宅配和现场游间抓到交集，让实体和虚拟的通路都广为人知。(2013.9.23)

（64）名人讲座往往与时事紧紧结合，抓到消费者喜好，才能激发出人气。(2015.2.12)

国语中还有"紧抓"和"抓紧"，用得虽然没有大陆多，但却有自己的特点，以下也举例说明。

先来看"紧抓"。《现汉》不收"紧抓"，但《人民日报》数据库中有659条记录，具体的用例如：

（65）民生银行武汉分行高度关注，紧抓银政合作的良机。（2016.2.25）

（66）中伊两国企业界正密切围绕共建"一带一路"，紧抓互联互通和国际产能合作两个大方向，开展基础设施、钢铁、电力、铁路等项目建设。（2016.1.21）

同样的意思，普通话更趋向于用"紧紧抓住"来表达，《人民日报》中这一形式有7526条检索结果，是"紧抓"的11倍多。例如：

（67）此次反恐怖主义法紧紧抓住责任明确这一关键环节，做出了一系列明确的规定。（2016.5.18）

这样的"紧紧抓住"在国语中也有用例，如：

（68）若能精准掌握市场信息，紧紧抓住"买在初升段"的布局哲学，就能享受重大建设启用后，所带来的周边利多效益。（2013.1.4）

但是，总体而言，国语更崇尚简约，所以用同义的"紧抓"更多，由此就使得它所带的宾语比普通话复杂。例如：

（69）公司紧抓市场投资脉动，只要基金取得成立函，将立即进行妥善的投资组合配置，避免投资人资金闲置。（2013.1.28）

（70）未来于开办扩大人民币业务服务对象范围，及人民币五亿元增资款汇入后，将可紧抓大陆金融市场商机，打造两岸三地最佳金融服务平台。（2013.3.29）

（71）2013台湾购物节将要带领您紧抓夏天的尾巴，抢购夏末最强优惠好康。（2013.8.20）

（72）让投资人在家可以掌握趋势不中断，紧抓行情不错失。（2014.2.24）

（73）素面布有着亮面的光泽，搭配轻薄花朵状的蕾丝，紧抓众人目光。（2014.12.18）

（74）柯市长……近日更紧抓机会在市府楼梯间练习，希望能以今日的自己超越昨日的自己。（2016.5.1）

下面再看"抓紧"。

"抓紧"《现汉》仅列一个动词义项，释义为："紧紧地把握住、不放松"，所举的例子有"抓紧时间、抓紧学习"等。其实，此词还有副词用法，并且非常普遍，以下两种用法各举一例：

（75）党委要抓紧中心工作，又要围绕中心工作而同时开展其他方面的工作。（2016.5.10）

（76）要抓紧修订完善各类救灾应急预案，结合本地实际，因地制宜，科学设定相关指标，抓紧完成省级自然灾害救助应急预案的修订。（2016.05.12）

国语中动词性的"抓紧"用得比较多，可以与不同类型的宾语组合，因此使用范围比大陆广，例如：

（77）抓紧每次寻求协助的机会，避免不幸发生。（2006.9.22）

（78）也因为如此预测，汽车从业人员可要抓紧神经，否则被逼退失业的命运随时会降临。（2007.5.2）

（79）藉由上市潮的蜜月效益，抓紧消费者目光，掀起另一波业绩高峰。（2011.12.23）

（80）台湾应抓紧契机，具体落实经济动能推升方案及推动自由经济示范区。（2013.12.12）

（81）我方利用此时机，抓紧期盼与陆方谈出一个结果。（2014.9.10）

（82）其它县市造势活动也都以晚会、扫街、车队游街做为选前最后一晚的活动，用以带动人潮，抓紧选民以及显示必赢信心。（2014.11.28）

（83）此系列不但抓紧波希米亚的重点时尚元素，更融入都会女性的简约风格。（2015.9.15）

（84）促产业抓紧发展趋势、及早因应并调整策略。 （2015.

7.19）

　　（85）各地区除仍需节约用水外，必须要全面抓紧防灾减灾及离灾工作力道，预防灾害发生。（2015.4.29）

　　4. 其他组合形式

　　国语中"抓"的使用与普通话还有两点不同，一是有一些普通话中基本没有的固定组合形式或单位，二是经常以"抓"替代同义的"捉"，以下分别讨论。

　　先看第一种情况。

　　《词典》收"抓包"一词，释义为："比喻犯错被抓到破绽。［例］本以为天衣无缝，还是被～。"笔者的印象中，普通话中此词极少使用，《现汉》也未收，但是在台湾倒是比较常见，例如：

　　（86）双鱼座算是喜欢用头脑让自己轻松一点的人，他们常常因为被抓包而感到不好意思，但是下一次他们还是会因此而偷懒。（2006.4.21）

　　"抓包"又作"抓苞"，意思相同，例如：

　　（87）还有，花也就算了，却连说谎的本事也没有，老是被抓苞，什么唇印、戏票、给别人的情书啦，通通都留在身上，真是个凡走过必留下痕迹的大白痴！（2005.6.16）

　　还有"抓耙子"，闽南方言词，本指抓痒的工具，喻指告密者或打小报告的人。以下一例大致解释了这一形式的意思：

　　（88）在未设政风机构之机关、学校遴选适当人选兼办所谓的"政风人员"，便是俗称的"抓耙子"，以自家人监控自家人，在每个角落布满新政府的眼线，若有任何消息风声，便通报密告上级机关，接受"政风调查"。（2008.11.21）

　　这样的用例再如：

(89) 调查局跟监迫害人权的受害者, 怎么可能是 "抓耙子"? (2008.2.14)

国语中有 "有吃搁有抓" 一语, 取自闽南话, 义为 "有吃又有拿" "连吃带拿", 例如:

(90) 现场也将开放产品试饮、试吃, 让您有吃搁有抓, 好康享不完! (2008.6.25)

(91) 奖品丰富, 试试手气得大奖; 有吃搁有抓, 欢迎各界利用周休假期前往品尝采购。(2013.12.13)

有时又作 "有呷个有抓", 例如:

(92) 还有大人小孩都喜欢的茶染 DIY 及各类茶食、茶叶蛋 500 个供大家品尝, 让大家免费喝好茶, 又 "有呷个有抓", 真是不亦乐乎。(2007.4.4)

再看第二种情况。
以下几例中的 "抓" 均为替代一般所用的 "捉":

(93) 尤其是在选战一开打, 不仅蓝、绿各候选人抓对厮杀, 甚至于同阵营也为了抢票而自相攻讦。(2004.12.12)

(94) 故意设计对方突槌犯错, 你再来个瓮中抓鳖, 细数对方的十大罪状, 叫他辩也不是, 不辩也不是, 让人感到不寒而栗。(2008.3.21)

(95) 要抓拿脱逃嫌犯, 现在却悬赏新台币一千万元奖金。(2008.8.25)

(96) 但书面质询便不然, 可由立委助理代为抓刀, 根本看不出立委自己到底本事如何。(2015.6.2)

简单总结一下: 共有义的 "抓" 在两岸都广泛使用, 但是台湾扩展性的使用更多, 总体上呈现更加复杂多样的状况。

二　动作动词"考验"

"考验"在两岸都属常用词，台湾的使用频率更高。《人民日报》数据库1946年至今共有33814条记录，台湾《自立晚报》2003年至今也有2000余条记录，而联合知识库近十年的记录更是达到了29067笔。

"考验"《词典》释义为："在困难环境或激烈斗争中考查检验。[例] 他们的爱情是经得起～的。"这里用"考查"和"检验"来做释词，那么我们需要再看一下这两个释词的意思。"考查"《现汉》的释义是"用一定的标准来检查、衡量（行为、活动）：～学生的学业成绩"。相比之下，《规范》的释义似乎更直接、明确一些："（用一定的标准）查看评定。""检验"《现汉》释义为："检查验看；检查验证：～汽车机件｜实践是～真理的唯一标准。"这里又出现了两个可以简缩为"验"的词"验看"和"验证"，二者《现汉》分别释义为"察看；检验"和"检验证实"。通过以上几个词及其释义的比较，我们认为，《现汉》对"考验"释义"考查检验"中的"检验"应为"验证"义，比如以下一句：

（1）忠诚，还要求我们正确对待自己的挫折和委屈。挫折和委屈往往是对忠诚的考验。(新华网2013.7.15)

按，对忠诚的考验，就是对忠诚与否的考查与验证，也就是通过考查而得出一个结论，一个是与非的证明。

所以，至此我们大致可以归纳出"考验"一词的三个语义特征：一是［＋考查、验证］，即此词大致可以"还原"为这两个双音节词，当然也就可以看作是由这两个词各取一个代表性语素而构成的，所以它的意思才等于这两个词相加；二是［＋困难、激烈］，即凡考验总是严峻的（因此"严峻的考验"成了一个常用的组合形式），它的语义其实是比较"重"的；三是［＋涉人］，即"考验"是针对人的考查验证。

两岸"考验"的表义及使用有不小的差异，总体的情况是，大陆基本都在上述释义的范围内使用，以上三个语义特征表现明显；而台湾除了与大陆相同的部分外，还经常超范围使用，即有大量对以上三点违离的用例，而这也是其使用频率高于大陆的重要原因。以下我们就按上述语义特征的序列对具体的差异部分进行讨论。

1. ［＋考查］［－验证］［±涉人］义

［＋考查］［－验证］的意思是，在部分用例中，"考验"的"考查＋验证"意思中，"验证"义变得比较模糊，甚至趋近于无，或者说在相当程度上脱落了，此时"考验"所表达的意思大致就相当于普通话的"考查"。例如，以下句子中的"考验"表达的大致就是这样的意思：

（2）虽然机车路考增加项目，今日及格率未明显受到影响。通过机车考验的民众表示，路考不难通过，但须多加注意交通安全，保持良好驾驶习惯与观念。（2016.6.4）

按，因为句中出现了"机车考验"的同指形式"路考"，由此可以判断，这里的"考验"就是"考查"，大致就是"考试"的意思。

以下一例说的也是机车路考，表达的也是同样的意思：

（3）从今年6月1日开始，机车路考除现行六项考验项目，将增加"二段式左转"、"变换车道"、"直角转弯"及"停车再开"等四项机车考照项目。（2016.5.11）

按，此例"考验项目"中的"考验"与下边"考照项目"中的"考"正好对应，"考照"是一个包含目的宾语的述宾结构，意为"为获取驾照而（参加）考试"，并不包含"验证"的意思，所以基本可以印证句中"考验"取的就是［＋考查］［－验证］义。

以下一例非常有意思：

（4）全球资通领域最具权威的年度盛会 IEEE 于美国时间4月12日在旧金山颁发"时间考验论文奖"（Test of Time Paper Award）给工研院资通所所长阙志克。（2016.4.14）

按，句中给出了"时间论文考验奖"的英文对应形式，其中"考验"对应的是 test，义为"测试"，而 Test of Time Paper Award 也有人翻译为"时间论文测试奖""测试时间论文奖"以及"时间纸测试奖"等，由此可以证明，这里的"考验"实际上表达的就是"测试"义。"测试"《现汉》的释义有二，一是考查人的知识、技能，二是对机械、仪器和电器等的性能和精度进行测量。对照例句，这里表达的其实还是"考查"的意思，也不包含"验证"的意思，另外，这里"考验"的对象是论文而不是人，所以具有［－涉人］的语义特征。

以下各例大致也都不包含"验证"义：

（5）活动当天到会场参加新竹市第一届客家民俗嘉年华会，都可以凭着 Hight 客护照，于互动游戏区连续闯五关后，到 Hight 客任务区参加客语大考验。（2003. 12. 25）

（6）参加的小朋友必须组队通过游戏中的铁道及车站古迹常识考验，自行凑足旅费（赢得游戏中的仿古钱币），购买主办单位巧思设计的仿古火车票。（2004. 3. 30）

（7）医院安排了默契大考验的活动，透过多项问答，证明了，双胞胎的心电感应确实是满强的。（2005. 4. 29）

（8）通过初试审核者，后续将接受笔试以及 2 次面试的考验，正式录取名单预计于 5 月公布通知录取，并安排接受一连串的职前训练。（2012. 3. 6）

（9）廖荣清表示要当新北笋王，必须通过四关的考验："外观"、"色泽"、"柔嫩度"及"糖度"。（2015. 6. 23）

（10）近期推出渔港系列活动，除了考验粉丝们对新北市渔港的了解程度外，更需要粉丝们身体力行至渔港完成特定任务。（2016. 4. 17）

2. ［－考查］［＋验证］［－涉人］义

以上讨论的是国语中"考验"［＋验证］义的脱落，以下再看前项模糊甚至脱落的情况，即［－考查］［＋验证］和［－涉人］。比如以下一例：

（11）上海自贸区的成败有赖时间的考验，但台湾自经区实在无法为台湾的焖经济注入新的成长动力。（2014. 9. 4）

按，"有赖时间的考验"普通话一般说成"有待时间（的）检验"，例如：

（12）这轮改革究竟能否让法国成为数字化教学方面的佼佼者，在实现目标之前，一切都有待时间的检验。（2016.3.4）

此外，有时还可以直接用"有待时间验证"，例如：

（13）环岛赛的隐性价值和挖掘潜力还有待时间验证。（2015.10.23）

国语中也有"时间（的）检验/验证"，但是用例都不多，例如：

（14）这种过度简单化的迷思与一厢情愿的想法，还有待时间的检验。（2005.5.6）

（15）经过时间的验证，证明武先生对马英九的观察入微，并且其评述的准确度近乎百分之百。（2012.11.23）

比较常用的同义表达就是"考验"，再如：

（16）日本经济是否能有效在量化宽松货币政策下受到改善，仍有待时间考验，但利率低落、日圆走软则是目前的趋势。（2013.4.9）

（17）Hartmann 卓越工艺经得起时间考验，在设计风格能掌握跨时代的美感。（2014.10.25）

有时不与"时间"共现，"考验"的"验证"义也还是比较明确的：

（18）短期内反弹只是超跌后的正常现象，想有进一步大涨似有待考验。（2004.3.29）

（19）近期虽电子表现抢眼，惟是否重回主流尚待考验。（2011.1.18）

（20）不过这项计划是否能真正推动？还有待考验；对于该地区的地层下陷，是否有帮助？也还要观察。（2012.10.7）

（21）目前油价虽然向下修正，但物价要在短期内普遍反映降价的话，恐怕"有待考验"。（2014.12.16）

另外，以上用例中的"考验"对象都是［－涉人］的，这也体现了与大陆的区别。

3.［－困难、激烈］义

如前所述，普通话中"考验"总是比较"严峻"的，因此不太用于一些比较琐细的方面，而国语中，虽然也不乏"严厉考验、严重考验、严格考验、严峻考验、严苛的考验、严酷的考验、残酷考验、重要考验、重大考验、无情考验、艰巨考验"等组合形式，但如果不加这样的修饰限定时，经常也用于一些并不见得有多么困难激烈的事项，这里我们以［－困难、激烈］来表达。例如：

（22）担任新手妈妈的她第一次遇到选择奶粉品牌的考验，当时也是透过朋友推荐而选用亚培奶粉。（2008.5.25）

按，这里的"考验"，仅仅是对奶粉的选择，这当然与"困难激烈"相去甚远。以下各例大致都是如此：

（23）还有节庆配对、四色布等互动小游戏，让你考验记忆力、脑筋转个弯。（2009.10.25）

（24）今年投资，不仅考验准头、还考验耐心。（2010.11.17）

（25）张韶涵……还开心邀请粉丝上台玩 K 歌大考验，挑战粉丝们的记忆力与歌唱功力。（2012.1.8）

（26）传统的小吃路边摊其实很辛苦，不但要在开店两小时提前作业，还要禁得起客人对食物美味的挑剔考验。（2014.4.17）

（27）不仅比对食材的创意功力，色香味的全盘规划巧思，也考验团队对客家食材的熟稔程度。（2014.11.22）

（28）9 月 12 日 13：30 富基渔港将举办万里蟹挑战赛，考验民众对万里蟹的了解程度。（2015.9.10）

（29）台湾国展油画比赛考验的不仅仅是创作者于台湾整体社会人、事、物、景的观察力，画面的技巧与构成要达到相当的水平之上，才会容易入选。（2016.3.31）

总之，两岸"考验"一词的表义及使用范围有明显差异，具体表示如下：

大陆：[＋考查、＋验证][＋困难、激烈][＋涉人]

台湾：[±考查、±验证][±困难、激烈][±涉人]

三 心理动词"关怀"（附"关心"）

"关怀"是两岸的常用词，在台湾的使用频率尤其高，2003 年至今的《自立晚报》中一共有含此词的文本 7600 多个。

此词《词典》的释义是："关心爱护（多用于上对下）。[例]～儿童健康｜父母对儿女的成长～备至。"《现汉》释义则为："（上对下）关心：～备至｜亲切～｜～青年人的成长。"由以上释义，大致可以归纳出"关怀"一词的几个语义特征：一是[＋上对下]，这在释义中已经明确指明了；二是[＋对人]，因为"上"与"下"都是就人与人之间的等级关系而言的，而上引两部词典的举例大致也能证明这一点。另外，作为心理动词，"关怀"不具有动作性，因此通常表示的是一种静态义，这可以记为[＋静态]。

普通话中的"关怀"基本都是在上述语义特征下使用的，例如：

（1）要常尽关爱之情，在政治上关心老干部，在生活上关爱老干部，在精神上关怀老干部，把老干部的每一件事情办理好。（网易新闻 2016.6.7）

（2）来学校接孩子回家过节的家长们，看到"五老"人员对自己的残疾孩子给予无微不至的关怀，深受感动。（新华网 2016.6.14）

不过，虽然标注词性的工具书都把此词标注为动词，并且会举带宾语的用例，但在实际的使用中，真正带宾语的情况却不多，比较常见的是例（2）这样的用法。

国语中"关怀"的使用频率和范围均高于普通话，就两岸的差异而

言，主要是表现为对上述三个语义特征不同程度的违离，以下我们分别
讨论。

1. ［±上对下］

在多数情况下，台湾的"关怀"在使用时，与大陆一样，也用于表
示上对下的关心与爱护，例如：

(3) 一名路过老太太看到黄俊英，表示选举这么忙碌，黄俊英
跑来关怀小市民的生活与健康，令她感激。(2006.11.1)

(4) 德幼之家的孩子昨天特地赠送手提袋、八音盒给黄县长与
田经理，以感谢县府、高铁的关怀与协助。(2008.8.18)

但是，台湾"关怀"使用范围大于大陆的第一个表现，就是它既可
以用于上对下，也可以用为同一地位的群体或个体之间，甚至于下对上。
前者的用例如：

(5) 持续推动"老人共餐"运动，让新北市的长者动起来，大
家相互关怀、照顾。(2016.5.3)

按，因为"关怀"是"互相"的，所以自然也就模糊了上下的差异，
而是一种平等的表示。类似的用例再如：

(6) 鼓励大众从心做起，相互尊重、彼此关怀。(2008.5.17)

(7) 让这个社会成为真正富而好礼的优质社会，互相关怀、互
相体谅，让这个社会更加和谐与快乐。(2016.1.17)

即使没有"相互""彼此"这样的修饰限定或补充说明，也有很多用
例显示并无高下之分，例如：

(8) (你) 常觉得工作忙碌之余，好像得不到家人的关怀。
(2004.1.28)

(9) 八德警分局表示，为主动关怀荣民伯伯提前欢度重阳佳节，
警方精心准备小礼物分送给各位伯伯。(2007.10.15)

（10）今年很开心的是，受到了许多新竹县市年轻学子的认同，台面上他们用轻松的烹饪竞赛来展现对独居长者的关怀。（2008.1.10）

（11）虚心谦让并影响周遭的同学，做一个关怀别人的好儿童。（2008.4.8）

（12）针对遭遇职业灾害危机劳工，以个案管理服务方式，由社工员进行电访关怀、家庭访视、个案评估及辅导服务。（2008.4.30）

（13）国际佛光会世界总会总会长星云大师立即指示佛光山与国际佛光会世界总会捐出一千万元给当地佛教团体救灾，同时联络佛教徒在当地进行关怀、祈福。（2008.5.13）

至于有比较明显"下对上"的用例倒是不多见，但也不是没有，例如：

（14）提升对老人多元服务的资源灌输，增进现代人关怀家中长辈，且扩及外围老人的问候与照顾，迎接老年社会的来临。（2006.3.29）

（15）呼吁民众坚持"五不"原则，并多关怀身边长者。（2016.3.31）

总的来看，台湾"关怀"的"上对下"意味已经大大淡化了，而这也构成了其表义及使用中的一个重要特点。

2. ［±对人］

台湾"关怀"一词不限于对人，这恐怕是其最大特点了。例如：

（16）环保署为让环保观念不再纸上谈兵，目前正举办"清境家园　关怀环境"的行动计划。（2003.12.23）

（17）为了让图书馆成为推广儿童文学的最佳传播站，引导小朋友关怀儿童文学，桃园县文化局特别举办"快乐儿童读书会"活动。（2005.3.27）

（18）此种建议有大害而仅有小利，任何关怀台湾前途发展的人均不宜赞成此种方案。（2006.3.8）

（19）比赛项目包括摄影比赛、温馨小故事征文及媒体关怀报导等三项，欢迎关怀资源回收工作的个人或团体及专职新闻事业从业人员报名参加。（2006.5.4）

（20）自己能多一双自我观照及多关注别人的眼睛，关怀周遭事物，聆听别人也发现自己，在平凡平淡中寻找出真味。（2007.1.9）

（21）藉此激励青年学子与新闻工作者，一同关心客家议题，关怀这片土地。（2008.3.24）

（22）让生命无限延伸，发挥关怀公益的精神，鼓励社会民众捐血。（2016.4.2）

（23）让每一位参与者都能成为一只关怀环境的小蝴蝶，鼓动翅膀，释放影响力，连结他人，共同产生"蝴蝶效应"。（2016.4.22）

（24）感谢群益金融集团多年来持续关怀社会公益。（2016.4.29）

（25）大师长期透过关怀政治，教导民众守五戒、无分别心、相信因果，犹如闻声救苦的观世音。（2016.5.15）

还有很多不以述宾形式出现的句子，"关怀"涉及的对象也是〔−指人〕的，例如：

（26）市长对于居民企盼保有福德宫的急切心情表示关怀，期许各单位从旁协助，创造多赢结局。（2006.7.19）

（27）此外也将安排青少年到各地儿少机构参与志工小区服务，学习对社会付出关怀。（2006.7.28）

（28）让每一个人在自己能力下，对社会做一点关怀。（2009.1.14）

（29）除了地震教育，新光对保育动物的关怀也不曾间断。（2016.4.23）

（30）记录生活点滴并发现桃园之美，表达社会关怀、展现人文反思。（2016.5.5）

像例（30）"社会关怀"这样的"述宾颠倒"结构很多（大陆现在"人文关怀"等也已经成为常用形式），我们在下边列出的一些固定组合中，有不少就属于此类。

3.［±静态］

国语中有不少"关怀"是在动态下使用的，其具体表现就是带上了经常与一般动作动词共现的某些成分，这也是其使用中的一个重要特点，也是其与大陆差异的一个重要表现。比如以下一例：

（31）她向来支持学生站出来勇于表达自己意见，尤其看到学生遭驱离后，她毅然站出来关怀、鼓励他们。（2004.4.6）

按，此例的"关怀"前有"站出来"，后有"鼓励"，这使它也成为一个具有明显［+动态］或［-静态］义的动词。

以下一例因为取"下车关怀"形式，这一点也是非常明显的：

（32）所长杨文宗平时有空，踩着脚踏车行经百龄人瑞廖曾俊英家中，必下车关怀。（2008.1.29）

以下几例中"关怀"都与另一个动作动词并列使用，表达的基本也是［-静态］义：

（33）预计在今年度成立365个照顾关怀据点，关怀照顾县内老人、儿童少年、妇女、身心障碍者。（2009.3.26）

（34）在县长、乡长、小区人士的极力协助改善，以及社会上善心团体持续不断的关怀支持下，学校的复课相当顺利。（2009.12.22）

（35）24小时道路救援服务，不但给予车主无时无刻的关怀守护，更让返乡或出游的行程中多了一份安心的保障。（2011.1.27）

以下各例中，"关怀"都前加状语，同样体现了较强的动态性特点：

（36）连战赞扬国民党执政的乡镇市公所社会福利政策做得更彻底，能够长期关怀独居老人并给予送餐服务。（2004.1.13）

（37）为主动关怀社会大众，增进警民关系，警方特别以直接走

动方式宣传，利用赠送倡导品，来吸引购物者好奇心，提高倡导效果。（2005.12.26）

（38）八仙尘爆发生将近10个月，新北市副市长侯友宜持续关怀伤友。（2016.4.8）

（39）藉由这个特别的日子，邀请社会大众一同来关怀特殊境遇的母亲。（2016.4.28）

（40）（吴素凤）担任台湾环保协会志工，主动协助打扫公园，并在每年端午节关怀弱势团体，帮忙包粽子赠与需关怀对象。（2016.4.29）

此外，台湾"关怀"在使用上还有一个与大陆不同的特点，这就是大量用于构成固定组合形式，以下是我们看到的部分这样的形式：

关怀中心、老人关怀站、老人关怀中心、儿童关怀中心、儿童及少年关怀中心、小区老人照顾关怀站、老人小区关怀、基督教联合关怀协会、生命关怀协会、环境关怀文教基金会、关怀流动物协会、人文关怀协会、爱心关怀协会、教育关怀协会、二二八关怀协会、美丽大屏东关怀协会、关怀海洋贫血协会、关怀鱼鳞癣协会、外籍配偶关怀协会、失亲关怀协会、关怀艺文团体、台湾生态关怀部落、小区关怀站、妇女关怀站、妇女关怀月、小区关怀据点、关怀活动、糖尿病关怀活动、妇女关怀活动、育幼院关怀活动、教师关怀讲座、人道关怀、人车关怀、文化关怀、部落关怀、企业关怀、员工关怀、社会关怀、弱势关怀、家庭关怀、全球关怀、土地关怀、爱滋关怀、癌症关怀、心灵关怀、精神关怀、慈善关怀、爱心关怀、追踪关怀、居家关怀、生活与健康关怀、社会弱势关怀、关怀弱势、关怀服务、关怀义诊、关怀访视、关怀专线、关怀电话、关怀月历、关怀措施、关怀经费、关怀礼金、关怀力、关怀者、关怀性、关怀大使、关怀义工、关怀精神、高关怀学生、员工终生关怀慰问金、最佳数字关怀奖、爱心关怀尾牙宴、休闲关怀车、友伴关怀系统、新移民关怀计划、小区关怀通报网、人道关怀意识、老人关怀站功能、关怀公益奖、"马上关怀"项目到这里，我们把两岸"关怀"的语义特征分列于下，以示对比：

大陆：［＋上对下］［＋对人］［＋静态］

台湾：［±上对下］［±对人］［±静态］

最后，我们再简单讨论台湾"关怀"的同义词"关心"的使用情况。按上引《现汉》的释义，如果去掉"上对下"，则"关怀"与"关心"意义基本无别。另外，"关心"既可用于人，也可用于物，在这一点上，倒是与台湾的"关怀"一致。比如以下两个例子：

(41) 政府和民间更应针对弱势的身心障碍市民伸出援手，给予关怀与关心。(2008. 9. 27)

(42) 种籽一天天慢慢长大、发芽，象征我们的孩子，在社会的关怀、爱护下，一天天茁壮。(2008. 10. 3)

按，前一例"关怀"与"关心"并用，似乎可以看作"同义连文"；后一例"关怀、爱护"在大陆一般作"关心爱护"。

台湾"关心"的用法也与"关怀"有相当的一致性，而与大陆有一定的区别，其中最突出的一点就是在很多用例中具有明显的动作性，比如以下一例：

(43) 推动通路店家联防诈骗机制，当消费者购买超过 3 千元以上游戏点数时，将由店员进行主动关心。(2016. 2. 5)

按，虚义动词"进行"如果带动词性宾语的话，则这个动词通常是自主动作动词（如"进行斗争、进行改革"），而表示心理活动或与之有关的动词（如"相信、想念、希望、猜想"）一般不能做它的宾语，[①] 所以，这里的"关心"与大陆一般的使用有明显不同。

以下用例"关心"和其他动作动词并列使用，也能证明这一点：

(44)（马英九）两次前往关心与视察。(2015. 12. 29)

---

① 刁晏斌：《现代汉语虚义动词研究》，辽宁师范大学出版社 2004 年版，第 150—152 页。

至于这样的"关心"表达的是什么意思，以下一例或可给出一个具体的提示：

（45）（蔡英文）原不受访，但因半岛电视台记者被绊倒，她停步关心。（2016.1.12）

本文下边在叙述同一件事情时，所用的形式是："半岛电视台的记者不慎被绊倒。蔡英文扶起记者，问他还好吗？"可以作为上句"关心"的注脚，也就是说，大致表示的是属于"关心"的某一个或几个具体的动作行为。

以下各例均应作如是观：

（46）（朱立伦）特别前往永和荣光育幼院及中和大同育幼院关心孩子，除致赠年节加菜金和水果礼盒外，并送给每位小朋友500元红包。（2016.1.21）

（47）位于新化区闹区的京城银行大楼倾倒后，因为拆除作业被附近居民质疑太缓慢，台南市长赖清德还曾到现场关心。（2016.2.29）

（48）新光人寿在第一时间立即启动紧急关怀机制关心保户，现场设置紧急服务站。（2016.3.15）

（49）立即建置社会安全网，对于有精神病史、暴力倾向、吸毒前科并失业在家的未婚青壮年男子建档追踪，由社工人员不定时关心其生活状况及行为，及早防范。（2016.3.29）

（50）市长陈菊昨日前往旗津生命纪念馆及覆鼎金公墓关心民众扫墓情形，随后并搭乘扫墓接驳专车视察墓区。（2016.4.5）

（51）尘爆发生后，多次到新北和台北阳光重建中心关心伤友，也曾到台中和高雄关怀过。（2016.4.8）

（52）陈文琪21日上午率领肯亚案协商代表团前往北京市海淀区看守所，关心在押的台湾籍嫌疑人。（2016.4.21）

第三节　两岸形容词对比研究

按一般的语法分类，形容词分为性质形容词和状态形容词，此外有人还另立一类属性词。本节中我们考察几个在两岸有较为明显差异的形容词。

一 性质形容词"紧张"

"紧张"在两地均为常用词,《词典》收录,释义为:

> ①精神高度兴奋不安。[例]精神~|~的心情|过度~容易误事。②紧迫或激烈。[例]形势~|战况~|气氛~|比赛进行得很~。③节奏快;不松懈。[例]~地进行准备工作|生活~|一片~繁忙的景象。④紧缺;供应不足。[例]人手~|住房~|粮食~|电力~。

其中第四个义项标为大陆特有。

在国语当下的使用中,以上四个义项中前三个共有义项的使用比较常见,例如:

> (1)台中市警第一分局表示,25日下午15时15分许突接获1名李姓女子很紧张的来电,她表示自己的丈夫刚刚突然传了一通简讯给她。(2009.3.26)
>
> (2)陆方的评论措辞逐渐转趋强硬,要求"两岸同属一中"是必答题,背离"一中"台海将紧张动荡。(2016.6.5)
>
> (3)薰衣草……素有"芳香药草之后"的美誉,其香氛具放松心情、辅助睡眠的功效,相当适合生活紧张之现代人使用。(2012.4.24)

就是第四个大陆特有义项,当下在国语中也已经并不少用,由此反映了两岸在此词意义上的化异为同,例如:

> (4)全球市场对最新科技产品的强烈需求已经在某些地区造成了供应紧张,台湾的制造商们正在快速扩张以满足这一需求。(2004.7.29)

此外,此词在台湾的使用,也有一些与大陆不同或不完全相同的用法，比如以下一例：

（5）中国跟美国也有许多紧张的地方，但是还是要来往，互相访问。（2013.6.12）

按，此例中"紧张"表示的大致是上述第二个义项的意思，但是"紧张的地方"对普通话而言，却可能是一个比较陌生的组合形式。

以下，我们对此词在两岸的差异与融合情况进行讨论。

（一）两岸差异及其表现

1. 台湾的指称用法

两岸"紧张"在用法上的最主要差异，是台湾可以用于指称，并且用例相当常见，例如：

（6）同行的亲友团可在现场透过实时转播，观看小朋友在卖场穿梭购物的情形，增添活动紧张与趣味。（2014.11.2）

（7）元气十足亮肤洁面露……可激励情绪，缓和压力与紧张。（2015.4.13）

按，以上两例中，"紧张"分别与"压力"和"趣味"并列使用，其指称性是非常明显的。

指称性的"紧张"多用于表述两岸关系，例如：

（8）两岸直接对话是化解紧张的最佳方式。（2005.4.23）

（9）两岸签署 ECFA 后，东南亚、欧洲与纽澳对台湾"刮目相看"，台湾不但因此降低台海紧张，同时也创造更多的机会。（2010.10.12）

同样的意思，也可以用另外的表达方式，例如：

（10）台湾与大陆改善关系，主要目的是为了降低台海两岸的紧张关系，并让双方贸易关系制度化。（2010.10.11）

（11）期待未来各方共同合作，化解紧张情势，让东亚能回到经

济合作正轨。(2013.1.1)

由此可见，"紧张"作为指称形式，大致属于略去中心语的用法，因此是一种相对简约的形式。

指称形式的具体用法，一种是作为中心语，前边带各种修饰限定语，例如：

（12）扁政府开启两岸一连串的紧张，以致于落得今日全盘皆输。(2004.11.1)

（13）日本通过安全保障相关法案，将增加与中国大陆的紧张，台湾有可能会被波及。(2015.9.20)

（14）美国希望仲裁结果可作为权宜之计、朝向降低南海紧张的跳板。(2016.4.23)

另一种是作为光杆形式出现于句中，主要是做宾语，用例最为多见，如：

（15）既然陈水扁有本事冲撞两岸关系，挑起紧张，表示他有所恃，这时在野党何必去帮他背书。(2006.3.1)

（16）高雄市政府与高雄市议会关系再现紧张！(2006.6.5)

（17）两岸人民必须选择和平抛弃紧张，选择合作抛弃对抗。(2012.2.13)

（18）高层官员展开对话，有助两岸减少紧张、增加透明度，双方更能避免误判对方。(2012.2.14)

（19）两岸双方的合作，有效的降低紧张，并且有助于双方人民的福祉。(2013.4.9)

（20）如果这都会引发紧张，还有什么不会引发紧张？(2016.1.28)

（21）美国敦促各声索方降低紧张，而不是采取可能升高紧张的行为。(2016.6.8)

此外，也有个别是直接做主语的，例如：

（22）东亚情势在过去一段时间的确给人紧张逐渐升高的印象。
（2014.6.26）

（23）美中外交军事过招　南海紧张升高。（2015.5.31）

2. 台湾的"动词性"用法

国语中"紧张"除了直接表示指称外，有时在表示陈述时，似乎有一定的动作性，此时的表现更接近于一个动词，其形式标记一是带了宾语，二是接受一般只修饰动词性词语的成分的修饰。

前一种情况的用例如：

（24）更不用通宵紧张美国在何时、何地对何人说出伤害台湾的话。（2005.2.4）

（25）你迟归，她向你发脾气，是因为她紧张你，她怕你出了什么意外。（2007.5.1）

（26）妈妈还是忍不住责备她话都不讲清楚就挂电话，害她被挂电话后就开始紧张自己的女儿是不是出了什么严重的事。（2009.8.24）

这样的用法，述宾之间大致有因果关系，即表达因为宾语或其代表的某一事件或情况及表现等而感到紧张，通常见于叙述性的文学作品中。后一种情况则在一般的新闻报道中比较多见，例如：

（27）其他阵营的候选人都担心他可能抹黑他们或是要公布某些人的海外账户，但是大多是他们心虚、自我紧张，才会这样想。（2006.1.21）

（28）先前市府没有提高警觉，让防疫人员做得很辛苦，现在传出死亡案例，市府才来紧张，根本是"亡羊补牢"。（2006.11.11）

（29）车子移动了，心脏也突然紧张了一下。（2009.5.21）

（30）警方派大批警察到场维安。双方互相拉扯、数度紧张。（2015.3.26）

（31）现场一度紧张，有学生、群众鼓噪，还有人撒冥纸。（2015.7.31）

（二）两岸融合及其表现

最初国语对"紧张"的"紧缺、供应不足"义的使用，有明显的大陆背景，比如以下一个较早的用例：

（32）从严折西住所的狭仄，可以想见上海一室难求的紧张情形，这和台北为人所诟病的无壳蜗牛，倒是有点异曲同工呢。（《联合报》1992.1.9）

再往后的许多使用中，这一点依然还是非常明显的，例如：

（33）继续加强电力需求侧管理，努力缓解 2004 冬 2005 春和 2005 年迎峰度夏两个用电高峰期供求紧张的矛盾。（2004.12.13）

按，这篇报道的题目是"2005 年中国发展和改革工作主要任务"，而例句正为其中的一项任务，所以句中"紧张"的意义和用法是直接由大陆引进的。此后，这样的有明显大陆背景的用例一直都能见到，再如：

（34）（大陆）随着前两年电力、铁路、煤炭投资逐步投产后，上半年煤、电、运供应紧张状况短期内得到了明显缓解。（2006.7.19）

（35）国务院总理李克强 6/19 要求保持合理货币总量的声明，被市场解读为近日银行间拆款资金紧张的主因。（2013.6.24）

（36）中国货币供给主要来源来自于央行对外汇占款的对冲，加上今年中国货币政策不如去年宽松，加上年前资金紧张，不利于短期股市资金流入。（2016.1.20）

在这样的"引进"之后，进一步的发展就是"自用"，而以下大致都是这样的例子：

（37）世界最大存储芯片制造商三星电子上周表示，由于市场库存水平过低以及供应持续紧张，2004 年全年的计算机存储芯片都将保持短缺。（2004.5.27）

（38）如果身为父母亲的原住民能在不被裁员又有意外保险的保护下，解决他们的经济紧张，原住民绝对就有能力担起教养子女的责任。（2006.5.10）

（39）台湾南部地区枯水期雨量偏低，如果春雨不足，常常发生供水紧张状况。（2013.11.27）

（40）今年5月初迄今几波梅雨锋面已为南部地区带来丰沛雨量，原本水情较紧张的台南地区已有明显改善。（2014.6.5）

（41）因无大型蓄水设施蓄存调节，每年枯水期当河川流量降低时，地下水及伏流水可抽取量也大幅减低，经常造成用水紧张。（2015.4.4）

（42）台湾近来经历高雄气爆、八仙尘爆后，就应该理解到，大量伤员会导致第一线医疗照护人力紧张，所以家属如果能在第一时间，暂时放下手边工作，在有薪水给付的情况下，专心照护受伤家属，对于纾缓医疗人力的紧张是有很大的帮助。（2015.10.13）

（43）保德信中国中小基金经理人张径宾指出，分季度来看，第2季和第4季在资金面方面较为紧张，第3季资金面较为宽裕。（2016.5.5）

现在，由于社会的发展和进步，无论大陆还是台湾，在日常生活的很多方面都告别了"短缺经济"，所以"紧张"的此义在大陆范围内的使用已经大幅度萎缩，而在台湾，其使用频率自然也不高，具体表现一是用例不多，二是多限定在某些方面，主要用于资源以及某些产品。

二　性质形容词"坚强"

此词《词典》的释义是："坚定刚强，不可动摇或不可摧毁（与'脆弱'相对）。［例］～面对｜～的战士｜我们的意志无比～。"

由上述释义，大致可以对"坚强"一词的语义进行如下的归纳：［＋述人］［＋（坚＋强）］。［＋述人］是说，此词总是与人的表现相联系的，或者是直接用于对人的描述（如"坚强的战士"），或者是用于对人的某一品性、特质等的描述上（如"我们的意志无比坚强"）；［＋（坚＋强）］是说此词的意思等于其两个构成语素的相加，即二者都有实义且均参与表义。

国语中"坚强"属于常用词,使用频率很高,意义和用法也与普通话有非常明显的差异,具体而言,就是在上述两个语义上,与普通话有很不相同的表现。以下我们就以此为线索展开讨论。

1. [±述人]

国语中"坚强"即可以像大陆一样用于述人,也可以用于述物,即描述人以外的其他客体或事物,并且还以后者为多,由此就表现出与大陆很不相同的第一个特点。

先举两个[+述人]的用例:

(1)透过计划海外实习的机会可以证明年轻同学非草莓族,表现都很坚强,且有很强意愿超越自己。(2015.2.6)

(2)丈夫不幸中风后,她坚强照顾丈夫十五年。(2016.4.30)

按,例(2)的"坚强照顾"虽然在普通话中很难见到,但其中的"坚强"是描述主语"她"的,这一点两岸还是一致的。

以下再看[-述人]的用例:

(3)大成国际钢铁股份有限公司以稳健经营的脚步渡过国际局势的震荡,足以证明经营团队实力坚强,以及该公司在产业的竞争力。(2016.6.30)

按,此例中"坚强"是对"实力"的表述,就与人没有直接的关联了,即表现为[-述人]。这样的例子再如:

(4)双方互信坚强,互动友好密切,沟通管道畅通无阻。(2013.6.6)

(5)瑞宝……研发能量坚强,且全球专利布局完整。(2014.11.3)

(6)坐稳全球晶圆制造龙头宝座,并打造出更坚强的物联网生态系统。(2015.10.29)

(7)本岛的任何造势活动,宣示马祖将是朱立伦最坚强的支持后盾。(2015.12.17)

（8）教育灾难让台湾产业丧失坚强的竞争力。(2015. 12. 27)

（9）台新投信的台股投资团队平均每人每周要拜访 3 家公司，累计 1 年团队亲自走访的客户次数超过千次以上，这其中还不包括电话访谈，充分显示台新投信最坚强之由下而上精选成长性个股的选股实力。(2016. 3. 2)

（10）瀚亚投资发展亚洲零售市场已有坚强基础。(2016. 5. 12)

随着由［+述人］到［−述人］，国语中"坚强"所表达的意思也与大陆有所不同，关于这一点，我们下边再讨论。

2.［+（0+强）］

与普通话"坚强"第二个语义不同，台湾的"坚强"经常是半边表义，即有点类似一般"偏义复词"或"复词偏义"的概念，经常是一个语素表义，而另一个语素义脱落或基本脱落，具体表现为两种情况，以下先讨论第一种。

［+（0+强）］即是说只有"强"表义，而"坚"的意思基本上是隐而不显的。比如以下一例：

（11）这次初选吴琪铭在许多竞争者中可以过关，表示他在地基层实力真的很强，看到今天现场有这么多里长、里长夫人与会，就知道一定有很多人在背后给他支撑，他的团队是很坚强的。(2015. 6. 20)

按，国语中表示实力强，通常会用"实力坚强"，以上例（3）即是；而说"团队坚强"，实际上也是说团队的实力强。所以，此例基本能够证明，句中的"坚强"义同"强"，而"坚"的意思基本并无体现。

"实力坚强"或"坚强的实力"在台湾都是常见的表达形式，例如：

（12）每一队都是威名赫赫，实力坚强，还没开赛就可以预见战况激烈。(2016. 6. 18)

（13）画会成员个个都是拥有传统学院派坚强实力的艺术家。(2016. 2. 27)

（14）展现巾帼英雄不让须眉的自信风采，以及不容小觑的坚强战斗实力。(2016.5.22)

《现汉》中"强"的第一个义项为"力量大、势力大"，所以此义也经常采用"同义连文"的"强大"表示。台湾"实力"虽然主要由"坚强"来描述，但是偶尔也会用"强大"，这也说明"坚强"就是"强大"，二者意思相同。例如：

（15）为了迎战实力强大的各国队伍，两组人马已经连续数月展开严格的魔鬼训练。(2007.11.30)

（16）这次的援助反映出台湾在公共卫生方面的强大实力，并乐意对全球卫生贡献一己之力。(2015.3.17)

在很多情况下，台湾"坚强"都是在 [＋（0＋强）] 情况下的使用，所以这方面的用例特别多，再如：

（17）东海高中近年来师资日益坚强，大多数教师为大学毕业，另约有三分之一获得硕士学位。(2005.8.9)

（18）彰化师范大学是本县教育最高学府，拥有坚强师资及优质学生。(2011.7.13)

（19）7 月 20 日于流行馆展开花博星声音总决赛，不仅选手素质坚强，评审更是重量级人物。(2013.7.19)

（20）台湾向来以 IT 王国享誉国际，具有坚强的智能手持装置产业链。(2014.8.21)

（21）要持续维持一个有坚强战力的党团，未来在立法的质量和效率上都能够有很好的能量，让改革和民生的法案都能够落实。(2016.1.28)

（22）表演的数十位艺人包括老、中、青三代，卡司相当坚强。(2016.4.15)

（23）远传一举夺得三项大奖，于上海、日本、澳洲、新加坡、香港、台湾等多个国际城市与跨产业的激烈角逐中展露锋芒，见证台湾坚强的服务软实力。(2016.6.6)

（24）在新事业营运上，旗下的通业技研为国际 3D 领导大厂 Stratasys 台湾代理商，拥有丰富 3D 打印销售经验和坚强研发团队。（2016.6.8）

3. ［＋（坚＋0）］

这显然是与上一类颠倒过来的情形："坚强"中"坚"表义而"强"的意思已经或趋于退隐，由此就形成了两岸此词差异另一个表现。例如：

（25）如果世界各国能够早日出面反对德国纳粹希特勒，也能够坚强的反对日本军国主义，今天的世界会完全不同。（2005.2.22）

（26）杨处长说，美国政府坚强支持高雄世运的举办，并将尽力协助 2009 世运会的进行。（2008.10.6）

《现汉》中"坚"的释义除"硬、坚固"和"坚固的东西或阵地"外，还有一个"坚定、坚决"，而台湾"坚强"的［＋（坚＋0）］义，大致就是在这一意义上的使用。以下二例分别使用了"坚定地反对"和"坚决支持"，既与上边两例形成对比，同时也大致能够证明我们的分析：

（27）马英九中午语气坚定的指出，国民党有个排除黑金条款，既然是政策就应强调，这样才能让人知道国民党很坚定地反对黑金。（2005.6.2）

（28）对于 2009 世运会高雄的举办权，美国将坚决支持，不会有任何变化。（2008.10.6）

［＋（坚＋0）］的"坚强"用例虽然不及［＋（0＋强）］的多，但是也并不少见，再如：

（29）改革传统中间商价值动因，优化供应链配置，坚强巩固低价基础，为顾客提供更精准的低价与技术服务，坚定拉大与竞争者距离。（2005.3.10）

（30）台湾人对民主自由的意志，却越来越进步、越来越坚强。（2015.3.14）

（31）为了给孩子们一个健康的网络环境，我选择坚强地迎战网络暴力！（2015.8.15）

（32）对于党未来的领导人，需要非常坚强的毅力、绝对正确的观念，坚守价值跟立场。（2015.12.24）

（33）即使有不同的声音，也要以坚强的决心和意志力，协调出一致的方向。（2016.4.30）

（34）市政府与阳光基金会合作，给予所有伤友们最坚强的支持与鼓励。（2016.5.13）

以下一例虽然不能用"坚定/坚决"来对应，但仍然是只有"坚"义而无"强"义：

（35）未来，中兴保全集团守护民众的精神会如同山樱花般坚强不拔。（2012.12.18）

无论对大陆还是台湾，"坚强不拔"都是一个陌生化程度比较高的形式，两地通用的形式都是"坚韧不拔"或"坚忍不拔"，以下是台湾的用例：

（36）台湾有很好的人力素质、创意和坚韧不拔的精神，只要凭着这股精神投注在经济发展上，就能产生意料不到的正面效果。（2013.7.17）

（37）新任社会局张锦丽局长代表新北市政府肯定家扶的小勇士挑战自我坚忍不拔的努力精神。（2015.8.15）

总体而言，以上三种意义和用法的例子在台湾都比较常见，并且构成了此词使用的主体。以下是我们在《自立晚报》中进行穷尽性检索得到的不重复组合片段：

坚强的母爱、最坚强伙伴、坚强紧密之政经及安全伙伴、非常坚强的安全与经济伙伴、坚强的阵容及装备、坚强的品牌支撑、坚强厚实的支持、坚强的基础、坚强的发展基础、坚强的民意基础、最坚强的安全基础、坚强资通讯（ICT）产业基础、坚强的名单、坚强之行动、坚强的客户忠诚度、更坚强的态度、最坚强的支持部队、坚强经营团队、坚强工作团队、坚强的医疗团队、坚强的神外团队、坚强表演团队、坚强的服务团队、坚强的代理团队、坚强的急诊医疗团队、坚强的急诊医疗团队、坚强的国际营销团队、坚强的研发及管理团队、坚强的聚光型太阳能模块专业团队、最坚强的市府团队、最坚强的生技团队、优秀而坚强的战斗团队、完整坚强的软硬件研发团队、坚强攀登队、最坚强的后盾、最坚强的支持后盾、坚强的研发、坚强的国防、坚强性格、最坚强架构、最坚强的架构、坚强的股东结构、坚强的虚实整合架构、坚强的民族风骨、最坚强的组合、超坚强节目组合、坚强的专利组合、坚强的护城河、坚强的打击、坚强之技术根基、坚强的国家、坚强盔甲、坚强骨架、坚强的实力背景、马戏学校坚强训练背景、坚强的学术研究、坚强的专利布局、坚强有力证据、坚强的关税壁垒、最坚强的绿色堡垒、无限坚强的生命力、坚强自制研发能力、坚强自我防卫能力、坚强资通讯软实力、坚强战力、坚强的战力、坚强战斗力、坚强游戏开发实力、坚强毅力、坚强的毅力、坚强的意志力、坚强生命力、坚强品牌力、坚强客制化生产能力、坚强经济实力、坚强的渔业实力、坚强的游戏开发能力、坚强的音乐实力、坚强的研发能力、坚强的生命力、坚强的领导力、坚强的竞争力、坚强的技术研发能力、坚强的技术创新能力、坚强的后援实力、坚强的行动力、坚强的海洋产业实力、坚强的国力、坚强的国防武力、坚强的工作意志力、坚强的歌唱实力、坚强的辅选战力、坚强的防卫能力、坚强的独立生存能力、坚强的操盘功力、坚强创新与技术实力、最坚强的能量、最坚强的力量、坚强之精神力量、坚强后备动员的能量、坚强的柔性力量、坚强的国防力量、坚强的声带喉咙、坚强的组织网络、坚强的人脉、坚强的医学背景与人脉、坚强的信念、坚强的正面信念、坚强的环境信念、坚强拜票、坚强完整的全系列防晒品、坚强的勇气、乐观和坚强的心情、坚强的社群、坚强师资、坚强的讲师群、坚强的国文师资群、最坚强的股东阵容、坚强的教练群阵容、坚强的动作角色扮演游戏阵容、坚强之外部金融、坚强的国民党政治保护伞、坚强的精神、坚强的团队精神、坚强基石、很坚强的共识、坚强的技术、坚强的精密金属加工技术、坚强的制作阵容卡司、坚强的利益共同体、坚强的爱情抗体、坚强的防御系统、坚强的编剧团、坚强的资本部位、坚强的队伍、最坚强的救灾队伍、坚强的金流服务、众多坚强的游戏、坚强的关系、坚强的三角关系、坚强的经贸关系、坚强的顾客关系、坚强的安全合作关系、更坚强的贸易及投资关系、坚强防线、坚强的防线、坚强可靠的最后防线、坚强的投资绩效、坚强信心、坚强韧性、坚强的韧性、坚强个性、坚强的党性与理想性、坚强领袖、坚强固定收益商品操作经验、最坚强的制造业、坚强投资目标企业、坚强盟友、坚强内在、坚强的经济成长、最坚强的支持者、坚强的组织、坚强的意志、坚强求生意志、坚强的国民意志、坚强文官体制、坚强的品质认证机制

信用坚强、信心坚强、信念坚强、毅力坚强、意志坚强、基因坚强、战力坚强、阵营坚强、党性坚强、态度坚强、赌性坚强、意志力坚强、基本面坚强、民主信念坚强、双方互信更加坚强、求生意识坚强、民主意识坚强、本土意识坚强（按，同文另一处作"本土意识坚定"）、斗志更为坚强、本土性坚强的报纸、阵容更坚强壮大

此外，台湾在"坚强"上还有少量与大陆不同的用法，主要是"使动用法"，例如：

（38）我们必须加强精神与思想的武装，坚强我们的意志，不达到目标绝不终止。（2005.11.27）

（39）KIEHL'S 秉持与消费者建立良好咨询关系的品牌理念，并更坚强皮肤科医师处方系列的专业服务，将于 5 月 15 日正式上市。（2007.4.8）

（40）这本书可以激发众人的净信，坚强大众的道心，陶悦正信，娱悦众生。（2016.3.2）

三 属性词"绿色"

《现汉》中"绿色"一词列两个义项，其一是名词，"绿的颜色"；其二是形容词，标为属性词，释义为"指符合环保要求，无公害、无污染的"。以下讨论的就是义项二。

我们曾经讨论过当代汉语中的"语素词",而一段时间以来有超高使用频率的"绿色"就是一个相当典型的"语素词"。所谓语素词,指的是具有词的形式但却不能独立使用来表达一个新的意义的语言单位,除"绿色"外,再如"黄金时间"、"懒汉农机"、"傻瓜相机"、"信息超市"、"形象大使"等。①

近年来,与大陆一样,国语中"绿色"也相当常用,比如以下两个例子:

（1）提倡以绿色设计、绿色生产、绿色消费、绿色采购、源头减量、再使用、资源回收及再生利用等方式,减少原料资源之使用,促进资源有效循环利用,并逐步达成零废弃目标。(2009. 12. 8)

（2）政府机关及民间企业也能辅导员工消费合作社转型绿色商店,同时倡导绿色消费观念,让员工了解绿色商品及绿色商店的意义,并鼓励优先采购,使绿色消费变成全民心运动,共同为捍卫地球尽一份力。(2011. 8. 22)

国语在使用"绿色"时,有时会加注英文原形,由此正好显示了组合形式的外来身份,例如:

（3）（能源局）启动绿色城乡（Green County）应用推广计划,首先在嘉义推出"生质柴油 B1",供环保局车辆使用。(2008. 1. 7)

（4）联合国第三次地球高峰会决议提倡绿色经济,以真正绿色的方式（green approach）而非比较绿色的方式（greener approach）来达到永续发展。(2015. 3. 4)

在具体的使用中,"绿色"既可以与表示具体事物的词语组合,也可以与表示抽象事物的词语组合,二者的用例都很常见。前者的用例如:

（5）该一活动的内容包含各项空污管制工作成果说明、空气质量环保理念倡导与绿色自行车道模型展示等。(2004. 7. 5)

---

① 刁晏斌:《试论当代汉语"语素词"》,《杭州师范大学学报》2011 年第 6 期。

（6）环保局所属垃圾车率先示范使用"绿色原油"，期望实验示范成果，提供后续扩大推展之用。（2005.4.13）

（7）厨余回收，首先应从减量开始，可由家庭作起，力行"绿色餐饮"，也就是吃多少才煮多少，要吃得健康，吃得环保。（2006.7.24）

（8）主体建筑采欧式设计，兼具省水、省电功能，将打造成一"绿色派出所"，强调节能减碳概念。（2010.10.7）

（9）新北市副市长侯友宜宣布推动医疗照护资源垂直整合"绿色通道"服务新概念。（2015.8.21）

后者的用例如：

（10）务必让台湾民众在体验地道川味鱼头火锅的同时也能兼顾身体的健康，可谓是融合先进创意的绿色事业概念。（2003.12.29）

（11）希望结合当今世界各国正在推动的"永续发展"观念，和县民携手合作共创"绿色蓝图"。（2004.12.17）

（12）对于农业发展与食品安全，因应 WTO 规范，研拟绿色补贴辅导办法。（2006.10.4）

（13）发展绿色税制：配合资源保育、污染防治与节约能源政策，逐步建立以绿色税制为特色的间接税制度。（2011.8.16）

（14）为推动绿色金融，第一金控参酌"赤道原则"订定"绿色融资审查原则"。（2016.5.25）

此外，也有与表示动作行为词语组合的用例，如：

（15）绿色设计奖为荣成纸业纪世敏、王仲年、李静宜的 17 面板 5 入包装获得。（2005.10.22）

（16）新竹县环保局为落实全民绿色消费理念，近来积极推动环保标章制度，鼓励厂商生产"可回收"、"低污染"及"省资源"之环保产品，政府机关更是率先以身作则……实施机关绿色采购推动方案。（2006.4.13）

（17）全球生态保育意识抬头，台湾也越来越重视生态环境的保育，再加上政府环境教育法的催化，绿色教育正逐渐发酵。
(2015. 1. 10)

（18）历年来已持续发展推广新颖绿色调查技术，提倡在污染场址的调查及整治时尽量采取环境友善、经济效益高、低度环境干扰的方式。(2016. 6. 16)

与普通话一样，在高频使用中，"绿色"的意义也有发展，即从"指符合环保要求，无公害、无污染的"延伸至更广的方面，由此也与原义拉开了一定的距离。

比如以下一例：

（19）不懂得绿色婚礼的新人就落伍了！究竟什么是绿色婚礼？是吃素？还是穿自然花材的婚纱礼服？为让大众一窥究竟呷好逗相报，环保署结合台湾幸福联盟于 4 月 4 日至 8 日期间在板桥车站 B1西侧走廊，举办"台北喜事暨绿色伴手礼展"，现场有知名婚纱业者、旅游业者及绿色伴手礼等相关业者共同参展，让所有准备结婚的新人省钱、省事的办理绿色婚礼采买，并享有百万赠品抽奖，聪明的环保新人不要错过这个难得的机会。(2012. 4. 4)

按，此例的"绿色"，大致是围绕"省钱、省事"，即与上述原义已经只有非常间接的关联了。

以下几例大致都是如此：

（20）2006 的圣诞节台湾啤酒特别以开放式的主题派对让每个在商圈街头、搭捷运的朋友们都能参与，也让台北市的街头都能感受到由台湾啤酒所带来温馨、创意、惊奇、活泼的绿色派对。
(2006. 12. 21)

（21）为了再造美丽岛，她倡议"生产、生态、生活与生命"—"四生共荣"的绿色主张。(2007. 3. 6)

（22）目前已有相当多企业引进"绿色会议"的概念，也就是透过网络、电话或电子邮件等进行沟通联系。(2010. 9. 21)

（23）由自身做起，协助台湾低碳转型！国泰世华银行除了执行绿色放贷、太阳能装置融贷为台湾市占第一外，近期更是导入三大国际环保相关验证系统，强调系统化节能减碳，以成为国际化绿色金融机构为目标。（2014.4.18）

（24）第一银行长期落实企业社会责任，亦积极推广友善环境、爱护大地的理念，近期更由内部员工组成"绿色志工"，已经出动100人次，参与有机农场采收、拣选及包装的工作，并深入湿地协助除草及复育。（2015.12.15）

国语经常讲求简约，这一点在"绿色"的使用中也有所反映，这就是只用一个音节"绿"来取代"绿色"，比如"绿色能源、绿色建筑"分别简缩为"绿能、绿建"，"绿色建材"有时也简作"绿建材"。以下再看两个具体的用例：

（25）创校39年的弘光科技大学所兴建的这栋研究大楼，共有地下二楼、地上六楼，设计为节能、减废、绿色、健康之绿建筑。（2006.3.23）

（26）参加集点活动的民众，可以到指定通路进行绿色消费，选购环保标章及碳足迹卷标产品，或是享有环教场所、环保旅馆等绿色生活产业优惠。由节能减碳绿色交通作为出发点，回归到绿色消费面，环保署期盼藉由"绿进绿出"的概念，提升全民的环保行动力，减少日常生活行为的碳排放以及不必要的资源耗损。（2015.12.1）

我们在讨论语素词的时候，谈到语素词在大量的使用中，有可能向词转化，并最终实现词化，也曾举了"绿色"为例，而这一点在台湾也有比较充分的表现。例如：

（27）林佳龙表示，交通应由人本、安全、绿色（环保）出发，涉及到人身安全与社会的价值观。（2014.8.23）

按，此例中"绿色"是脱离了组合形式而单独使用的，并且后用括号注明其为"环保"义，说明作者是把它当成一个词来使用的。

以下各例均是如此：

（28）该园的设计以"绿色、养生、健康"为诉求与自然农资产相结合达到和谐之美。(2004.4.27)

（29）国民党高雄市长候选人黄俊英、党主席马英九与近千民众一起骑"铁马"响应绿色、无污染的健康城市。(2006.12.2)

（30）大台中的交通发展，将以"安全、人本、绿色"为交通政策的三大核心概念。(2014.9.29)

（31）做好垃圾分类和减量，让台北市成为更环保、更绿色、更先进的城市。(2015.6.5)

（32）推动整体产业升级转型，并运用智慧、绿色及文创等元素加值，提升产业附加价值。(2015.11.19)

台湾"绿色"用得多，还因为它有一个特殊的含义，即指"绿色阵营（的）"，由此有时也会造成歧义，比如以下的"绿色企业"和"绿色新政"均有二义：

（33a）人民日报海外版直接点名时任奇美实业董事长许文龙为"绿色企业"代表。(2016.6.8)

按，这里的"绿色企业"义指属于绿色阵营的企业，这样的在大陆经营的企业法人则被称为"绿色台商"，均与环保义无关，而以下一例则与此有关：

（33b）今年获奖事业之主要绩优特色，工业组与科学园区组事业以发展绿色企业为目标，推动"降低环境负荷"与"深植永续文化"之环境政策。(2010.11.5)

（34a）民进党今年党庆以"绿色新政、质量保证"为主轴，宣扬绿色执政县市政绩。(2013.9.28)

（34b）其后2008年能源价格高涨与金融危机后的绿色新政趋势，相继带动各国对节能减碳与再生能源的投资。(2011.3.29)

国语中的"绿色"比大陆更活跃，具体表现就是由它构成了大量新的组合形式，仅在《自立晚报》中，不重复的就有以下一些：

绿色博览会、绿色潮流、绿色生活、绿色协会、绿色设计、绿色科技、绿色能量、绿色资源、绿色产品、绿色未来家园、绿色活力园、绿色产业、绿色产品、绿色能源产业、绿色交通产业、绿色硅岛、绿色城市、绿色电子、绿色小区、绿色活力园、绿色饮食、绿色团体、绿色介电材料、绿色生态环境、绿色生态休闲区、绿色建筑产业、绿色建筑、绿色学校、绿色校园、绿色产业循环、绿色运具、绿色饮食观念、绿色生产、绿色消费、绿色标章、绿色生活环保筷、绿色采购、绿色交通路网、绿色加值岛、绿色港都、绿色厨房、绿色生技城、绿色旅游、绿色城市、绿色都市、绿色城乡、绿色信息质量、绿色竞争优势、绿色基础设施、绿色大地、绿色节能计划、绿色步道、绿色经济、绿色法令、绿色潮流、绿色环保商店、绿色发展、绿色道路、绿色礼盒、绿色包装、绿色食品王国、绿色企业、绿色山海、绿色农业、绿色化妆包、绿色饮食习惯、绿色商品、绿色动力、绿色电力、绿色营运小组、绿色生活网、绿色消费者基金会、绿色工厂、绿色环境、绿色旅游、绿色智能家电、绿色商机、绿色中小企业、绿色管理、绿色经营、绿色机房、绿色通路、绿色志工活动、绿色化、绿色照明、绿色友善餐厅、绿色概念、绿色旅馆、绿色轻轨运具、绿色保垒、绿色景点公交车、绿色贸易、绿色成长、绿色桥梁、绿色节能、绿色物流生态圈、绿色良性循环、绿色制造、绿色竞争力、绿色人才、绿色服务、绿色健康、绿色系统伙伴、绿色纺织衣服、绿色织品、绿色转型升级、绿色空间、绿色保育、绿色服务业、绿色效能、绿色床垫、绿色洗发精、绿色港口、绿色港埠、绿色港湾、绿色亲水空间、绿色轻功、绿色市集、绿色乡镇、绿色保险商品、绿色原料、绿色进击大挑战、绿色城乡、绿色成长、绿色共乘、绿色地球、绿色转型、绿色气候基金、绿色职场、绿色基础建设、绿色贸易、绿色未来、绿色整治、绿色品牌、绿色价值、绿色行动、绿色区块、绿色首都、绿色体验、绿色奇迹、绿色医美活动、绿色生态学校、绿色居家、绿色形象、绿色费率优惠、绿色资产、绿色旅馆、绿色奇迹、绿色社会、绿色技术、绿色有机、绿色指南、绿色庄园、绿色典范奖、绿色替代能源、绿色思维、绿色凉亭、绿色关怀、绿色材质、绿色食材、绿色梦境、绿色办公室、绿色针织衫、绿色标签、绿色营销力、绿色生态理念、绿色工艺、绿色生产力、绿色产值、绿色意象、绿色小巨人、绿色交通网、绿色捕捞、绿色店家、绿色出行、绿色步道、绿色工法、绿色策略、绿色工艺、绿色计划、绿色殡葬、绿色改造计划、绿色循环商店、绿色协会、绿色三合一、绿色景点、绿色造林、绿色森活、绿色发展、绿色无毒家居、绿色典范、绿色会展、绿色友善餐厅、绿色财务金融机制、绿色洗涤、绿色车辆、绿色工厂、绿色体验、绿色潮流、绿色宜居城市、绿色小铺、绿色信息商品、绿色费率、绿色管理、绿色食物、绿色供应链、绿色电价、绿色旅馆、绿色机房、绿色创新、绿色通路、绿色减碳、绿色营销、绿色蔬菜、绿色梦土、绿色亚洲、绿色照明、绿色有机、绿色清洁、绿色农产品、绿色活动中心、绿色循环、绿色通勤、绿色化学、绿色公交车、绿色生产圈、绿色产业链、绿色数据中心、绿色精灵、绿色公民、绿色科学、绿色童年、绿色部落、绿色承诺、绿色廊道、绿色廊带、绿色长廊、绿色隧道、绿色产能、绿色资源、绿色水资源、绿色意象、绿色旅行、绿色工具、绿色饮食、绿色转运、绿色车辆、绿色动能车、绿色厨房、绿色投资、绿色物流、绿色移动、绿色大学、绿色小学、绿色认证、绿色洽公环境、绿色资产、绿色接驳、绿色成分、绿色油品、绿色食品、绿色整治、绿色小镇、绿色生技、绿色趋势、绿色工程、绿色餐厅消费、绿色塑料袋、绿色航运、绿色条款、绿色奇迹、绿色伙伴、绿色旋风、绿色生机、绿色生态城市、绿色工作、绿色服务、绿色通讯、绿色指针、绿色美学、绿色基盘设施、绿色航厦、绿色世代、绿色制程、绿色智慧、绿色时尚、绿色风潮、绿色清明节、绿色大车队、绿色标章、绿色创意、绿色路网、绿色造梦、绿色农夫、绿色大使、绿色理念、绿色采样、绿色检测、绿色传唱、绿色指南、绿色就业、绿色休闲运动风、绿色再生品、绿色绩效、超级绿色 8500 型货轮、绿色二代城、绿色未来城、绿色公园、绿色观念、绿色客车、绿色体验、绿色插座、绿色钢品、绿色服务业、绿色基金财务机制、绿色阅读、绿色大众运输、绿色种籽、绿色种子、绿色厂房、绿色网络、绿色图书馆、绿色电能、绿色基金会、绿色旗舰奖、绿色时刻、绿色载具、绿色 EC、绿色 NGO 组织、绿色艺术市集、绿色健康睡眠商品、绿色学堂、绿色发展、绿色平台、绿色内涵、绿色希望、绿色生产力、绿色工程、绿色树屋、绿色黄金走廊、绿色觉醒、绿色蔬食、绿色向居、绿色台北、绿色美食、绿色午餐、绿色心视界、绿色振兴方案、绿色经济成长、绿色就业、绿色加工、绿色产业园、绿色奥斯卡、绿色快捷信道、绿色信息管理服务模式、绿色处理方法、绿色海堤、绿色骑迹、绿色永续奖、绿色趋势、绿色科技银行、绿色清洁用品、绿色规范、绿色贷款、绿色素食、绿色开发、绿色妆聘礼、绿色思维、绿色纪念日、绿色庙会、绿色存折、绿色休闲、绿色爱心奇迹、绿色信息商品、绿色开采方式、绿色办公厅舍、绿色电子趋势、绿色印刷、绿色研习课程、台北绿色周

以上既有 2 + 2 的一层次组合，也有不少更多音节或更多层次的组合，后者与普通话形成较明显的区别。

普通话中，"绿色"的使用，除了有与台湾相同的一面外，也有自己的独特之处，概括起来大致有以下几点：

第一，有较多的"绿色 + 双音节动词"的组合，其数量与种类远多于台湾，比如以下一例：

（35）撕毁厚重的教科书、扔掉乌黑的学士帽……这似乎是各地大学毕业季的固定画风。当人们已经习惯了学生因彻底解除课业负担而上演的"疯狂"，是否有人考虑过这其中的浪费？但在今年 7 月毕业季来临之际，内地各高校却流传着一个不同的口号——"绿色离校·绿色感恩"。（大公网 2016.7.3）

以下一些组合形式就不见于或很少见于国语中：

绿色前行、绿色扶贫、绿色邀请、绿色转型、绿色合作、绿色合成、绿色征服、绿色养殖、绿色识别、绿色直播、绿色施工、绿色防控、绿色崛起、绿色用电、绿色勘查、绿色振兴、绿色穿行、绿色觉醒、绿色办公、绿色融资、绿色服务、绿色办会、绿色参会、绿色养殖、绿色增长、绿色供暖、绿色阅读、绿色转身、绿色感恩、绿色住宿、绿色宣讲、绿色猜想、绿色生长、绿色流通、绿色投入、绿色供给、绿色咨询、绿色骑行、绿色富国、绿色惠民、绿色增产、绿色增效

第二，大量用于构成粮食及食品饮料等，其数量和品种远多于台湾，比如以下一些组合形式：

绿色粮食、绿色杂粮、绿色商品粮、绿色粮油、绿色水稻、绿色稻米、绿色小麦、绿色大米、绿色燕麦、绿色小米、绿色玉米、绿色面粉、绿色食品、绿色食物、绿色馒头、绿色罐头、绿色主食、绿色豆制品、绿色乳制品、绿色奶制品、绿色挂面、绿色方便面、绿色油条、绿色猪/牛/羊/鸡/肉、绿色鸡蛋、绿色水果、绿色干果、绿色苹果、绿色调料、绿色酱油、绿色榨菜、绿色早餐、绿色糖果、绿色茶叶、绿色普洱、绿色饮料、绿色牛奶、绿色奶茶、绿色茅台、绿色美酒

第三，也有不少一般不见于台湾的组合形式，多指称大陆特有事物及观念意识等，例如：

绿色税改、绿色清明、绿色政务、绿色书房、绿色课堂、绿色手游、绿色快递、绿色底线、绿色机遇、绿色福利、绿色未来、绿色信仰、绿色理念、绿色微商、绿色奥运、绿色实业、绿色浴帘、绿色名片、绿色生态、绿色财富、绿色头衔、绿色经济、绿色会议、绿色场馆、绿色银行、绿色存折、绿色账户、绿色积分、绿色福利、绿色福祉、绿色战略、绿色心态、绿色政绩、绿色文章、绿色剧情、绿色魅力、绿色符文、绿色征途、绿色心情、绿色卫士、绿色记忆、绿色大使、绿色天使、绿色牌、绿色版、绿色化、绿色风、绿色梦、绿色通行证、绿色二人转、绿色垂直马拉松比赛

第三章

两岸语法对比研究

　　两岸民族共同语在语法方面的对比研究，虽然已经取得了一定的成绩，但是仍然存在较大的不足，总体而言，有以下几点：一是覆盖面还不够广，词法方面稍多而句法方面较少；二是有很多方面还没有或基本没有涉及（如本章将要讨论的几个问题）；三是不少已有研究成果在研究的深度和广度等方面还有进一步提高的空间。

　　本章从内容安排到目标取向，延续笔者的一个重要学术旨趣：拾遗补阙，即试图对以上三点不足有所弥补，这或许也可以算作改变现状的一次尝试性的努力。我们拟讨论以下三个问题：离合词、趋向动词和拷贝结构。其中一、三两项内容在两岸对比研究中几乎从未涉及，而第二项虽然略有涉及，但多为一些碎片化的考察和叙述，远未形成总体性的描写和对比。

第一节　两岸离合词对比研究

　　普通话中，离合词的数量比较多，并且还不断有新的形式加入，所以有人说它"简直无法列举净尽，可以说属于开放性的一类词语"。① 我们简单考察一下，杨庆蕙主编的《现代汉语离合词用法词典》（北京师范大学出版社1995年版）共收离合词4000余条，而《现代汉语词典》（以下简称《现汉》）（第3版）注音中带有离合词标志"∥"的双音词数量也达3228个。② 我们自己也做过一个抽样调查：《现汉》仅A、B两个字母

---

① 喻芳葵：《关于离合词》，《松辽学刊》1989年第2期。
② 王素梅：《论双音节离合词的结构、扩展及用法》，《沈阳师范学院学报》1999年第4期。

下注音中加标双斜杠的就有 192 个。当然，这还远不是全部，有一些未作标记的，其实在实际的使用中也有可离析的情况，如"按摩、办学、伴唱、保值、报价、报料、报销、爆冷、爆棚、比赛、变性、并网"等。

以下是《人民日报》的几个用例：

（1）云南省有的少数民族自古以来没有<u>办过学</u>。我国已经办了三十多年的教育了，至今还有十个民族几乎没有<u>办过学</u>。（1984.5.21）

（2）外贸公司对接受远期信用证顾虑大，一怕信用风险，二怕汇率变动而<u>保不了值</u>。（1987.1.17）

（3）今年开春，棉农种棉热情<u>爆了棚</u>。（2004.11.8）

（4）可导演回去找了个名演员，人家<u>报了价</u>，挺高。（2010.9.4）

（5）<u>比完赛</u>后，孙杨除了像往常一样对观众鞠躬致谢，还向裁判弯腰致谢。（2015.4.17）

《人民日报》以外，见于其他媒体的用例就更多了，再如：

（6）对于在过去几年看过病也<u>报过销</u>的读者而言，这个比例相信非常接近现实。（《21 世纪经济报道》2013.3.18）

（7）一月一度的报料大奖又闪亮登场了！给钱江晚报<u>报过料</u>的新老朋友，速速来围观。（《钱江晚报》2014.4.21）

然而，我们在进行海峡两岸民族共同语对比研究的过程中发现，国语中离合词的离析使用频率比普通话低不少，而可离析使用的形式种类也比普通话少，由此就构成了两地语言差异的一个方面。比如，以下一些合而不离的用法，对普通话的用户而言，其陌生化程度都是比较高的：

（8）请问来台最殷勤的日本客曾在夜市<u>露脸过</u>吗？（《立报》2011.1.9）——比较：露过脸

（9）温升豪虽然跟老婆已登记，但一直还没正式宴客，更没向老婆<u>求婚过</u>。（同上 2014.6.19）——比较：求过婚

（10）朱立伦表示，他过年时期都会<u>回来桃园</u>参拜。（2015.2.20）——比较：回桃园来

本节拟在一定范围内对上述差异情况进行考察和分析，试图给出一个相对精确的数量对比，然后再对造成差异的原因进行一定程度的解释。

一　两岸离合词使用情况抽样调查

本部分中，我们将进行三项抽样对比调查，试图由此而对离合词在两岸的使用情况形成一个基本的了解和认识。

1. 核心离合词离析使用情况对比调查

在这项调查中，我们从王海峰所列出的 16 个离析使用用例最多的"核心离合词"中选取 10 个，[1] 来比较其在两岸的使用情况。台湾的情况我们主要以联合知识库为依据，大陆部分则以《人民日报》图文数据库为准。我们从普通话的角度，调查 10 个词常用的离析形式，这 10 个词分别是"叹气、听话、当面、吃亏、鞠躬、洗澡、帮忙、吃惊、见面、睡觉"。我们之所以从 16 个词中选取 10 个，是为了凑一个整数，但更主要的是因为其中有几个最常用的离析形式是插入"的"或"了"等虚词，而我们所用的《人民日报》不支持这样虚词的检索（如以"出了名"为关键词，会把所有的"出×名"都提取出来，从而造成数据失真）。

表 4 是调查结果：

表 4　　　　　　　　　两岸核心离合词使用情况调查

数据 形式	普通话			国　语		
	离析形式	合用形式	二者比例	离析形式	合用形式	二者比例
鞠了一躬	229	1586	1 : 7	5	3940	1 : 788
帮个忙	104	6362	1 : 61	72	56435	1 : 784
听他的话	103	1528	1 : 15	72	2775	1 : 39
吃了一惊	636	4078	1 : 6	160	2221	1 : 14
洗个澡	153	3585	1 : 23	170	8430	1 : 50
叹口气	139	499	1 : 3.59	20	78	1 : 3.9

---

[1] 王海峰：《现代汉语离合词离析形式功能研究》，北京大学出版社 2011 年版，第 45 页。

续表

数据 \\ 形式	普通话			国　语		
	离析形式	合用形式	二者比例	离析形式	合用形式	二者比例
吃大亏	344	5662	1：16	149	3531	1：24
睡一觉	183	6917	1：38	383	15297	1：40
见一面	117	18416	1：157	156	24613	1：158
当着他的面	44	4369	1：99	69	6609	1：96

　　表中的"二者比例"指的是离析形式与合用形式在相同语料中的数量对比，该数据大致能够反映大陆或台湾上述两种形式的使用倾向。以"鞠了一躬"为例，在大陆，二者比例为 1：7，大致可以认为"鞠躬"每出现 7 次，就会对应性地使用一次"鞠了一躬"；对比台湾的使用情况，"鞠躬"每出现 788 次，才会使用一次"鞠了一躬"。由此可以看出，这一形式在普通话中远比国语常用。

　　以上 10 种形式中，普通话使用频率高于国语的有 9 个，其中高出两倍以上的有 6 个，而"鞠了一躬"高出 100 多倍。由此，我们可以初步得出结论，普通话中离合词的离析形式使用频率高于国语。我们对其他形式使用情况的对比调查也能证明这一点，比如以下是联合知识库显示的近十年国语中几个离合词与动态助词"了"不同组合形式的用例数：

　　　　吃了亏 67—吃亏了 84；鞠了躬 5—鞠躬了 18；帮了忙 38—帮忙了 119；吃了惊 1—吃惊了 22；结了婚 460—结婚了 1915；生了气11—生气了 397

2. "叹气"离析使用情况对比调查

　　上一项调查是就一组离合词展开的，以下我们以"叹气"一词为对象，换一个角度来进行对比调查。此词是上述 16 个核心离合词中的一个，使用频率高，离析形式多，比较适合进行两岸之间的个案对比。

　　我们在北京语言大学 BCC 语料库的"综合"库（共 10 亿字）中，以"叹 * 气"为关键词（ * 号代替任意长短的插入形式）对各种离析使用形式进行检索，共得到包含此类形式的句子 1800 余个，其中含此词的有效离析形式 125 个。

最为多见的，是"叹＋了＋补/定＋气"形式，计有以下一些：

叹了一下气、叹了一个小小的气、叹了一会儿气、叹了一口像要冻僵的气、叹了一口充满感谢的长气、叹了一口几乎不可闻的气、叹了一口又一口的气、叹了一口同情的气、叹了一口好长的气、叹了一口对少女来说莫名其妙的气、叹了一口小小的气、叹了一口很惋惜的气、叹了一口很轻很轻的气、叹了一口悠长的气、叹了一口无可奈何的气、叹了一口无声的气、叹了一口更长的气、叹了一口没吐出来的气、叹了一口满是酒味的气、叹了一口粗气、叹了一口轻微的气、叹了一口道气、叹了一口重重的气、叹了一口长气、叹了一声气、叹了一回气、叹了一日气、叹了一晚上气、叹了一阵子气、叹了三口长气、叹了下气、叹了不少气、叹了个气、叹了个特别长的气、叹了今天的不知第几口气、叹了会儿气、叹了八十一次的气、叹了六十口气、叹了几口气、叹了几回气、叹了几声气、叹了几次气、叹了十七八口气、叹了十几口气、叹了十几次气、叹了十来回气、叹了半夜的气、叹了口不带声息的气、叹了口像刮台风的气、叹了口又细又长的气、叹了一口十年未曾叹过的气、叹了口好长好长好长的气、叹了口悠长的气、叹了口无可奈何的气、叹了口无声之气、叹了口无声的气、叹了口无奈的长气、叹了口无奈至极的气、叹了口气儿、叹了口白色的气、叹了口粗气、叹了口虚伪的气、叹了口轻得不能再轻的气、叹了口重气、叹了口长且无奈的气、叹了声长气、叹了多少回的气、叹了多少次气、叹了多少气、叹了大约二三十声的气、叹了好多气、叹了好大一口长气、叹了已经不知道是第几次的气、叹了很多次气、叹了无数次气、叹了来此之后数不清的另一口长气、叹了第三口气、叹了起码一百口气

其次是"叹＋出（了）＋定＋气"形式：

叹出一口很长很长的气来、叹出一口比方才更长的气、叹出一口绝望而幽长的气、叹出一口长气、叹出一口长而颤抖的气、叹出一声气来、叹出了一口如释重负的长气、叹出今天的第三十口气、叹出今天的第二十三口气、叹出心处那口无奈的气、叹出悠然长气、叹出第

N 次的气

此外还有一些同类数量不多或不太成类的形式：

> 叹着气、叹着粗气、叹着重气、叹着长气、叹罢了气、叹起气、叹起气来、叹过气、叹过好多次气、叹口气、叹口微气、叹长气、叹口思念的长气、叹口无奈的长气、叹口满足的气、叹一口哀气、叹一口安命的气、叹一口惊慕的气、叹一口抽气、叹一口长气、叹你妹的气、叹你是个神经的气、叹八道气、大叹其气、叹哪家气、叹哪门子豆荚气、叹啥子气、叹完气、叹没法再看美人的气、叹第二口气、叹第几声气

上述形式有以下几个较为突出的特点：

第一，数量巨大。当笔者看到检索结果时，多少有些吃惊：没想到一个普通的离合词竟然会有这么多的离析使用形式，并且很显然它的使用是完全开放的，如果再扩大搜索范围，一定还会看到更多的不同形式。

第二，扩展形式自由。这是造成此词离析形式数量多的最主要原因。除"叹"后可带动态助词"了、着、过"以及趋向动词"出"和时量补语等外，更主要的是"气"前可自由接受各种修饰限定语，形成各种临时或相对固定的组合形式。

第三，有变化形式。除多数保持述宾结构不变外，也有几个改变为偏正结构，检索到的有"叹的气、叹不完的气、叹出来的气、叹出的一口长气"等。此外，像"叹了一口十年未曾叹过的气"中"叹"重出，而"叹了口气儿"中"气"儿化等，都显示了形式的多样性。

为了与以上三点进行对比，我们以上述所有形式为关键词，在厦门大学的"至善"繁体字语料库的台湾语料中逐一进行检索，却只有以下 5 个形式有少量用例："叹了会儿气、叹着气、叹起气、叹起气来、叹口气"。两相对比，海峡两岸离合词"叹气"离析使用情况的差别如此明显而突出，这也有些出乎我们的意料。为了验证台湾的上述情况，我们又随机抽取几个相对不那么"具体"，以及有一定复现率的组合形式在联合知识库中进行检索，如"叹了一会儿气、叹了口粗气、叹完气、叹了一声气"等，均无用例，这说明，上述调查结果应该是比较真实的。

3. 介于以上两项之间的对比调查

以上两项调查虽然各能说明一些问题，但是也都有局限：第一项我们对 16 个核心离合词作了排除，另外又根据语感而选定一种离析使用形式，因之总体而言多少会有一些主观的色彩；第二项调查因为只针对一个词，即使结果完全真实可靠，范围也终究有限。所以，我们根据以上情况以及现有能够利用的语料检索条件，再进行第三项抽样调查。

杨辉、管晨曦通过对《HSK 汉语水平词汇与汉字等级大纲》里的离合词进行判定和统计，共确定 238 个，其中列为大纲甲级词的有 19 个，即"比赛、考试、跳舞、发烧、放假、见面、开学、看病、留念、录音、跑步、请假、散步、上课、睡觉、问好、洗澡、游泳、照相"，① 我们按顺序从前往后取 10 个词（"见面"第一项调查中出现，我们予以剔除），进行对比调查。

BCC 语料库支持"A. B"形式检索，中间的"."代替一个字，这样，我们就可以把离合词中间插入一个字的离析形式全部检索出来。考虑到第二项调查显示台湾离析形式太少，这或许与"至善"语料库的"文学性"不足，因而对相关形式使用情况反映不充分有一定关系，所以我们在本项调查中，把 BCC 语料库中所有的形式逐一在体量更大的台湾联合知识库中进行检索，由此来进行对比。这样，考察对象既有一定的覆盖面，又不至于像第二项调查那么复杂多样，而这也就是我们所说的"介于二者之间"的意思。

以下是对比调查结果（括号加"√"号的表示国语中有用例）：

比赛：比完赛（√）、比过赛（√）、比着赛、比个赛、比啥赛
考试：考完试（√）、考个试（√）、考好试（√）、考车试、考的试（√）、考党试（党课考试）、考屁试
跳舞：跳着舞（√）、跳过舞（√）、跳完舞（√）、跳下舞、跳好舞（√）、跳得舞、跳个舞（√）、跳跳舞（√）、跳的舞（√）、跳只舞、跳支舞（√）、跳热舞（√）、跳红舞（√）、跳艳舞（√）、跳辣舞（√）、跳劲舞（√）、跳那舞、跳早舞、跳骚舞、跳圆舞（√）、跳电舞、跳慢舞（√）、跳老舞、跳藏舞

---

① 杨辉、管晨曦：《对外汉语离合词教学研究》，《黄山学院学报》2015 年第 1 期。

发烧：发着烧（√）、发了烧（√）、发过烧、发起烧（√）、发完烧、发上烧（√）、发个烧（√）、发发烧（√）、发紧烧、发热烧（√）、发高烧（√）、发低烧、发小烧、发这烧

放假：放大假（√）、放长假（√）、放寒假（√）、放暑假（√）、放个假（√）、放你假、放我假（√）、放他假、放她假（√）、放个假（√）、放天假、放点假（√）、放完假（√）、放好假、放月假、放连假（√）、放产假（√）、放麦假、放农假、放日假、放旬假、放早假、放伏假、放冬假、放下假、放着假、放的假（√）、放够假、放啥假、放玩假

开学：开的学（√）、开个学、开了学（√）

看病：看完病（√）、看着病（√）、看看病（√）、看你病、看您病、看我病、看俺病、看他病、看了病（√）、看牙病（√）、看下病、看回病、看点病、看啥病、看趟病、看次病、看好病（√）、看的病（√）、看过病（√）、看对病、看错病（√）

留念：留个念（√）、留点念、留过念、留些念、留份念

录音：录的音（√）、录下音（√）、录过音（√）、录完音（√）、录好音（√）、录上音、录了音（√）、录你音

跑步：跑完步（√）、跑几步（√）、跑两步（√）、跑一步（√）、跑下步、跑跑步（√）、跑的步（√）、跑会步、跑好步、跑晚步、跑着步（√）

本项调查结果显示，两岸离合词单音节插入离析形式的使用情况有以下几个明显差异：

其一，总体的使用量差异明显。上述离析形式共有 128 个，其中两岸共有的 67 个，约占 52.3%；仅见于大陆的 61 个，约占总数的 47.7%，即有接近一半的形式为大陆所独有。

其二，具体的用例数差异明显。虽然联合知识库的文本数达到了 1197 万个，其总字数应该远不止 BCC 综合库的 10 亿之数，但是就具体的用例数而言，却很少有高于大陆的，相反却普遍较低。比如，"跳个舞"台湾仅 7 例，大陆有 258 例；"考完试"台湾有 350 例，似乎已经不少了，而大陆相同的形式则有 6231 例。

其三，有语体风格上的对立。对以上两岸共用与大陆独用的离析形式

稍加比较，就会发现一个相当明显的表现：中性语体色彩的离析形式多为两岸共用，而口语性比较强的形式趋向于只在大陆使用。就后者而言，比如"比赛"中的"比个赛、比啥赛"，"看病"中的"看下病、看回病、看点病、看啥病、看趟病"等，都有非常明显的口语性。关于这个问题，我们将在第三节中进一步讨论。

二　两岸离合词用法的几个具体差异

以下我们换一个角度，立足于国语，主要着眼于结构类型的差异，来进一步讨论两岸离合词及其使用的差异。

1. "趋向"类离合词的用法差异

汉语有一些表示趋向的离合词，它们既可以单独使用，做谓语或述语，也可以附着在某些动词后边，做趋向补语，而在两地之间，它们的离与合往往有所不同（具体情况见下节）。这样的动词有"来"与"去"两个系列，前者如"上来、下来、进来、过来、回来"，后者如"上去、下去、进去、出去、过去、回去"。

在单独使用的时候，这些词如果需要带处所宾语，普通话中通常把宾语插在中间，形成离析的形式，而台湾则经常采用合的形式直接带宾语。

以下主要以"回来"为例进行讨论。

我们曾以"回北京来"与"回来北京"等为关键词在 70 年的《人民日报》中进行检索，前者有 10 例，而后者只有 1 例；"回家乡来"有 13 例，而"回来家乡"没有用例。同样，我们以"回来台北"和"回台北来"在近 10 余年的台湾《自立晚报》进行检索，后者没有用例，而前者则有 3 例，如：

（1）许多从中南部周末回来台北的民众皆会从这里经过。（2014.4.27）

当然，这也并不能说明国语中就没有"回 + 处所 + 来"形式，比如我们又以"回来台湾"与"回台湾来"为关键词在《自立晚报》中进行检索，前者 45 例，后者只有 3 例，二者之比为 15 : 1，取舍的倾向性非常明显。前者的用例再如：

（2）我们台湾资金一起出去，觉得萧条没有钱，而我们现在是想办法让钱回来台湾。(2007. 11. 10)

（3）对于她这一次没有回来台湾，我感到非常难过。(2014. 12. 30)

其实，这样用例中的"回来"与单用一个"回"并无不同，以下一例可以充分说明这一点：

（4）至于宋楚瑜如果现在回国民党是否来得及党主席选举？王金平则指出，宋楚瑜如果回国民党，不会影响国民党主席的选举，时程上国民党主席选举已经公布，因此宋楚瑜如果回来国民党参选主席，来不来得及他不知道。(2005. 5. 16)

按，此例中两用"回国民党"，一用"回来国民党"，意思并无不同。"回来"带处所宾语形式在国语中非常多见，而这也成了两岸此词用法的最大不同。再如：

（5）如果真的这样，他愿意回来苹果，为贾伯斯工作。(《贾伯斯传》第十七章）

在和其他动词组合使用时，普通话中"回来"的一般用法如下例：

（6）马可波罗把中国的古代文化传到意大利，而这些年轻人，将把先进的现代技术带回中国来。(1991. 1. 21)

即"回来"取离析形式（当涉及处所宾语时，这是唯一形式），而国语中的很多用例却与此形成鲜明对比：

（7）父母亲到欧洲游玩，看到许多游客在露天咖啡座悠闲休息，很想把这样的旅游风情带回来家乡，于是开始尝试卖咖啡。(2010. 8. 30)

（8）我把当地状况和需要带回来台湾，鼓励更多人支持，也等

于实现我"想为世界做点什么"的愿望。(2014.7.31)

除了"带"之外,"回来"在和其他很多动词共现时,也都有相同的表现,例如:

　　(9)原本希望尽快三通,可以全家从大陆搬回来台湾。(2004.4.6)
　　(10)邱创良对争取到的建设经费,百分之百都会拿回来桃园做建设。(2004.11.8)
　　(11)我们好好把握陆客商机,检讨自己并且把握机会把人民币赚回来台湾。(2009.4.14)
　　(12)制造电风扇的勋风公司,预计将模具拉回来台湾做。(2010.10.2)

以上是台湾"回来"一词与大陆的不同表现,此词之外,其他同类离合词也都有大致相同的表现。比如"回去",前边举过"回来国民党"的例子,而我们也同样看到"回去国民党"的用例:

　　(13)如果张碧琴不回去国民党,也许就用"有案在身"来修理她。(2009.12.3)

见于《自立晚报》的其他类似用例再如:

　　(14)荣总发出声明认为陈水扁若是回去监狱,自杀风险会很高。(2013.4.2)
　　(15)圣卢西亚籍学生维克多……也进而喜欢上台湾这片土地,还说回去圣卢西亚后要跟亲友宣传台湾的美好。(2015.6.2)

"回去"在和其他动词共现时,也有与"回来"相同的表现,例如:

　　(16)在她大学还没毕业前,她就带着小孩搬回去娘家。(2008.2.27)

（17）连阵营质疑，柯文哲选上后是否会变回去"台独、深绿"的立场。（2014.10.28）

其他趋向动词单独使用时，也都有直接带宾语的，例如：

（18）公务人员是经考试<u>进来</u>政府服务，都是比较优秀的人才。（2015.3.9）

（19）让年轻人可以留在澎湖发展，也让台湾有其他的机会可以<u>过来</u>澎湖，吸引更多的人才及业者来澎湖。（2015.5.15）

在与动词共现时，同样也有类似表现。仝金钟曾列出语言学习者的各种离合词使用偏误，其中有一类是趋向补语"起来"位置有误，所举的例子有"大家正在看表演呢，他突然鼓掌起来"。① 按普通话的一般用法，这句应该说成"鼓起掌来"，可是，在台湾当下的使用中，仝文所举那样的例子却并不鲜见，例如：

（20）……她的身材从 46 公斤一路胖到 70 公斤，逗得评审都忍不住鼓掌起来。（1997.5.11）

（21）这个女人的麻烦太多，贝勒爷弄在身边也不是好事，只是要关她起来也会有麻烦，她身边有四个人…… （司马紫烟《边城故事》）

以上只是举例性地指出两岸在离合式趋向动词使用上的不同，更多此类词的更多不同，我们将在下一节进行讨论。

2. 与补语共现时的用法差异

仝金钟所列出的离合词使用偏误中提到了"时量补语位置有误"和"带情态补语时有误"两种，前者所举的例子如"他们跳舞了三个小时"，后者的例子如"她唱歌得非常好听"，② 然而，这两个例子在台湾均属正常性的使用，例如：

---

① 仝金钟：《现代汉语离合词的特殊性及其认知规律》，《牡丹江大学学报》2012 年第 11 期。

② 同上。

（22）偏偏附近的印度人正在办婚礼，而且婚礼还不是一天就结束，足足唱歌跳舞了三天才完。（《联合晚报》2006.4.23）

（23）张娜拉说："我在戏中饰演的角色是嫉妒的化身，其实跟我的性格非常相似，我上学时也嫉妒苗条的同学，现在我嫉妒那些唱歌得好的歌手。对我来说，嫉妒给我很大的帮助，可以说是一种刺激。"（《民生报》2002.9.1）

离合词带时量补语时合而不离，在国语中也比较常见，例如：

（24）徐宝寰三十岁以前求婚过一次，现在回想，是"一时冲动"，因为那女孩得了鼻咽癌。（《联合报》1996.5.26）

（25）不料2位前辈早就准时坐在现场，闲聊、唱歌了好一会儿。（同上2003.11.23）

（26）在台湾，我没有请假过一次，在西雅图，我也没有请假过一次。（2014.6.17）

（27）初霞与承赟定居香港，在过去几年中，他们已经回大陆探亲了好多次。（琼瑶《剪不断的乡愁》）

（28）一时间，承赟、初霞、鑫涛和我都大发童心，换上衣服，骑上骆驼，纷纷留影一番。（同上）

带情态补语时合而不分也不是个别的现象，比如以下这一个"跳舞"的用例：

（29）当晚，我们跳舞得很迟才分手。（《联合报》1958.6.29）

其他用例再如：

（30）高二时就听说他们通信得很勤。（《台湾当代小说、散文精选集》）

另外，全文还提到了"结果补语位置有误"一类，所举例子如"洗澡完就上床睡觉吧"，然而，在台湾的现实使用中，"洗澡完"的用例也能见到，例如：

（31）医师特别提醒，涂抹乳液的时间点相当重要，可在洗澡完、擦拭身体多余的水分后。（优活健康网 2013. 12. 23）

而以下一例中的"喝酒毕"也与之同类，正可类比：

（32）也有过一次，和友人喝酒毕，约半夜两三点，晕恍恍快步走在冷风扑面的城市马路上。（骆以军《经济大萧条时期的梦游街》）

同样的意思，普通话更趋向于用离析的形式来表达，具体主要有两种：一种是直接把补语插入离合词中间，如"请假过一次——请过一次假""洗澡完——洗完澡"；另一种是采用动词拷贝结构（这或许也应该算是一种比较特殊的离析形式），如"跳舞得很迟——跳舞跳得很迟""通信得很勤——通信通得很勤"等。后一种颇能说明一些问题：台湾对离合词的态度似乎是趋向于"合"，而大陆则是趋向于"离"，这或许可以在较高的层次上解释为什么两地之间在离合词的使用上会有如此明显的差异。不过，这里还提醒我们关注两岸在另一种语言形式及其使用上的差异，这就是动词拷贝结构，关于这个问题，我们将在本章第三节讨论。

3. 与动态助词"过"共现时的用法差异

据任海波、王刚在语料库基础上对 423 个离合词的离、合情况所进行的定量分析，中嵌类占离用总用例的 94%。[①] 在各种可插入的词语中，动态助词"了"和"过"出现的频率最高。就"过"而言，有人统计是 73%，[②] 也有人统计是 67%。[③] 然而，离合词中间插入"过"只在普通话中比较多见，在国语中，当"过"与离合词共现时，经常用于其后而不是插在中间。这样的用例上边已经出现过，以下再各举两个"唱歌"和"跳舞"的例子：

---

① 任海波、王刚：《基于语料库的现代汉语离合词形式分析》，《语言科学》2005 年第 6 期。

② 王素梅：《论双音节离合词的结构、扩展及用法》，《沈阳师范学院学报》1999 年第 4 期。

③ 周卫华：《现代汉语离合词的扩展形式及特点》，《三峡论坛》2010 年第 6 期。

（33）庆太听了立即反驳："我可从没这样唱歌过！"（《星报》2005.9.24）

（34）为唐纳逊操刀的外科医师表示："以前，我的同事曾经唱歌给我听，但病人从未唱歌过。"（《民生报》1995.9.9）

（35）迄今为止，一直无人与她跳舞过，因为她太高。（同上1997.1.8）

（36）我们已在府城10处景点跳舞过，随着课程，会再旅行下去！（《联合报》2011.7.6）

其他的用例再如：

（37）民众在今晚7时11分投票截止前，以未投票过的电子信箱到 http：//n7w.ysnp.gov.tw/网站投票。（2011.1.19）

（38）每个礼拜六或者礼拜天，我从来没有请假过。（2014.6.11）

（39）没读名校，我得到化妆过的祝福。（《联合报》2014.6.13）

（40）对此，王建煊说，"和解？我们什么时候吵架过？"（《中时电子报》2013.8.23）

为了能对两岸离合词与动态助词"过"共现时的用法差异有一个更加全面的了解，我们以《现汉》AB两字母下所收的10个离合词为对象，仍以《人民日报》和联合知识库为语料范围，调查它们与动态助词"过"共现时的离合情况，结果如表5所示：

表5 　　　　　　　　　　《现汉》离合词对比调查

数据 离合词	普通话			国 语		
	A 过 B	AB 过	二者比例	A 过 B	AB 过	二者比例
熬夜	2	0	2：0	2	23	1：11.5
罢工	6	0	6：0	0	4	0：4
搬家	259	0	259：0	17	36	1：2.1
帮忙	19	0	19：0	10	57	1：5.7

续表

数据 离合词	普通话			国　语		
	A 过 B	AB 过	二者比例	A 过 B	AB 过	二者比例
报案	8	0	8：0	12	16	1：1.3
报警	3	0	3：0	149	3531	1：23.7
曝光	12	21	1：1.8	16	167	1：10.4
毕业	3	1	3：1	0	5	0：5
贬值	0	1	0：1	0	44	0：44
表态	16	1	16：1	2	16	1：8

表 5 显示，在与动态助词"过"共现时，两岸离合词使用情况差异明显，正可以与以上各例相互验证：

第一，就有无对比而言，10 个词中，大陆有 6 个没有"AB 过"的用例，而台湾均有用例；台湾有 3 个词没有"A 过 B"的用例，而大陆只有1 个；

第二，就二者都有用例形式的数量对比而言，台湾"AB 过"与"A 过 B"之比多数相差较大，而大陆唯一的"曝光"相差不足一倍。

三　造成上述差异的原因

要讨论造成海峡两岸离合词使用情况差异的原因，我们有必要先了解一下离合词的离析使用形式具有什么样的特点，然后再根据两岸共同语及其使用情况的不同，来分别进行对比和说明。

1. 离合词离析形式的语体特征

在已有的研究中，人们已经比较多地提及离合词离析形式的语体特征及其对使用环境的选择性和适应性。华玉山指出，离合词拆开使用不仅与汉语语法的特点有关，而且还与语言习惯、修辞、语体、文体等因素有关，离合词扩展一般是语用的需要，其口语色彩较浓。[①] 陈树进一步证明了这一点，在考察了《现汉》之后指出，词典中标〈口〉的词一般都有离析使用形式，而标〈书〉的支配式双音词几乎无一例外地没有这样的形式。[②] 王燕明也指出，离合词的离析形式多出现在口语材料中，书面材

---

① 华玉山：《关于离合词的认知问题》，《语文学刊》2004 年第 6 期。

② 陈树：《汉语"离合词"性质及成因再探》，《山西师范大学学报》2015 年第 2 期。

料中较少，在正式文件中则几乎没有。① 文章的结论是离析形式是在口语环境中形成的，并主要用于口语环境。王海峰统计指出，离合词的离用现象多出现在口语化的小说戏剧等文学作品中，因此，"语体的庄重程度是影响离合词离析现象隐现的前提条件"②。

力量、晁瑞着眼于历史来源，通过对语料的调查，认为离合词现象出现于宋代，明代以后渐多，但主要见于白话小说。文章在《水浒传》《西游记》《金瓶梅词话》《型世言》这四部明代白话小说中，找出130多个用例。③ 这一发现给我们的启示是，正因为是起于古白话而非文言，所以离合词的离析形式先天带有口语的性质和俗白的色彩。

我们自己的研究也能在一定程度上证明这一点，比如上文提到，"比赛"中的"比个赛、比啥赛"，"看病"中的"看下病、看回病、看点病、看啥病、看趟病"等，都有非常明显的口语性。

再比如，《济南日报》2015年4月21日曾刊登一篇报道，标题为《刚学完习资格证却没了 考证内容雷同"继续教育"备受质疑》，文中的第一个小标题是"市民反映：刚参加完学习，资格证'没了'"，而这一标题下还用到"学习完成后"。同样的意思，一篇报道中分别用了三个不同的形式："学完习""参加完学习"和"学习完成后"，三者相比，"学完习"的口语性甚至俚俗性无疑是最强的。

2. 大陆离析形式为什么多于台湾

要回答这个问题，我们首先要了解普通话的发展变化以及由此而形成的某些特点。在这方面，学者们多有论述。韩敬体说：新中国成立后，"大陆语文教育提倡语体文，倡导言文一致，作品语言趋向口语化，不少文言词被语体词或短语所取代，书面语中传承的带文言色彩的词语大为减少，书信用语也语体化了"④。李志江也说："相比较而言，大陆的普通话更为崇尚口语，许多书面语词在大陆已渐罕用，甚至不用，退而成为古语词。"⑤ 如果我们对普通话这一突出的语体特点有了较多、较深入的了解，

---

① 王燕明：《浅析离合词的产生与发展》，《语文学刊》2010年第12期。

② 王海峰：《现代汉语离合词离析现象分布特征考察》，《语言文字应用》2009年第3期。

③ 力量、晁瑞：《离合词形成的历史及成因分析》，《河北学刊》2007年第5期。

④ 韩敬体：《海峡两岸词语的歧异和减少歧异的设想》，载周荐、董琨《海峡两岸语言与语言生活研究》，香港商务印书馆2008年版，第112—120页。

⑤ 李志江：《略论〈现代汉语词典〉中收录的社区词》，载周荐、董琨主编《海峡两岸语言与语言生活研究》，香港商务印书馆2008年版，第257—267页。

那我们也就知道为什么它的离合词离析使用形式多而复杂了，即如林轲红所说，离合词现象的普遍性与语言的口语化程度是成正比的。① 大陆语言的发展很大程度上就可以归结为口语化程度不断提高。正因为二者之间呈正比关系，以及"大陆语言"（即普通话）的发展很大程度上可以归结为口语化程度的不断提高，所以离析形式才会很多，并且越来越多，即如本文开头引文所说，不断有新的成员加入，成为一个开放的系统。

离合词的数量及可离析形式的不断增加，可能还与另外一个因素有关，这就是语言使用中的类推机制。李春玲提出了一个离合词语的"离合槽"概念，② 很有启发意义。所谓"槽"，既是对已有结构形式的概括，同时也是着眼于它的可再生性、可复制性，也就是可类推性。这里所说的类推大致包括两个方面，一是类推产生新的离合词，二是类推产生新的离析形式。就前一方面来说，"A 完 B"形式比较常见，可以视之为一种"离合槽"，而在学校用语中，属于此类的诸如"考完试、上完课、放完假"等是一些高频形式，因而它有可能会影响其他词语，并使之产生相同的用法，比如"学完习"。本人读书时，从来没用过，并且其后很长时间也没有听人说过"学完习"，然而在时下的学校以及各类学生的口中，却经常可以听到，甚至在书面语中也偶能见到（见上）。其实不仅"学完习"，还有"自完习"，甚至还有"复完习""预完习"，也都在学生们的口头及网文中出现。我们在百度上进行网页搜索，就看到了不少这样的用例，如"自完习去跑个步，感觉真好，哈哈""J 国的教材我已认真学习过，复完习预习，预完习复习"等。

当然，谈到类推，仍然和普通话的大众化与口语化密切相关：为了进一步满足这样的表达需求，所以才不断类推，创造出更多的离合词以及离析形式。

3. 台湾的合用形式为什么多于大陆

同样，要回答这个问题，我们也要首先了解国语及其使用的基本特点。国语总体上"古旧"色彩比较浓厚，即使口语大致也是如此，这与普通话形成相当明显的反差。关于这一点，不少人均已提及，并且很多学

---

① 林轲红：《离合词的历时研究——以"二拍"和〈现代汉语词典〉为例》，《现代语文》2010 年第 8 期。

② 李春玲：《现代汉语离合词的离合槽理论系统构建研究》，《社会科学辑刊》2009 年第 1 期。

者在讨论相关问题时往往也是两岸对照着说的。比如，周殿生说："台湾国语在很大程度上继承和沿袭了'五四'以后白话文的某些特点，即使是口语也不乏斯文；而大陆的普通话则更多地表现为大白话和大众化，因此更为普通化。"① 上引李志江在谈完大陆的情况后接着说道："台湾的国语更为强调传承，许多书面语词在台湾一直使用，甚至在口语中也十分活跃。"② 本书第一章第一节把两岸共同语及其使用的诸多差异归结为两个"距离"差异，在很大程度上也是立足于相关事实的。

　　既然如上所述，离合词的离析形式口语性比较强，这样当然就与国语"斯文"的语体风格及表达取向产生一定程度的违离，因此才比较少用。一般而言，与离析形式相对的"原型"口语性不强，通常具有中性或偏于书面性的语体色彩，因而与国语的语体色彩具有更高的一致性和兼容性。所以，书面语中，国语中离合词合而不离的形式非常多见，即使用到一些离析形式，往往也是数量有限、频率不高；就是在口语中，许多离合词也是合而不离的，这样的例子前边已经不止一次地列举过，类似的再如：

　　　　（1）"好紧张，从没在他面前唱歌过耶！""我们可以先进场吗？"近30名Upaper读者，等着参加"Fans加持！吴克群"近距离接触活动。（Upaper 2007.5.18）

　　记得曾看《中国好声音》第四季的某一期，作为导师的台湾歌手周杰伦被邀请与选手合唱邓丽君的歌曲，他到舞台，跟选手说"先握手一下"，而不是"先握一下手"。

　　上文的表4显示，两岸使用比例比较接近的离析形式多为中性语体色彩的，如"吃大亏""睡一觉"等；如果换作口语性较强的离析形式，数量对比就会有较大的变化，比如"吃哑巴亏"大陆有53例，而台湾5例；"睡了一大觉"大陆8例，而台湾只有1例。

　　另外，国语离合词合用形式多于普通话，也与方言的影响有关。单韵鸣在谈到"回去北京""上来二楼"这样的用法时指出，在南方众多

① 周殿生：《谈两岸非通用词语》，《新疆大学学报》2006年第5期。
② 李志江：《略论〈现代汉语词典〉中收录的社区词》，载周荐、董琨《海峡两岸语言与语言生活研究》，香港商务印书馆2008年版，第257—267页。

的方言中，趋向补语"来"和"去"用于处所宾语的前面是常见的说法，比如粤方言就说"翻去北京（回去北京）"和"上嚟二楼（上来二楼）"，而绝对不会说"翻北京去"和"上二楼嚟"。①台湾地处南方方言区的闽方言区，关于国语受闽南话影响及其具体表现，很多论著均已提及，或者是进行过专门的讨论，所以我们认为，上述部分离合词（特别是趋向类离合词）在使用中经常合而不离，应该也有方言影响的因素。

第二节　两岸趋向动词对比研究

趋向动词是汉语动词中非常有特色的一个封闭小类，也是非常有两岸对比研究内涵的一类词，可以作为观察两岸共同语及其使用情况的一个窗口，来进行全面细致的探究。

按一般的知识，趋向动词可以分为单纯类和复合类，前者包括主观类（只有"来"与"去"）和客观类（主要有"上、下、进、出、回、过、起"），而后者则是前两者的结合，主要有"上来/去、下来/去、进来/去、出来/去、/回来/去、过来/去、起来/去"等。总体而言，趋向动词的用法有二：一是独立使用，此时基本等同于一般动词；二是附着使用，即作为趋向补语，附着于其他谓词后边。在附着使用时，复合类趋向动词的用法又有两种，一种是合用，即作为一个整体的词使用；另一种是分用，即在两个构成成分之间插入宾语。

在以上几种类型的几种用法中，海峡两岸都有一定的差异，值得探究与分析；而各种差异的形成也有一定的内外原因，也非常值得总结。另外，由趋向动词差异的研究，还引发了我们关于两岸共同语（主要是语法）对比及相关研究的一些思考。

一　单纯趋向动词的差异

两岸单纯趋向动词用法的差异主要表现在作为趋向补语附着使用时，并且主要集中在几个词，以下分别讨论。

---

① 单韵鸣：《方言区对外汉语教学中的语言变异问题——从粤语区普通话的一些变异现象谈起》，《海外华文教育》2013 年第 2 期。

1. "来" 与 "去"

作为主观趋向动词，"来" 与 "去" 在两岸的使用频率都非常高，两地的主要差异是国语中这两个词在做趋向补语时后边可以出现处所宾语，而在普通话中通常避免这样使用。比如以下一例：

（1）朱立伦表示，他过年时期都会回来桃园参拜。(2015. 2. 20)

同样的意思，普通话一般要用 "回桃园来参拜"。

台湾 "来" "去" 这一用法最普遍的组合形式是与客观单纯趋向动词 "进、回、上" 等构成复合趋向动词时（见后），但是在和其他一些位移动词组合使用时，经常也有类似的表现。我们以与这两个趋向动词有较多组合用例的 "跑、拿、送、搬" 四个动词为例，结果都检索到相关用例，如：

（2）（圆轴蟹）集体在草地区挖洞栖息，打破专家眼镜，让许多螃蟹专家大感惊喜，特地在晚上跑来大鹏湾的小乌湖进行夜间观察。(2015. 1. 5)

（3）许多餐旅学校培养出的人才，都楚材晋用，跑去新加坡、澳门，甚至许多高阶主管都到大陆去了。(2014. 7. 23)

（4）将以前的《中华民国宪法》拿来台湾用，等于拿大人的衣服给小孩穿。(2015. 3. 28)

（5）没想到他将这些价值 2 万 2 千元的刮刮乐拿去银行兑换时才发现原来所有的刮刮乐都是变造过的。(2015. 3. 10)

（6）有谁敢这样检验? 来 PK 啊! 把你的产品送来台湾! (2013. 12. 10)

（7）有些长辈年迈以后会逐渐失能、失智，以往针对这种情形只能把长辈留在家中或送去赡养中心。(2014. 10. 28)

（8）让南屯居民过的舒服愉快，更多人搬来南屯。(2013. 2. 4)

（9）谢长廷认为，他现在搬去花莲较不自然。(2015. 2. 26)

2. "回"

很多趋向动词往往有引申用法，即可以表示抽象的方向等，而单纯趋向动词 "回" 的两岸差异，主要就表现在这一方面。

　　陆俭明曾经指出，新加坡华语里有一种特殊的表示引申意义的述补结构"V回"，例如"天冷，快些演好，穿回大衣"中的"穿回大衣"，是说"穿上你刚才脱下的那件大衣"；① 黄立诗也报道了马来西亚华语中趋向动词"回"的同样用法，如"我终于可以吃回肉啦！"大致意思是说话人之前是喜欢吃肉的，后来因为某些原因而停止吃肉，现在采用"回"来表示回复吃肉的行为。②

　　国语中，趋向动词"回"一定程度上也存在这样的用法，比如陆文所举的"穿回"，就有用例：

　　　　（10）我请她再帮我穿回支架，继续练习她所谓一点都没有进步的"跳"！（2004.8.9）

　　按，此例上文有"到了复健室，穿上支架开始练习跳，看护又开口了：'你跳的很烂你知道吗？'"受此话影响，"我悠悠的说着：'请帮我脱掉支架，我不跳了，我想回家！'"这时，作者接到了她爸爸的电话，爸爸让她"穿上支架继续练习"，并讲了很多道理，由此才有了此例的"帮我穿回支架"。在本文中，"穿上支架"和"穿回支架"表达的基本意思相同，不同之处则在于后者表示的是"脱下再穿上"义。

　　另一个"穿回"的例子是：

　　　　（11）为了安抚唐男紧张气氛，警察请其坐在人行道上将袜子穿回。（2015.4.9）

　　其他"V回"组合形式的用例再如：

　　　　（12）县长曹启鸿特别以"从心得回一条溪流——小区居民共同参与万年溪守护"为题，专题演讲，透过投影片呈现万年溪的过往身影、污染原因及整治历程。（2012.9.13）

　　　　（13）江宜桦应该为九月政争中，毁坏宪法分际的行为请辞负

_____

① 陆俭明：《新加坡华语句法特点及其规范问题（上）》，《海外华文教育》2001 年第 4 期。
② 黄立诗：《从语法化视角看马来西亚华语"回"作动态助词的现象》，《现代语文》2013 年第 8 期。

责，或许江老师可以考虑回校园教书，做回他比较擅长的事。（2013.9.14）

（14）可以把年纪很大的人修回年轻一点，本来七十几岁修成五十几岁。（2015.6.23）

（15）预计 12 月跟新增的苗栗、云林、彰化、三站一起启用同时降低回原先票价。（2015.7.27）

（16）我们没有历史课纲、没有历史课本，但我们有一代代的传承，传承文化，接回断链的历史。（2015.8.11）

3. "到"

国语中，趋向动词"到"的用法比大陆复杂，主要表现在以下几个方面：

其一，在表示"达于某一点、到达、达到"（见《现汉》，下同）义时，可以取"述＋宾_{对象}＋到＋宾_{处所}"形式，而同样的意思普通话中一般要把对象宾语移到别处，直接采用"述＋到＋宾"格式。例如：

（17）利用空勤总队的直升机空投民生物资到乌来灾区。（2015.8.11）

按，同样的意思，普通话一般要用"把民生物资空投到乌来灾区"。再如：

（18）患者和他的妹妹都非常感谢江雪萍，出院后特别送鲜花到社会服务室，表示谢意。（《联合报》2003.4.29）

（19）由台湾行动支付 App 通知客户下载行动金融卡到手机中，下载完成后，手机就立刻兼具金融卡的功能。（2015.8.3）

有时"到"后的宾语可以指所达到的标准或数额等，也可以看作一种抽象的处所宾语。例如：

（20）决定提高悬赏缉凶的破案奖金到新台币二千万元。（《"中央"日报》1996.11.26）

（21）知名科技网站 Tech Crunch 传出，手机代工厂鸿海集团旗下富士康将提高苹果 3G iPhone 产能到每周 80 万支。（《经济日报》2008.8.6）

其二，表示比较虚化的"达于某一点、到达、达到"义，大致意为"达到（某种程度）"。陆俭明谈到，新加坡华语中，"到"有时可用于联结带状态补语的述补结构，与普通话中的"得"相当，所举的例子有"我做人都做到厌了""你今天玩到好高兴呀"等。①

国语中类似用法比较常见，例如：

（22）谈到纸钱被当垃圾，甚至愤怒、难过到掉下泪来。（2015.8.7）

（23）这一切得来不易，原来在许玮宁甜美外貌下，隐藏着拼命三娘的冲劲，靠着满到爆炸的档期来磨练自己。（《中国时报》2015.3.9）

但是，像这样能直接把"到"变换成"得"的用例似乎并不多见，比较多见的，是以下这样的句子：

（24）他很少会对对方有兴趣到询问她们的家人。（出处、日期失记）

（25）打破传统 OTP 动态密码模式，让客户操作便利到融入生活习惯，感觉几乎忘了存在，却仍受到"随行保镳"强大的保护。（2015.8.5）

（26）买毒方便到连上课时间都可以下单，这种遥控贩毒，实在有够离谱！（《中国时报》2011.1.28）

属于此类的，还有一个凝固性比较强的"令到"。这一形式在"港式中文"里也经常出现，田小琳、马毛朋认为，这个"令到"可以看作动补结构，"到"强调了"令"所达到的结果，所举的例子如"米开朗杰利

---

① 陆俭明：《新加坡华语句法特点及其规范问题（上）》，《海外华文教育》2001 年第 4 期。

年轻时并不喜欢钢琴的音色，后来入了行，发誓要令到钢琴发出'糅合管风琴和小提琴'的声音"。①

国语中与此完全相同的"令到"时能见到，例如：

(27) 因为如果你用的字太深或不常见，会令到别人不知怎样去称呼你，怕读错了你的名字而自讨没趣。(2004.5.30)

(28) 尤其是市场上一直未有极度利好的消息推动，令到恒指持续在21，100点至21，700点之间徘徊。(《经济日报》2012.3.5)

(29) 爱情方面，积极大胆的举动令到对方又怕又开心。(《星报》2002.7.6)

其三，在做补语表示"动作有结果"义时，组合形式远比普通话丰富，即能够与更多的动词搭配使用。比如以下一例：

(30) 等到阮氏燕到家后，才发现到丈夫口吐白沫，事态严重，紧急送医。(2015.6.18)

按普通话的表达习惯中，"发现到"是一个陌生化程度很高的形式，一般会只用"发现"而不加"到"。

这种似乎多少有点"赘余"的"到"在国语中比较多见，② 再如：

(31) 台湾有许多环境敏感地区，面临到国土超限利用的问题。(2015.7.15)

(32) 古迹相较于一般的消防演练困难度又更高，除了古迹本体的建材比较老旧以外，也不能破坏到古迹的本体。(2015.8.3)

(33) 医院在第一时间紧急动员并召回医师、护理、药师及行政人员等，使伤员能够快速地接受到妥适的治疗。(2015.8.3)

(34) 也使与会来宾可实时掌握到会议信息，并落实了节能减碳。(2015.8.4)

---

① 田小琳、马毛朋：《港式中文词类现象举隅》，《汉语学报》2015年第2期。
② 在一些用例中，这样的"到"似乎更像一个完成体的标记，仅就这一点而言，就值得进一步探究。

（35）透过影片及解说人员的倡导，让小朋友理解到生活、生态和农业的关系。（2016.3.12）

属于此类的，还有一个凝固性比较强的"帮到"，例如：

（36）几年前，她哥哥娶一个乖女人回家，会听丈夫的话，乖乖的，但相对的，遇到事情就无法帮到家里太多。（2008.3.25）

（37）当务之急，唯有翻转教育视野，建立对教育的想象，而非只是管控，辅导管教才能帮到小孩，才能走对的路。（2014.12.21）

（38）当时心里很激动，没想到自己竟然能帮到一家人。（2016.1.28）

以上用例显示，国语单纯趋向动词的使用范围比普通话广，在前、后两面均比普通话有更大的伸缩余地：向前，可以与更多的动词组合，构成不同表义类型的述补结构；向后，可以直接系联处所宾语，构成普通话所没有的述宾结构。

二　复合趋向动词的差异

与单纯趋向动词相比，复合趋向动词的使用情况更加复杂，因而两岸的差异也更多、更大一些。如果立足于普通话，上述差异大致可以归纳为以下四个方面：一是独立做述语动词时表现不同，主要是能否直接带处所宾语之别；二是做趋向补语时，所附着的词语种类和范围有别；三是作为趋向补语与动词组合成的中补结构使用范围有别；四是作为趋向补语时是否可离析使用的表现有差异。以下就这四个方面展开讨论。

1. 独立做述语动词时的差异

这方面的表现主要是：台湾的复合趋向动词后边可以直接带处所宾语，而普通话中的趋向动词所涉及的处所通常不能作为其宾语出现，这是两岸复合趋向动词使用中一个非常明显而突出的区别，上一节我们已经就此作过一些讨论和说明。

在这方面，以"回来"与"回去"的用法差异为最明显，以下各举一例：

（1）这只是个开始，以咖啡做为媒介，先带动部落周边产业，提振经济发展，进而使得家乡的人能够愿意回家，回来这片等待着他们很多年很多年的土地上。（2015.6.30）

（2）叶男也懊悔地说，是自己害了女友，直说要跟女友一起回去菲律宾。（2015.4.19）

以上两例用普通话表达，大致为"回（到）这片等待着他们很多年很多年的土地上来"和"回菲律宾（去）"。

国语中"回来/去"直接带宾语的用例比较常见，我们仅在2004年至今的《自立晚报》中检索到的"回来"所带的宾语就有"台北市、西雅图、南投、高雄、高雄市、故乡屏东、台中、基隆、台东、高县、六堆娘家、这里、家里、中和菜市场、这边住房、主会场、立院、市府、佛光山、佛光山这个大家庭、山上、马场、学校"，甚至还包括"业界、职场"这样比较虚化的处所词；该报纸同一时间段中"回去"所带的宾语则有"选区、灾区、户籍所在地、户籍地、他的祖国、故乡、菲律宾、台湾、大陆、中国、日本、北京、重庆、台南、西雅图、议会、看守所、绿岛、学校、原来的餐厅、苗栗马家庄、乡下"等。

其他复合趋向动词直接带处所宾语的用例虽然并不常见，但也不是没有，例如：

（3）溪头明山森林会馆的总经理，同时也是妖怪村的孕育者林志颖表示："妖怪村让现在的年轻人愿意上来溪头。"（2012.1.13）

（4）圣经里讲过一句话："富人上天堂，如同骆驼穿针孔。"意思就是有钱人想要上去天堂，就如同骆驼想要穿过针孔一样难。（2014.7.29）

（5）上次庄瑞雄竞选总部成立时，台北市长柯文哲也特地下来屏东，向屏东的乡亲推荐庄瑞雄。（2015.1.26）

（6）在中午天气最热的时候，派潜水伕下去海底，用金属探测器寻找垃圾。（2013.6.13）

（7）既然源头检测出了问题，进来台湾就不必再谈。（2014.11.26）

（8）七十岁了，你不用进去情趣商品店，情趣商品对你已经没

有用了。(2014.11.7)

（9）你出来这个社会做事情，你必须要有很好的本事。(2014.12.30)

（10）女儿常带她出去餐厅吃饭，她爱吃客家姜丝炒大肠、糖醋排骨等。(2009.10.25)

这样的用例与上一节的"运来台湾"以及后面的"赶回去云林"等是完全相同的，反映的事实是，无论是单纯和还是复合的，无论是做趋向补语还是直接做述语，国语的趋向动词都可以与处所宾语直接组合。

2. "V+趋向补语"中 V 的差异

国语中能带复合趋向补语的词语比普通话多，所以有一些组合形式在普通话中较少见到，甚至难以见到。比如以下两例：

（11）担心年节期间大鱼大肉让身材走样、又害怕没有毅力能够瘦回来吗？(2015.1.30)

（12）医师打开他的身体，又缝合回去，因为他的癌已无法切除。(2015.8.11)

按，前一例"瘦回来"的"瘦"是形容词，普通话的趋向动词通常只在表示"起始"或"持续"义时才可以与某些形容词组合，如"天热起来了""天还会热下去"，而这里的"回来"仍表示方向义，此例是说重新由胖变瘦，使以前"瘦"的状态再回来。后一例的"缝合回去"意思很明显，然而这样的意思普通话通常要另外措辞，不会用到趋向补语。

类似的用例再如：

（13）她到目前为止对国民党一个非常大的贡献是"我们把士气凝聚回来"。(2015.7.29)

（14）于是他向谢长廷建议，要将一些古迹开放出来，建立新观光景点。(2015.3.9)

（15）此刻的"现状"，不就是国民党这几年来点点滴滴、尽心尽力所努力出来的成果吗？(2015.7.19)

用作趋向补语最多、与之组合的动词最为复杂的，是"下去"，以下我们主要就此进行讨论。

此词与普通话用法的差异主要表现在以下几个方面：

其一，普通话中"下去"通常不与述宾式动词直接组合，而国语中基本没有这一限制，例如：

（16）"北拼赢60万票"，这是国民党设定的目标，全党以此目标努力，相信只要加油下去一定可以达到。（2011. 12. 25）

（17）如果如同多数民众预期，马政府还有其他未爆弹及更高层级官员涉入，马长期以来引以为傲的"清廉"招牌，将更加蒙尘下去。（2012. 7. 22）

（18）为了政党一己之私，让全民利益陪葬下去。（2014. 3. 21）

（19）为了台湾，不要让两岸议题成为民进党重返执政的障碍，也不能再让中国国民党执政下去。（2014. 7. 17）

（20）这么好的施政成绩一定要有适当接班人，接棒下去，继续往前奔跑。（2014. 6. 21）

最后一例的"接棒下去"还有更复杂的用例：

（21）对台湾社会而言，一棒接一棒<u>下去</u>是非常重要的！（2014. 6. 7）

普通话趋向补语习惯于和动词直接组合，而不大接受在二者之间插入宾语的形式，影响所及，连跨层组合的"动_{述宾}＋趋"形式也在排斥之列。国语不避"动＋宾＋趋"形式且比较常用，所以"动_{述宾}＋趋"的使用就更不在话下了。

其二，不少形容性词语也可以后接趋向补语"下去"，用例也比较多见，普通话中虽然也有（见前），但是相对而言数量远少于国语，所以以下组合形式极少在普通话中见到：

（22）而这个成果，我相信，还会继续茁壮下去；而只要继续茁壮下去，台湾人民在未来，将一定能够实现彭先生在五十年前所勾勒

的未来。(2014. 9. 13)

（23）经过这次选民的选票教训，还要继续麻木不仁下去吗？
(2014. 12. 3)

（24）张善政 19 日表示，禽流感疫情若再糟糕下去，政府备案
启动进口冷冻鸡。(2015. 1. 19)

我们在 2004 年至今的《自立晚报》中，还见到以下一些对普通话用
户而言陌生化程度相对较高的组合形式：

> 投资下去、扩大下去、诉讼下去、爱用下去、接班下去、恶化下
> 去、放任下去、胡作非为下去、延长下去、纷扰下去、执着下去、再
> 无能下去、继续营业下去、源远流长下去、接力下去、耗费下去、变
> 化下去、传颂下去、一直犯错下去、继续努力下去、一直受害下去、
> 选举下去、花钱下去、坐视下去、继续任职下去、凋落退步下去、继
> 续交棒下去、继续牺牲下去、再拒绝下去、相依下去、恶性循环下
> 去、一直超前下去、继续跟前任男友不清不楚下去、再否认下去、被
> 铭记下去、继续执政下去、继续谈判下去、面对下去、响应下去、再
> 参选下去、延续不断地薪火相传下去、继续傲慢自大下去、一直吵架
> 下去、愈来愈糟下去、继续冲刺下去、要坚强下去、又老又丑下去、
> 执迷不悔下去、继续持有下去、被故意激化下去、彼此攻讦下去

其三，"下去"前的动词可以隐去，形成一个空格，这样的用法比较
常见，例如：

> （25）这种"家"天下，"党"天下的观念，不能再下去了。
> (2004. 11. 25)

按，普通话中，表持续义的趋向动词前通常要有一个谓词，比如此例
大致就要表述为"不能再继续下去了"。动词隐去后，通常会保留一个状
语性的成分，可以是单个的副词，也可以是词组，由此形成"状语＋趋
向补语"的组合形式，例如：

（26）这三个月不是结束，而是开始，还会一直下去，达到弊绝风清。（2009.7.9）

（27）现在想要怎么重现那种盛况，几乎不可能，除非能顺应时代的变迁，长久下去做改变。（2013.3.8）

（28）培训当地居民担任导览解说员，让珍贵的文化资产能永续下去。（2009.8.18）

（29）若按照这样少子化的趋势下去，台湾人口零成长的时间也将会由原本推估的二○二一年提前至二○一七年。（2006.7.31）

（30）照现在的局势下去，年底县市长选战似乎是分裂的民进党对抗团结的国民党。（2009.6.15）

有时，在"状语+趋向补语"之前还出现一个代词性的"如此/这样"，使得句子的结构及语义关系更加复杂。例如：

（31）相对地，台湾若如此长久下去，将会逐渐被边缘化。（2007.9.27）

（32）如果陆客的质量这样一直下去，不要说对台东，对我们整个台湾，并不是长久的观光主要收入。（2011.10.25）

3. "V+趋向补语"使用范围差异

陆俭明指出，复合趋向动词后面带上处所宾语是新加坡华语非常常用的一种句法格式。所谓复合趋向动词后面带上处所宾语，具体指以下两种情况：一种是单个复合趋向动词后面带上处所宾语（例如"她带着孩子回去美国"），另一种是由带复合趋向补语的述补结构直接带处所宾语（例如"同一辆车又驾回来我们这里"）。① 陆文所说的两种情况与台湾完全相同，前一种我们已经在上边讨论过，下边讨论第二种情况。

陆文所说的第二种情况在当今的普通话中基本不见，所以杨凯荣把"他走进来/去教室了"列为病句，② 而汪青青基于对《人民日报》1998年1月份全部语料进行的统计指出，我们可以说"跑进病房来"，但不能

---

① 陆俭明：《新加坡华语句法特点及其规范问题（上）》，《海外华文教育》2011年第4期。
② 杨凯荣：《论趋向补语和宾语的位置》，《汉语学报》2006年第2期。

说"跑进来病房"和"跑病房进来"。但是，在国语中，"走进来/去教室"和"跑进来病房"却是复合趋向动词补语与处所宾语共现时最常见、最普通的位置。① 上一小节我们讨论过台湾单纯趋向动词"来""去"与动词构成的述补结构后带处所宾语的用法就显示了这一点，而如果把单纯趋向动词扩大到复合趋向动词，这一用法依然常见，它们共同构成国语趋向动词使用有别于普通话的一大特点。例如：

（33）他还需要将这项讯息带回去台北市政府。（2004. 9. 11）

（34）14 日晚上就是因为不乖才会被父亲从家中载出去外面。（2007. 8. 18）

（35）许舒博接受访问表示，将赶回去云林处理。（2009. 9. 29）

（36）我把当地状况和需要带回来台湾，鼓励更多人支持。（2014. 7. 31）

（37）连阵营质疑，柯文哲选上后是否会变回去"台独、深绿"的立场。（2014. 10. 28）

（38）有必要将基本人权等进步观念放进去宪法。（2014. 11. 10）

同样的意思，普通话主要使用"中宾式"，如"赶回去云林——赶回云林去"。

4. 复合趋向补语是否离析使用的差异

前边的第三点差异中，已经涉及趋向动词是否离析使用的问题了，即同样的意思，普通话趋向于采用"中宾式"的离析形式，而国语则趋向于用"后宾式"的整体形式。以下我们就此展开进一步讨论。

《现代汉语八百词（增订本）》（商务印书馆 1999 年版）指出："动趋式动词后面表示事物的名词可以有三种位置：（1）在整个动趋式之后；（2）在趋向动词和趋向动词的中间；（3）在主要动词之后，在趋向动词之前。加上用'把'字把它提前的格式，一共有四种格式。"关于第三种格式，刘月华指出："在实际语言中，这种用法很少见。我们甚至很难在我们的语料中找到这一类例句"；② 张伯江也说："在现代北京话里，除用

---

① 汪青青：《动趋式的语言学特征分析》，《现代语文》2012 年第 11 期。
② 刘月华：《趋向补语通释》，北京语言文化大学出版社 1998 年版，第 43 页。

于祈使句和嵌在句中的某些场合外，已经很难听到用 C 式（即 VNC1C2）的说法了，而一些存古较多的方言里，C 式的用例还是不少的。"①

　　然而，这种"很难找到"或"很难听到"的第三种格式，却在国语中比较常见，由此又形成两岸共同语复合式趋向动词用法的重要区别之一。这样的用例如：

　　　　（39）游客除了享受美味海鲜，探头出去，便能感受垦丁大街的热闹气氛，增添几分乐趣。（2011. 2. 3）

　　按，同样的意思，如果要保留复合趋向动词的话，普通话的首选形式是"探出头去"，即采用复合趋向动词离析使用的中宾式；其次可能是用"把头探出去"的"把"字句。

　　　　（40）用他妻子的手机发简讯出去，居然引起了这么多人产生烦恼。（2013. 5. 21）
　　　　（41）这时候，猛吸一口气，然后闭住呼吸，压一口气下去，上压下提，肛门夹住，就成一个宝瓶，宝瓶中有贺尔蒙。（2013. 8. 27）
　　　　（42）回来种笋时父亲告诉他，竹笋随便种就能长笋出来。（2015. 6. 25）

　　以下两例分别使用了"出……出来/去"这样的"动 + 趋$_{1(单)}$ + 宾 + 趋$_{2(复)}$"形式，最能体现国语的选择取向：

　　　　（43）胃肠怎么洗？每天吸一点新鲜的空气进来，吐出一点污浊的气出去。（2011. 7. 17）
　　　　（44）你的心把它转变了，就可以写出这样子的诗出来，很美！（2015. 2. 16）

　　上一节讨论过两岸离合词数量及使用的差异，主要结论是台湾可离析使用的词数量少、频率低，其中就包括复合式趋向动词的合而不离，上述

---

①　张伯江：《关于动趋式带宾语的几种语序》，《中国语文》1999 年第 3 期。

国语采用前宾式而不采用中宾式，就是这方面的表现之一，而例（43）、例（44）更可证明这一点：为了维护复合趋向动词的整体性，宁可重复其中的一个成分，使句中出现羡余成分。

以上几种用法显示，国语中的趋向动词用法相对于普通话而言，既复杂又简单：复杂的一面，主要表现在如前所述的在前、后两面均比普通话有更大的伸缩余地，以及"动＋趋$_{1(单)}$＋宾＋趋$_{2(复)}$"这样的形式等方面；简单的一面，则是基本只用复合式趋向动词的整体形式，而不是像普通话那样更多地使用其离析形式。

三　上述差异的形成原因及相关问题

以上我们对海峡两岸趋向动词使用中的一些明显差异进行了讨论，对于上述差异，我们首先要回答一个问题，即它们的产生或造成原因是什么；其次，还可以进一步思考其他一些相关的问题，本小节中，我们也要就此进行一些初步的梳理。

1. 造成上述差异的原因

就国语一方而言，其与普通话在趋向动词使用上诸多差异的形成，大致有以下几个方面的原因：

一是因袭传统用法。综观复合趋向动词的历史，最先出现的就是国语今天依旧常用的前宾式，张金圈指出这一点，并且举了以下的例子：

（1）巨浸乃十二头水牯牛为钓饵，却只钓得一只青蛙出来。（宋·碧岩录）[1]

其实，不仅近代汉语，就是到了早期国语中，前宾式依然比较常见，而这与一直以来国语以相同用法为主的状况之间是有直接关联的。比如，前边提到国语中有"动＋趋$_{1(单)}$＋宾＋趋$_{2(复)}$"形式，而类似的用例在早期国语中就时有所见，我们曾经就此进行过讨论，[2] 以下引用两例：

（2）我的心里，渐就播下不少悲哀的种子下去。（茨苏《萌芽

---

[1]　张金圈：《"复合动趋式＋宾语"语序演变的动因与机制》，《宁夏大学学报》2010 年第 5 期。

[2]　刁晏斌：《初期现代汉语语法研究》，洪叶文化事业有限公司 1999 年版，第 31—32 页。

了》)

（3）对这自然的默示，他不觉笑起自家的气量狭小起来。（郁达夫《沉沦》)

以下再以鲁迅作品中的"起来"为例，举几个例子，由此可见当今国语的用法正与之一脉相承：

（4）而况兼做教员的方玄绰，自然更表同情于学界起来。（《端午节》)

（5）连夜渔的几个老渔父，也停了艇子看着喝采起来。（《社戏》)

（6）有人说，何首乌根是有象人形的，吃了便可以成仙，我于是常常拔它起来。（《从百草园到三味书屋》)

二是受方言影响。游汝杰说："台湾多数居民的母语是闽语，四十多年前移居台湾的大陆人所操的国语，大多是蓝青官话。闽语和蓝青官话是台湾华语文的底层。许多差异是这个底层发生作用的结果。"① 国语中趋向动词的使用情况也能证明这一点，上一节引单韵鸣指出，在南方众多的方言中，都有这样的特点。② 这里的南方方言，应该包括在台湾通行程度非常高的闽南话，而前引张伯江所说，"一些存古较多的方言里，C 式的用例还是不少的"，③ 这样的方言应该也包括闽南话。黄伯荣提到，普通话常把"出来"拆开，插上宾语，如"他从袋子里拿出一把刀子来"，厦门话一般要说成"伊对袋仔内提一支刀仔出来"，绝不会把"出来"拆开；④ 卢广成也指出，华语的宾语必须插在复合趋向动词之间，台闽语则不可以。⑤ 试比较以下例子：老师拿出一本书来。/老师提一本册出来。

---

① 游汝杰：《台湾与大陆华语文书面语的差异》，《语文建设》1992 年第 11 期。
② 单韵鸣：《方言区对外汉语教学中的语言变异问题——从粤语区普通话的一些变异现象谈起》，《海外华文教育》2013 年第 2 期。
③ 张伯江：《关于动趋式带宾语的几种语序》，《中国语文》1999 年第 3 期。
④ 黄伯荣：《汉语方言语法类编》，青岛出版社 1996 年版，第 287 页。
⑤ 卢广成：《台湾闽南语概要》，南天书局有限公司 2009 年版，第 92 页。

奶奶走进屋里去。/阿妈行入去厝内。①

　　三是保持语体风格的一致。国语有其明显的语体风格特点，其中重要的一个就是"庄雅"（见本书第四章），在这方面，两岸有较为明显的差异。郭熙写道："国共两党在文告语言运用上迥然有异。前者近乎文言，后者则是地道的白话，共产党人更乐意采用'五四'倡导的白话，而国统区则相对更乐意采用'文'些的书面语。他们各自的传统深深地影响了以后几十年的语言运用。在今天的海峡两岸，我们只要浏览一下报章，就不难发现各自传统的烙印。"② 在这方面，上一节讨论的离合词也可以作为一个典型的证据。在国语的日常使用中，离合词的数量及可离析形式均比普通话少，使用频率也比普通话低，其中就包括由中宾式所造成的"起来、过来、进来、出来"等的离析使用。也就是说，台湾国语"起来"等之所以趋向于采用前宾式而不是中宾式，应该也有语体风格方面的约束和考量。另外，以上第一点所说，当下国语很多趋向动词沿用早期国语用法，其实这也是追求庄雅风格的一种表现和结果。

　　2. 由趋向动词看两岸语法差异研究

　　借由两岸趋向动词的差异及对比研究，反观和审视两岸语法差异研究，以下几点我们感受颇深：

　　第一，两岸语法对比研究大有可为。在语言的各个要素中，词汇是最为繁杂多变的，就两岸共同语对比研究而言，也是起于词汇对比并且其这也始终是用力最多、成果最丰的领域。与词汇对比研究的热闹相比，语法方面就显得比较冷落，而其中的原因，或许如有人所说："台湾国语的语法，特征上没有词汇那么明显，要作出系统描写尚有一定的困难。"③ 但是，有困难并不能成为无所作为或少有作为的理由，而语法的两岸差异虽然可能确实不像词汇那么明显，但也都是一些实实在在的客观存在。笔者多年从事两岸共同语的对比研究，在语法方面也做过一些工作，早期的研究主要见于《差异与融合——海峡两岸语言应用对比》一书（江西教育出版社 2000 年版），近期的成果则是《海峡两岸及港澳地区现代汉语差

---

①　感谢闽南师范大学的吴晓芳教授提供这个材料。吴教授还告诉笔者，闽南话常说"掏出来一块钱"，也说"掏一块钱出来"，但不说"掏出一块钱来"；普通话的"回台湾"，闽南话书面语要写成"回来台湾"等。

②　郭熙：《试论海峡两岸汉语差异的起源》，《语言学通讯》1993 年第 1—2 期。

③　仇志群、范登堡：《台湾语言现状的初步研究》，《中国语文》1994 年第 4 期。

异与融合研究》（商务印书馆 2015 年版）。就后者而言，句法方面讨论过有标记被动句（包括"被/遭/获"字句）、处置句（包括"把/将"字句）和其他几种有标记的句子形式，如"有 + VP"句、"（在）+ VP + 中"句和"VP + 而已"句；在词法方面，则主要涉及虚义动词（包括"进行、做、作、搞"）。为了研究的需要，笔者曾经整理撰写过一个"台湾国语语法长编"，① 在这一过程中看到，几乎每一类词（包括大类下的小类）、每一种句子形式等，两岸之间都有一些或大或小、或明或暗、或这样或那样的差异。所以，这方面的研究确实大有可为，而一向不为人们注意的趋向动词就是一个很好的例子。

第二，应当有系统和"系联"的观念。语法是一个系统，很多语法现象之间往往有这样或那样的联系，而语法的差异也有系统性，两岸诸多具体的语法差异往往可以从其上位或上上位的层次进行总结和归纳。所以，在进行两岸语法比对研究时，我们强调应该进行系统性的发现和研究，即由某一现象入手，往往可以引出与之有关联的一个或多个现象，这有点类似于研究古音韵所用的由反切上字归纳声部、由反切下字归纳韵部的"系联法"。比如，本节写作的缘起，是我们在进行两岸离合词对比时发现，"出来"等离合词在国语使用中经常是合而不离，由此而与普通话形成明显差异，进而对此进行专门的研究。我们由两岸离合词差异所"系联"出的还有一项研究内容，这就是下节将要讨论的两岸动词拷贝结构及其使用的差异，这是因为我们在考察对比两岸离合词时发现，普通话中的某些离合词在涉及情态、时量时，往往要采用动词拷贝结构，而台湾则直接采用合而不离的形式，比如"跳舞跳了一晚上——跳舞了一晚上"。

上文提到国语总体上有庄雅的语体风格，由此入手，同样也可以统摄很多不同的词汇、语法现象，这无疑也是系统性的一个重要表现，由此可以为许多现象的存在和发展找到统一的、更高层次的合理解释。比如，上文提到国语少用离合词以及使用复合趋向动词时基本不用中宾式，少用动词拷贝句，此外还有用更具古风的"遭/获"字句来分流"被"字句，"将"字句的用量比"把"字句多，以及更多地使用文言副词、连词、介词等，都既是形成庄雅风格的手段，同时也是这一风格的具体表现。

第三，关于研究的立足点问题。我们在两岸共同语对比研究中，曾经

---

① 刁晏斌：《当代汉语语法研究》，中国社会科学出版社 2016 年版。

提出一个"微观对比研究"的概念（见本书第六章），简单地说，就是提倡多进行以词为对象的研究，因为词是语言中最小的能够独立运用的表义单位，是词汇与语法的交汇处。语法研究中的词法，本来就是以词为着眼点和对象的；就是句法，也往往以某些词的意义和用法为关键点。要对海峡两岸共同语的差异有真正全面的了解和认识，那些大的或比较大的单位当然要重视并且深入研究，而对于像词这样的微观单位，同样也不能忽视，甚至应当更加重视。我们认为，两岸语法差异，很大程度上可以归结为词的用法差异，所以，要想真正了解国语的语法特点，首先应当关注并大力做好的，就是各类词语的用法差异研究，即应该以词为立足点。确立了立足点，一是目标可以更明确、更集中，二是便于进行更深入、更细致的考察。

进行两岸趋向动词对比研究，是以一组词为对象，而我们实际上是把其中的每一个词都当作一个微观研究对象进行比较细致的考察。比如"回"，我们就对 2004 年至今的台湾《自立晚报》中所有 2000 多页检索结果（每页 20 条）进行逐一的排查，挑出所有与普通话有这样或那样差异的例句，再进行排比归类，从而得出可能比较全面的差异类型及其表现。这样做，实际上是一种穷尽性的对比研究，主要是在某一范围内，穷尽性地搜集用例，从而最大限度地保证对语法事实全面的反映，再在此基础上进行两岸之间的对比。

3. 关于全球华语的对比研究

我们对两岸共同语对比研究及其将来的发展方向，有一个明确的线路图：这就是由海峡两岸及于两岸四地民族共同语的对比研究，再由两岸四地民族共同语的对比研究扩展到整个全球华语本身及其对比的研究。

当前，全球华语及其研究越来越受到人们的关注和重视，比如著名语言学家邢福义先生就领衔主持了 2011 年度国家社科基金重大招标项目"全球华语语法研究"，由北京师范大学文学院主办、德国德古意特出版社出版的中英双语国际刊物《全球华语》（Global Chinese）也已于 2015 年正式出版。我们看到，有越来越多的研究者投身其中，去开发和利用这一宝贵的语言资源。

我们曾经撰文讨论过台港澳地区标准书面汉语的共性与个性，基本认识是三地语言有很大的一致性，即无论在词汇、语法，还是表达方式、语体风格上，都有很大的共性特征，并在整体上与内地普通话形成一系列的差异。① 正因为如此，抓住了台港澳三地中某一地语言的特点，在一定程度上对其他两地语言的了解往往也就"思过半"了。其实，在此基础上，我们还可以再前进一步，这就是上边所说的由两岸四地及于整个全球华语，而趋向动词的对比就给我们提供了这样一个绝好的例证，同时也进一步明确和坚定了我们的上述信念。

前边提到，趋向动词的某些异于普通话的用法，在新加坡和马来西亚华语以及中国香港的港式中文中都有用例，这实际上表明，不仅台港澳三地，整个普通话以外的华语都有相当的一致性，究其原因，则如新加坡学者周清海所说："1949 年之后，各地华语与现代汉语标准语分别发展。各华语区保留了'国语'的许多特点，受'国语'的影响是巨大的。各地的华语也没有经历过类似近期中国社会的激烈变革与变化，受现代汉语标准语的影响也很少。"②

比如，前边举过新加坡和中国台湾"穿回"的用例，以下再举几个其他国家和地区的用例：

（1）詹姆斯宣布新赛季将重新穿回 23 号球衣。（中国香港《大公报》）

（2）对方看到他穿扣留犯的衣服，便立刻向警方投诉，之后他才被允许穿回自己的衣服，跟随警方到案发地点以及车上检查。（马来西亚《光华日报》）

（3）她见势不妙，马上穿回衣服，出去求助于服务生。（泰国《世界日报》）

（4）5 月 20 日播出的 MBC 周一周二剧《九家之书》中，秀智将脱去男装武术服，重新穿回优雅韩服。（韩国《中央日报》）

（5）"飞鱼"穿回旧鱼皮 寻找昔日雄风 （美国中文网）

（6）他坐在沙发上穿回内衣裤，再次吸食白色粉末。（俄罗斯《莫斯科华人报》）

一个具体的组合形式"穿回"在各地华语中使用的一致性，应该只

① 刁晏斌：《港澳台地区标准书面汉语的共性与个性》，《语言教学与研究》2014 年第 6 期。
② 周清海：《华语研究与华语教学》，《暨南大学华文学院学报》2008 年第 3 期。

是全球各地华语之间更多、更大一致性的一个小小缩影，而追寻这些更大、更多的一致性，从而形成对全球华语及其语法特点的总体认识，理应成为我们更远大的目标和追求。

第三节　两岸拷贝结构对比研究①

动词拷贝结构是一种比较独特的结构形式，一般研究者对它的表述是指前后两个动词重复出现，前一动词带宾语，后一动词带补语的句式，它的结构式是"V－O－V－C"。除了这一名目外，该结构还被称为"重动句、复动句、动词重出、动词照抄现象、复制动词句"等。我们认为，在以上诸多称名中，以"句"为中心语可能并不准确，因为在具体的使用中，有一些此类形式并非以句子的面貌出现；同样，一定要加上"动词"，也不够准确，因为有时拷贝的是一个述宾式动词中的动素，而不是一个动词（本文的一些用例即为此类）。鉴于以上两点，我们把考察对象称为"拷贝结构"。根据内部的异同以及为了方便考察和表述，以下把拷贝结构分为两类，一类是典型的，即人们讨论最多、也最为常见的"V－O－V－C"式；另一类是非典型的，结构形式也不是"V－O－V－C"，此类人们较少关注，具体类型见下文。②

关于拷贝结构，似乎人们还有一个误区，这就是认为它在现代汉语中比较常用，其实，这一形式并不常用。王灿龙曾经指出这一点，其依据是在50万字的语料中仅发现5例。所以，王文认为，和其他同义句式相比，重动句在使用上是一种处于劣势的句式。③ 曾传禄也认为，实际语言交际中，这一形式并不多见，文章考察了1992年、2000年、2001年全部三年的《中篇小说选刊》，仅发现130例左右。④

海峡两岸在拷贝结构的使用上有较为明显的差异，基本的事实是普通话得相对多一些，国语用得很少，取而代之的往往是另外一种在大陆很少使用的形式，或者是采用其他的表达方式。我们认为，这一差异有进一

---

① 本节系与邹贞博士合作完成。

② 拷贝结构内部比较庞杂，所以其分类问题值得进一步研究，本文的分类或许可以提供一种思路。

③ 王灿龙：《重动句补议》，《中国语文》1999 年第 2 期。

④ 曾传禄：《汉语重动句的实际使用》，《临沂师范学院学报》2007 年第 4 期。

步探究的必要，本节就此展开考察，并对相关问题进行分析与说明。

一 典型拷贝结构的使用差异

国语中，有时会使用一些拷贝形式，这一点两岸是相同的，例如：

（1）我每次看到他们在舞台上跳舞跳得好high，我都会想冲上去一起玩！（《联合报》2005.10.21）

（2）今天唱歌唱得很好的"台马青少年生活营"所有团员，谢谢你们，你们唱的歌非常好。（2013.1.22）

然而，在国语中，以上二例还有另外的基本不见于普通话的可替换形式，即：

（3）一九五四年的作品多充满粗糙的笔触，想来卡萝已经力不从心了，死神在她的床榻跳舞得更剧烈了。（《联合报》2005.7.28）

（4）我上学时也嫉妒苗条的同学，现在我嫉妒那些唱歌得好的歌手。（《民生报》2002.9.1）

这样的用例对普通话用户来说，陌生程度是相当高的。
以下看几组同一词语的两岸对比用例：

（5a）新近她们两个人通信通得很勤。（陆：BCC语料库）

（5b）高二时就听说他们通信得很勤。（台：《台湾当代小说、散文精选集》）

（6a）这些国家的货币贬值比人民币贬值贬得更厉害。（陆：《中国证券报》2016.1.12）

（6b）除了石油下跌之外，还有它的卢布贬值得非常严重。（台：《台湾醒报》2014.12.12）

（7a）在几套涨价方案中选出来一套涨价涨得最少的一公布不就完了吗？难道说老百姓会跪求有关部门"涨价一定要按涨价涨得最多的那套方案涨"不成？（陆：《新华每日电讯》2010.11.18）

（7b）事实上，六月才去欧洲厮杀过，也知道欧元现在涨价得乱

七八糟，所以不敢想要买什么。(台：至善繁体汉语语料库)

　　(8a) 在散步散得有点疲倦的时候，我们便又很自然地回到了小楼上。(陆：《解放日报》2013.4.9)

　　(8b) 星期六下午的天气很舒服，我和我的家人散步得很愉快！(台：至善繁体汉语语料库)

　　(9a) 保密工作要做到既不违背政务公开的趋势和要求，又确保国家秘密的安全，就必须从"保密保得越多越保险"的旧观念中走出来。(陆：《广州日报》2003.9.6)

　　(9b) 另一方面，如果保密得很周全，不让人知道，他当然可以继续和娜汀双宿双飞。(台：至善繁体汉语语料库)

　　(10a) 其实我对这个问题下结论下得比较晚。(陆：CCL语料库)

　　(10b) 别下结论的太早，我只是还找不到更好的目标。(《你的眼中留着我》，《海峡》1997.1)

　　以上大陆"ABA 得……"与台湾"AB 得/的……"的对立，说明两地对拷贝结构的取舍有所不同，而由此正反映了该结构在两地使用上的差异，同时也反映了国语在述补结构上的一个重要特点，即一些动词及动词性词组可以不必重复动词性语素或动词而直接与补语组合。

　　为了进一步了解国语中与拷贝结构相对应形式的使用情况，我们在厦门大学至善繁体汉语语料库中进行检索，又看到一些用例，以下再列举几个：

　　(11) 配色得相当漂亮的一栋房子。

　　(12) 不过因为最近这个环保声浪抬头得很厉害，台湾在环保方面做的的确还不够，我觉得这一方面要多加努力。

　　(13) 这位黑人嘻哈教母尤其对 Machi 成员里只有 12 岁的 Andrew 感到好奇，怎么小小年纪就可以饶舌得这么好，还可以"倒转"饶舌?!

　　(14) 我只能说小 YG 的营销团队真的很强大，竹茂跟镁廷都被洗脑得服服贴贴。

　　(15) 我们就这样把它上上下下地移动，按摩走路得腿和脚都酸痛的下半身。

由以上的简单对比，我们初步得出的结论是：国语中的典型拷贝结构数量明显少于普通话，而它的替代形式通常也不见于大陆，由此就体现了双重的差异。

二　非典型拷贝结构对比考察

非典型拷贝结构是我们提出的一个概念，我们认为，可以就此展开进一步的专门研究。为了比较全面地了解两岸拷贝结构的使用情况，以下选择三种比较简约的非典型拷贝结构来进行对比考察。我们之所以作这样的选择，一是试图扩大对拷贝结构的考察范围，二是为了检索方便。考虑到语料库中有些语料来源信息比较模糊，加之为了行文的简洁划一，下文所列用例一律不标出处。

1. "A 就 A" 结构

王灿龙讨论了一种回声拷贝结构 "A 就 A"，所举例子如 "走就走" "拉倒就拉倒" 等。[1] 我们认为，这是一种很有现代汉语特点的结构形式，所以首先就由这一形式入手来考察其在两岸的使用情况。

在北语 BCC 语料库的报纸库（约 20 亿字）中，我们设定 "A 就 A" 格式中的 A 为动词，人工剔除不合格用例，筛选之后共得到 57 个不同的组配形式，如 "走就走、来就来、离就离、变更就变更" 等，以下各举一例：

（1）"怎么，刚当了个小官儿就狗眼看人低了，走就走！"我们几个气冲冲地起身就走。

（2）"来就来吧！"说实在的，炒两个菜，煮三个汤，我还是有几手的。

（3）法庭审理中，作为被告的丈夫态度干脆：离就离。

（4）变更就变更吧，虽然保险金提高了一倍，但赔偿金不是也提高了一倍么，客户好像并没有吃亏。

---

[1]　王灿龙：《现代汉语回声拷贝结构分析》，《汉语学习》2002 年第 6 期。

除了上举几例外，我们见到的用于此结构的动词还有"办、补、拆、撤、吃、错、打、懂、赌、罚、飞、改、干、割、攻、挤、降、垮、亏、留、落、买、请、赛、试、守、输、睡、死、套、跳、贴、退、想、笑、有、长、涨、争、抓、作、包围、锻炼、夹生、交费、考虑、没有、枪毙、上缴、托运、自杀、走读、对不起"。

按照类似的方法，我们考察了台湾平衡语料库 sinica5.0，该语料库对文本进行了分词处理，共包含一千多万个分词。在该语料库中，以"V 就 V"为关键词，人工剔除前后动词不一致等不合格用例，共有 5 例符合要求，其中不重复的仅有以下 3 例：

（5）我既然自己决定要走，走就走吧！！

（6）该来的都是得不到，我要面对现实，看就看吧！

（7）开喜婆婆说："喝就喝，何必说这么多。"

考虑到 sinica5.0 的规模相对较小，我们又在厦门大学至善繁体汉语语料库中做了进一步考察。和 sinica5.0 的检索结果相比，形式数量及用量有所增加，共有 13 个不同形式，所用动词有"吃、打、罚、割、来、离、输、睡、死、退、笑、有、没有"，其中有的有一定的复现率。例如：

（8）离就离，既然你开口了，我能怎样？

（9）有就有，没有就没有，新闻不能欺骗。

我们考察的大陆 BCC 报纸库和至善繁体汉语语料库总体规模都超过 20 亿字，后者略多于前者，但结果却并不相同：前者至少包含 57 种不同的组合形式，而后者仅有十余种，在数量上差别较大。另外，各种形式的总体使用数量也存在明显差异，大陆明显多于台湾。以上两点显示，大陆的"A 就 A"格式比台湾常用。

2. "A 就 A 在"结构

刘鹏讨论了"A 就 A 在"拷贝式结构，其中的 A 为形容词，所举例子如"好就好在、特殊就特殊在"等。① 文章对北京大学现代汉语语料库进行考察，结果是能进入该结构的单音节形容词有 47 个，双音节形容词有 22 个，总体而言数量不算太少。

这一形式的使用在两岸也有差异。按照前文的方法，我们先在 BCC 报纸库中检索"A 就 A 在"结构，结果符合条件的共有 42 个，其中重复单音节词的 23 个，双音节的 19 个。较为常见的有"妙就妙在、错就错在、怪就怪在、穷就穷在"等，以下各举一例：

（10）这种戏台妙就妙在四面的观众都可以看到演出。

（11）叶满林要投资，要赚钱，并没有错，错就错在他不懂法。

（12）杨溥的古怪，怪就怪在不提拔请客送礼巴结奉承自己的人，却偏偏去提拔对自己不理不睬不吹不拍的人。

（13）彭厝的胡萝卜品种不错，穷就穷在产品的单一性。

用于这一结构的形容词还有"苦、甜、强、贵、坏、忙、稳、长、新、糟、精、贱、弱、乐、黑、好、恶、臭、慢、伟大、吃亏、稀奇、可怕、可贵、可悲、落后、可爱、不同、深邃、神秘、特殊、神圣、糊涂、糟糕、微妙、倒霉、新鲜、珍贵"。

在台湾 sinica5.0 中，我们以"就……在……"为关键词，设定"就"和"在"前为形容词，经人工筛查，共有 5 例符合要求，例如：

（14）看！砖块砌成三角形，成形排列，也是三排砖。上下两排平砌，妙就妙在中间，以立体三角形图案，一块一块的砌。

（15）对付他们是轻而易举的事，难就难在我不能杀人，又不希望超市的人去报警。

（16）奇怪就奇怪在这里，他有好一阵不亲手拿那折扇揍人了。

在规模更大的至善繁体汉语语料库中，除了"奇怪就奇怪在"外，上述几种形式都可以找到用例。此外，我们见到的还有"贵就贵在、糟就糟在"两个。

---

① 刘鹏：《论形容词"A 就 A 在"拷贝式结构》，《三峡论坛》2012 年第 6 期。

由于至善繁体汉语语料库不能按语法格式检索，因此，我们将前述 BCC 语料库中检索到的 42 个组合一一查验，结果显示，除了以上列举过的外，其余都没有用例，可见这一结构的使用数量也远不如大陆多。

不仅形容词，一些动词也可以用在"A 就 A 在"结构中。在 BCC 报纸库中，以"V 就 V 在"为关键词，共检得 12 种不同的形式，比较常见的有"输就输在、赢就赢在、败就败在"等，以下各举一例：

（17）今天中国队输就输在体力和门前一脚的功夫上，而伊朗队赢就赢在体力和把握机会的能力上。

（18）但是，也有人认为，工党败就败在没做够伊拉克"文章"。

此外，所用动词还有"死、亏、胜、埋、住、怕、毁、架、纳闷"。另外，还有与此相近的另一种形式：重复双音节述宾式动词的动素，如"吃苦就吃在、卡壳就卡在、吃亏就吃在"。

在 sinica5.0 中，以"就……在"为关键词，设定"就"和"在"前的临近词均为动词，人工剔除不合格用例，仅得 2 例，即：

（19）没有人敢讲真话，怕就怕在坐牢。

（20）佩服就佩服在人家老先生来得真；不像有些人，满口的仁义道德，满脑子的男盗女娼。

在至善繁体汉语语料库中，这一结构的数量仍然非常有限，在 BCC 语料库中出现的形式大都找不到用例，仅有的几例是：

（21）陈学圣批评说，国民党选举输就输在这里。

（22）我以前读书的时候成绩不好，败就败在记忆力太差。

（23）生命周期结束，并没什么可怕，怕就怕在该走又不能走。

以上对比考察结果说明，两岸在动词性"A 就 A 在"结构的使用上同样也有多与少之别。

3. "A 也 A 了"结构

受上述两种形式的启发，我们认为，在比较简约的非典型拷贝结构中，还有一种与之相近的"A 也 A 了"式，其中的 A 为动词，普通话中较为多见，而国语中并不常见，以下就此进行说明。

在 BCC 综合语料库（约 10 亿字）中，以"V 也 V 了"为关键词，剔除前后 V 不一致的情况，共筛选出 68 个符合条件的形式，其中比较常用的是"玩也玩了、骂也骂了、吃也吃了"等，例如：

(24) 女儿早熟，我有什么办法呢？打也打过了，骂也骂了，她就是不听你的话。

(25) 他曾只身万里远行，在新疆塔里木河垦区一干 8 年。在"文革"中被武斗打了出来，又用一年半的时间游遍 22 个省，吃也吃了，玩也玩了。

在使用时，这一格式常以两种不同的形式并列出现，以上两例就是如此。

此外，我们检索到的用于这一结构的动词还有"喝、说、哭、忍、疯、死、跳、听、去、爬、想、笑、看、降、剪、打、分、醉、做、调、动、读、干、答、喊、吹、传、穿、换、戒、考、控、垮、困、聊、搂、录、买、冒、霉、摸、唱、拼、签、扫、删、伤、试、补、摔、变、贴、投、问、抱、写、信、醒、怨、晕、蒸、值、转、爱"，全部是单音节的。

我们考察 sinica5.0，以"……也……了"为关键词，设定"也"和"了"前的临近词为动词，人工剔除前后不一致的形式，仅有以下一句符合要求：

(26) 这阵子吵也吵了、骂也骂了，还有什么好说的呢？

同样，为了避免单一语料库可能带来的结果偏差，我们也在至善繁体汉语语料库中做了进一步考察。我们用前述 BCC 语料库中出现的 68 种不同组合形式一一进行检索，结果仅有"吃也吃了、说也说了、哭也哭了、笑也笑了、骂也骂了"五种形式，各只有一例，且都属于转引大陆用法，例如：

　　（27）大陆财新网主编朱长征在腾讯微博上说："听说大会就要闭幕了，好吧。你们哭也哭了，笑也笑了，手掌拍得麻了，但——向民众公布财产没个说法，你们好意思离开北京吗？"

　　除此之外，我们还在台湾民众最常用的搜索网站雅虎奇摩新闻中做了类似检索，结果显示，即便在开放式海量数据中，这一形式的用例仍然非常有限，以下是我们以上述 68 种形式为关键词进行检索获得的唯一用例：

　　（28）水是找到了，喝也喝了，但小东西却一头卡在水瓮里，世界顿时陷入一片漆黑，更惨的是，怎么甩也甩不掉头上那个大罐子。

　　以上"A 就 A""A 就 A 在"以及"A 也 A 了"三种拷贝结构的对比考察结果显示，两岸在数量和频率上有相当明显的差异，这几种形式虽然与本文第一节所列的拷贝结构有所不同，但它们在两岸的差异情况却完全一致。

三　两岸拷贝结构使用差异的原因及其他

1. 拷贝结构的语体色彩

　　要解释两岸拷贝结构使用差异的造成原因，我们首先需要了解这一形式的语用特点和语体色彩，这对上述差异的解释是至关重要的。

　　关于这一方面，学界已有一些相关表述，主要都是针对典型拷贝结构的，但是我们认为同样也适用于非典型拷贝结构。刘雪芹曾经指出："在现代汉语口语和口语色彩较浓的文学作品中，重动句是一种使用频率较高的句式。"[1] 15 年后，刘雪芹又就此展开进一步调查，分别选取文艺语体、公文语体、政论语体和科技语体各约 50 万字进行考察，结果显示文艺语体中拷贝结构使用较多，而在公文语体、政论语体和科技语体中均无用例，进一步证明了该形式具有强烈的口语化色彩。[2] 曾传禄也认为，这一结构形式具有一定的口语性特征，所以在接近口语语体色彩的作品中出现

---

　　① 刘雪芹：《重动句研究综述》，《徐州师范大学学报》1998 年第 1 期。
　　② 刘雪芹：《论现代汉语重动句的不平衡性及其形成动因》，《南京师范大学文学院学报》2013 年第 3 期。

得多一些，并且收集到的用例很大一部分出现在人物对话中。① 赵新也指出，从来源和使用看，这是一种典型的口语句式，在书面语，特别是科技、政论语体中很少使用。②

谈到这一形式的来源，我们就再简单地回顾一下它的历史。

李讷、石毓智探讨了典型拷贝结构的演化过程。③ 他们认为这是非常年轻的句法结构，只有两三百年的历史。在唐代及以前，出现了 VOC 这样的隔开式，"在那个时期，现代汉语的动词拷贝的相应格式就是 VOC"。后来该结构进一步发展，以致 "VOC 格式到了清代已完全不用了，也就是从这以后，动词拷贝结构才慢慢地多起来。到了《红楼梦》时期，该结构已经不难见到了"。戚晓杰则认为，拷贝结构的产生要早于此，文中列出了《红楼梦》之前《聊斋俚曲集》中的 23 个用例。④

可以肯定的是，早期的拷贝结构产生并使用于俗文学作品中，清初作家蒲松龄整理的中国通俗说唱作品集《聊斋俚曲集》即为此类，而此后所见，也多用于这一类作品中。崔山佳举了不少清代民歌中的这类用例，如"想你想的肝肠断，盼你盼的眼儿穿""等你等到黄昏后，盼你盼的眼儿穿"等，⑤ 俚俗色彩十分浓厚。聂仁发注意到，一些谚语是用这一形式表达的，如"帮人帮到底，救人救到头""杀猪杀到喉，做事做到头"等，⑥ 其实说明的也是同一个问题，即这是一种口语色彩非常浓厚的结构形式。

2. 两岸拷贝结构使用差异的原因

明确了拷贝结构的语用特点和语体色彩后，对为什么普通话中这一结构的使用量远多于国语，大致就可以理解和明白了。第一节讨论过的海峡两岸离合词使用差异，基本情况同于拷贝结构，也是大陆多而台湾少，其具体原因我们已经作过讨论，完全可以用于此处。最简单地说，就是普通话具有明显的通俗化和口语化色彩，与离合词所具有的语体色彩一致，因而可以"无缝对接"，所以才较多地采用这一形式；反观国语，具有明显

---

① 曾传禄：《汉语重动句的实际使用》，《临沂师范学院学报》2007 年第 4 期。

② 赵新：《试论重动句的功能》，《语言研究》2002 年第 1 期。

③ 李讷、石毓智：《汉语动词拷贝结构的演化过程》，《国外语言学》1997 年第 3 期。

④ 戚晓杰：《从〈聊斋俚曲集〉看汉语动词拷贝句式的产生年代》，《蒲松龄研究》2006 年第 1 期。

⑤ 崔山佳：《动词拷贝句补说五题》，《蒲松龄研究》2010 年第 3 期。

⑥ 聂仁发：《重动句的语篇分析》，《湖南师范大学社会科学学报》2001 年第 1 期。

的"守旧"色彩，① 由此就与口语色彩浓厚的离合词不能完全"兼容"，所以才趋向于少用或不用。正因为如此，就典型拷贝结构而言，国语在表达同样的意思时，往往取其替代形式，即上引李讷、石毓智所说的"到了清代已完全不用了"的"古意"明显的"VOC"格式。② 国语的这种选择性，一方面进一步彰显了其所具有的古旧色彩，另一方面也直接说明了其少用或不用拷贝结构的内在缘由。

3. 拷贝结构对比研究：以大观小与以小见大

我们在进行具体问题的研究时，有一个重要的学术旨趣和追求，就是在争取尽可能充分地描写、分析和解释某一语言现象及其发展变化的基础上，还试图向其左邻右舍以及上位、甚至上上位追寻发问：一是我们能在已有相关研究的基础上提供哪些新知，由此来明确该项研究的意义和价值；二是由此能给自己以及他人的后续或其他相关问题的研究带来哪些启示、提供哪些借鉴或帮助。从某种程度上说，这可以看作一次"拔高"的过程，但我们更愿意表述为追求研究效益的最大化。以下就立足于此，主要围绕两岸共同语对比研究中的"大"与"小"问题展开讨论。

就两岸共同语对比研究而言，所谓"大"，主要指两岸共同语在一些大的方面、甚至总体上的差异；所谓"小"，自然是指一个一个具体的、有差异的语言现象。二者关系可以从两个方面来看：一是以大观小，二是以小见大。

先说以大观小。一般所说处事要"胸有全局""大处着眼"，其实做学问更须如此。就拷贝结构而言，大致涉及以下三点：

第一，两岸共同语对比研究应该全面进行、不留死角。然而，就当下总的情况来看，一定程度上有重词汇轻语法的倾向；而在语法研究中，又多集中于词法以及其他一些有标形式（如"被"字句），其中的重要原因之一，是它们可以进行计算机检索，方便快捷、省时省力。因此，在语法对比研究中，像拷贝结构这样的形式因其可供检索的条件不足（特别是典型拷贝结构），所以研究相对滞后，亟待加强。

第二，作为长期各自独立发展而形成的两个言语社区，两岸共同语虽然大同小异，但是具体的差异还是比较多而明显的，在语法方面总归有

① 关于台湾"国语"的这一特点，很多人都曾经讨论过，我们也曾专门就此展开过论述，见《台湾语言的特点及其与内地的差异》，《中国语文》1998 年第 5 期。
② 李讷、石毓智：《汉语动词拷贝结构的演化过程》，《国外语言学》1997 年第 3 期。

二：一是词语及结构形式等本身的差异，二是它们在使用中的差异。初步的考察显示，两岸拷贝结构具有一致性，其差异主要表现在使用上，具体说就是数量多少及频率的高低。对于这一类型的差异，具体的研究方法主要应该是语料调查，更多地进行定量而不是定性分析。据我们多年研究两岸语法差异的实践来看，像拷贝结构这样的情况在很多语法项目上有相当的普遍性，因此，本项研究的意义和价值就不仅仅是作为个案的研究。

第三，在两岸词汇对比研究中，有人在"显性差异"的基础上提出了"隐性差异"问题，前者指同名异实、异名同实、一方特有等现象，而后者则包括义项、色彩、搭配、应用频率、方言和异形等方面的差异，在以往的研究中，人们的注意力主要集中在前者，而对后者则较少关注。① 我们曾提出两岸词汇的"深度对比研究"概念，大致是立足于各种隐性差异，以求在现有基础上进一步拓展和加深（详见本书第六章）。从以大观小的角度来说，不仅两岸词汇有显性差异与隐性差异，语法方面也有，拷贝结构就是一例。也正因为如此，所以深度对比研究的概念同样也适用于两岸语法差异研究。此外，由深度对比的旨趣和要求出发，我们还可以对拷贝结构的对比考察提出更高的要求，比如对典型与非典型拷贝结构进行更为细致的梳理和更为全面的对比考察等。

次说以小见大。这里讨论的拷贝结构，是一个具体的语法现象，这样的现象应该是我们进行对比研究的立足点和着力点，我们强调两岸共同语"微观对比研究"概念（详见第六章），就是着眼于各种具体的、"基层的"现象。我们强调立足和着力于具体现象，主要有两点诉求，一是深耕现象本身，二是由此推衍生发，及于其他。基于本文研究，就以小见大而言，我们至少可以在以下三个方面获得"额外"的收益。

第一，多向推衍，由此及彼，即借由一项具体研究推及并确定更多的研究对象。具体来说，一是横向推衍，比如由拷贝结构推及其他结构，如"有 + VP"肯定结构、"有没有 + VP"正反疑问结构、"形容词 + 过"比较结构等；二是纵向推衍，其实我们之所以想到要研究拷贝结构，正是因循这一"发现程序"的结果，关于这一点，我们在上一节中已有叙述。那么，到了拷贝结构，这一发现的"链条"是不是就可以中断了？我们并不这样认为，比如就非典型拷贝结构而言，应该也有很大的对比研究

---

① 李行健：《两岸差异词再认识》，《北华大学学报》2013 年第 6 期。

空间。

第二，由下向上，从小到大。前边所说的横向或纵向生发，大致是在同一层次进行的推衍。其实还有别外一种思路，这就是由下位现象或问题向其上位推衍。就本文开头给出的典型拷贝结构"V－O－V－C"来看，它的上位概念应该是述补结构。事实上也确实如此：国语中这一形式用得少，一个重要原因是有与之形成对应关系的述补式。仅由这一点来看，两岸补语就有可能存在类型差异，非常值得探究。另外，前引李讷、石毓智指出，"VOC"这样的形式早在唐代及以前出现，后为"VOVC"等形式取代，但是据我们考察，前者在早期国语中仍比较常见，① 而国语也比较集中地保留了这些形式。② 总之，借由两岸拷贝结构使用情况的对比考察，我们就可以把视线自然地"挪移"到两岸述补结构的差异及其历时发展演变，这样就找到了新的研究课题，自然也拓展了研究的范围。述补结构涉及的因素众多，述语与补语之间关系复杂，因此相对于拷贝结构而言是一个更"大"的问题。

第三，由点到面，由具体到一般，即超脱具体的语言现象，由个体差异认识一般、总体的差异。前边我们主要从语体风格角度分析了两岸拷贝结构使用差异的原因，其实，在我们考察过的很多语言现象中，其背后都有语体风格的因素及其影响。普通话的大众化与口语化色彩，与国语非常明显的"古旧"色彩，在很多方面都有非常明显而又集中的对应性表现，而这实际上已经成为造成众多具体差异的一个高层次原因。我们由此认识到，具体语言现象服从并服务于总体风格，而总体的风格差异也可以在一定程度上由具体的差异中求得或进一步彰显。

以上分别简单讨论了以小见大和以大观小这两种认识模式，就我们的研究实践来看，二者经常是结合在一起的：一方面，从一个个具体的个案研究，可以总结归纳一般的、总体的差异；另一方面，由一般、总体的差异，不但可以为具体现象的具体差异定位，同时也可以对很多具体差异及其原因给出全部或部分的解释。所以，一项具体的研究往往包含以大观小和以小见大这两种学术视野和诉求，并且往往是二者的有机结合。

---

① 刁晏斌：《初期现代汉语语法研究》，辽海出版社2007年修订版，第182—189页。
② 刁晏斌：《差异与融合——海峡两岸语言应用对比》，江西教育出版社2000年版，第163—170页。

第四章

两岸语言风格差异对比研究

本章中，我们主要立足于国语使用上的某些特点，以及由此而表现出来的比较明显的风格特征，着眼于其与普通话的不同，来讨论两岸在语言风格上的差异。

谈到风格，在语言或言语的范围内，有很多不同的名目，因而也就有很多不同的名词术语，仅在"上位"层面，常见的就有"语言风格、言语风格、语体风格、修辞风格、语言表现风格"等；至于一些"下位"的术语，那就更多了，诸如"民族风格、时代风格、地域风格、个人风格"，以及"豪放/婉约风格、庄重/幽默风格"等。

郑远汉指出："风格实际上是对语言成分进行不同选择或处理的结果。对语言成分、语言单位作不同的选择或处理，也就是语言特点，也就是不同风格类型的风格成分或风格表现。"[1]

两岸共同语对比研究至今已经有三十年了，在这段时间里，人们关注的主要是语言本身及其运用诸方面的各种不同，即语音、文字、词汇、语法等的对应性差异，而对于由于对语言成分进行不同选择或处理而形成的不同特点，也就是不同的风格，却不甚关注，甚至在很大程度上忽略了，所以难以看到相关的研究成果，甚至连只鳞片爪式的表述都不多见。

其实，两岸共同语的所有差异，最终都附着并表现在具体的言语行为中，存在于具体的文本形式中。换句话说，两岸共同语所有的差异，其实在很大程度上就是两岸人民对语言成分、语言单位作不同处理而形成的语言特点的差异，也就是不同风格的表现。所以，我们研究两岸共同语差异，应该而且必须建立这样一个视角，即从风格入手，来综合性地观察、

---

[1] 郑远汉：《言语风格学》，湖北教育出版社 1998 年修订版，第 2—3 页。

总体性地分析、系统性地把握，从而形成一些新的、在已有研究框架下难以得到的认识。

具体而言，从风格的角度切入，大致会给我们带来以下的益处：

第一，获取一个新的认识角度。比如，有人提到台湾的比喻类词语较多（详下），但只明其然而未明其所以然，其实从风格的角度看，在很大程度上正是为了满足生动形象表达风格的需求。此外，还有大量的已有词语借由修辞性的使用而临时具有了生动表达的功能，再借由较高甚至很高的复现率，最终实现了修辞现象的词汇化或语法化，而同样的表现在大陆或者不见，或者不明显，或者相对于其在台湾的发展明显滞后，这些都是应该去发掘与总结的。

第二，可以形成一些局部的整体观。比如，人们注意到国语中有不少闽南话词语，当然也有人注意并研究闽南话或其他方言对国语语音以及语法等的影响，但基本都是各执一点，不及其余。其实，所有上述相关因素合在一起，就形成了一种浓郁的地域风格，而支撑并充分表现这一风格特点的，正是当地的主要方言从语音到词汇，再到语法等对传统国语一系列的影响，以及二者在一定程度上的融合。也就是说，借由风格这一视角，我们有可能把一些零散的现象整合在一起统而观之，这样自然更有利于总结规律，先形成一些局部性的完整认识，最终汇集成对两岸共同语实时面貌的全面认识。

第三，给两岸共同语对比研究找到新的增长点。如前所述，以前人们极少从风格角度切入来研究两岸共同语的差异，而无论是语言风格，抑或是言语风格或修辞风格，本身都构成一个独立的分支学科，有自己的专门研究领域。因此，从风格的角度切入，其实也就是从风格学的角度切入，也就是运用风格学的理论和方法，以及可以归之于这一范畴的语言事实来进行两岸之间的对比研究，这样实际上也就是在原有的两岸语音、文字、词汇、语法对比研究等之外，另开辟了"两岸言语风格对比研究"这样一个新的领域。

第四，更接近于两岸共同语对比研究的"终极"目标。两岸共同语的不同，归根结底是使用中的各种各样的具体差异，或者说是语言表达中的差异，而风格与语言表达和表现紧密相连，亦即与实际的语言使用以及语言的自然面貌紧密相连，这样，从风格的角度切入，以风格差异来统御各种具体的手段或方式的差异，一方面可能收到纲举目张之效，另一方面则是更接近于表达/使用中的差异。

正是基于这样的认识，我们尝试进行海峡两岸言语风格的对比研究，选取若干种差异比较明显的风格特征，来进行一些初步的、尝试性的对比考察和分析。

在这里，我们首先需要明确以下几点：

第一，我们讨论的风格属于言语范畴，是言语风格。程祥徽把语言分为"备用"和"被使用"两种状态（基本对应于索绪尔语言与言语的划分），认为现代风格学应该研究"语言在被人使用的时候表现出来的风格"，[①] 这当然是指言语风格。郑远汉更是明确指出："无论狭义或广义的风格，都是言语特点的综合表现。""风格首先是言语的。没有言语活动、言语行为，就不可能形成言语风格。作为一种符号系统的语言，它本身无所谓风格，风格只能在语言的使用中形成。"[②] 因此，我们所要研究的，正是两岸（主要是对岸）在具体的言语运用中所表现出来的一些风格特点。

第二，我们着眼于言语表达，因此研究的是表现风格。所谓表现风格，是指"同一种民族语言被人们使用时体现出来的表现手法特点的综合体现"，[③] 是"综合运用各种风格手段所形成的气氛和格调，是对一切言语交际的产物——话语的气氛和格调从多角度多侧面的抽象概括"。[④] 我们所讨论的是排除了个人因素和语体因素，在一个言语社区范围内（即台湾国语）一般使用中所表现出的带有一定共通性和普遍性、并在总体上与大陆有较为明显差异的风格特征。

第三，谈到表现风格，如黎运汉所说："表现风格有多组相互对立的类型，是处于最高层位的共性风格，它既可以用来概括语体风格、民族风格、对比风格、地域风格、流派风格和个人风格，而又存在于这各种风格的话语之中，任何话语都附着这样或那样的表现风格。表现风格的成因既有制度因素，也有物质因素。各种表现风格的生成都是有规律的。"[⑤] 正因为如此，人们一般对表现风格做出一些对立统一的划分，比如吴礼权就

---

① 程祥徽：《语言风格初探》，三联书店香港分店 1985 年版，第 2 页。
② 郑远汉：《言语风格学》，湖北教育出版社 1998 年修订版，第 2 页。
③ 刘焕辉：《修辞学纲要（修订本）》，百花洲文艺出版社 1997 年版，第 414 页。
④ 黎运汉：《汉语表现风格概论》，《平顶山师专学报》1999 年第 3 期。
⑤ 同上。

分为五组十种，其中包括根据叙述语言的繁简分为简约风格与繁丰风格，根据语言表达的庄谐分为庄重风格与幽默风格等。① 然而，我们的着眼点与此略有不同，因为我们的两岸共同语对比首先且主要是一种求异的比较，着眼于区别，但是两岸之间在风格上的表现，并非整齐严格的对应，或者说是呈严整的对称性分布。实际的情况比较复杂，大致有以下两种：一是两岸大致呈对立性的分布，如台湾的庄雅风格与大陆的平实风格；二是明显与不明显之别，即相较于一些台湾比较明显的风格特征，大陆基本属于"中性"（比如本章第一节将要讨论的"生动"风格）。所以，对两岸言语风格及其差异，我们不追求作对称性的归纳与列举。

第四，同样还是着眼于对岸语言运用的实际情况，我们认为现有研究成果对表现风格的归纳还不足以反映台湾"国语"使用中一些与大陆有较为明显差异的独特之处，所以我们还需要另外归纳、补充几种类型，它们虽然不一定属于传统的内涵丰满、外延清晰、严格意义上的风格学概念，但是却可能更切合两岸言语使用及其差异的实际情况。比如，我们尝试把"生动"作为一种风格的表现和追求，来进行两岸之间的初步对比，大致就属于这样的情形。

第五，认识言语风格，必须深入言语作品中去作具体分析，而言语作品的类型不同，其语言表现自然也会有所不同，即要受语体的制约。因此，最好是分类型考察，避免不同类型的混杂。② 我们着眼于一般的言语运用，主要考察一般的通用文体，如刊登于报刊的比较规范的书面文本形式等，而舍弃文学作品以及某些专门性的文体（如公务文书等）。

第一节　国语的生动风格色彩

一　"生动"释义

《现汉》对"生动"的释义是"具有活力能感动人的：～活泼｜～的语言"，这是一般的词语释义；文艺理论界的理解和表述则是"从宏观角度讲，生动性是指活泼，有生气，能感人，具有动态美的语言特征"，③

---

① 吴礼权：《现代汉语修辞学》，复旦大学出版社 2012 年版，第 445—446 页。
② 郑远汉：《修辞风格研究》，商务印书馆 2004 年版，第 362 页。
③ 贺立仁：《语言的生动性形象性探析》，《小说评论》2010 年第 4 期。

而能够达到这一目标的主要手段，则如有人所说："气韵生动的核心在于变化性"。①

　　就我们所见，台湾的很多表达方式正是由于对一般、普通的语言形式有所变化，作出另外的选择、使用了另外的形式，才达到了异于惯常表达的独特的生动效果，而这在一定程度上已经成为很多语言使用者的共识与共同的追求，成为一种"风气"，在此基础上，才形成了这种具有言语社区普遍性的风格特征，并且在整体上与大陆形成了较为明显的差异。

　　当然，我们并不是说大陆的一般表达中就没有生动或生动性的诉求，只是说相对而言没有台湾那么普遍、突出与典型，并且在语言手段的利用上表现得更为充分，特别是着眼于两地对比，即同样的意思两岸对表达形式的选取往往会有所不同：台湾经常采用的是"生动"形式，而大陆则趋向于选择传统的一般用法。

　　台湾著名语言学家姚荣松先生曾送给笔者一本他的自选集《厉揭斋学思集》，收录的是一些回忆性、学术性文章以及序跋等。阅读之后，笔者注意到，书中不时出现的一些与大陆学者或一般作者不同的表达方式，正可以作为国语生动表达形式的较好范例，例如：

　　（1）台语注音符号的再出帆。（116 页）
　　（2）……新课程上路以后，"乡土语言"的名词就已名不符实。（131 页）
　　（3）我们谨向本会会员及国内外音韵学同行招手，希望加入为本刊的作者群。（151 页）
　　（4）在文体发生的初阶，文字主要记录一些大事及政府告示等，文学文体尚未露脸，但不久就开始萌芽并且迅速成长。（176 页）
　　（5）至于作者不时流露他的国文系身段，以经解经，或卖弄点文字学、词汇学的知识，那就无庸列举了。（210 页）

最后一例的"身段"一词，《现汉》的释义有二：
①女性的身材或身体的姿态：～优美。②戏曲演员在舞台上表演的各种舞蹈化的动作。

---

　　①　朴相泳：《略论"气韵生动"及其美学意义》，《理论学刊》2005 年第 4 期。

　　此例"身段"与述语动词"流露"搭配，显示前者已经义有所转，大致是说作者展示或显露他国文系出身所具有的专业素养以及知识积累等。这样的意思而选用"身段"一词来表示，不仅新颖别致，而且极富动感，真正称得上"生动"二字。其他各例，如不用"发布/公布/实施"等，而是选择使用"出帆"与"上路"，无疑也有同样的效果。例（3）的"招手"在大陆的一般表达中或许会用"发出邀请/提出希望"之类形式，二者的风格色彩无疑相去甚远。例（4）上句的"露脸"意思正与下句的"萌芽"相同，二者相比，后者虽然也是修辞用法的固化，但是随着时间的推移，它的修辞意味早已磨损，显然不如前者来得生动。

　　再看一段可能并不显得特别突出的文字：

　　　　（6）平板电脑、智慧型手机夯，让熟龄族可以打破外界眼光藩篱，透过网路交友，寻求婚姻第2春，谱下黄昏恋曲，让网路不再局限只有邻家女孩遇上真命天子的爱情故事。　　（《中国时报》2014.6.14）

　　我们认为，这样的表达同样也堪称生动。

二　生动风格的主要表达手段

　　国语的生动风格主要借由词汇手段实现。贺立仁说："文学语体的生动性是以各种积极修辞手法的运用为主要标志。如比喻、夸张、借代、拟人、婉曲、比拟等。"① 其实不只是文学语体，其他语体也概莫能外。我们所见，国语主要就是通过修辞性的新造词语以及对已有词语的修辞性使用，来追求并达到生动效果的。

　　我们先看修辞性造词。

　　贾彦在讨论国语造词法中修辞手段的应用时举了一些例子，如"蝴蝶装、蝙蝠衫、斑马线、高峰会议"，以及"清汤挂面（女子直短发）、田鸡族（眼镜族）、无壳蜗牛族（无住房的人）"等。② 徐莉指出，大陆的流行词语中有不少来自台湾地区，并重点分析了一些这样的词语，其中

---

① 贺立仁：《语言的生动性形象性探析》，《小说评论》2010 年第 4 期。
② 贾彦：《台湾汉语造词法中的修辞应用》，《修辞学习》2003 年第 1 期。

有不少就是采用修辞造词法的（主要是比喻法）。比如"劈腿"，表达的是"脚踩两只船"的意思，虽然略显粗俗，但也十分形象生动；"香蕉人"是指在文化上已经西化，但在生理特征上还保留着东方人特点的华裔外国人或留学生，他们就像香蕉一样内白外黄，同样也极其生动形象。①

国语中，修辞造词法相当常用，由此构成的各类新词语也非常多。比如，来自日语的"－族"构词能力相当强，由它构成的词语中就有很多属于此类：除上边提到的"田鸡族、无壳蜗牛族"外，再如"银发族、长青族、火腿族、香肠族、夜猫族、菜篮族、洋葱族、背屋族、草莓族、粉领族"等。

再比如，台湾有"梅花餐"一词，义同大陆的"四菜一汤"，因其摆放成梅花形状，故名；台湾的出租汽车一般为黄色，所以民众常俗称之为"小黄"；大陆出租车的"起价"，在台湾一般用"起跳"来表示；美式快餐SUBWAY，大陆谐音翻译为"赛百味"，而台湾则译为"潜艇堡"，因为其汉堡形如潜艇。

至于来自台湾的"充电、电脑、一头雾水、大跌眼镜、浮出水面"等，同样也有生动形象之效，现早已成为大陆的常用词语。

两岸某些词语意义的差别，有时也与此有关。比如"黑手"一词，在台湾意指从事机械修理的技术人员，《词典》在这一释义下举的例子是"汽车黑手 | 这位修车厂老板是从当黑手起家的"。很显然，这是一种借代用法（修理工满手油污，由此而借指修理工）；而在大陆此词却没有这样的意义。正因为如此，所以我们看到，英文版的"Steve Jobs"中的一句话，台湾译本《贾伯斯传》和大陆版《史蒂夫·乔布斯传》的翻译分别是：

（1）贾伯斯的父亲是高中中辍生，而且是黑手，从汽车零件交易中获利。
（2）乔布斯的父亲是个高中辍学生，他在修理汽车的过程中学会了如何通过买卖零部件赚取可观的利润。

再看已有词语的修辞性使用。这大致可以表述为对已有词语的"错

① 徐莉：《论海峡两岸词汇差异及融合》，《黄山学院学报》2008年第2期。

位"使用，以使其在表达某一意思的同时兼具形象生动之效。相对而言，这一类更能反映国语运用中对生动风格的追求。汪惠迪在讨论"真命天子"由谁最先移用到一般人时指出："据笔者观察，极有可能是台湾地区的媒体工作者，他们的思维常年处于活跃状态，点子又多又鬼，时有精彩的创意之作——一个词儿或一个短语一个绰号。"①

国语表达中的生动形式有许多的确称得上是"创意之作"，例如：

（3）主流媒体从未用妨碍言论自由来批评过当的儿少法，倒是在虐童、白玫瑰运动等事件上拥抱"保护儿少"的政治/道德正确论述。（《立报》2011.1.3）

（4）万华转移量暴增，可能是新案交屋所致，因此北市成长仅能视为虚胖，实际状况不如账面上漂亮。（《联合报》2014.6.13）

（5）统一集团去年进行交棒，创办人高清愿卸下多家公司棒子，由女婿罗智先陆续接任。（《中国时报》2014.6.14）

（6）都会区车水马龙，发展日新月异，对于物质生活的追求也日益丰富，农村时代单纯快乐逐渐从生活中退场。（《自由时报》2014.6.14）

（7）前任国台办主任王毅一直希望以官方身份登台。（同上2014.6.14）

按，最后一例中的"登台"属于别解用法，即"台"由"舞台"义别解为"台湾"义，由此而达到生动的效果。同样，如果是台湾人士到大陆，则经常借用"登陆"一词，仍属别解。

"拥抱"一词在国语中相当常用，多数均非原本的"实义"。这样的用法除例（3）外，还有：

（8）图书馆也特别推出夜宿活动，邀请小朋友拥抱书香，与书共眠。（2016.7.5）

（9）当世界变得越快、视野越广，人们借助速度的力量，可以拥抱无限可能。（2016.7.5）

---

① 汪惠迪：《语言的风采》，商务印书馆2012年版，第89页。

（10）欢迎对创意设计有兴趣的设计师报名参加，大胆拥抱您的设计之梦，让台北成为新锐设计师的筑梦天堂。（2016.7.27）

《自立晚报》检索页面第一页（共 20 条）中，除了以上三例，不重复的还有"拥抱希望，拥抱创新，拥抱收益，拥抱幸福，拥抱最悠哉、闲适的台南，拥抱快乐、有尊严的高龄生活，尊重与拥抱所有玩家"。

有一些成语在实际的使用中还可以通过意义表面化这样"返璞归真"式的使用（朱楚宏，2010：115），来实现其新的意义和功能，例如：

（11）苏拉台风重创北台湾，首当其冲的苏花公路更是柔肠寸断，从苏澳到太鲁阁总长 78 公里的路段里，就有 50 公里路基流失或坍方。（《联合晚报》2012.8.4）

按"柔肠寸断"《中国成语大词典》（上海辞书出版社 1987 年版）的释义是："软肠一寸一寸地断。形容极度伤心。"而此例仅取其"断"义，说的是多处公路被洪水冲断，不仅生动别致，同时还借用原成语的"余荫"而含有悲伤、难过的意味，确实是非常好的创意之作。

不仅有对已有词语的变义使用，而且还有利用同音关系的变形使用，其目的依然是追求表达的生动性，例如：

（12）但台湾内斗激烈，"自戕不息"，朝野何暇计此？（《联合报》2014.6.13）

按，这里的"自戕不息"显系对"自强不息"的变形使用，采用这种保留—替换的方法，既在相当程度上保有原义，又赋予新义，并且获取了非常明显和突出的语用效果：新颖、别致、生动。

类似的"借音赋形"形式在台湾比较常见，是获取生动效果的一种常用手法。笔者 2014 年 6 月访问台湾，看到台北街头有一则巨幅房地产广告，上边的广告词是"住福最珍贵的幸福"。一个"住福"，蕴含浓厚的祝福人们居住幸福之意，也是既生动又简捷高效。

上述生动形式很多都不是个例，而是有一定的复现率，唯其如此，才能合而形成一种风格。例如：

（13）北市面积虽小，天气却常阴晴不定，有时市区的国父纪念馆阳光露脸，但位于木栅山区的动物园可能正下着大雨。（《联合报》2014.6.13）

（14）编辑小组的辛劳，写在脸上，也散播在小小五坪大的专题研究室。（姚荣松《厉揭斋学思集》261 页）

按，"露脸"出现在前边例（4）中，而例（13）虽然用于不同的主体，但是其语用追求与效果却是相同的；例（14）的"××写在脸上"，大陆民众最早听到或看到这一形式，大概是早在 20 世纪 80 年代台湾校园歌曲流行的时候，当时有一首著名的《外婆的澎湖湾》，其中有一句歌词就是"笑意写在脸上，哼一曲乡间小唱"。

再如表示"实施/执行"等义的"上路"，在台湾的使用频率也相当高，例如：

（15）……推动奢侈税快马加鞭……他也表达有信心在下半年让奢侈税上路。（《更生日报》2011.3.4）

（16）但《职业安全卫生法》今年 7 月上路后，提高罚锾至 30 万元。（《中国时报》2014.6.14.）

下边再举两个"转换跑道"的用例：

（17）加上各公私立大学的台湾文学系、多数由中文系教授转换跑道成立的"台湾语文学系"；或比较热门的"台湾文学系"，近年也活络了台湾研究的市场。（姚荣松《厉揭斋学思集》36 页）

（18）（王先生）从政府单位转换跑道至民间企业。（《中国时报》2014.6.14）

前边由"黑手"一词简单提及 Steve Jobs 一书两岸译本的差异，而比较两岸译本，类似的差异还有很多，其中有不少就显示出［±生动］的言语风格对立。关于这一点，我们将在第六章第二节进一步举例说明。

三　台湾"国语"生动表达形式的特点

本节中，我们借由对国语中较多生动表达形式的考察与分析，试图归纳总结它们的一般特点，总而言之，大致有以下几点。

1. 主要借由比喻手法

无论是造词还是用词，大致都是如此。就我们所见，修辞造词中，主要是比喻造词；而在所有生动形式的用例中，比喻大概也能占到百分之七八十。至于此外其他的修辞手段，相对就比较少了，主要集中在借代、别解等。

类似的用例前边已经出现不少，以下再举几例：

（1）国民党主席马英九是否出面力挺这位曾批评马是"丐帮帮主"、"大明王朝"的连胜文，还是依然保持不沾锅的距离，党内都在观望。（《联合报》2014. 6. 13）

（2）据了解，叶世文承认收受赵藤雄一千六百万元贿款，但否认利用职权关说评委护航。（同上）

按，前一例"不沾锅的距离"非常生动贴切，可以说是把马、连之间的关系表达得既恰到好处，又惟妙惟肖；后一例的"护航"大陆虽然有时也用（通常是"保驾护航"连用），但范围非常有限，像在此例中就绝对不会使用（一般会用"照顾"等）。

国语中，以上意义的"护航"相当常用，我们仅在《自立晚报》检索页面前两页中就看到以下一些组合形式：

护航保守势力、护航她、护航厂商、护航国民党的候选人、护航阿帕契权贵团、护航黑箱课纲、护航顶新、护航远雄、护航财团、护航股市、护航食品大厂、护航吕孙绫、为执政党护航、为党产护航、为党意护航、为行政黑箱护航、为远雄护航

以下一例比较通俗，似乎有较强的口语性，但是其由比喻而产生的生动效果同样明显：

（3）曹启泰日前卸下上海五星频道《中国好足球》主持棒，东森体育主播丁元凯接手，已录4集，东森新闻部总监孙嘉蕊10日说："不希望他蜡烛两头烧，已决定让他全力投入主持工作。"（《中国时

报》2013.6.11)

2. 多用于表示动作行为及发展变化

一般而言，一个交际单位（句子）通常要表达一个事件，而构成一个事件的要素，主要是一个表示动作行为或发展变化等的动词性单位，一句话中如果只能有一个语法单位，那么通常就会是这样的成分。长期以来，无论国内还是国外，在语法研究中都尊奉"动词中心说"，道理就在于此。就我们所见，国语形成生动表达形式的关键点，主要在于动词，即通常会用一个"不一般"的动词或动词性词语，来取代传统所用的一般性词语，其主要的价值取向一是用具体动作词语替代抽象动作词语，二是用强动作性词语替代弱动作性词语，而二者经常是结合在一起的。

比较典型的如"上路"，前边已经举过例子，它显然比"实施/执行"等动词意义更加具体、也更具动作性。类似的用例再如：

（4）在土地持分与建筑设计等相关规定限制下，其余八成多茶餐厅业者，恐将被迫熄灯。（《联合报》2014.6.13）

（5）同时他也向大企业喊话，欢迎新的职棒队加入。（同上）

按，前一例用"熄灯"替代传统的"关张/歇业/倒闭/关门大吉"等，自然语用效果及风格特点大不相同；后一例的"喊话"在台湾也比较常用，在这里大致是"表示"之类的意思。

再如以下含有生动形式的语言片断：

二十一世纪的当家思想，期末考16日登场，计算机程序在跑，得到化妆过的祝福，学童得知有机会发声，高凤数位内容学院开了停办第一枪，网际网路、动画片、漫画书及袖珍本纷纷出笼，将活动画下圆满句点

有时，这种动词性的替换除了具有明显的生动风格之外，还有其他方面的考虑，因而有多重的效果，例如：

（6）詹姆斯上半场虽因拉肚子，两度跑进休息室"解放"，最后

仍拿 28 分。（《中国时报》2014.6.14）

（7）邱妈妈告诉她："现在不只要<u>深耕</u>交往对象，还要好好经营与对方家人的关系，因为有好姻缘比什么都来得重要。"（同上）

按，前一例因为上句有"拉肚子"，所以下句的"解放"意思非常清楚，而同样非常清楚的，还有此词用在这里的既生动又婉曲的表达效果；后一例的"深耕"在台湾比较常用，用于此处不仅生动传神，而且言简意丰，如果换用其他形式，就不会这么简约了。

当然，动词以外，也有一些其他词性词语的用例，比如前边举过的名词性的"身段、不沾锅的距离"等，再如：

（8）长久以来，部定中文系共同必修 38—40 学分，文字学、声韵学、训诂学三门为<u>长青树</u>，且必不可少。（姚荣松《厉揭斋学思集》167 页）

3. 有明显的拟人化取向

结合上述第二个特点，国语中的生动形式，往往是取通常用于表示人的动作行为的动词性词语，来用于人以外的其他主体，因而属于修辞上的拟人用法，而且这一做法非常普遍，由此也形成了一个非常明显的特点。比如以下是见于台湾优活健康网的一组例子：

（9）治疗前与医师详加沟通，使用净肤雷射或脉冲光等光学治疗，才能让斑点彻底<u>离开</u>。（2010.5.11）

（10）大家都知道肿瘤会扩散、变形或转移，但您有听过肿瘤还会<u>趁人不备</u>偷偷"落跑"吗？（2010.6.17）

（11）最近冷气团一波一波来<u>报到</u>。（2011.1.10）

（12）恼人的酸痛又阴魂不散的<u>纠缠</u>而来。（2011.1.20）

见于其他媒体的用例再如：

（13）苹果 iPhone 5S/5C 本月在台上市，而新一代 iPhone 6 已经悄悄<u>起跑</u>！（工商时报 2013.10.11）

（14）成教部与体育处合办的暑期游泳训练班开跑！（《淡江时报》2014.6.9）

动词性词语以外，也有少量其他形式的用例，如：

（15）台湾过去一年的经济，以 GDP 来衡量相当亮丽。……台湾却能够有如此亮丽的成绩，是很值得庆祝的。（《立报》2011.1.10）

按，此例的两个形容词"亮丽"，后一个大陆也偶能见到，而前一个就不太常见了。

大陆也有使用但是不及台湾常见的再如"漂亮"：

（16）游戏公司欧买尬初上柜，就缴出一张漂亮的获利成绩单。（杨渡主编《台北道地　地道北京》117 页）

4. 具有普遍化、常态化的表现

这方面的表现大致有二：其一是常用，即复现率高，这一点我们在前边已经提到。再比如"起跑"，经常用于表示"开始"义，台湾《联合报》1968 年至 2013 年此词共有 645 个用例，其中用于此义的就有 593 例，占总数的近92%；而作为对比，大陆《人民日报》同一时间范围内的总用例数是 228 个，其中表示同样意思的只有 34 例，且多为近年的用例，仅占总数的近15%。其二是有的因为常用，已经完成了修辞现象的词汇化，成为固定的词义，并且被词典收录，如上文提到的"黑手"。

以下再各举两个"上路"与"开跑"的例子：

（17）新措施上路时间由各航空公司自行决定。（《中国时报》2013.11.2）

（18）已核定本所成立在职进修硕士专班的学年度招生已上路，目前预定招收台湾研究组 12 名。（姚荣松《厉揭斋学思集》134 页）

（19）继光是中部地区首屈一指，具有历史且是今年中部地区第一个开跑的年货大街。（台中市政府新闻局网站 2011.1.15）

（20）变更就学区的申请也在同日开跑。（《自由时报》

2014. 6. 14）

"上路"与"开跑"的上述用法已经成为这两个词最常见的用法，我们仅在《自立晚报》检索页面第一页的标题和正文中，分别就看到以下一些：

　　部落公法人制度已经推动上路、新措施确定延后上路、新制度没上路前、新规范上路后、未来长照 2.0 上路后、新制上路后、中国的新税制上路、刑法没收新制上路、新北博物馆收费首日上路、房地合一税制将上路、有 4 项安全管理新规范上路、内容包括新上路的"动物保护法"、公布 7 月上路新制

　　恋爱巴士活动开跑、华江雁鸭自然公园教育解说中心导览开跑、DJI 台湾代理商全省巡回展正式开跑、台中休闲美食展开跑、2016 台中休闲美食展盛大开跑、父亲节档期开跑、陶艺双年展开跑、温泉美食嘉年华开跑、（海洋音乐祭）正式开跑、"435 玩艺乐园"活动热闹开跑、海尼根"活在音乐"系列活动正式开跑、（2016 新北 FUN 街头活动）正式开跑、2016 台北夜市打牙祭 7/16—8/5 正式开跑、最佳独立专辑票选开跑、大型公益演出活动正式开跑、新北役男课辅夏令营开跑、台湾自行车节彩绘捷运开跑、双节庆活动开跑至今

第二节　国语的庄雅风格色彩

一　"庄雅"释义

在风格学以及言语/语言风格学或修辞风格学等的一般论著中，似乎没有见到以"庄雅"立名，来作为一种风格类型进行讨论的，但有几个术语的意思与之相近，其中主要是以下两个：

一是"庄重风格"。很多人都采用这一术语，如吴礼权对言语表现风格进行的五组十种划分中，就包括根据语言表达的庄谐而划分的庄重风格与幽默风格。[①] 黎运汉、盛永生对这一风格主要修辞特点的表述是："词

---

① 吴礼权：《现代汉语修辞学》，复旦大学出版社 2012 年版，第 445—446 页。

语庄重文雅：主要用规范的书面词语，很少使用口头词语，大量使用专用词语和古语词、惯用词语、成语、敬语、谦语等。"① 但是，人们在归纳这一风格类型的时候，通常立足于成双成对、相反相对的一组风格类型，如上引吴礼权所说的"庄谐"，而在另外一篇论文中，吴氏又说"庄重风格与幽默风格是一对相对相反的语言风格类型"。②

二是"书卷风格"，郑远汉对言语风格进行了比较细致的分类，先分为共体性风格与非共体性风格，前者分三个层次共十个小类，其中包括书卷风格，而后者则包括民族风格、时代风格和个人风格等三种。③ 郑氏所划分的书卷风格，也有明确的相对相反的"另一半"，这就是口语风格，书中写道："以书卷成分为核心的言语是书卷风格，以口语成分为核心的言语是口语风格。"

此外，文学界的某些研究还使用了"典雅"一词，来归纳与概括一种语言风格，比如朱堂锦就讨论了中国传统语言的典雅风格及其表现，如文质彬彬、古朴端庄等。④

本节所用的"庄雅"一语，系借鉴冯胜利等的提法。冯胜利、王洁、黄梅从语体学的角度，提出了书面语言的庄雅、庄雅成分、庄雅特征以及庄雅度等概念，⑤ 所用的"庄雅"大致是"庄重典雅"的意思。

我们认为，用"庄重典雅"的简缩形式"庄雅"来概括和表述两岸言语表达中明显存在的风格差异，比直接采用某一个现成的风格学术语更为合适，理由大致如下：

第一，上一节中，我们对所讨论的风格作了一些说明与限定，其中与本节密切相关的主要有以下几点：其一，我们着眼于言语范畴，因而讨论的是言语风格；其二，我们着眼于言语表达，因此研究的是表现风格；其三，与台湾的庄雅风格大致相对应的是大陆的平实风格。

在我们看来，无论一般所说的"庄重风格"还是"书卷风格"，都并不太适用于我们的两岸语言风格对比研究，而主要着眼于文学作品语言的"典雅风格"同样也是如此，所以我们有必要起用新的称名。

---

① 黎运汉、盛永生：《汉语修辞学》，广东教育出版社 2006 年版，第 554 页。
② 吴礼权：《庄重风格与幽默风格的计算统计研究》，《渤海大学学报》2004 年第 5 期。
③ 郑远汉：《言语风格学（修订本）》，湖北教育出版社 1998 年版，第 5 页。
④ 朱堂锦：《典雅：中国传统的语言风格》，《文艺理论研究》1998 年第 6 期。
⑤ 冯胜利、王洁、黄梅：《汉语书面语体庄雅度的自动测量》，《语言科学》2008 年第 2 期。

　　第二，如前所述，现有相关的风格学术语，无论"庄重风格"还是"书卷风格"，都有严格意义上的相对概念，由此就使之受到比较严格的限定，从而与我们所考察的语言事实有了较大的出入。比如，郑远汉指出，作为与书卷体相对立而存在的口语体，在以下几项因素中，也必然地表现出其相对的风格特征：一是在以口头方式进行语言交际的基础上形成的，二是植根于并活跃在民众中，三是主要出现在日常谈话的交际场合里。① 那么，由以上三点反观书卷风格，自然都应该是与之相反相对的，但事实上却并非完全如此。比如在台湾，即使最普通的民众，在最普通的日常交际场合，也比大陆更多地用到一些庄雅形式（如果读者诸君与台湾同胞有一定的交往和交流，或者比较多地接触台湾影视剧以及电视谈话和娱乐节目等，对此应该不会持有异议）。另外，仅由以上三点看，所谓书卷风格，其实并非严格意义上的"言语风格"，而在很大程度上属于"语体风格"。至于庄重风格，它的对立面"幽默"意为"有趣或可笑而意味深长"，所以我们也只能从与此相反的方面来理解和表述"庄重"的含义，而这显然不是我们想要和想说的（详下）。

　　第三，"庄雅"的"庄重典雅"义有更大的包容度和更广泛的含义，且与本文所考察和讨论的内容一致程度最高，因此比其他几个术语更准确。按最一般的理解，所谓"庄重"，就是言语等端庄稳重，不随便、不轻浮；所谓"典雅"，则是优美不粗俗。郑荣馨认为，庄重语言有三美，其二是稳重之美，表现为常用书面语汇，不用或少用俚俗词语等；② 而冯胜利则说："何以'典雅'？就是因为其中字词取自耳听可懂的文言古语。由此看来，援古入今，方为典雅。"③ 王培光也提到，适当地使用文言，"显得文雅庄重与简练精要，可以增加典雅度"。④。

　　庄雅与平实的差异，是两岸共同语比较研究中人们经常提到的，比如周质平（2004）说："所有台湾语文上的特色，可以一言以蔽之曰'饶富古意'，台湾呈现的是中国二十世纪中期以前的语文现象，甚至连标点符号都'一仍旧惯'。"⑤ 更多人则是着眼于两岸对比而言的，如周殿生说：

---

① 郑远汉：《言语风格学（修订本）》，湖北教育出版社 1998 年版，第 185—192 页。

② 郑荣馨：《论庄重语言风格》，《扬州师院学报》1993 年第 3 期。

③ 冯胜利：《论语体的机制及其语法属性》，《中国语文》2010 年第 5 期。

④ 王培光：《语体与修辞语感》，《当代修辞学》2012 年第 6 期。

⑤ 周质平：《台湾语文发展的歧路——是"母语化"，还是"孤岛化"?》，《读书》2004 年第 2 期。

"台湾国语在很大程度上继承和沿袭了'五四'以后白话文的某些特点，即使是口语也不乏斯文；而大陆的普通话则更多地表现为大白话和大众化，因此更为普通化。"① 这两段文字本书前边均已引过，这里再次引用，或许可以强化读者对此的认知和印象。

一些境外学者由于站在第三者的立场和角度，往往更容易观察和对比两岸的相关差异，并由此而作出一些比较切合实际的表述，比如以下就公文对比的两段议论：

> 香港的中文公文一向书面语色彩较重，文言色彩重于内地的，轻于台湾省的。②
>
> 海峡那边的台湾保留传统较多，行文不少文言成分；海峡另一边的大陆则尽量与口语接近，公文形式走向简化。③

公文如此，其他各类文体大致也是如此。

此外，庄雅中还应包括所用词语及表达方式等的"雅化"，即用委婉语来代替那些粗俗、让人难以启齿或不舒服的表达方式，这一点在台湾的表现似乎也更普遍、更突出一些。这个问题有专门进行讨论的必要，本文暂付阙如，这里仅举二例。任晓敏说："台湾还将'洗手间'叫做'化妆室'，这大概在世界上也算是个创造吧。因为我们都知道外国人有把洗手间叫做'休息室'或'洗澡间'的，却从未曾在其他地方见过有把洗手间叫做'化妆室'的。在台湾有此叫法，也许是因为'化妆'乃是洗手间最优雅的功用吧。"④ 周荐观察到，一些词在创造时也会考虑委婉、避讳的问题，如汉语普通话常常用到的"大变"（很大的变化），台湾习惯说成"丕变"，因为"大变"容易使人谐音联想到"大便"。⑤

综上所述，结合两岸共同语应用实际的对比，本文所讨论的庄雅风格

---

① 周殿生：《谈两岸非通用词语》，《新疆大学学报》2006 年第 5 期。

② 田小琳：《再论香港地区的语文文字规范问题》，载《香港中文教学和普通话教学论集》，人民教育出版社 1997 年版，第 47—59 页。

③ 程祥徽：《公文改进三步骤》，载《中文变迁在澳门》，三联书店（香港）有限公司 2005 年版，第 99—102 页。

④ 任晓敏：《祖国大陆与台湾的语言差异辨析》，《北京邮电大学学报》（社会科学版）2006 年第 5 期。

⑤ 周荐：《汉语词汇趣说》，暨南大学出版社 2011 年版，第 82 页。

大致指的是：在具有可比性的文本中，同样的意思，普通话中可能趋向于使用一个比较通俗平实、更具白话色彩的"中性"表达形式；而在国语中，却经常使用更具"古"和"文"的色彩的表达方式，并由此而在总体上形成与前者有较大区别的一种言语表达风格。

二　庄雅风格的表现手段

总体而言，国语的庄雅风格主要由以下两种手段来表现和凸显：一是词汇手段，二是语法手段。以下我们分别讨论。

1. 词汇手段

上述讨论庄重风格或书卷风格等的论著，在论及表现手段和形式的时候，首先都会提到词汇，如吴礼权提到，庄重风格在词语的选择上，通常多用书卷语词，包括一定比例的古语词和敬语词等；[①] 郑远汉则说，现代汉语书卷体的语体成分，主要有三类，即文言成分，书本上沿用下来的成分和主要见于书面的外来成分或新兴成分，[②] 这也是主要着眼于词汇方面的；上引黎运汉、盛永生所说大量使用专用词语和古语词、惯用词语、成语、敬语、谦语等，[③] 自然也是如此。

一些研究两岸共同语对比的论著，几乎也都不同程度地提及两岸词汇及其使用中庄重典雅与平实直白的区别，比如李志江说："相比较而言，大陆的普通话更为崇尚口语，许多书面语词在大陆已渐罕用，甚至不用，退而成为古语词；台湾的国语更为强调传承，许多书面语词在台湾一直使用，甚至在口语中也十分活跃。"[④] 台湾学者郑良伟说："由于台湾语文教育太偏重文言，一般报刊上的现代中文，所掺用的文言成分，超过大陆的三倍。应用文、特别是官方公告及信件，就不止如此。"[⑤]

最为典型的文言词语当然是单音节词，很多文言单音节词在国语中都有一定的使用频率，比如以下二例中的"端"和"咸"：

（1）然而，上述种种端赖于新政府能否实际运作。（《立报》

---

① 吴礼权：《现代汉语修辞学》，复旦大学出版社 2012 年版，第 499 页。
② 郑远汉：《言语风格学（修订本）》，湖北教育出版社 1998 年版，第 160 页。
③ 黎运汉、盛永生：《汉语修辞学》，广东教育出版社 2006 年版。
④ 李志江：《略论〈现代汉语词典〉中收录的社区词》，载周荐、董琨《海峡两岸语言与语言生活研究》，香港商务印书馆 2008 年版，第 257—267 页。
⑤ 郑良伟：《演变中的台湾社会语文》，自立晚报社出版部 1990 年版，第 126 页。

2010. 12. 28）

（2）以傅俊其县长言出必行说到做到的执政风格，花莲县民咸信政府整饬违建，提供学生安全住处的决心。（《更生日报》2011.3.6）

以下是我们所建 100 万字的台湾报纸语料库中所见不止一次出现的一些文言单音节词：

> 需、览、皆、之、亦、且、况、允、此、该、终、员、更、期、惟、予、斯、雇、采、课、须、愈、并、可、逾、至、咸、颇、纠、乃、亦、获、甫、俾、科、暨、几、方、然、吁

以下酌举几例：

（3）东协 10 国已形成一庞大的内需市场，惟东协 10 国在政治制度、宗教、经济发展程度差差异甚大。（2016. 7. 14）

（4）由于高捷红线可望延伸到林园区，他乃在质询国发会主委陈添枝时，要求将这条捷运线延伸到东港，以带动区域治理计划和整体观光产业。（2016. 7. 17）

（5）SNSplus 好玩家旗下 GAMAGIC 疯游戏平台为泰国前三大游戏平台，全球总会员数逾 2600 万。（2016. 8. 1）

不少双音节的文言词语在台湾也有一定的使用频率，而在大陆则已经或基本不用，例如：

（6）每一种选举所要耗用的人力物力与财力，均相当不赀。（《更生日报》2011.3.4）

（7）近日国内接连发生数起夺命祝融，多条宝贵性命不幸葬身火海。（同上 2011.3.7）

按，查《现汉》，"不赀"条下标为〈书〉，而"祝融"则不收；《规范》两词均不收，正可与上述二例形成对比。

我们曾经比较过 *Steve Jobs* by Walter Isaacson（沃尔特·艾萨克森著

Steve Jobs）的两岸翻译文本，二者在词语的选择上，差异是非常明显的，详见本书第六章第二节。

像这样形成鲜明对比的例子比较多见，以下是见于我们语料库中的部分双音节词：

> 尽速、请益、贤达、窊陋、尚赞、声请、朋分、尿遁、耆老、国是、同侪、在在、改隶、底定、泯除、荼毒、陈情、课征、罚锾、遽增、扑满、茶饮、吾人、些微、矢言、奥步、怨怼、益增、薪资、意谓、优渥、攻讦、暌违、襄理、罹患、借镜、揭橥、罔顾、遑论、泰半、式微、甚且、遂行、衔命、隐然、肇起、令媛、可堪、讵料、悛悔、裁示、沈痼、漏夜、盱衡、内子、弃养、作育、挹注、尊公、尊翁、裁成、匡时、懔论、后进、淑世、擘画、往生、同侪、暌违、幼齿、罪愆

以下也酌举几例：

（8）没有违背相关法令的情况下，<u>吾人</u>都有参与选举的资格，也都必须面对必要的检视。（2014.12.26）

（9）在台湾非物质文化遗产面临<u>式微</u>的今日，我们积极推动其保存与再生，以作为建立深刻文化内涵的基础。（2016.6.1）

（10）小区在此规划较多关怀活动，并结合小区<u>耆老</u>，进行农村工艺教学与传承，充分展现农村特色。（2016.7.28）

此外，还有大量的文言或文言色彩浓厚的词组以及固定短语等，在国语中也能经常见到，它们也是表现庄雅风格的重要手段。万星在谈到台湾的丧事用语时，就列举了"痛失英才、哲人其萎"等一组大陆极少使用的词语；① 另外文章中还提到，有些文言词语经常在台湾报刊上沿用，所举例子如"消弭阻力、后果堪虞、情何以堪、助我良多、刻尚不悉、殊属过誉、殊堪告慰、克尽人子之孝、洞烛机先、殷鉴未远、夙夜辛劳"等。

我们的语料库中，也有以下一些：

---

① 万星：《谈台湾国语词汇与普通话的一些差异》，《内江师专学报》1991 年第 1 期。

甚巨、羡煞、可于、此乃、乃是、之虞、大啖、暗藏春色、掳人勒赎、共襄善举、意兴阑珊、大费周章、大加挞伐、无远弗界、岂偶然哉、时不我予、振衰起敝、罄竹难书、甘之如饴、无妄之灾、窒碍难行、敬陪末座、共体时艰、视如寇雠、奉为圭臬、浪费公帑、忝居末位、樽节成本、具体而微、表率群伦、令人扼腕、鹣鲽情深、莫此为甚、孜孜矻矻、殷鉴不远、不良于行、揆其原因、为德不卒之处、无人敢撄其锋、只见秋毫不见舆薪

以下举几个实际的用例：

（11）而反对的业者则认为，政府不分青红皂白，将所有的房地产买卖，均视为投机课以重税，将导致国内房地产市场的崩盘，不但业者受伤，全体国民也将受害，<u>因此期期以为不可</u>。(2011.3.5)

（12）其中太鲁阁族牧师金清山并获推展本土语言杰出贡献个人奖，昨消息传回，乡亲个个<u>与有荣焉</u>。(《更生日报》2011.3.5)

（13）因为网际网络<u>无远弗界</u>，大部分多为跨国诈骗，截至今日，全世界已超过69个国家深受其害。(2015.1.1)

（14）这尊佛像"身首合体"与"回归启程"吴伯雄均<u>躬逢其盛</u>。(2016.2.1)

此外，在词形上，两岸也有差异：台湾的繁体字相对于大陆的简体字，古旧色彩更浓；另外，台湾未像大陆对异体字进行较为全面的规范，因而也保留一些古旧字形，这样的字词如"藉由、规画、菁英、酸酵、骨董"等。

以下举一个以"暨"代"既"的例子：

（15）需要明确透过精算与制度化暨确保此项机制的信赖原则，又能彰显一定的社会公平效益。(《立报》2011.1.13)

2. 语法手段

语法手段丰富多样，大别则包括词法与句法两种。词法方面，主要是保留了一些词语的文言意思与用法，而同样的意思与用法在大陆却几乎不

用。例如：

（16）首先要以师大人的一份子向元兄道贺。（姚荣松《厉揭斋学思集》）

按，文言介词"以"的功能繁杂，意思众多，其中之一是表示"凭……的身份"，这样的用例如"齐使者如梁，孙膑以刑徒阴见，说齐使"（《史记·孙子吴起列传》），而此例的"以"正为此义。

（17）而这回军公教人员的加薪，能否成为一（　）催化剂，促成企业加薪并带动内需市场，似仍有待观察。（立报 2011.1.11）

按，此例括号处，一般应该有一个量词，此处数词与名词直接组合，正是文言用法。

相对而言，更能代表国语庄雅风格的是一些文言句式。冯胜利、王洁、黄梅指出，现代汉语书面语还在使用大量的文言句型，这些句型在口语中不用，可称为"书面语句型"，它们在书面正式语体中同样扮演着正式、庄雅的角色。① 这是现代汉语书面语的特征之一，而他们目前已经收集这样的句型达 300 个左右。比如，"……中不乏……"就是其中之一，文中列表指出，"文"的形式用"学生中不乏知识渊博的人"，而同义的"白"的形式则为"学生中也有不少知识渊博的人"。

国语中，"其中不乏……"的用例很多，而不用代词"其"的用例也比较常见，大陆则相对较少。例如：

（18）文化处指出，参训的学员中不乏初学者。（2012.11.21）

再举一个同样属于 300 个之列的"将 V 矣"用例：

（19）再若政府已然发掘派遣人力实已病症不轻，却又不思解决

---

① 冯胜利、王洁、黄梅：《汉语书面语体庄雅度的自动测量》，《语言科学》2008 年第 2 期。

方法，问题势必愈演愈严重，或将不可收拾矣！。（《新生报》
2014. 6. 2）

冯氏等所列之外，其他用例再如：

（20）所谓"蔓草犹不可除"，况社会之感染乎？（《新生报》
2011. 1. 15）

（21）个人自由，多少罪行假汝之名而行？（《立报》2011. 1. 5）

（22）"亚太中心论"的大梦未曾或忘。（同上2011. 1. 13）

（23）进出股市金额大者未必赚钱、金额小者未必赔钱。（《联合
报》2011. 1. 16）

按，最后一例大致相当于一些人所说的文言"后置定语"句，如
"舟大者任重，马骏者远驰"（《隋书》卷四十一）之类，二者正可比较。

如果说以上是"古句"的话，那么还有大量的"准古句"，① 也就是
使用文言语法的现代句，同样也能反映国语的庄雅风格。比如，文言中有
所谓的"使动用法""意动用法"与"为动用法"，而国语中这样的例子
也比较常见，例如：

（24）厚实台湾竞争力　　邱创良再提亚太营运中心计划
（2016. 4. 28）

按，此例就是比较典型的使动用法，表达的意思是"使台湾竞争力
厚实"。该标题下的正文中有"桃园航空城计划宜应扩大为桃园亚太营运
中心，才能让台湾有更厚实的竞争力"，可以为证。

以下一例表达的也是这样的述宾关系：

（25）2日一场大雷雨造成桃园国际机场大淹水和停电，严重瘫
痪机场营运。（2016. 6. 4）——使机场营运瘫痪

① 刁晏斌：《初期现代汉语语法研究（修订本）》，辽海出版社2007年版，第209页。

以下是为动用法的例子：

（26）卫生局副局长高淑真呼吁民众在打拼事业、操劳家事之余，也要为家中老少设想，务必养成定期接受免费癌症筛检的好习惯。（2016.7.28）

按，此例中的"打拼事业""操劳家事"分别为"为事业打拼""为家事操劳"之意。《自立晚报》中的以下一例可以为证：

（27）这次受表扬的 56 位模范父亲，有许多不同的角色，有为家庭打拼，照顾身心障碍的孩子，有为弱势和公益发声，也有致力于文化传承，在里邻小区推动环保或协助治安，还有寄养爸爸、原住民爸爸等。（2016.7.30）

以上是表示"目的"的为动用法，而以下则是表示"原因"的为动用法（这也是"为动"的"为"所包含的意义之一）：

（28）因为情治单位认为已涉及外患罪的人，怎么还要替他烦恼养家问题？（2014.9.3）——因为养家问题烦恼

以下是"与动用法"的例子：

（29）首战由 Tesl 冠军韩国神族选手对阵台湾虫王 Sen。（2014.8.18）

按，同样的意思，还有另一种比较常见的表述形式，而这也能很好地解释何为"与动"：

（30）可是江宜桦已经伤痕累累，很难与朱立伦对阵。（2014.6.9）

以下一例表达的也是这样的述宾关系：

(31) 苏治芬回到云林选县长，一个人对抗地方派系势力，非常勇敢，也很成功。(2014.8.31) ——与地方派系势力对抗

至于一些使用了"标志性"文言成分，由此而使得句子在一定程度上具有"古意"的例子就更多了，例如：

(32) 他们对保存最完整的日式庭园建筑之县长公馆钦羡不已，所以鼓起勇气 e-mail"县民信箱"。(《天眼日报》2011.1.9)

(33) 而这些新起且亲切的语汇，真实生动地记录着这个时空下生猛有力的次文化种种面貌。(《台湾道地 地道北京》)

除了"古"之外，国语中的很多语句还有浓厚的"旧"的色彩，这在一定程度上也能显现庄雅的风格。

所谓"旧"，主要指的是保留了早期国语的一些句子形式，比如以下几个补语在宾语后的用例：

(34) 为什么同样奉献二十年、三十年的青春在工作上，为什么军公教人员可以享受到安定稳妥、无后顾之忧的退休生活？(中国台湾网 2011.1.17)

(35) 反观目前的升等制度，却"重研轻教"，教师无法投注更多时间到学生身上。(《立报》2010.10.24)

(36) 并翻译西方学术名著及畅销书籍为中文。(姚荣松《厉揭斋学思集》)

三 庄雅风格的主要特点及成因

1. 庄雅风格的主要特点

总体而言，国语庄雅风格的特点主要有以下几个：

第一，具有较高程度的普遍性。关于这一点，大致可以从以下两个方面来理解：

一是使用的普遍性。这里主要从使用者的角度来加以说明。2014 年 6 月，笔者赴台湾参加第八届海峡两岸现代汉语问题学术研讨会，住在台湾

师大会馆，办理入住手续时，服务小姐非常自然地问了一句"是洽公吗"，在得到肯定的答复后，给了一个小小的优惠。"洽公"显然是"文气"十足的一个词，大陆的一般工具书均未收，《词典》标为台湾词语，释义为"洽谈业务，商谈公事"。另外，在此次会议上，有台湾学者发言时谈到，在台湾车牌号95非常抢手，因为隐含"九五之尊"义。这样的习惯在大陆似乎没有，人们更青睐的是8以及9等，这显示出两岸在传统语言文化传承方面的差异。

二是语体的普遍性。这一点自然与第一点密切相关，二者在某种程度上互为因果：因为使用上具有普遍性，所以就覆盖了各种文体；因为覆盖了各种文体，所以就更具普遍性。公文以及法律文书等自不待言，就是一般的文学作品中也不乏这样的用例，我们曾经举过以下的例子：①

(1) 思及此，她便为自己悲哀起来。(《你的眼中留着我》，《海峡》1997.1)

(2) 未几，阿变在除去给阿幸当义工之外，又近于拐角的一家日本料理店找到一个带位的打工。(《阿幸与阿变》，《海峡》1997.3)

第二，多呈半文半白，即通常是在现代白话中嵌进一个或几个文言词语以及小句等，或者是一个复句中加上一个文言性的分句。前边所列的用例几乎都是如此，再如：

(3) 哈巫（Kaxabu）族保有自己的语言和历史，许多耆老都会讲自己的语言。(2014.7.14)

(4) 除印度本土品牌外，欧、美、日、韩等世界知名汽车品牌亦纷纷进军印度设厂投产。(2014.8.29)

类似这样文言词语与白话词语"无缝对接"的例子实在很常见。

第三，有时使用过度。这一点与上两点都有关系：因为用得多了，形

① 刁晏斌：《差异与融合——海峡两岸语言应用对比》，江西教育出版社2000年版，第208—209页。

成了习惯，有时在尺度上可能就有疏失。杨必胜在讨论台湾新闻的文言色彩时指出，有时出现过于简古的文字，有时出现古奥生涩的词语（如"丕变、戕伤、纾解、怨怼"之类），有碍于大众的阅读理解，则是不足取的。① 按，是否有碍于大众的阅读理解，应该从台湾读者的角度加以考察与分析，但是不可否认的是，有些时候，一些文言形式的使用并不是最佳选择，而此时可能就有过度之嫌了。

比如就韵律结构而言，汉语的标准音步是 2，而最和谐的韵律结构是 2＋2，所以一般文章中最常见的是一些固定性或临时性的四字格，这一点，无论大陆和台湾都是如此，比如台湾的以下一段文字：

（5）从眷侣缔结鸳盟开始，在他们历练未丰、事业草创、子女尚幼的阶段，虽然斗志昂扬、生产力可观，但因收入尚属微薄、养儿育女支出浩繁，不免寅吃卯粮，经济负担沉重。（《经济日报》2011.1.16）

如果在某一关键位置上因为使用单音节的文言性词语，由此而破坏了上述音节和谐律，可能就不是一个特别好的表达了，例如：

（6）后来也渐喜欢独自登那些难度极高的险峰，攀爬到一体能散溃肺部要爆裂的边界。（骆以军《经济大萧条时期的梦游街》）

按，此例就不计韵律是否和谐，采用了单音的文言副词"渐"与双音的白话词"喜欢"这样的 1＋2 组合形式，另外下句的"一"大致也是如此。类似的用例再如：

（7）其子年过卅，在家蹲了十年，沉迷网络，日夜颠倒。（《新生报》2011.1.15）

按，"卅"义为三十，两岸读音相同，均为 sà，这样，"其子年过卅"读来就会特别不顺。另外，下一句的"在家蹲了十年"有明显的口语

---

① 杨必胜：《台湾新闻的文言色彩与简缩词》，《语文建设》1998 年第 8 期。

色彩，二者其实也不是特别的"兼容"，由此自然就形成了语体风格的驳杂不一。

2. 庄雅风格的成因

关于这一点，许多研究者都从各自的立场和角度作过不同程度的阐述，以下汇总相关观点，并结合我们自己的认识，作一简单的归纳。

国语庄雅风格的成因以及两岸在这方面的差异，最主要的肇因是政治因素及其对语言和语言使用的影响。

"政治"在这里指的是什么，以下一段话说得再明白不过了：

> 词语雅俗间的角力，在 20 世纪上半叶国共两党的决战中显得尤其突出。国共两大阵营的众多领袖人物都是运用自己的母语——汉语的高手，但他们所用词语的雅俗却有着截然的不同。这种现象的出现很难从他们各自的教养上找到原因，因为两大阵营领袖阶级的人物中有相当一批曾受过良好的教育，有的甚至同出一门（如同出身黄埔）；而只能从他们为之服务、献身的阶级，从他们所建立的政权的基础上寻找原因。①

按，这段话下边还举了国共两党领袖蒋介石与毛泽东的各一段文字，非常有代表性和说服力。

正是这种"上有所好"，才导致了两岸在语言形式的选择以及总体风格上的明显差异，关于这一点，蒋有经这样说道："后来在较长时间成为台湾主要掌权者的国民党人物，大多没有参与'五四'运动，对新文化运动所提倡的'白话文'本来就缺少热心，加上国民党成员普遍断文识字，这不仅为国民党执政期间大量保留文言词语提供了条件，同时又滋生出一种对白话文不自觉地抵触的倾向（台湾至今一直反对简化字在某种程度上也是这种情结的表现）。在这样的情况下，台湾交际语言大量地使用古代汉语的词汇，使台湾的语言保留较为明显的文言文色彩，也就成了非常自然的事情了。"② 於贤德、顾向欣则直接以"海峡两岸词语差异的政治文化因素"为题，对相关情况进行讨论和说明，其中有以下一段：

---

① 周荐：《雅俗殊途，美文同归》，载李雄溪、田小琳、许子滨《海峡两岸现代汉语研究》，香港文化教育出版社 2009 年版，第 59—69 页。

② 蒋有经：《海峡两岸汉语词汇的差异及其原因》，《集美大学学报》2006 年第 3 期。

中国大陆解放后，国民党当局溃逃台、澎、金、马地区，由于统治阶级的思想就是统治思想，统治者的语言风格必定在整个统治区域内保持最广泛的影响。因此，在台湾地区的政治、经济、军事、文化活动中，在语言的使用上仍保留着较为明显的文言文色彩，大量使用古代汉语中的词汇，也就成为非常自然的事了。①

对此台湾学者也表示认同，比如《新闻周刊》2004 年 5 月 3 日刊登《白话文需要古典汉语的熏陶——台湾作家龙应台答中国〈新闻周刊〉问》一文，其中就说："国民党来了以后，它的文化'保守'反而带来好处：就是说，中华文化的传统一起受到强调，人文古典的学习一直没断过，五四以来的白话文运动在台湾也等于是一脉相传下来。"

以上各段引语，对两岸当权者的政治思想及其语言观对各自语言运用的影响说得已经非常清楚了，而这样的影响并非限于一时，而是一直在持续，郭熙就此说道："国共两党在文告语言运用上迥然有异。前者近乎文言，后者则是地道的白话，共产党人更乐意采用'五四'倡导的白话，而国统区则相对更乐意采用'文'些的书面语。他们各自的传统深深地影响了以后几十年的语言运用。"②

正是因为上述政治上的差异，最终使得两地语言循着不同的方向发展，而发展的速度也不相同，总体而言大陆快于台湾，由此造成"两个距离"的差异，关于这一点，我们在本书第一章第一节已经作过一定程度的讨论。对于这一实际，也有人谈及，比如陈平原说："理论上，口语、书面语分属不同系统，但经由晚清以降的白话文运动，以及新中国成立以后的普通话推广运动，今日中国人的'说话'与'作文'之间，差别不是很大。尤其是中国大陆的文人学者，更多受陈独秀、胡适、鲁迅、周作人等五四新文化人的影响，希望拆除我们/他们、文言/白话的藩篱，而拒绝刘师培、蔡元培兼及文言的主张，故所撰文章普遍比较直白、浅俗、酣畅。反观台湾及香港的文化人，似乎更愿意在二者之间保留必要的缝隙。这一差异，说话时隐约感觉到，写文章或正式典礼上致辞，就更显

---

① 於贤德、顾向欣：《海峡两岸词语差异的政治文化因素》，《汕头大学学报》2000 年第4 期。

② 郭熙：《试论海峡两岸汉语差异的起源》，《语言学通讯》1993 年第 1—2 期。

豁了。"①

这样的变化，更多地表现在普通话中，韩敬体说："解放后，大陆语文教育提倡语体文，倡导言文一致，作品语言趋向口语化，不少文言词被语体词或短语所取代，书面语中传承的带文言色彩的词语大为减少，书信用语也语体化了。"② 当然，这样的变化非一日之功，如柴俊星所说："大陆经过了半个世纪的不断改进和完善，完全使用标准的普通话作为公文语体的语言表达方式，甚至连一些带有文言色彩的公文惯用语也很少使用。这样做的目的在于净化公文语体的纯洁和健康，在于规范汉民族共同语在所有使用领域的一致性；而台湾却较多地保留了一些文言文因素和带有文言色彩的公文惯用语。"③

第三节　国语的简约风格色彩

一　关于简约风格

简约风格是一般的风格学论著在讨论和列举各种风格类型时几乎都会提及的一种，与之相对的则为"繁丰"，二者的区分标准和划分依据主要是语言的繁简，④ 而与之并列的则有庄重—幽默、刚健—柔婉、明快—含蓄、平实—藻丽等。

所谓简约，就是以尽可能经济的文字来表达丰富的内容，也就是常说的"言简意赅"。⑤ 在国语的日常使用中，"尚简"之风表现得远比大陆明显和突出，所以我们认为，"简约"已经成为台湾当今的语言表达总体性的风格特点之一，而从这一角度切入，应该可以更好地发掘和归纳两岸共同语及其运用差异的某些表现及其特点和规律。

说国语具有简约风格，并不意味着普通话就一定具有与之相对的繁丰风格。郑颐寿在谈到中国传统的中庸思想在修辞实践中的表现时说，在庄

---

①　陈平原：《徘徊在口语与书面语之间》，载冯胜利《汉语书面语的历史现状》，北京大学出版社 2013 年版，第 1—13 页。

②　韩敬体：《海峡两岸词语的歧异和减少歧异的设想》，载周荐、董琨《海峡两岸语言与语言生活研究》，香港商务印书馆 2008 年版，第 112—120 页。

③　柴俊星：《两岸四地公文语体、语汇的差异》，《汉语学习》2000 年第 2 期。

④　吴礼权：《现代汉语修辞学》，复旦大学出版社 2012 年版，第 446 页。

⑤　黎运汉：《试谈简约的语言风格》，《修辞学习》1986 年第 4 期。

与谐、雅与俗、疏与密、刚与柔等对立存在的语言风格之间，还存在"亦庄亦谐""以俗为雅""雅俗共赏""疏密相成""刚柔相济"等，它们都是对立的两类风格的和谐统一。郑氏由此而得出的结论是，在鲜明对立的一组风格类型中，还普遍地、客观地存在"中格"现象，它和鲜明的某种风格协调地统一在话语中。①

着眼于普通话及其运用的实际情况，就其一般表现而言，更接近于郑氏所说的"中格"，也就是说，两岸在"简约"这一风格范畴内，并非表现为根本性的对立，而只是有程度之别；或者说，台湾简约风格表现得比较突出，而大陆则相对没有那么突出。

二　简约风格的主要表现手段

人们在讨论某种语言风格时，通常都会谈及它所使用的语言手段。关于简约风格的表现手段，已有多位学者进行过讨论，比如喻咏梅就提到借助标点符号、代词、古语词、不同的句子形式、辞格以及含蓄的话语等；② 吴礼权则以台静农的散文《伤逝》为对象，着眼于和张晓风的散文《想你的时候——寄亡友恩佩》的对比，分析其简约风格及表现手段，从"词语运用特点上明显有别""句式运用特点上也有差异"和"修辞文本的建构在数量上悬殊较大"三个方面进行说明。③

根据台湾"国语"运用的实际及其与大陆的差异，我们把其简约风格的语言表现手段归纳为两个大的方面，即词汇和语法，以下分别进行讨论。

1. 词汇手段

吴礼权在指出简约与繁丰风格在"词语运用特点上明显有别"时，提到以下三点：一是尽量选用单音节词，二是适当选用一些文言语词或熟语，三是在不影响语义理解的前提下，尽量省略关联词、介词及其他一些可省的词语。④ 其中第三点大致属于语法的范畴，因此我们放在后边说，另外两点与台湾以及两岸对比的实际不完全一致，所以我们以此为基础斟

① 郑颐寿：《汉语辞章风格学概说》，《福建师范大学学报》2009 年第 3 期。
② 喻咏梅：《简约风格形成的语言手段分析》，《语文学刊》（高教版）2007 年第 5 期。
③ 吴礼权：《从统计分析看"简约"与"繁丰"的修辞特征及其风格建构的原则》，《修辞学习》2003 年第 2 期。
④ 同上。

酌损益，讨论以下两个最重要的词汇手段。

（1）文言词语

上引吴礼权所说尽量选用单音节词和适当选用一些文言语词或熟语在很大程度上是一致的，[①] 因为最典型的文言词就是单音节的，它们中有很多后来通过各种手段实现了双音化。现代汉语中，有不少文言单音节词与现代双音节词并存的现象，如"但—但是、如—如果/假如、虎—老虎、易—容易"等。相对而言，台湾"国语"中对来自文言且保留至今的单音节词的使用率比大陆高，这样一方面是保持明显的"庄雅"色彩，另一方面也满足求简的目的，并同时实现为简约的风格色彩。

比如以下二例中的"但"与"较"：

（1）我们认为，雇主的责任不可任意被修法逃脱！但，渔业中较弱势的渔船主的需求应该被看见。（2014.5.29）

（2）朱立伦说，平心而论，台湾在银发族居住产业这一块是相对其他先进国家是较落后的。（2014.8.4）

作为文言转折连词的"但"虽然在大陆也有一定的使用率，但是相对于台湾来说，却少得多，比如一般就不会出现在例（1）这样的形式中（这种情况下一般只能用"但是"）；例（2）的"较"与"比较"是一对单双音节同义词，一般的使用规则是单对单、双对双，如"较冷、较低"与"比较寒冷、比较便宜"等，此例用的却是单对双的"较落后"形式。如果就两地的选择观而言，台湾大致是为了求得形式的简约而在一定程度上忽视了韵律的和谐，大陆通常更注重韵律的和谐。

类似为求简而采用文言单音节词的例子比较常见，再如：

（3）店家们的好手艺都具一定水平，经过三周的商品展售，获得民众热烈回响，优质的红曲商品被一扫而空。（2014.8.31）

（4）建筑本体采符合环保理念之薄层绿屋顶设计；水资源处理设施采用地下池槽共构方式设计。（2014.8.28）

---

① 吴礼权：《从统计分析看"简约"与"繁丰"的修辞特征及其风格建构的原则》，《修辞学习》2003 年第 2 期。

按，台湾"国语"中单音节动词"具"和"采"都有较高的使用频率，而大陆一般只用它们的双音节现代形式"具有/具备"和"采取/采用"。

（5）工程于8月28日进场施工，预计2015年3月前完工，<u>期</u>能提供符合居民休闲活动之多元选择。（2014. 8. 1）

按，台湾"国语"中单、双等义词之间的选择与转换似乎都比大陆自由，比如本文中就另有"期望能缝合区域之间的界线"一句，而上一例也是"采"与"采用"并用，二者正可以对比。

单音节以外的其他文言词语，有不少也比大陆有更高的使用频率，相对于表达的意思而言，它们无疑仍是简约的形式。例如：

（6）扶植新秀团队的成长，培育优质的表演艺术，文化局敬邀全体 <u>汲汲</u> 经营文化园地的市民们，共襄盛举新秀展演活动。（2005. 8. 13）

《现汉》收"汲汲"一词，标为〈书〉，释义为"形形容心情急切，努力追求"。此词在两岸的使用频率有很大差异：在台湾的《自立晚报》中，2006年8月5日到2013年7月21日，共有44例"汲汲"，其中除了"汲汲营营"以及"汲汲于"这样固定的形式外，也有一些像例（6）这样临时的自由组合形式；同期的《人民日报》中只共有29例，几乎全部都是"汲汲名利"、"不戚戚于富贵，不汲汲于贫贱"以及"汲汲于"这样的固定形式。

（7）其实，本党一直有一条清晰路线，也远比我们的对手更能盱衡局势变化。（2015. 6. 10）

《现汉》未收"盱衡"，《词典》收录，义项一为"扬眉举目"，义项二标"〈书〉"，释为"分析观察"，并且特别加注说"大陆今少用"。

汉语成语极为丰富，它们不仅用词、句法古雅，更重要的特点是言简意丰，所以成语的使用也是简约风格的重要载体，而我们所见，有些成语在台湾的使用数量更多、频率更高，例如：

（8）苏贞昌指出，政党再次轮替后，检调滥权的事迹罄竹难书。（2012.12.10）

（9）人民连到底谁吃了这顿由他们买单的大餐都无权知道，傲慢心态，莫此为甚！（2013.4.18）

（10）为致敬维多利亚女王与夫婿艾尔伯特鹣鲽情深，Belluna Ⅱ 隽永系列于耶诞佳节前夕共推出三款对表，作为对情侣的温情祝福。（2015.11.13）

按，以上三个成语，"罄竹难书"在"文化大革命"时期的大批判文章中倒是经常使用，此后就很少见到，而另外两个"莫此为甚"和"鹣鲽情深"却一直都很少使用。

（2）简缩词语

总体而言，台湾"国语"中的简缩词语数量远比大陆多，由此也比较集中地体现了尚简的一面，比如以下一些简缩形式即使今天在大陆也较少使用，或者根本不用：

绿能（绿色能源）、辖内（辖区之内）、社大（社区大学）、金服（金融资产服务公司）、私校（私立学校）、国寿（国泰人寿）、运彩（运动彩券）、笔电（笔记本电脑）、川震（汶川地震）、国二（国中二年级）、生技（生物技术）、犯行（犯罪行为）、硕论（硕士论文）、毕典（毕业典礼）、毕旅（毕业旅行）、偏乡（偏远乡村）、都计（都市计划）、森活（森林生活）、重机（重型机车）、建地（建筑用地）、商办（商务办公楼）、骨松（骨质疏松）、卫教（卫生教育）、环教（环境教育）、家变（家庭变故）、商转（商业运转）、优存（优利存款）、法拍（司法拍卖）、市占（市场占有）、炮训（炮击训练）、射训（射击训练）、口访（口头访问）、延毕（延期毕业）、搜证（搜查证据）、卸责（推卸责任）、临检（临时检查）、犯嫌（犯罪嫌疑人）、窃嫌（盗窃嫌疑人）、赖嫌（赖姓嫌疑人）、郑女（郑姓女子）、郭员（郭姓警员）、熊男（熊姓男子）、青农（青年农民）、总召（总召集人）

比如"犯嫌",在 1946 年至今的《人民日报》中就没有用例;"总召"虽有 4 例,却是全部用于报道台湾事务的;至于像"赖嫌、郭员"这样的临时性组合的简缩形式,更是不见于大陆。

台湾"国语"中简缩词语多,主要是因为以下几种类型比大陆多:

一是"合称"形式。所谓合称,即由并列各项(通常是两项)合并共同成分而成,如"中小学(中学、小学)",有人称之为"共项缩略"。① 我们搜集到的就有以下一些:

> 汽机车(汽车、机车),驾行照(驾驶、行驶执照),赃证物(赃物、证物),国台语(国语、台语),学弟妹(堂弟、学妹),学长姐(学长、学姐),县市长(县长、市长),院校长(院长、校长),航港政(航政、港政),防救灾(防灾、救灾),硕博士(硕士、博士),农渔民(农民、渔民),农渔养殖业(农业、渔业、养殖业),绿美化(绿化、美化),低中年级(低年级、中年级),早午餐(早餐、午餐),职员工(职员、职工),影歌星(影星、歌星),软硬体(软体、硬体),轻重伤(轻伤、重伤),烧烫伤(烧伤、烫伤),公私立大学(公立大学、私立大学),理、监事(理事、监事),总、副编辑(总编辑、副总编辑),加退选(加选、退选)、高、快速公路(高速公路、快速公路),剪、收票口(剪票口、收票口),股汇市(股市、汇市),前、后座乘客(前座乘客、后座乘客),执评委(执委、评委),高、中职(高职、中职),民、刑事问题(民事问题、刑事问题),台语文(台语、台文),国中小(国中、国小),孙子女(孙子、孙女)

上述简缩形式大的原理和机制相同,但是也有一些具体的差异。比如,"总、副编辑"按习惯的"还原"规则应为"总编辑、副编辑",但是一般的职务职责中,并没有"副编辑",只有"副总编辑",再考之上下文,这里的"副"实际上是借前边的"总"而有所省略;与一般的"蒙后省"不同,像"国中小"则属"承前省",这也是此类简缩的另一种类;至于像"前、后座乘客"和"民、刑事问题",均包含两个层次,

---

① 郑阳寿:《语言缩略语和言语缩略语》,《汉字文化》2001 年第 2 期。

合称形式属于第二层次。另外，有些合称还有不同的形式，这样总体相加，数量就更多了，比如"驾行照"又作"行、驾照"，"国中小"又作"国中、小"。

通过以下同一报纸同一天的两个实际用例，我们或许会对国语中各种省略形式及其使用有进一步的了解和认识：

（11）晚上 6 时后，唯一维系<u>秋节</u>北高交通疏运的国道客运也因超过 10 级阵风停摆，等于宣告今年<u>中秋</u>疏运全部中断。（《中国时报》2015.9.29）

（12）台南市、屏东县宣布正常<u>上班课</u>。高雄市情况比较特殊，除桃源区、那玛夏区及茂林区因主要道路预警性封闭、土石流警戒等原因，有致灾之虞，29 日停止<u>上班上课</u>，但其他行政区<u>上班上课</u>。（同上）

按，前例中出现了"中秋节"的两个简省形式，其中"中秋"大陆也常用，但是"秋节"对普通话用户而方，就是一个陌生程度相当高的形式了；后一例中"上班上课"可以简缩为"上班课"，对普通话用户而方，这依然是一个陌生化程度相当高的形式。

二是临时性组合的简缩形式。一般而言，一个语言单位通常要满足以下两个条件，才有可能成为简缩对象：一是较为复杂，二是使用频率较高。国语对以上两条都有一定程度的突破：比如第一条，就较多地延及并不是特别复杂的三音节词语（详下）；对第二条，更是有较大的扩展，即把一些使用频率并不高、甚至很低的组合形式也纳入其中。严奉强曾经就此指出，台湾"国语"中，有一些双意位词（按指由两个独立的词语经简缩后加合而成的词）目前在大陆尚不通行，所以也可以看作是两岸缩略词语的又一差异，例如"乐利（快乐与利益）、劳农（劳工与农民）、作述（创作与传述）、光昌（光明昌盛）"等。[①] 像"快乐与利益"就显属临时性的组合，所以我们也曾经指出，这类词语有不少其实属于语篇层次，即它们只是一些具体语境中的临时性组合。此外，我们还按不同词类列举了大量用例，并且从两岸简缩词语的原型标准观、语言效率观和表达

---

① 严奉强：《台湾国语词汇与大陆普通话词汇的比较》，《暨南学报》1992 年第 2 期。

效用观等三方面的差异对这一现象进行了解释。① 以下是我们新搜集到的部分此类词语：

> 期勉（期望勉励）、汇整（汇集整理）、裁罚（制裁处罚）、遏阻（遏制阻止）、禁阻（禁止阻碍）、评鉴（评议鉴定）、核可（核准认可）、建置（建立设置）、限缩（限制压缩）、煽惑（煽动蛊惑）、商办（商洽办理）、检调（检验调查）、磨耗（磨损耗费）、管训（管理训练）、聘雇（聘请雇佣）、仇惧（仇视惧怕）、研撰（研究撰写）、凌虐（欺凌虐待）、驱策（驱使策动）、邀召（邀请召集）、谘商（咨询商议）、贪渎（贪污渎职）、推估（推测估计）、鞭促（鞭策促进）、推拒（推辞拒绝）、取择（选取抉择）、陈抗（陈情抗议）、讶异（惊讶诧异）、怠惰（懈怠懒惰）、艰困（艰难困苦）、躁郁（烦躁郁闷）、情资（情报资讯）、警消（警察消防）、检警（检方警方）、域界（疆域界限）

三是三音节词语。一般而言，三音节词语并不算太长，所以普通话中由三音节到双音节的简缩并不多见，而在台湾则比较多见，特别多用于地名及机构名称等，我们曾经列举了以下一些：

> 北市（台北市）、中市（台中市），高市（高雄市）、政院（行政院）、经部（经济部）、
>
> 交部（交通部）、教部（教育部）、环局（环保局）、指部（指挥部）、警局（警察局）、养媳（童养媳）、包商（承包商）、嫌犯（嫌疑犯）、生体（生命体）、仪队（仪仗队）、片厂（制片厂）、效期（有效期）、艺界（演艺界）、艺品（艺术品）、运会（运动会）、农产（农产品）、建物（建筑物）、波湾（波斯湾）、足赛（足球赛）②

---

① 刁晏斌：《港台汉语独特的简缩形式及其与内地的差异》，《华文教学与研究》2011 年第 1 期。

② 刁晏斌：《差异与融合——海峡两岸语言应用对比》，江西教育出版社 2000 年版，第 57—58 页。

后来又补充了以下一些：

> 童军（童子军）、乒球（乒乓球）、榄球（橄榄球）、幼园（幼稚园）、建商（建筑商）、息率（利息率）、督府（总督府）、纺品（纺织品）、核武（核武器）、教界（教育界）、客量（客流量）、泪弹（催泪弹）、旅团（旅行团）、柠茶（柠檬茶）、演词（演说词)①

最近我们又看到以下几个：

> 东县（台东县）、班代（班代表）、医界（医疗界）、绿带（绿化带）

除以上"三多"外，台湾"国语"中还有很多在大陆极少或根本见不到的简缩词语，以下再举两个实际的用例：

> （13）涉案的 21 岁男大生，就读东海大学理工科，名叫郑捷。(2014.5.21)
> （14）此外，知名球评许维智也提到，日本火腿队与市政府的合作关系效果良好且密切，像从机场、地铁等公共场所也可见职棒明星海报等宣传。(2014.8.3)

按，前一例的"大生"即"大学生"，后一例的"球评"指球评人，即"×球评论员"。

正因为各类简缩词语大量产生和使用，有时也会带来一些问题，侯昌硕就此批评道，有些简缩词语在意义上无法理解或不显豁，如将"赋予活力"缩略成"赋活"，将"肯定认可"缩略成"肯认"；有的则改变了原短语的意义，如将"纯真洁白"缩略成"纯白"，将"刁难民众"缩略成"刁民"；有的将"清楚明白"缩略成"清明"，将"激励的因素"缩略成"激素"，而"清明"和"激素"都是汉语中已有的词，这样就

---

① 刁晏斌：《港台汉语独特的简缩形式及其与内地的差异》，《华文教学与研究》2011 年第 1 期。

容易造成混淆。①

2. 语法手段

刘焕辉对"简练"表现风格的表述是"对内容来说，形式从简"，②如果从语法的角度来观察和验证，这一点往往有更充分、更典型的表现。

黎运汉指出："凝练的表达句式的使用，也体现出简约的特点。例如，成分共用句、词语并列句、紧缩句、文言结构等，都有使语言精练的作用。"③ 在以上几种形式中，我们认为最具国语特色，并且最能体现其简约风格的，就是文言结构的使用。

比如，文言中有所谓的使动用法、为动用法和与动用法，它们都是用述宾形式来表达不同于一般述宾关系的更为复杂的语义关系，因此都有言简意赅的特点，而这样的形式在台湾往往都有较高的使用频率，上节中我们曾就此作过举例明，这里再各举一例：

（15）睡眠品质如果不好，会干扰生理时钟的运作，影响了我们白天的清醒度，甚至紊乱了内分泌、免疫机能和精神状态的稳定。（《台湾健康生活》，日期失记）——使内分泌紊乱了

（16）大家都满怀感激拱范官的招待。（《生态台湾电子报》2008.1.10）——对拱范官的招待满怀感激

（17）犯罪嫌疑人洪姓男子……假藉考察分公司营运情形搭讪年轻女职员套出相关背景、照片。（2012.12.11）——与年轻女职员搭讪

由以上几例原句与说明部分的对比，可以清楚地看到它们都具有言简意赅的特点。

以上几例均涉及述宾关系，其实在国语中，很大程度上出于求简的考虑，有更多的动词（按普通话的语法体系，大都属于不及物动词）可以带宾语使用，由此就使得述宾关系更为丰富、复杂，而同样的意思，在大陆经常就要换一个相对比较复杂一些的表达方式，例如：

---

① 侯昌硕：《台湾国语的缩略语》，《湛江师范学院学报》2004 年第 5 期。

② 刘焕辉：《修辞学纲要（修订本）》，百花洲文艺出版社 1997 年版，第 434 页。

③ 黎运汉：《汉语风格学》，广东教育出版社 2000 年版，第 239 页。

（18）2011 年 7 月取得 Ford（福特汽车）临时供货商的资格，并开始<u>供货Ford 澳洲厂</u>。（2012. 11. 13）——向/给 Ford 澳洲厂供货

（19）陈菊表示，高雄明年将以三连霸为目标，企盼<u>打造高雄成为运动、健康之都</u>。（2014. 9. 1）——把高雄打造成为运动、健康之都

（20）全民共同见证台湾渔民及加工业者不断自我突破及大胆创新地努力丰硕成果，并<u>提供国人中秋送礼自用新选择</u>。 （2014. 9. 4）——向国人提供中秋送礼自用新选择

以上三例对比大陆与台湾用法，都有介词使用与否以及层次多少之别。

有时，不太好在两地之间找到特别一致的对应方式，但是可以肯定的是，同样的意思，如果按大陆的一般表达方式，仍然要比台湾复杂，比如前面例（6）的"共襄盛举新秀展演活动"，如果不换用别的词语，大致就只能说成"（敬邀……）共襄盛举，参加新秀展演活动"。类似的用例再如：

（21）日据时期，一位叫高桥的日本人，得知这附近有温泉，<u>跋涉四条溪</u>后才找到，四重溪之名便由此而来。（2010. 12. 30）

（22）民进党打出绿色执政招牌，并<u>定调年底这场选举</u>"不是一场蓝绿对决的选战，而是一场比较执政愿景、比较施政能力的选战"。（2014. 8. 24）

按，"跋涉"一般为不及物动词，在大陆通常用为"长途跋涉""跋涉千里"等，此例如果还要用这个词，或许可以表述为"长途跋涉走过四条溪之后"等；后一例的"定调"带了双宾语，同一意思大陆可能会表述为"并把年底这场选举定调为……"

国语形式上求简的另一个惯常做法是隐去某些在大陆通常属于必有的成分，涉及面也比较广。上引吴礼权所说在不影响语义理解的前提下，尽

量省略关联词、介词及其他一些可省的词语，① 指的就是这种情况，以下
我们举例说明。

现代汉语中，有很多关联词语通常要成对使用，比如"既然……就/
也/还""虽然……但是/可是"等，而在台湾却经常可以单独使用，即只
出现前一半，例如（隐去部分以括号标明）：

（23）我认为，既然业者对未来如此有信心，（　）希望他们也
能在营销上多用心，能够有自己的做法，有自主的力量，可以自己选
择顾客。(2014. 7. 18)

（24）她说，重建之路虽然艰辛，（　）有各界的支持关心，市
府团队会努力打拼，早日重建家园，让回复平静安定的生活。
(2014. 8. 21)

关联词语之外，其他各种类型的成分隐去还有很多，以下再以两个比
较常用的框式结构为例进行说明。

（25）在权益无法律疑义下，两岸投保协议方能发挥最大的效
益。(2014. 9. 3)

现代汉语中，"在……下"是一个使用频率比较高的框式结构，中间
的部分通常为抽象性的指称性成分，而上例的"权益无法律疑义"却是
一个陈述性结构。在大陆，此例通常要加上中心语，即"在权益无法律
疑义的情况下"，因此比台湾相对复杂。以下一例大致也是如此：

（26）在比价效应下，大安区市民大道、延吉街的某新成屋套房
案，坪数 12 坪的套房，开价 180 万 1 坪，(2014. 9. 4)

按，此例的"比价效应"按大陆的习惯，表达的信息不够完整，因
此也应补上一个"名动词/动名词"性的中心语，比如说成"在比价效应

----

① 吴礼权：《从统计分析看"简约"与"繁丰"的修辞特征及其风格建构的原则》，《修辞
学习》2003 年第 2 期。

的影响下"。

  (27) 729 及 921 大地震全台大停电、南电无法北送的情况下，林口一、二号机全部满载发电。(2014.9.3)

  按，此例隐去了"在……下"中的"在"，这在台湾也不是个别的现象。

  另一个框式结构是"（正/仍）在……中"，表示动作行为等正在进行或持续，大陆的"中"经常可以不用，而台湾"（正/仍）在"则经常不出现，相对而言，也是台湾简约，例如：

  (28) 今年台北购物节除推出百货及商圈店家丰富的好康优惠外，最受民众喜爱的登录发票抽奖活动如火如荼的进行中。(2014.9.6)

  (29)"新北市原 BAND 大赏—原住民乐团族语创作大赛"报名受理正热烈展开中！(2016.7.25)

  如果按大陆的一般表达方式，一定要有与"中"配对使用的"在"。

  以上我们讨论的主要是一般"正文"中的简约风格及其表现，其实，在国语中，特别是一般的新闻语体中，还有一个更加简约，或者说简约风格表现得更为明显和突出，甚至是淋漓尽致，因而也与大陆形成明显差异的部分，这就是标题。

  报章新闻的标题一般都有字数的限制，所以要求简明扼要，加之标题之下还有正文可以让读者看明白，因此多采用简约方式，但是台湾媒体中，这一"尺度"显然远比大陆宽，由此自然也能反映其尚简的一面。这个问题值得进行专题研究，例如：

  (30) 大头贴推出 蓝要求"牵手同心赞出来"。(2014.9.2)

  (31) 江核定"基本工资"明年七月起月薪 2 万多元。(2014.9.3)

  按，前例中的"蓝"指台湾蓝、绿两大阵营中的泛蓝阵营；后例则是以姓代人，"江"指台湾行政部门负责人江宜桦。

此外，前边所说由三音节到二音节的简缩形式，如"高市（高雄市）"之类，也多见于标题之中，而正文中一般使用全称。

以下再列举几个标题：

(32) 党产表决"抄家灭党"蓝困兽 绿猛追。(2016.7.25)

(33) 17 岁少年顾母妹 最年轻模范"父亲"。(《联合报》2016.7.31)

(34) 富邦证攻财管 夺二大奖。(《经济日报》2016.8.2)

(35) 特定员工获奖励旅游 要税。(同上)

三 简约风格的影响

1. 对国语的影响

国语简约风格对其自身的影响，大致表现在以下两个方面：

一是延续传统，使得国语与古代汉语、近代汉语以及早期国语保持很高程度上的一致性。本章第二节讨论了国语的庄雅色彩，在"手段"部分，我们主要指出其对各种传统形式的继承，而本节也比较集中地讨论了"古词"和"古句"作为简约手段的功能和效果。也就是说，在很大程度上，"庄雅"与"简约"具有一定程度的复合性，我们大致可以表述为单一手段，双重目标，即这一手段的使用，往往同时兼具并表现为庄雅风格与简约风格，使用文言或古旧的词汇、语法手段，往往都能达到双重的收获，满足两方面的语言表达诉求。因此，如果从表达动机和效果的角度来看，国语之所以能够保持强烈的"古旧"色彩，在一定程度上也是为了满足上述两种表达风格的需要。

二是偏离传统，使得国语具有了一些与时俱进的新特点。这一方面，主要表现在新生现象以及某些发展变化方面。前者如新词语，主要是各类简缩词语，它们无论在类型上还是数量上，都远非"传统"汉语所能比；后者如一些后出现的、传统汉语中所无的语法现象，比如上边讨论过的表示"进行时"的"……中"，我们认为这一形式系受日语的影响，即这是一种来自日语的简约形式。①

2. 对普通话的影响

国语对简约表达风格的追求，除了对其本身产生很大的影响外，还随着两岸共同语的交往与交流，对普通话也产生了一定的影响。

我们曾经讨论过当代汉语的效率诉求及其表现，在词汇方面提到了简缩形式，语法方面提到了动宾词组带宾语、不及物动词带宾语、程度副词修饰名词、名词直接做状语、名词直接做补语、名词直接做定语等现象；② 后来，我们对当代汉语语法的发展变化作了进一步的归纳，总结为以下现象：一是指称性词语的陈述化（包括"程度副词＋名词"、"名₁＋名₂"、"比名还名"等三种结构），二是陈述性词语的指称化，三是不及物性词语的及物化，四是动词性词语的性状化，五是有标记形式的无标记化（包括状语的无标记化和补语的无标记化）。最后，我们还总结了当代语法发展变化的两大价值取向，其中的第一点就是崇尚简约高效。③

上述词汇、语法现象都是新时期以来普通话发展变化的主要表现，对此研究者们已经从多角度、多方面进行了很多讨论，在涉及它们的来源时，很多人都指向了港台、特别是台湾"国语"。也就是说，很多学者都认为，上述发展变化的一个重要原因，就是国语对普通话的影响。④

事实确实如此。比如，上述"有标记形式的无标记化"是指名词以及名词性词语不借助介词而直接做状语和补语，这样的形式在台湾"国语"中比较多见，且与大陆有明显的先后关系，以下是我们曾经举过的20年前的用例：

（33）作曲家乐展巴黎开展，爱乐者赞叹激赏。（《立报》1996. 11. 28）

（34）雾社起义战士始终负险顽抗，战至弹尽援绝，最后甚至集体自缢山野。（同上1996. 12. 2）⑤

---

① 刁晏斌：《关于"动词＋中"用法的一点思考》，《语文建设通讯》（香港）1998年总第55期。

② 刁晏斌：《当代汉语的效率诉求及其表现》，《燕赵学术》2008年秋之卷。

③ 刁晏斌：《当代语法发展变化的宏观考察与分析》，《中国语文法研究》（日本）2012年创刊号。

④ 刁晏斌：《新时期新语法现象研究》，中国文联出版社2001年版，第237—238页。

⑤ 刁晏斌：《差异与融合——海峡两岸语言应用对比》，江西教育出版社2000年版，第157—166页。

第五章

两岸共同语融合研究

海峡两岸共同语不仅有因为长期隔绝以及在不同社会条件下的不同发展变化而产生的诸多差异，同时也有彼此接触后而产生的相互影响以及在此基础上的不断融合。我们一贯主张，进行两岸共同语的对比研究，要采取"两翼模式",[①] 就是强调一方面要研究差异，另一方面也要研究融合，并且由于一直以来人们重视前者而一定程度上忽略后者，由此造成两方面的研究极不平衡，所以更有必要花大气力于后者，最终达到两方面的均衡发展。

人们虽然早已注意到两岸词语融合的问题，并且也进行过一些研究，但是却有明显的不足，主要表现除了数量较少、范围较窄外，还有方向单一（多单向、少双向）的问题。造成这些不足的原因大致有以下三个：

一是观念的影响。因为两岸共同语对比研究起于沟通和交流的需要，最初都以差异为着眼点和着力点，影响所及，在以后的研究中，一些人似乎也只知有此，而不知其他了。

二是习惯的影响。早期的融合主要是通过大陆对台湾（也包括港澳等）词语的引进来实现的，对此人们已经予以足够的关注，而影响所及，在以后的研究中，似乎一提融合，首先想到的就是这种单向的吸收，至于大陆与台湾之间的互动与融合，往往就不在考虑的范围之内了。

三是具体条件的限制。两岸共同语对比研究的主力是大陆学术界，由于受各方面条件的限制，在语感、语料等方面往往有或多或少的不足，对国语及其使用状况的了解和把握往往也有局限，所以有时也难以进行深入

---

① 刁晏斌:《关于海峡两岸语言对比研究的思考》,《语言文字报》2012 年 1 月 4 日第 1 版。

细致的双向或多向互动研究。

本章中，我们试图在一定程度上改变上述范围较窄、方向单一的研究现状：首先，从共时角度，在词汇、语法和语言风格三个方面对两岸共同语融合的一般情况进行一些描写和分析；同时对一些双向交流、互相融合的现象及表现进行考察和说明；其次，从历时的角度，试图对两岸共同语融合过程中所表现出的阶段性特点进行总结和归纳；最后，从国语的角度，来讨论哪些大陆词语易于以及不易进入台湾，以及大陆词语进入台湾的方式和渠道。

在正式讨论之前，还需要作以下几点说明：

第一，在以往的研究中，人们对普通话向国语靠拢（从后者吸收了大量的词汇语法形式，由此而达到二者一致性的不断提高）讨论得比较多，而对国语向普通话的靠拢情况却用力不够，因此所知甚少，本章中我们把注意力主要集中在后者，基本出发点和目标是弥补以往研究的不足，使之相对均衡一些。

第二，就大陆对台湾（其实也包括其他一些关系最为密切的民族共同语子社区，如港澳地区等）的吸收而言，相对是比较全面均衡的，即不但有词汇方面，也有语音和语法方面；语法方面不仅限于词法，也包括句法。就句法而言，普通话引进和吸收了一些在新中国成立后极少使用的形式，如"程度副词＋名词"形式、被动"遭"字句等。

第三，国语在词汇及其使用上，确实受到普通话的很大影响，并产生了不小的变化，并且这种变化越来越明显，越来越"猛烈"，由此与普通话的距离也在不断地拉近。其具体的表现，一是批量性地吸收大陆词语，二是一些原有词语也在普通话的影响下产生新的变化，包括提高了使用频率，产生新的意义和用法等，而本章中，我们就以这些方面为主要的考察对象。

第四，本章主要以"词语"为考察对象。词语是横跨词汇和语法的语言单位，另外它也是语言风格的重要载体之一，所以，本章虽然侧重考察普通话词语对国语的影响及其表现，但是为了分析得更为全面、细致和深入一些，我们分别从词汇、语法和语言风格三个角度切入，来进行不同角度和侧面的考察与分析。

第五，在近些年的研究中，笔者比较注意和强调"细颗粒度"（或叫"高清晰度"）的研究，而要做到这一点，经常需要在一定的范围内进行穷尽性的细致描写与分析。本书在写法上特别注重这一点，而在本章中，这一点也是我们的主要追求。具体的做法，就是不追求覆盖面之广，而是着眼于考察点之深，力争能够在全面了解台湾某些词语用法的基础上，分析其与普通话的一致之处，由此来了解两岸共同语的融合及其表现。

第六，谈两岸之间的融合，应该拿出确切的证据，证明大陆的某些形式和用法确实是从台湾来的，或者反之亦然。但是，要做到这一点并非易事：因为普通话以外的汉语/国语/华语有很高的相似度或一致性，其具体表现就是很多与普通话有差异的形式和用法，往往是多区共有的（所以，在以往的研究中，人们往往采取"港台/台港澳"等有一定模糊度的表述形式），这样，就普通话的引进和吸收而言，有时就很难判定其具体或确切的来源。

第七，如果立足于国语，一定程度上也存在上述的问题：因为无论国语还是普通话，都是由早期的国语发展而来，并且有此渊源关系的还不止此二者（香港的"港式中文"以及新加坡的华语也是如此），再加上当今普通话的影响和覆盖面越来越大，所以也不排除是保留传统以及来自别处的可能。不过，这一点不会对我们的研究产生影响，因为本章主要着眼于"结果"而不是来源与过程，即着眼于两岸共同语一定程度上化异为同的事实，有了趋同的事实，就可以认定为融合的具体表现。

第一节　两岸词汇的融合

一　问题的提出

如果从 1994 年笔者发表关于海峡两岸共同语对比研究的第一篇论文《大陆台湾词语的差别及造成原因》（《文史杂志》1994 年第 2 期）算起，笔者从事这方面的研究断断续续已经有二十多年了。在研究中，笔者逐渐形成一个理念：既要研究两岸共同语的差异，也要研究它们的融合。所以，笔者的第一部海峡两岸共同语对比研究的专著就以《差异与融合——海峡两岸语言应用对比》为名（江西教育出版社 2000 年版），而此后的研究也一直在这一框架下进行，比如 2010 年获批、现已完成的国家社科基金项目"两岸四地若干现代汉语差异与融合现象研究"，虽然扩大了研究范围，但着眼点却仍然是这两个方面。

　　然而，在两岸开始交流、语言开始接触和碰撞之初，甚至在此后一段不短的时间里，所谓融合，主要表现为一种单向性的趋同，即大陆向台湾靠拢，具体表现就是从台湾引进和吸收了大量的新词、新语、新用法，以及一些表达方式等。这一点，正如两位日本学者所说："其实南语北上的大潮中，对大陆普通话影响最大的是所谓的台湾'国语'，其次才是南部方言。"①

　　这种"事实限制"（在很长一段时间内台湾从大陆引进的语言形式的确不是特别多）确实给研究者带来了困惑，在研究以及叙述上，往往都有轻重失衡的表现，比如：

　　　　我们有理由相信，随着祖国统一步伐的加快，随着两岸交流的日益加强，台湾国语词汇是一定会慢慢地向现代汉语普通话词汇靠拢而被同化的。②

　　　　最后要提及的是，两岸词语已出现融合的趋势。③

　　　　语言的接触和交流中，最常见的、最突出的是词汇的借用和吸收，两岸语言的接触和交流自然也不例外。大陆语言中目前已经吸收了大量的台湾词语，台湾也吸收了一些大陆的词语。④

　　在我们所见的各类研究成果中，像这样简单而又空洞的话几乎随处可见。

　　当然，也有稍微具体一些的，但也无非就是或多或少地列举了若干具体事实，如：

　　　　另一方面，很自然的，普通话中的一些新词也有进入台湾国语的。下面看"帅、抢手货"的用例。⑤

---

　　① ［日］市川勘、小松岚：《百年华语》，上海教育出版社 2008 年版，第 198 页。

　　② 周志远：《台湾国语词汇与现代汉语普通话词汇的对比及几个相关问题》，《玉溪师专学报》1992 年第 3 期。

　　③ 苏金智：《海峡两岸同形异义词研究》，《中国语文》1995 年第 2 期。

　　④ 侯昌硕：《从台湾当代小说看海峡两岸汉语的语法差异——兼析两岸语言融合的态势》，《延安大学学报》2003 年第 4 期。

　　⑤ 朱景松、周维网：《台湾国语词汇与普通话的主要差异》，《安徽师大学报》1990 年第 1 期。

随着中国大陆经济的持续强劲发展，国际地位的不断提高，两岸交流与交往一段时间内的持续升温，以及网络交际的快速与便捷，上述"事实限制"已经被不断打破，有人注意到这一点，并就此写道：

> 近年来，随着两岸的扩大交往，习惯用语也你吸引我，我渗透你，互相影响。特别是大陆的网络用语，大大拉近了两岸网友的距离。"山寨""雷人""打酱油""躲猫猫""俯卧撑""土法炼钢""人肉搜索"等都很快成了台湾的流行语。连刚被大陆发现的"犀利哥"，台湾人也同步关注，同步讨论，并活学活用。短短个把月，便出现了好几个以"犀利哥"为艺术造型的台湾版活报剧。①

李昱、施春宏以两岸共同语的互动为研究对象，文中有以下的表述："就海峡两岸的语言交际关系而言，既有大陆语言交际对台湾的影响，同样台湾语言交际也必然会影响大陆。也就是说，海峡两岸的语言交际正处于一种互动关系之中。随着两岸交往的进一步发展，这种互动关系的深度和广度都在进一步深入发展。"② 该文主要在于发凡起例，把两岸互动模式概括为替换式互动、单边增量式互动、双边增量式互动、返还式互动、他源式互动、新生式互动、激活式互动这样一些类型。然而，在对各种模式的说明中，所举由大陆进入台湾的词语只有"面包车、电工、博士后、动漫、魔方、途径、门路、下岗"等，与所举台湾进入大陆的词语用例数量依然不成比例。也就是说，仅由本文所举用例看，两岸显然并未处于一种均衡的、真正意义上的互动之中。

这实际上反映了一个问题，即我们在两岸共同语对比研究中，在涉及双方语言融合中台湾向大陆靠拢部分时，大致有三重限制，即事实限制、语料限制、习惯限制。

"事实限制"已如上所说，受此影响甚至由此决定，人们才多谈差异而少谈融合，而在讨论融合时，也主要是单向而不是双向的；所谓语料限制，大致是说人们从道理上都明白，语言的平等交流应该是双向而不可能总是单向的，所以有人也意识到应该讨论台湾对大陆语言的吸收和使用，

---

① 俞剑明：《两岸语言差异》，《浙江日报》2010 年 5 月 26 日第 8 版。
② 李昱、施春宏：《海峡两岸词语互动关系研究》，《当代修辞学》2011 年第 3 期。

但是因为一般难以找到更多合适的语言材料，① 所以恐怕也就难以下手，因此只能满足或止步于一般性的举例说明；至于第三个限制，在前两个限制都一定程度甚至很大程度上已被打破的今天，相关研究现状仍然未能有明显的改观，那在相当程度上可能就要归咎于一些人由于长期受到前两个限制而形成的"不作为"或"少作为"的习惯了。

其实，受上述"习惯"束缚的不仅是大陆学者，台湾学术界似乎更是如此：当大陆学者对当代汉语诸多现象（最主要的是新词语，包括所谓的"港台词语"）研究得如火如荼的时候，而海峡对岸却冷清得多，或许是因为我们所见不广，到目前为止还没有看到专门讨论国语对普通话引进和吸收的论著。

我们所能见到的，往往都是一些只言片语式的相关表述，比如台湾学者曾荣汾在《新词语料汇编1》（见下）的编辑说明中，在谈到大陆已经接受了台湾的"计算机"一词后说道："但我们也接受了'统一口径'、'对外窗口'的用法。"

我们的观点是，时至今日，在两岸共同语对比研究中，我们不仅应该建立"差异—融合"这样的两翼模式，而且更应该花大气力研究二者真正意义上的双向互动，即一方面是大陆与台湾的趋同（向台湾靠拢），另一方面是台湾与大陆的趋同（向大陆靠拢）。如前所述，前一方面目前已经有了较多的研究（但是仍然远远不够），而后一方面却几乎还是空白，所以，当务之急，就是补上缺环，以更多的精力投入台湾与大陆趋同现象的研究。

正是基于这一观点和认识，所以本节以及本章均以国语为视点，主要探讨它与普通话的趋同现象，并对相关问题进行分析与阐述。

二　国语与大陆普通话趋同的主要表现

时至今日，在我们所见的范围内，国语与普通话趋同的倾向和表现已经相当明显，并且在语言规范和标准的制定、工具书的编纂、科技术语的翻译，以及一般的语言使用中，都有一系列较为充分的表现。

1. 语言规划中的表现

这里主要指的是由政府或其职能部门制定并公布的标准、规范以及某

_____

① 如笔者最初研究台湾语言状况，有很长一段时间主要是利用 1996 年第一次访台时带回的大量报纸、杂志等。

些具体的规定等。戴红亮指出，大陆的语言政策对台湾产生一定的影响，两岸交流加强，趋同明显。① 从 2008 年以来，台湾教育主管部门对 3 个标准进行了修改，其中《中文译音原则》决定采用大陆的汉语拼音，《重订标点符号手册》也进行了修订，修订后的标点符号名称和使用条件也与大陆更为接近。从目前公布的有关资料来看，两岸的多音字读音也有逐渐靠拢和缩小差距的趋势。

如果说以上主要是一些"大"的方面，那么在某些具体问题上，也同样有所表现，比如李行健、王铁琨说："两岸频繁交流后，大陆词语流行于台湾的也同样越来越常见，如'全方位、水平、宏观、搞运动'等。据报载，大陆相声中'爱人、同志'等词语所表示的含义，过去台湾是不接受的，现在台湾有关当局也一改观念'予以核准'；过去台湾印刷的中国地图一直使用 1949 年前的地理名称，造成与报纸、电视依现实报道的情况脱节，在民众的强烈质疑下，台湾有关当局已决定'回归现实'，准许使用大陆现时采用的地理名称。"②

2. 工具书中的表现

这方面既与前一方面有关，同时也有其特殊性，所以我们单列一类。据刘扬涛提供的材料整理，台湾地区最权威的通用语文辞典《重编国语辞典》（2005 年网络第五版）新增了"海峡对岸词语"，共收 765 条，占词条总数的 0.5%，所收的词语有"名优、老大难、第二职业、高干、缺编、知识产权、面包车、生态农业、方便面、春运、大锅饭、拳头产品、搞活、航天飞机、捧杯、自控、胡子工程、待业、断档"等；台湾"国语会"下设的新词小组搜集编辑的《新词语料汇编1》，语料来源为 1996 年 5 月到 1997 年 12 月的《中时晚报》《中国时报》《自由时报》《国语日报》和《联合报》等，共收新词语 5711 条，其中大陆新词语 41 条，约占 0.72%；《新词语料汇编2》的语料范围在前边的基础上扩大到网络，时间是 1998 年 1 月到 12 月，共收新词语 11463 条，其中来自大陆的有 227 条，约占 2%。③

除了新增大陆词条外，还有一些原本是两岸通用的词语，在大陆引申

---

① 戴红亮：《台湾语言文字政策》，九州出版社 2012 年版，第 96 页。
② 李行健、王铁琨：《两岸词汇比较研究管见》，《华文世界》（台湾）1996 年总第 81 期。
③ 刘扬涛：《台湾"国语会"收录大陆地区词语研究》，硕士学位论文，厦门大学，2006 年。

出了某些特殊的词义，也为《重编国语辞典（修订本）》所收录。如"明白人：聪明人、知理的人，大陆地区指在某方面内行的人"；"毛毛雨：密而细的小雨，大陆地区用语：①比喻微不足道的事。如：这些钱对他来说简直是毛毛雨。②事先打招呼。如：你不先去下点毛毛雨，这文发得出去吗？"①

3. 科技术语中的表现

高素婷提到，"自 1992 年海峡两岸实现科技界的双向交流以来，两岸学者在进行学术交流时，虽都使用汉语，但常常会遇到科技术语不一致的障碍，不得不借助英语才能把意思表达清楚，影响了相互之间的交流。所以，1993 年第一次'汪辜会谈'就将'探讨两岸科技名词统一的问题'列入共同协议之中"②。文中提到，在海峡两岸生物学名词对照与统一工作中，有一些台湾旧名改从大陆，如 cleavage center 一词，大陆称"卵裂中心"，台湾称"分裂中心"，经讨论统一为"卵裂中心"；此外有一些名词列出推荐名，如 sacculus 一词，大陆称"抱器腹"，台湾称"输卵囊"，经讨论推荐名为"抱器腹"。

生物名词之外，刘青、温昌斌还以化学元素的译名为例对两岸的趋同现象作了说明："随着十多年间海峡两岸各方面交流合作的扩大，有很多科技名词是通过两岸专家共同讨论确定的，两岸形成了一批新的一致名词。例如，目前共有 111 个元素确定了名称。其中前 1—92 号元素是 1949年前确定的，两岸名称相同。93—100 号等 8 个元素由两岸各自定名，因而不同；加上大陆为避免使用同音字，'矽'改为'硅'，'镏'改为'鑪'，共有 10 个不同。1998 年之后，国际纯粹与应用化学联合会（简称IUPAC）陆续确定了 101—111 号元素的英文名，为此，两岸专家共同确定了这 11 个元素的中文名称，因而两岸使用的 101—111 号元素名称是完全一致的。"③

4. 一般使用中的表现

在这方面，我们大致有两个了解渠道：一是通过两岸学者（主要是大陆学者）的举例性介绍，二是通过我们自己的调查，即直接查考台湾

① 徐莉：《论海峡两岸词汇差异及融合》，《黄山学院学报》2008 年第 2 期。
② 高素婷：《海峡两岸生物学名词对照与统一工作》，《中国科技术语》2008 年第 1 期。
③ 刘青、温昌斌：《海峡两岸科技名词差异问题分析与试解》，《中国科技术语》2008 年第3 期。

的各种语料文本。

比如，20 世纪末，我们就看到台湾报纸上诸如"个体户、向钱看"以及用介词"通过"替代"透过"的例子，① 而前几年我们在调查国语的过程中，仅在 2011 年 1 月份的几家报纸中，就看到了诸如"幼儿园、中文、阶级敌人、导弹、软件、人民公社、两个凡是、吃大锅饭、无限上纲、靠边站、躲猫猫、山寨版"等不少大陆词语。

2012 年 5 月，在美国旧金山的一次学术会议上，台湾师范大学的姚荣松教授送给笔者一本他的自选集《厉揭斋学思集》，姚先生是土生土长的地道台湾人，但是翻看他的大作，却时能见到未用台湾常用词语而用大陆词语的例子，例如：

（1）吴守礼先生的"台语正字"称得上独树一帜，他是通过几十年的文献分析和自己的用字实践才定的案。（119 页）——未用"透过"

（2）各篇论文均有一定的水平。（151 页）——未用"水准"

另外还有一些采用大陆特有用法或特有词语的例子，如：

（3）我前几天去参加长老教会的活动，他们在搞种子教育。（138 页）

（4）九月十九—二十一日的台湾文化国际研讨会落幕后，又忙于结案，几乎忘了退休是生命的一次大跃进。（295 页）

此外，通过台湾人编写的一些工具书，我们也能获取一些相关的信息，比如由台湾学者杨渡主编的两岸生活小词典《台北道地　地道北京》（文化艺术出版社 2012 年版）在"义工"条下就有这样的说明："义工是指自愿贡献个人的时间和精力，在不计报酬的情况下，为社会提供服务的人，也叫'志工'、'学雷锋'。"

我们认为，与以上三个方面相比，最能反映台湾与大陆趋同现象的，

---

① 刁晏斌：《差异与融合——海峡两岸语言应用对比》，江西教育出版社 2000 年版，第 105 页。

就是这种在一般使用中的表现，即一般词语在台湾日常语言生活中的使用情况，所以在下一节中，我们主要围绕这一方面展开调查。

三　国语的一般使用情况调查

本小节中，我们从不同角度或方面，选取不同类型的大陆词语，分别考察它们在台湾近年媒体中的使用情况。我们调查所使用的台湾媒体主要是《自立晚报》，检索时间是 2013 年 5 月 27 日，所有检索都在这一天内完成。

1. 大陆特有词语

这里指的是反映大陆特有事物或独特文化、制度等的词语，我们选取以下 10 个："一国两制、铁饭碗、春晚、春运、下岗、工信部、富二代、交强险、经济适用房、扫黄打非"，考察它们在台湾的使用情况。以上 10 个大陆词语在台湾全部都有用例，但是数量多少有较大差异，大致可以分为两种情况，以下先各举一例：

（1）经济部智慧财产局局长王美花指出，大陆目前正在"<u>扫黄打非</u>"，积极处理非法侵权或盗用的案件。（2010.8.11）

（2）对于同样都是大陆著作在台遭侵权，检方却出现<u>一国两制</u>的状况。（2013.3.3）

例（1）代表了第一种情况，即仅限于"引用"，它们一般用例极少，比如"扫黄打非"就仅有一例，且用于报道大陆的新闻；"工信部、下岗"等也是如此。"经济适用房"的用例虽然稍多，但也全系报道大陆新闻时所用。我们认为，这是大陆词语进入台湾的第一步（见下）。以上 10 个词语中，这样的词语有 7 个。

例（2）反映了第二种情况，即"引用"与"自用（超出大陆原本用法的灵活、自主运用）"并存，这样的词语有 3 个。比如"一国两制"，因为涉及台湾的统独，所以很受关注，使用频率也比较高，检索显示达 138 例，其中绝大多数是在原本意义上使用的，例如：

（3）吴伯雄指出，"一国两区"与"一国两制"有很大不同。（2012.3.22）

但是，如例（2）那样的引申性使用（自用），也早已不是个别的了，以下再举一例：

（4）但许多政府捐助不足百分之五十之财团法人，实质上仍然受政府掌控，也就是说目前的规定无法杜绝领取双薪之政治酬庸。另"政务人员退职抚恤条例"的规定也比"公务人员退休法"宽松，易产生"一国两制"的情形。(2012. 12. 30)

关于"一国两制"，我们在下文还要进一步讨论。

"铁饭碗"的使用情况基本也是如此。此外再如"春运"，本是大陆特有的概念，台湾也主要在此基础上使用（即"引用"），例如：

（5）大陆全国铁路日均运送旅客达561万人次，高峰日超过700万人次。15日发送旅客740万人次，迎来今年春运最大客流。(2013. 2. 16)

然而，以下一例中的"春运"却用于报道台湾新闻：

（6）叶匡时说，军方承诺春运期间，只要旅客有需要，军方会随时待命支持载客返乡，上午已有1架军机起飞协助载运旅客。(2013. 2. 8)

按，与之相同的意思，同文中还有另外一种表述形式："叶匡时受访表示，春节旅客疏运，航运方面一切正常。"

由这类词语看，一是有许多词语在我们考察的范围内尚未见到（比如我们同时还检索了"倒爷、红歌、拼爹、侃大山、青歌赛、官二代、面子工程"等，均未发现用例）；二是绝大多数用例少且限于"引用"。以上两点大致表明，这类大陆特有词语引进台湾还基本处于"初始"阶段。

为了进一步了解上述10个词语在当下的使用情况，我们2016年8月3日又在上述范围内进行重新调查，调查结果如下（括号中加号前的数字是第一次调查时的用量，加号后的数字是第二次调查时新增的用例数）：

一国两制（217＋84）、铁饭碗（16＋16）、春晚（1＋1）、春运
（4＋6）、下岗（1＋0）、工信部（1＋21）、富二代（8＋20）、交强
险（1＋3）、经济适用房（14＋0）、扫黄打非（1＋0）

以上数字显示，除"下岗、经济适用房、扫黄打非"三个没有出现
新的用例，以及"春晚"和"交强险"这两个虽仍有个别用例但是仍为
引用的外，另外五个则有一定程度的变化。

一是频率提高。比较明显的是"工信部"，但是它的指称对象一直没
有任何变化，就是指大陆国家机关的一个部。像这样的可以归之于专有名
词的形式，本身就限制了它的意义和用法发展变化的可能性，而它使用频
率的提高，主要说明台湾对大陆事务关注程度的提高（而这实际上也是
大陆词语进入台湾的一个重要原因）。另外四个词语则有一定程度的变
化，基本可以反映大陆词语融入国语程度的进一步加深。以下各举一例：

（7）张丽善指出，农委会不能有两套标准、"一国两制"，同意
进口美国猪能含瘦肉精；台湾猪却不能用瘦肉精，这无法让人接受。
（2016.5.25）

（8）军人虽然很穷的，但也是一个铁饭碗，所以，我从军中发
展就可以了。（2015.12.22）

（9）桃机春运量创高峰　旅客宜提早报到。（2016.2.2）

（10）很多漂亮的艺人都嫁给那些有钱的富一代、富二代，这是
现实的社会，金钱在现实的社会，还是不能够少的。（2015.9.22）

以上各例中，像例（7）那样的泛义性的使用近些年更多，并且像此
例这样不加引号的情况越来越多，这说明此语上述新用法在台湾的普及率
和可接受度有了新的提高；例（8）的主干是"军人是铁饭碗"，"铁饭
碗"前还加了数量结构"一个"，这样的用法也比以前诸如"人人抢捧铁
饭碗""公务员铁饭碗"等进了一步；例（9）的"春运"不仅非指大
陆，而且还构成了"春运量"这一新的组合形式；例（10）的"富二
代"本身并无明显变化，它的发展表现为"反向构词"，即"倒逼"构成
了新词语"富一代"，而这应该是一个词语积累了相当的使用度以后才可
能释放出的"能量"。

2. 大陆与台湾相对应的词语

这一类我们共取 10 组人们意见最为一致的对应词语，比如各种对照工具书中经常收录，各种研究论著经常举例的那些，它们是（括号中为台湾词语）"数码（数位）、软件（软体）、录像（录影）、钓鱼岛（钓鱼台/臺）、信息（资讯）、知识产权（智慧财产权）、幼儿园（幼稚园）、熊猫（猫熊）、激光（雷射）、奥巴马（欧巴马）"。

有意思的是，我们在进行简繁转换的时候（《自立晚报》不支持简体字检索），以上 10 个词语有 8 个都直接转成了台湾形式（"钓鱼岛"和"奥巴马"未转换），比如"数码"就直接转换成了"數位"，"知识产权"直接转换成"智慧財產權"；同样，我们再把这些词语由繁体转换成简体的时候，它们又从台湾形式转换成了大陆形式，如"錄影"转成了"录像"。这也从一个方面说明了二者之间的严格对应性。

以下是大陆形式在台湾的用例（破折号后分别给出两个对应词的用例数）：

（11）此次拜会行程也包含前往首尔麻浦区上岩洞的数码媒体城（Digital Media City，DMC）。（2012. 11. 5）——约 100 例，几乎都是 Digital 的对译形式；"数位"约 2500 例。

（12）美国计算机软件巨擘微软最新公布，旗下的 MSN 网站将逐步淘汰这种沿用已久的广告形式。（2012. 11. 5）——约 50 例，"软体"约 1800 例。

（13）国民党副主席的马英九今天在中常会上表示，钓鱼岛一向是中国领土，是台湾属岛，在宜兰过去台湾与日方渔权谈判时，只谈渔权，不谈钓鱼岛主权，造成日方以与那国岛和钓鱼台群岛，做为划定海域的基点，才会陷台湾渔民目前的困境。（2005. 6. 29）——约 30 例，"钓鱼台/臺"约 350 例。

（14）帮助国际品牌客户优化库存和信息流通，以降低成本和提高服务水平。（2012. 12. 4）——约 160 例，"资讯"约 10000 例。

（15）美国肯定台湾在知识产权保护方面努力的成果。（2011. 5. 27）——共 25 例，"智慧财产权"约 260 例。

（16）共计超过 1963 位幼儿园小朋友，将组成 125 个队伍登台表演。（2013. 4. 12）——约 170 例，"幼稚园"约 900 例。

（17）有人带小孩子去动物园玩，就看到<u>熊猫</u>。那你知道熊猫的心愿是什么吗？（2011.2.13）——约 100 例（但多为"熊猫眼、功夫熊猫"等），"猫熊"约 100 例。

（18）颜色的深浅变化，再加上立体动画呈现雪花、<u>激光</u>、流线、放射光束等新视觉，可以幻化成上千百棵的圣诞树造型。（2012.12.1）——约 80 例，"雷射"约 340 例。

（19）整体而言，本届期中选举可视为美国公民对<u>奥巴马</u>总统医疗保健和经济政策的一次总公投，选举结果大致与选前民调及各界专家分析符合。（2010.11.5）——共 9 例，"欧巴马"约 380 例。

（20）在"光"之媒介物的展现方式为主，内容包括<u>录像</u>投影、LED 灯光墙等大型观念装置。（2008.8.5）——共 19 例，"录影"约 900 例。

总体而言，大陆与台湾对应词的引进和使用比上一类即大陆特有词语显然进了一大步，这一点大致有以下两个主要表现：

第一，在与台湾原有词语的数量对比上，虽然多数不高，但是也有的已经相对接近不少（如"幼儿园"），个别大致持平（如"熊猫"）。有意思的是，有时会在一句话中，甚至在一个指称形式中，两个词语并用，真正作到了"两岸合璧"，例如：

（21）而相较于 LASIK 与传统飞秒激光无刀雷射视力矫正术较高的花费，Z‒LASIK 极致飞秒雷射不仅费用较便宜，且手术质量更佳，安全性也较佳，也同时为民众省了荷包。（2009.11.12）

第二，这类词语引进的范围更广，除了上述 10 组外，我们另外还考察了其他一些对应词语中的大陆词语在台湾的使用情况，基本也都有用例，如"导弹（飞弹）、磁盘（磁碟）、网络（网路）、航天飞机（太空穿梭机）、空中客车（客中巴士）、中医（国医）、观念（理念）、出租车（计程车）、迪斯尼（迪士尼）、卡塔尔（卡达）"等。

如果说以上两类词语的考察"随机性"比较强，因而不能摆脱"选词"之嫌的话，那么，为了增加调查的客观性，以下将以某一范围内的所有大陆词语为线索，考察它们进入台湾的实际情况。

3. 《大陆用语检索手册》中的大陆词语

该手册由台湾陆委会于 1997 年出版，收录日常生活、政治法律、文史艺术等十类词语，共 2000 多条，主要取材于此前大陆出版的各类工具书，特别是新词语工具书。我们从前往后依次选取 10 个给出台湾对应形式的大陆用语，但是剔除了个别指称现已退出使用事物的，或者是非常冷僻的词，前者如"小型单放机"（随身听）等，后者如"冷害"（寒害）。这 10 个大陆词语分别是"文娱活动（康乐活动）、方便面（速食面）、打横炮（搅局）、生物食品（天然食品）、份儿饭（套餐）、全景电影（360度电影）、肉鸡（饲料鸡）、走读生（通学生）、侃爷（盖仙）、易拉罐（易开罐）"。在台湾有用例的共有两个，即：

（22）加班回家晚了，为自己泡方便面的时候，半夜里醒来，一个人睡在那张大床上的时候，我都想哭。（2012.9.29）——13 例，速食面 1 例。

（23）3 月陆续在彰化扑杀 5 万 3 千只蛋鸡，扑杀台南肉鸡 4500只以及 3 月 8 日扑杀彰化竹塘 8000 只鸡。（2012.3.10）——约 80例，饲料鸡 2 例。

调查显示，台湾引进大陆词语的数量为 20%。但是，这个比例恐怕并不准确，有几个情况需要说明一下：

第一，有两对词语（全景电影—360 度电影、侃爷—盖仙）均无用例，另有一词走读生（通学生）在台湾使用频率也很低（仅有 2 例），像这样在"内需"不足的情况下，应该不会有意引进对方的词语；

第二，就收词来说，我们虽然排除了"冷害"，但是根据笔者的语感和经验，"份儿饭"的使用似乎是很久以前的事了，另外像"打横炮、文娱活动"等，也都很不常用，像这样"推力"不足的大陆词语，进入台湾的可能性自然也不会太大；

第三，双方都有用例的两个词的数量对比，也让我们吃惊，具体原因，有待进一步考察。

4. 大陆网络流行词语

据《北京日报》2012 年 12 月 21 日报道，在由国家语言资源监测与研究中心、商务印书馆、中国网络电视台主办的 2012 年度"汉语盘点

2012"活动中，"中国好声音""元芳你怎么看""高富帅，白富美""你幸福吗""江南 Style""躺着也中枪""屌丝，逆袭""舌尖上的中国""最炫民族风""给跪了"入选十大网络用语。

十大（其实是 10 组共 12 个）网络用语中，除"元芳你怎么看""白富美""躺着也中枪""屌丝""最炫民族风""给跪了"等 6 个外，其他 6 个都检索到用例，正好占 50%。例如：

（24）郝龙斌表示，张玉霞前往中国大陆参加"中国好声音"的歌唱比赛，着实为台北、为台湾做了最好的营销。（2012.9.29）——1 例。

（25）对于恋人标准，吴佩慈曾坦言并不设防，"高富帅或者是矮穷挫只要是真爱我的，我都能接受"。（2012.5.21）——1 例。

（26）台湾人你幸福吗？就职日马说打造幸福台湾。（2012.5.20）——6 例。

（27）他们的歌星、影星，包含最近很红的"江南 Style"，在全球放送。（2012.12.17）——4 例。

（28）张雅欣的"自然的黑色逆袭"及林雅婷的"韵"，分别夺下公开赛组及邀请赛组的第一名。（2012.2.24）——3 例。

（29）现在年轻人会去看韩剧，去追逐韩国明星，我们在迷大陆的甄嬛传，舌尖上的中国，我们都会去看这些。（2013.2.22）——3 例。

上述调查结果有以下两个特点：一是用例数普遍较低，二是基本都是直接引用。根据已有研究和表述，似乎两岸网络流行语的交流更多、更频繁，而《自立晚报》以政治、证券新闻见长，语言风格总体上比较"正式"，因此我们不能确定它对网络流行语的使用是否"充分"。为此，我们又作了进一步的补充调查：在号称当今台湾第一大报的《苹果日报》上重新进行检索。调查结果显示，除上述 6 个词语外，还有 3 个即"白富美""躺着也中枪"和"屌丝"也有用例，有的频率还不低，比如"躺着也中枪"就有 33 例，"屌丝"之外还另有"女屌丝"，而这也推高了"屌丝"的用例数（11 例）。

把以上两项调查结果合在一起看，我们虽然不能说上述词语全部都是台湾从大陆引进的（起码"逆袭"可以肯定不是），但是至少可以说明一点，当今的网络用语，可以更直接、即时、大量地进入国语。

在这方面，大概"给力"和"山寨"最有典型性，它们在台湾也用得很多，以下各举一例：

（30）今年县政府更持续给力，透过台湾农渔会超市中心、枋山乡公所及枋山地区农会共同创意促销。（2012.6.5）

（31）初步来说，山寨文化没什么不好。……做山寨，就一定要做的更好，甚至超越原创。（2013.5.10）

5.《全球华语词典》收录的大陆词语

以下我们严格按顺序无一遗漏地选择《全球华语词典》（商务印书馆2010年版）所收使用地区标注为"大陆"的10个词语，即"安保、安怀医院、安居工程、安全伞、安全线、案值、暗补（另收同义的'暗贴'，我们合为一个）、暗访、奥赛、奥数"作为考察对象，这10个词语中，有5个检索到用例，也占50%，即：

（32）一切依规范办理，基于实际公务需求，可经过公文申请程序，由院长批准后为之，且参观时故宫相关同仁，包括库房管理人员及安管人员均全程陪同，可达到戒护及安保目的，确保文物安全无虞。（2013.5.6）——约200例。

（33）2010年前投入4兆人民币（NT＄19兆），1.加快建设保障性安居工程。（2009.2.7）——1例。

（34）检修项目包括场站索轮位置调整、安全线检查测试，以及各场站驱动轮、调时装置等机械与电气设施设备功能检查。（2012.10.21）——16例。

（35）店内不设监视器、绝不用暗访店内服务质量的神秘客，让他们感觉公司是为职员着想的。（2012.12.26）——5例。

（36）台中县铅球第一好手张铭煌、林家莹及自由车选手冯俊凯即将出发，代表台湾参加北京奥赛。（2008.8.6）——3例。

这一调查结果显示：如果是"通名"，则使用频率较高、范围较广；

如果是"专名"，则一般只限于引用，使用数量也相对较少。

6.《两岸常用词典》的双向调查

我们利用《词典》，从前往后依次选取加星号（表明为大陆特有）的50个词语，在上述《自立晚报》的时间范围内进行检索，它们是"阿尔茨海默症、阿飞、阿司匹林、阿嚏、艾滋病、艾滋病毒、安非他明、安拉、按揭、暗箱操作、霸道、掰腕子、白色污染、摆份儿、半角、包房、包间、胞浆水、保安员、保廉、保险杠、保修、保修期、保质期、报道、报告文学、报账、北京时间、被动吸烟、奔小康、蹦极、笔记本电脑、变色、标准间、标准像、冰激凌、博客、堡子、不粘锅、步行街、钚、彩电、彩信、菜谱、残次品、残疾、残疾人、残疾人奥运会、残品、蹭饭"。

检索结果是共有18个词语有台湾用例，占总数的36%，它们是（括号后的数字是出现次数）"阿司匹林（3）、安非他明（1）、按揭（1）、包房（1）、保修（39）、报道（20）、报账（2）、北京时间（2）、蹦极（1）、笔记本电脑（44）、标准间（1）、冰激凌（1）、博客（4）、彩电（4）、彩信（1）、菜谱（4）、残疾（25）、残疾人（6）"。

那么，从台湾的角度看，进入大陆的特有词语有多少？虽然以两岸词语差异与融合为研究对象的论著不少，但是似乎还从来没有人给出一个稍微精确一点的量的描述，这不能不说是一个缺憾。为了稍微弥补这一缺憾，也是为了这里对比的需要，我们依然选择《词典》前50个加三角号（表明为台湾特有）的词语，于2013年5月28日在大陆2000年1月1日至2013年5月28日的《文汇报》中进行检索，这50个词语是：

> 阿达、阿拉、阿嬷、阿莎力、阿斯匹灵、爱现、安非他命、安公子、安可、安老院、安宁病房、安亲班、安太岁、安养院、按铃申告、八点档、八卦话题、八家将、霸凌、白目、摆道、败部、拜票、班导师、版模、半形、扮白脸、扮黑脸、扮家家酒、扮猪吃老虎、伴手礼、绑桩、包容力、包装水、保留地、保全员、保险杆、报备、报导文学、报账、报值挂号、爆裂物、本劳、本土剧、泵浦、笔电、笔记型电脑、便当、冰淇淋、玻璃圈

检索结果是共有17个词语有用例，占总数的34%，它们是：

阿嬷（1）、爱现（1）、安非他命（1）、安可（3）、安宁病房（1）、八点档（3）、败部（1）、班导师（3）、半形（1）、扮家家酒（1）、包容力（4）、包装水（2）、报备（18）、报账（1）、泵浦（1）、便当（8）、冰淇淋（39）①

以上调查结果显示，海峡两岸各自引进的对方词语数量大致相当，仅就这一点来说，目前两岸的词汇交流基本已经实现了双向对等，这既与一般的"理论"相吻合，也相当符合人们的预期，不过或许也会出乎不少人的意料之外（人们一般的印象是台湾进入大陆的词语多，而大陆进入台湾的词语少）。当然，以上仅仅只是一个小规模抽样调查所得的结果，与两岸语汇交流的实际到底有多大程度的出入，还有待进一步调查。在后续研究中，我们将在更大的范围内进行近乎穷尽性的调查，另外不仅仅看"数量"，还要看使用的"质量（如是否属于'自用'）"，从而进一步证明或校正上述调查结果，并得出更加准确、全面的结论。

四　小结

词汇是语言中最活跃的部分，当同一民族共同语在不同的言语社区分别发展时，首先产生差异以及差异最多的，就是词汇；同样，当两个语言子社区开始频繁接触和持续交流时，二者之间的融合也首先从词汇开始。

谈到两岸之间词汇的差异，人们提得最多的是此有彼无和此无彼有。就大陆一方来说，从改革开放以后持续了很长时间的对港台词语的引进浪潮，已经使彼有此无的词语数量大为减少；随着大陆社会的持续发展，经济实力以及国际地位的不断提高，以及两岸交往与交流的持续进行，此有彼无的情况也在不断改变，由此就使得两岸共有的词语越来越多，而一边独有的词语数量则在不断减少，这种词汇的融合是非常明显和突出的。

仅就双方引进和使用对方词语的数量来看，目前两岸之间越来越向双向互动的方向发展，这不仅包括相互引进一些久已存在的固有词语，也包括即时性吸收对方新近产生的网络词语和流行词语等。以下我们再就后一方面举例说明。

2016 年 5 月 31 日，教育部、国家语委在北京发布《中国语言生活状

---

① 这一调查是由邹贞博士所作，谨此致谢。

况报告（2016）》。入选 2015 年度十大网络用语的，有一个"主要看气质"。据百度百科介绍，2015 年 11 月 24 日凌晨，台湾知名歌手王心凌在个人微博发了一张新专辑《敢要敢不要》中的一张配图，绿色背景凸显古堡风，但手里拿着汉堡大口吃。如此造型让网友直呼"脑洞大开"。随后王心凌在与网友的互动中回复："主！要！看！气！质！"此语引发网友火速跟风，在发自拍照的同时都要配上一句"主要看气质"，而该"金句"在网络上迅速发酵，短时间内话题迅速登顶热搜第一。网易娱乐 1月 4 日报道王心凌台北演唱会时说："除了音乐上丰硕的好成绩，特别的是，心凌更拿下刚出炉的内地 2015 年十大流行语'主要看气质'。"

时至今日（2016 年 7 月 18 日），我们在百度新闻中以"主要看气质"为关键词进行检索，共得到相关新闻约 355000 篇，最新一例是前一天的"全新沃尔沃 V60 主要看气质　促销优惠 10 万"。

同样，一些大陆词语往往也以极快的速度进入台湾媒体。比如，大陆刚爆出雷洋案，很快也就见于台湾报端：

雷洋案　求救影片上网　火速被删
媒体大幅报导　民众忧人身安全　（《联合报》2016.5.12）

"百度新闻"显示，"雷洋案"最早出现的时间是 2016 年 5 月 10 日，也就是说，时隔一日，就出现在台湾媒体上。

站在今天的角度，来看两岸共同语的互相融合问题，真的感觉"一体化"的程度越来越高，一致性越来越强。

当然，考察两岸词汇的相互融合，还不能仅看进入对方语言中的词语数量，更要看"质量"，即"介入"和"融入"对方语言的程度。总体而言，台湾词语介入和融入普通话的程度相对高一些，而大陆词语介入和融入国语的程度则稍差一些。如果说，两岸词语融合数量的天平已经由大陆向台湾倾斜变成基本平衡，但质量的天平却还没能同步做到这一点，但是却正在向这个方向发展。关于这一点，我们在本章第四节中还要进一步讨论。

第二节　两岸语法的融合

目前，在句法方面，台湾向大陆靠拢的迹象还不明显，但是在词法方面却已经有了很多表现。以下我们就以两个在大陆有相当高使用频率的"典型词"入手，来作举例性的分析与说明。

　　一些台湾学者曾经对普通话中"搞"和"抓"这两个"万能动词"的高频使用颇有微词，如亓婷婷说："如'抓'、'搞'这两个语意粗鄙的动词，使用范围相当广泛，从抽象的权柄，劳动，到具体实物，都可一贯使用。如'抓生产'、'搞研究'，我们看到流行新词在破坏传统语言甚至社会结构。"① 这里不仅认为"抓"和"搞"这两个动词"语义粗鄙"，并且还上升到"破坏传统语言甚至社会结构"的吓人高度，在这种认知下，这两个动词的使用自然会受到极大的限制，而实际的情况是，在很长时间内，它们的使用频率确实一直不高，甚至很低。

　　我们认为，如果着眼于两岸对比，"搞"和"抓"是两个带有明显"大陆色彩"的标志性动词，应该属于我们所说的"言语社区特征词"，② 即最具一个言语社区特征、能够充分反映其个性特征的词。

　　然而，即使这样两个在两岸之间有明显差异的词，也有比较明显的融合迹象和表现，以下就此展开讨论。

一　"搞"

　　"万能动词"的"搞"来自西南官话，有一定的俚俗性，新中国成立后在普通话中获得相当高的使用频率，仅 1946 年至今（2016 年 7 月 13 日）的《人民日报》中就有含此词的文本 137807 个。

　　刁晏斌讨论了海峡两岸"搞"在使用上的差异，其中之一就是使用频率的差异：台湾用得少，内地用得多。③ 我们在自建的"海峡两岸对比语料库"中进行检索，在台湾语料中只检索到 54 个用例，而在大陆语料中则有 290 个，是台湾的 5 倍多。

　　但是，现在这一情况已经大有改观，我们 2016 年 7 月 8 日在联合知识库中进行检索，在近 10 年的报纸中，一共得到含"搞"的资料 54780 笔，应该说这已经是一个相当不小的数字了。

　　当以下这样的有明显"大陆背景"的"搞"字句可以非常自由、自

---

　　① 亓婷婷：《略论台湾地区流行新词与社会心理之关系》，《华文世界》（台湾）1989 年总第 51—52 期。

　　② 刁晏斌：《试论海峡两岸语言的微观对比研究》，《北京师范大学学报》2012 年第 4 期。

　　③ 刁晏斌：《现代汉语虚义动词研究》，辽宁师范大学出版社 2004 年版，第 309—311 页。

然地出现在台湾媒体上时，台湾人接下来在此基础上进行"移花接木"式的使用就再正常不过了。这样的例子如：

（1）大陆总理温家宝日前指出，政府必须继续搞好宏观调控，巩固房地产市场调控成果，以促进房价合理回归。(2012.2.1)

（2）（大陆国台办发言人）马晓光说，"如果企图在国际上进行台独分裂活动，搞两个中国、一中一台，这条路根本行不通。"(2016.5.25)

在此基础上，就是台湾同胞对此词自主且自由的使用了。以下一些用例大致可以反映当下国语中"搞"的使用情况：

（3）我个人觉得要做得实在，再延伸出去，要是把这种搞砸的东西做出来以后就完蛋了，他们的新鲜感不见了，搞不好不到十年这种商机就嗝屁了，吃亏的会是我们。(2009.5.8)

按，这是一名旅游从业者在接受记者采访时所说的一段话，不但连用了"搞砸"和"搞不好"，还有"完蛋""嗝屁了"这样的十足口语词，而报纸也予以"实录"，这实际上正反映了使"搞"得以大量使用的宽松语言环境。

以下几例虽然并非口语实录，但都与上例有较为明显的一致性：

（4）民进党健忘又不用功，自己搞乌龙、闹笑话。(2012.8.20)

（5）此等宁静之美，不去包装营销，尽搞一些狗屁倒灶活动破坏自然美景，实在有愧大自然的恩赐。当然各地有各地的特色，不是每个景点都要搞得像日月潭。(2013.5.14)

（6）tokuyo 把 3 月设定为"真爱搞孝月"，鼓励陪伴父母、长辈、家人一起到 tokuyo 体验按摩、放松、运动。(2014.3.12)

按，例（6）中的 tokuyo 是按摩椅品牌，这里的"搞孝"显系"搞笑"的谐音。如此严肃的孝道，竟然用如此搞笑的形式表达出来，这仍然在一方面体现了上述的"宽松"，另一方面也说明了"搞笑"以及

"搞"的常用性和已经具有了较高的可接受度。

就是在相当正式的表达中,"搞"也比较常用,例如:

(7) 李先生搞政治运动,搞斗争,对 chm 这一类政治冷感的人,只会对人品低劣的政客不屑而已。(2003.12.1)

(8) 阿扁是海商法律师出身,专门搞公司破产和债务纠纷,如何玩弄债务,他清楚得很。(2003.12.2)

(9) 台湾为什么不能像大英国协般地可以互助合作,而一定要搞这个天怒人怨、劳民伤财、损人不利己的台独运动呢?(2004.1.17)

(10) 新加坡搞这个事形成传统,李光耀时期就搞了好几次,这次他儿子搞成了,估计现在特别兴奋。之所以这次搞成的原因,我看不外乎有两个…… (2015.11.4)

在一些政治及社会文化层级很高的人的口中和笔下,"搞"也并非罕见形式,例如:

(11) 宋楚瑜强调,我们如不能把经济搞好,台湾经济愿景找回来,台湾就不会有希望。(2004.3.2)

(12)(台湾大学心理系教授)黄光国强调蔡英文上台之后,一定要坚持"先难后易"的原则,先把两岸关系搞定;不可"先易后难",重蹈马英九的覆辙。(2016.1.25)

(13)(台企联会长王屏生)强调……在这个情况下,企业经营比较困难,且民众也都有感受,希望把台湾的经济搞起来。(2016.6.8)

以前所见,台湾"搞"几乎都用于贬义,现在虽然仍以贬义为主,但是中性的用例也越来越多了,例如

(14) 现在这个位子,落在一个黄皮肤年轻人的身上,要中国人来搞美国文化,他行吗?(2004.2.26)

(15) 一个苹果从枝头到抵达我们手中的程序,不由我们控制,

我们能做到的只是，把它送入口之前，尽量把它的"个人卫生"搞得好一些。(2004.3.11)

（16）我们要坚持下去，把真相搞清楚。让有能力的人出来，把两岸关系搞好，替民众作点有益的事情。(2004.8.6)

（17）政府的治安责任是什么？根本上，政府应该搞好经济、教育，让人民"不想犯罪"、把犯罪率降低。(2006.9.18)

（18）而且各项理财工具，光要搞清楚商品的特性，就得要投入许多的时间与精神。(2009.3.17)

（19）台湾仍有许多在贫穷线以下的民众，把经济搞上来，全民才会受益。(2011.2.8)

（20）宋楚瑜认为，现在最重要的就是搞好民生。(2011.11.30)

（21）让投资人一次搞懂买卖兴柜股票、黄金及开放式基金交易方式。(2016.5.19)

以下一些组合片断，大致都是表达中性义的：

搞足、搞懂、搞清、搞长跑、搞建设、搞美术、搞旅游、搞创意、搞好事、搞善事、搞活化、搞自拍、搞和解、搞认同、搞修行、搞文宣，搞食安、搞生技、搞科学、搞硬件，搞网路、搞医美、搞飞机、搞房地产、搞一部片、搞志工化、把治安搞好、搞两岸政策、搞年资并计、搞创意绕场、搞创意道具、搞小区园艺、搞跨国贸易、搞休闲产业、搞休闲农业、搞"富民经济"、搞"亮发革命"、搞原住民行政、搞创意的营销、搞些小发明、搞同等学力的认定标准、搞个分院、搞一个 BRT、搞一个营业部、搞一个军事游乐场、搞一个迷你科学园区、搞个八公顷的科学园区、搞些促销活动、搞了一个摸奖活动、搞化妆品促销活动、搞好市政、搞好基础性建设、搞的好、搞大一点

在大量的使用中，也会产生一些变异，比如"搞不好"，通常用于[－期待、如意]的方面，台湾多数情况下也是如此，但有时也用于[＋期待、如意]，例如：

（22）宾州军事大学从来没收过中国学生，现在校园里突然多了一个黄皮肤的中国人，将来和他们一样会成为军官，搞不好还是个将军。（2004.2.21）

（23）我想在资金找不到可进驻的标的时，未大涨的塑化股搞不好有另一次的机会。（2004.2.22）

（24）大家吃饭可看到剧组拍戏围观、跑龙套、皇帝出巡等状况，这对消费者来讲，钱就会花得很值得，搞不好还可客串演员，告诉朋友，"看！我在电视上出现了"。（2013.2.22）

（25）Janet 说："当天我也会到各摊位和大家一起玩，搞不好你就会遇见我喔！"（2013.7.16）

（26）如果跨党派有共识的话，"搞不好是一件美事"。（2016.4.8）

台湾"搞"有不少用于比较固定的搭配，除了"搞笑、搞怪、搞定、搞错、搞头、搞法、搞不清、搞不懂"等外，还有一种十分常见的"搞得/的 + 四字格"形式，例如：

搞的乱七八糟、搞的一塌糊涂、搞得鸡飞狗跳、搞得风风雨雨、搞得身败名裂、搞的头昏眼花、搞的天昏地暗、搞得剑拔弩张、搞得鸡飞狗跳、搞得鸡犬不宁、搞得人仰马翻、搞得天怒人怨、搞得民不聊生、搞的灰头土脸、搞得体无完肤、搞得头壳发烧、搞得乌烟瘴气、搞得人心惶惶、搞得一落千丈、搞得乱七八糟、搞得不知所措、搞得空前混乱、搞得兵荒马乱、搞得一蹶不振、搞得腥风血雨、搞得纷乱复杂、搞得沸沸扬扬、搞的一头雾水、搞得民怨沸腾、搞得精疲力竭、搞得糊里胡涂、搞得神秘兮兮

有时还会用到两组四字格，例如：

搞得走火入魔、荒腔走板，搞得慌慌张张、丢三落四，搞得不三不四、怨声四起，搞得民生凋敝、民怨四起，搞得民不聊生、国不成国，搞得人仰马翻、焦头烂额

也有一些用的是与"搞得/的"同义的"搞到"，例如：

搞到焦头烂额，搞到全身是病，搞到民不聊生，搞到倾家荡产，搞到天翻地覆，搞到胎死腹中，搞到一败涂地，搞到倾家荡产，搞到天怒人怨，搞到家庭失和，搞到里外不是人，搞到父子骑驴、彷徨失措，搞到社会不安、人心惶惶

此外，台湾"搞"的使用范围也相当广泛，能够与之组合的词语众多，以下是见于《自立晚报》中除以上列举之外的全部不重复形式：

搞钱、搞事、搞鬼、搞毒、搞啥、搞KUSO、搞破坏、搞台独、搞独立、搞分裂、搞扩张、搞洗脑、搞选举、搞复议、搞公投、搞清算、搞反驳、搞挑拨、搞对抗、搞报复、搞政变、搞戒严、搞斗争、搞罢免、搞博弈、搞游行、搞殖民、搞占领、搞洗钱、搞援交、搞偷渡、搞募款、搞空降、搞失踪、搞呛马、搞"颠覆"、搞政争、搞分化、搞对立、搞抹黑、搞下毒、搞离婚、搞弃保、搞戒严、搞冬防、搞正名、搞革命、搞释宪、搞政治、搞民粹、搞外交、搞公关、搞游说、搞权谋、搞心机、搞利益、搞内斗、搞内乱、搞安外、搞外劳、搞群运、搞社运、搞宣传、搞统战、搞帝制、搞专制、搞暴力、搞非法、搞浪漫、搞悲情、搞外遇、搞暧昧、搞神秘、搞"机密"、搞模糊、搞黑箱、搞气氛、搞低调、搞情报、搞对象、搞毒品、搞派系、搞关系、搞帮派、搞动作、搞轨案、搞车祸、搞行为、搞噱头、搞花样、搞玩艺、搞乡愿、搞半套、搞黑客、搞骗局、搞赌场、搞一中、搞一窝、搞二轨、搞单身、搞"唯识"、搞特权、搞留一手、搞保护伞、搞人头票、搞电视台、搞委员会、搞婚外情、搞小动作、搞大跃进、搞乌贼战、搞假新闻、搞小圈圈、搞小团体、搞谍对谍、搞小摊贩、搞啥东东、搞些什么、搞这玩意、搞什么鬼、搞扁宋会、搞音乐祭、搞花火节、搞小派系、搞国民党、搞个人妖来、搞个定目剧、搞这些东西、搞什么东西、搞竞选经费、搞这么多花样、搞公民投票、搞公民投票、搞蓝绿斗争、搞蓝绿对决、搞党内斗争、搞年龄斗争、搞绿色恐怖、搞"白色恐怖"、搞政治斗争、搞政治对抗、搞政治诈术、搞专制主义、搞阶级斗争、搞政治权谋、搞政治作秀、搞分化权

谋、搞政党和解、搞政党协商、搞政党恶斗、搞选举奥步，搞党员直选、搞中央集权、搞行政独裁、搞马屁文化、搞政治花样、搞密室政治、搞密室协议、搞特务活动、搞人事黑箱、搞黑箱审议、搞秘密组织、搞黑金复辟、搞帮派政治、搞男女关系、搞婚外关系、搞性爱派对、搞偶像崇拜、搞表面功夫、搞策略运作、搞两面手法、搞样板行程、搞恐怖平衡、搞意识型态、搞民共论坛、搞终极统一、搞正式宣布、搞社会运动、搞群众运动、搞台独运动、搞造神运动、搞选举造势、搞选后政变、搞族群分化、搞分裂族群、搞族群分裂、搞分化伎俩、搞思想检查、搞全面监控、搞台湾民粹、搞乌龙错误、搞性爱麦趴、搞族群对立、搞二分对立、搞烽火外交、搞金钱外交、搞凯子外交、搞地区独立、搞私密留言、搞新闻置入、搞特别预算、搞逆转图腾、搞两手策略、搞情色行业、搞无遮大会、搞个人营销、搞分身报名、搞"一国两制"、搞网军黑客、搞去中国化、搞去蒋去中、搞了大乌龙、搞路权乌龙、搞公平正义、搞一些细节、搞一些是非、搞一堆税收、搞了一推计划、搞一堆筛检机制、搞什么名堂、搞一场外遇、搞两个中国、搞这种场面、搞太多创意、搞"公投绑大选"、搞垮高铁财务、搞国务机要费、搞违法率众抗议、搞什么神秘、搞什么台联党、搞渐进式台独、搞政治口水战、搞置入性营销、搞多元化投资、搞了一大堆人、搞点低级挑拨、搞跟监与监听、搞变调"生日麦趴"、搞台面下阴的事情、搞红卫兵或小圈圈、搞三商银巨额贷款、搞什么防御性公投、搞一个公民投票、搞那么大仓库、搞个赌场、搞个一市两制、搞了一个事业体、搞一个发展条例、搞一些短线行为、搞这种乌龙儿戏、搞分裂族群手段、搞不必要的手段、搞这些选举花招、搞逼退劳工的小动作、搞意识形态斗争、搞这些龌龊事、搞些改名的动作、搞环评和一些有的没的、搞那些逼良为娼的事、搞一些莫名其妙的飞机、搞些所谓的"生殖游戏"、搞审查选举文宣制度、搞合八字这一套过时的东西、搞所谓的山中传奇、搞浪漫的桥段、搞警总那一套、搞这种台妹的打扮、搞个什么县市联婚、搞个啤酒圣诞树、搞个经贸大拜拜、搞个一半一半的合资模式、搞了一套穿凿附会的儒家菜、搞一个"两岸协商、购反飞弹"具有高度共识的公投议题、搞个迷你小区小公园出来、搞什么"B to C 电子商务"、搞革命阵前起义、搞"家有二主"的王马共治、搞台湾版文化大革命、搞民粹式的"本土化"、搞反侵略反并吞民粹、搞"反贪腐"公投联署、搞"府内员工只上班2小时"、搞一个像驳二艺术特区一样的失败艺术品、搞一套和现代台湾文化相当疏远的儒家菜谱和餐厅环境布置

搞政争、权斗，搞斗争、内耗，搞剪彩政治、口号治国，搞精灵、童话森林等，搞意识型态之争、社会制度之争，搞这种无谓的政治、族群动员，搞密室政治、排挤，搞治水、机关南迁、正名运动等，搞"一边一国"、"一中一台"，搞个什么八大理由、八大建议之类的八股文来，搞一个毫无行政效力、毫无法定地位的"进口牛肉检疫及查验管理办法"

搞定、搞坏、搞垮、搞糟、搞差，搞砸、搞烂、搞臭、搞脏、搞穷、搞疯、搞倒、搞错、搞混、搞僵、搞惨、搞翻、搞完、搞丢、搞哭、搞胡涂、搞迷糊、搞混乱、搞复杂、搞不来、搞不定、搞不清楚、搞不明白、搞不见了、搞上去、搞下去、搞昏了头，搞很久，搞了半天，搞这么久、搞到最后、搞没有了、搞在一起、搞成这样、搞个天下大乱、搞到受不了、搞到这一步、搞出一些让人想都想不到的怪名堂

乱搞、胡搞、瞎搞、恶搞、难搞、胡乱搞、怎么搞、这么搞、一块搞、一直搞、东搞西搞、胡搞乱整、乱搞一通、乱搞一番、如此一搞、愈搞愈乱、越搞越差、搞什么搞、各搞各的、不太好搞

大搞创意、大搞名堂、大搞公关，大搞幽默、大搞快闪、大搞特权、大搞艳遇、大搞外遇、大搞文革、大搞制宪、大搞对立、大搞统战、大搞乌龙、大搞黑箱、大搞不伦恋、大搞渐进式、大搞"红帽战"、大搞舆论欺骗、大搞密室协商、大搞人际关系、大搞国共关系、大搞头人政治、大搞集体勒索、大搞人力派遣、大搞乌贼战术、大搞政治斗争、大搞"切香肠"战术、大搞同志性派对、大搞"置入性营销"、大搞三通四流、大搞配票游戏、大搞贩毒事业、大搞被迫害的悲情、大搞惊吓KUSO创意，大搞独裁政权的政治审查、大搞分化破坏团结工作、大搞无中生有的事、大搞"一言堂"的做法、大搞校园白色恐怖

大搞反政府、拼斗争的戏码，大搞"摄政王"、"顾命大臣"，大肆搞不义之财，胡搞违法的行径，乱搞性关系，专搞恶斗，专搞自肥

案，专搞政治意识，互搞"反制/反反制"，口说一套、私下又搞一套，爱怎么搞、就怎么搞，自己人老搞自己人

仅就以上组合形式来看，目前"搞"在国语中的使用范围之广，用法之复杂，已经丝毫不亚于普通话了，换言之，两岸已达到了深度的融合。

二 "抓"

《现汉》所列"抓"六个义项的第五个是"加强力量做（某事）、管（某方面）：～工作｜他分工～农业｜把经济～上去"。这与《词典》标注为大陆特有义的义项六"着重指导、集中注意力地从事"基本一致，但是后者更加全面具体一些。以下，我们就从"抓"的这个大陆特有义入手，来考察其在台湾的使用情况及发展变化。

在很长时间内，国语中"抓"一直用得不多，我们在自建的台湾《联合报》历时语料库（每个时间点 100 万字）中的检索结果是：

1952：24 /1962：40 /1972：35 /1982：64 /1992：48 /2002：40 /2012：99

为了使读者诸君对此有一个明确的认识，我们选取一个基本同义的对照词"做"，来进行使用数量的对比：

1952：402/1962：733/1972：683/1982：696/1992：694/2002：634/2012：753

以上各时间点上所使用的"抓"，基本都是本小节将要讨论的大陆特有义以外的其他意义，如"抓人、抓贿选、抓住他的手、抓痒痒、抓对时机"等，《联合报》中开始比较多地出现大陆特有义，始于 20 世纪 90 年代初，都有非常明显的大陆背景。例如：

（1）为提高对台胞旅客的服务质量，北京旅游局正推动"全心全意对待黄皮肤旅客"的工作，当作今年的重点工作来抓。（1992.2.9）

（2）按照中共总书记江泽民所说"真抓实干"办法，持之以恒，经济工作中的各种困难就会得到解决。（1992.2.13）

（3）扫除社会歪风不要手软，两手都要硬，一手抓扫歪风，一手抓改革开放。（1992.2.13）

　　按，以上三例中，第一例见于该报的"大陆新闻"栏目，显系大陆用法的直接移用。第二例是转述《人民日报》的一篇文章，该报道中还有这样的话："这篇题为'经济工作要真抓实干'的评论员文章指出……"除以上两处外，该文还有"真抓实干"以及"狠抓落实"。第三例是一篇关于中共中央政治局扩大会议的报道，引用江泽民所传达邓小平讲话的内容。

　　此后，这样的引用一直都有，再如：

　　（4）近期中国股市重新站上 2200 点整数大关，主要因国务院常务会议释放促进经济平稳运行的讯息，表示当前经济回升的基础尚不稳固，实现经济持续健康发展的任务仍很繁重，要以更大力度推进改革和结构调整，继续抓好已出台措施的落实。（2013.10.22）

　　（5）肖杰指出，三沙工作的突出亮点是抓好三沙市的基础设施建设。（2014.2.11）

　　大陆词语进入台湾始于引用，最典型、最自然的引用就是保留"原话"，以上二例显然就是如此：前一例是国务院常务会议的"表示"，而后一例则是新成立的海南三沙市委书记兼市长肖杰说的话。

　　在此基础上，就是非原话的引用，或者说是在一种大陆背景下的引用，例如：

　　（6）2006 年后的中国车市究竟是谁人天下？一手抓"汽销"，一手抓"车贷"，2006 年彻底"入世"的中国车市将经受"大鳄霸市"的考验。（2004.1.10）

　　按，此例论说的是大陆事务，用的也是大陆的表达方式，所以有明显的大陆背景，因此大致还是处于引进的"初级阶段"。

　　如果说以上用例是第一阶段的话，那么以下一句大致属于向第二阶段过渡时的用例：

　　（7）有人还说：娼妓经济，一抓就灵！娼妓正在为城市经济注射着强心剂。因此，与其说娼妓是堕落的公民，不如说整个社会比娼

妓还堕落！（2005.3.8）

按，我们认为，"娼妓经济，一抓就灵"脱胎于大陆"文革"时的一句流行语"阶级斗争，一抓就灵"，关于这一点我们将在下边第四节进行讨论。这里要说的是，前者是对后者的一种仿用，而在这一仿用形式中，沿用了大陆特有的"抓"的意义。所以说，此例也还算是有大陆背景，但已经不是像前边一组用例那么直接明确，而是略显模糊，所以可以称之为间接的引用。

再进一步，就是看不出明显大陆背景的使用了，而这大致就属于下一个阶段了。这样的用例虽然还不是太多，但也能看到一些，例如：

（8）加强稽查沿岸光复排水及秀朗桥附近砂石场，抓暗管防止偷排，停工拆除了6家砂石场。（2009.5.26）

按，此例上文有"加强污染源稽查管制及暗管查察"语，据此大致可知这里的"抓"为何义。

（9）泛绿选战不能过半，期待之后，就应该"不理战斗、战术"的层面，只抓"战略"层面。（2004.12.27）

（10）若是资本投资，投资中国失败仅限于资本，不会扩及公司的产业，都可检讨。但农产品会回销回台，对台湾影响很大，要严格抓，应较谨慎。（2008.1.25）

（11）今年受到震荡的国际金融局势影响下，外资纷纷开始缩编、裁员、紧抓成本预算，使得台北市中心的办公室租金有欲涨无力的现象。（2008.10.8）

（12）大陆来台人士方面的接待与管理，我觉得应该抓出更高的标准出来。（2009.4.28）

（13）《台北市河川沿岸干净美丽》一文强调透过市府持续整治河川、严抓污染的努力与恢复对河川的尊重，给市民良好的河滨休憩环境，让淡水河流域成为观光游憩好去处。（2015.7.13）

以下，再讨论由"抓"参与构成的"抓紧"一词。此词《现汉》仅列一个动词义项，释义为"紧紧地把握住、不放松"，而《词典》则列两个义项，其一是"紧紧抓住或把握住"；其二是"赶紧；不放松"，加注星号，即认为是大陆特有义，所举例子有"抓紧办｜抓紧处理｜抓紧工作｜抓紧复习"。

就义项二所举的例子看，这个"抓紧"应为副词词性，而这样的意义和用法早在民国时期既有用例，如：

(14) 吃饭前，我们在汤饼中已撒了毒药，只怕一会儿药性就要发作，希望您抓紧处理后事，我们先走一步了！（《古今情海》）

《人民日报》显示，这样的用例在新中国成立前后都有，特别是新中国成立后使用日渐增多，我们 2016 年 7 月 18 日的检索结果显示，共有 37440 篇文章用到这个词。例如：

(15) 夏收将至，太行行署为防止延缓时间，遭受风雹袭击，特指示各专县组织群众进行抢收，并指出夏收前后要抓紧做的几项工作。(1946.5.18)

(16) 作为农业教育工作者，我们一定要抓紧地学习马克思列宁主义，严格地批判残存的资产阶级思想。(1956.2.6)

按，特别是后一例，采用的是"抓紧地学习"这样的形式，其中"抓紧"的副词性尤为明显。

除了作为修饰语出现外，"抓紧"也可以单独使用，例如：

(17) 这些工程所需要的人力、材料、设备都不多了，只要能够抓紧，很快就可以投入生产；可是如果不抓紧，很容易拖延下去。(1970.12.2)

(18) 晚睡点，早起点，工作间隙利用点，旅途之中抓紧点，一天就能挤出不少时间来。(1970.12.2)

以上是较早的用例，而现在这样的用例更为多见，以下各举一例：

（19）中央财政要抓紧下拨防汛抢险救灾资金支持地方。（2016.7.7）

（20）把认真学习贯彻"七一"重要讲话作为当前的重要政治任务，切实抓紧抓好。（2016.7.8）

"抓紧"这样的意义和用法在台湾却似乎并没有传承下来，所以两岸的《词典》编纂者才把它列为大陆特有义。然而，在两岸交往和交流不断进行的时期，国语中也开始出现类似用例，因此也可以看作两岸融合的一个表现。例如：

（21）习近平自然一如往常，立即指示"抓紧了解灾情，把抢救生命作为首要任务"。（2013.4.21）

（22）适时推出邮政体制改革方案，抓紧制定铁路体制改革方案，完善烟草行业管理体制。（2004.12.13）

（23）大陆劳动保障部门正在抓紧修订政策，放宽台胞在大陆就业的条件。（2005.5.13）

按，以上三例均为由大陆直接引进，其中第一句直接引用了习近平的原话；第二句文章的标题为《2005年中国发展和改革工作主要任务》；最后一例文章的标题则是《台办宣布予台胞入出境便利等3措施》，而例中所说正是措施之一。

有了这样的"基础"后，我们接下来就看到了非大陆背景下的使用，或者说是国语中的自主性使用：

（24）林务局抓紧治理 曾文南化水库崩塌地。（2009.12.14）

（25）抓紧月底前签投保 两岸本周再谈。（2011.9.18）

（26）7亿罚款仅收2成 环署抓紧追缴。（2012.11.4）

（27）立院将开议 政院抓紧协调。（2012.9.6）

（28）抢搭李克强经济学顺风车 抓紧升级产业投资趋势。（2013.7.26）

（29）江志菜价飙涨 江揆指示抓紧稳定价格。（2014.7.24）

我们在《自立晚报》中看到的用例几乎都是这样的标题，按我们对新语言现象的产生及使用阶段的划分，这大致属于"早期"，[①] 只有像以下这样的用例才表明有了进一步的发展：

（30）除了两岸租税协议，在全球抓紧查税的时候，台湾租税法令远远落后于外国。（2016.4.6）

但是，这样的用例目前能看到的还不多，表明在"抓紧"一词的两岸融合还处于离起点不远的位置。

另外，我们也看到一些"抓紧"独立使用的用例，如：

（31）所以人生没有多久可以活的，要抓紧，中国大陆的语言，要抓紧了，你就是要抓紧你活着的时间，赶快办成这件人生大事。（2012.6.25）

按，此例中前两个"抓紧"对大陆的普通话用户来说，是非常熟悉的，所以，这里的说话者把它认定为"中国大陆的语言"，应该是符合事实的。

（32）网络购物问题多　立委郑朝明要求抓紧。（2006.4.19）

按，这里的"抓紧"，用下文中的话来解释大致就是"主管单位应积极查办，避免类似事情持续发生"。

（33）中韩洽签 FTA 两岸 ECFA 谈判抓紧了。（2012.4.7）

（34）（江志铭）还特别警告台北市警察局黄升勇局长要正视问题，戒慎恐惧，如果再不严格要求，全面抓紧，相同的行为一再发生，局长的位子很可能都不保。（2013.5.3）

（35）迹象也显示，服贸未过关，两岸货贸还是可以进行；而且

---

① 刁晏斌：《当代语法发展变化的宏观考察和分析》，《中国语文法研究》（日本）2012 年创刊号。

不受张显耀案影响。我方利用此时机，抓紧期盼与陆方谈出一个结果。（2014.9.10）

（36）目前已知有很多涉嫌人承认，希望检调单位辛苦一点，还有七、八天就投票，认真查察贿选、锁定、抓紧。（2014.11.21）

除以上两种形式和用法，台湾还另有一种用法，与大陆有明显差异，可以看作同中之异。例如：

（37）谢长廷抓紧台风有一套！（2004.8.25）

按，读者看到这个标题，可能多少会有些不明就里，但是看了这个标题之下正文中的第一段，大致对这个"抓紧"所表达的意思就有所了解了：

中度台风艾利行进路线有偏南趋势，高雄市长谢长廷昨（二十四）日呼吁市民要密切注意台风动态。昨日下午他并特地巡视位在低洼地区的三民区本和里抽水站及滞洪池工程外，并亲自深入 K 干线地下水道以了解防洪整备情况。

但是，从表义的角度来说，这里的"抓紧"既不同于上述《现汉》及《词典》第一个义项的释义，也与《词典》所列的第二个义项"赶紧；不放松"有一定的距离，但同时也有一定的关联，这或许可以理解为台湾在"学习"此词用法时的一种过渡性现象吧。

像这种"抓紧＋NP"的现象在台湾并不少见，再如：

（38）鸡蛋天价！农委会抓紧产销。（2009.3.21）

（39）掌握基层，也要推动税改、经济转型和廉能政府等，做到能抓紧人民需要的改革。（2012.2.19）

（40）每周三中午12：00在 Facebook 粉丝团"M&M's 巧克力俱乐部"加码赠送免费电影票，完全不需要抽奖，请 M 迷们抓紧脚步，准时 Fun 胆卡位！（2014.1.6）

（41）各地区除仍需节约用水外，必须要全面抓紧防灾减灾及离

灾工作力道，预防灾害发生。(2015. 4. 29)

（42）勉励水利工作人员抓紧工作进度，并指示加强防汛准备。(2015. 8. 4)

（43）明年更要当个有魄力、远见的市长，抓紧进度、订好奖惩，让市民感受建设的效率。(2015. 12. 22)

（44）要求市府经发局抓紧时程，整合资源积极推动，并掌握最新信息。(2016. 3. 16)

三　小结

相对于普通话对国语的吸收既表现在词法上也表现在句法上，[①] 国语对大陆语言成分的吸收则主要集中在词汇方面，属于词法的范畴。究其原因，一则因为词汇是语言中最活跃的部分，它的流动性也是最大的，所以相对于句法形式，更易于为对方语言所吸收；二则因为就句法方面而言，国语的"自足性"似乎更强一些。这里的自足性主要是说它在句法的多样性上比普通话原有的形式要更加丰富一些，因此可引进的形式似乎不多。造成国语句法自足性较强的原因，大致有以下几个：

第一，国语与早期现代汉语的距离较近而普通话则距之较远（见本书第一章第一节），在句法方面的表现，就是前者更多地保留了早期的一些句法形式，如介词结构处所补语位于宾语后（即"已经花了两个月的时间在那上头"这样的形式），以"遭"为标记的被动句（如"遭机车撞成轻微脑震荡"），以及关联词语不配对使用（见第四章第三节）等，而这样的形式在普通话中却一度趋于萎缩，甚至一定程度上退隐。

第二，两岸分离后，国语脱离了所属方言的约束，在自己的发展过程中，不断引进吸收一些方言和外语的形式。前者如曾引起很多学者关注的"有+VP"形式（如"我也有去"），表示动作方式的"用+V+的"（如"用走的"），以及"A+过"式差比句（如"一目恶过两目"）等；[②] 后者如来自日语的"VP+中"（如"营业中"），来自英语的"是时候+VP了"（如"是时候退出了"）等。

---

① 刁晏斌：《海峡两岸及港澳地区现代汉语差异与融合研究》，商务印书馆2015年版。
② 刁晏斌：《差异与融合——海峡两岸语言应用对比》，江西教育出版社2000年版，第192页。

以上两个方面，都造成了两岸同义句法形式的多少之别，而从语言的流向来说，当然是从有向无而不可能相反。

两岸语法的融合，除了"互通有无"外，还表现在既有形式的发展与变化方面，比如本节讨论的"搞"和"抓"，传统国语中既有使用，并且也为国语所沿用，只不过使用范围相对较小，表义方面也与大陆有一定的不同，而它们与大陆普通话的融合，就表现在扩大了使用范围，表义和用法方面也在其原有基础上有所拓展，从而与后者有了更大程度上的一致性。

词汇及词法方面如此，句法方面大致也是如此。前边讨论了普通话中似乎没有此有彼无的形式来使国语吸收及其原因，但是这也并不等于普通话在句法方面对国语就毫无影响，或者说后者就丝毫也没有与大陆趋同即融合的现象和表现。从某些已有形式及其使用情况的发展变化，我们可以看到两岸之间的趋同表现，比如我们曾经对两岸四地的"被"字句进行过对比考察，最后有一小节讨论四地之间有一定程度的融合，就大陆一方来看，一是表中性义甚至褒义的"被"字句数量增加，二是一些以前通常不用被动形式表达的现在也可以用了（如"此前被讨论多次"）；而就台港澳一方来看，虽然被动句"贬义—中性义—褒义"三分的格局已经形成，但是在表褒义（即一般所说的"幸运、如意"）时，"被"字句的使用数量也有一定程度的提高，其背后应该就有普通话因素的影响。①

相对于词法而言，句法方面融合研究的难度更大，因为需要有一个较大规模的历时语料库作为支撑，而现在这样的条件基本还不具备，所以目前也只能是举例性地浅谈辄止，更详尽的考察和研究只能留待以后。

第三节　两岸语言风格的融合

本书第四章主要立足于国语，讨论了生动、庄雅、简约三种语言风格及其与普通话的差异，其实，两地语言风格不仅有差异，也有一定程度上的融合。比如，国语中庄雅风格色彩比较明显和突出，而与之相比，普通话则更多地呈现通俗化与口语化的风格取向，但是，从另一个角度来考察和分析，其实国语也有一定程度的"从俗"倾向，而普通话也表现出

---

① 刁晏斌:《两岸四地"被"字句对比考察》，《语文研究》2013 年第 2 期。

"求雅"的一面。从比较宏观的角度看,这样的表现自然可以认为是互相向对方靠拢,由此就呈现出更多的一致性,同时也就缩小了差异性,表现为一定程度的融合。本节中,我们就以此为例,来讨论两岸语言风格的融合及其表现。

笔者一直想写一篇论文《当代汉语的"雅化"与"俗化"倾向》,来讨论普通话在话语模式及表达风格上向这两个方面的拓展及其表现,并且已经搜集了部分材料。就雅化一方面来说,主要的表现有词的音节形式由双返单,"古旧"词语和句式的复显或多现,包括一些"套子"的较多使用等。比如《人民日报》近期的用例:

(1)人民日报客户端等甫一推出,就迅速集聚了大量用户。(2015.11.19)

(2)在这些方面,政府、企业、媒体、社会都可大有作为。端午如是,整个中国的文化建设又何尝不是这样?(2016.6.8)

(3)北齐文宣帝高洋天保七年(556年),北齐定州刺史、六州大都督、赵郡王高叡,为彰其亡伯、兄、父、母、妻及自身功德,选择上好的汉白玉石敬造了释迦牟尼佛、无量寿佛、阿閦佛三佛,供奉在幽居寺内。(2016.6.19)

(4)诚哉斯言!台湾的悲剧,其共同的启示是:关怀"社会安全网之外"的人,为你、为我、为大家。(2016.7.19)

应该说,这样的变化背后肯定有包括国语在内的普通话以外的其他汉语/国语/华语的影响,一个简单的理由是,这些单音节的形式以及古旧词语和句式等,在普通话以外往往都在使用,甚至还有一定的使用频率。

反过来看国语,大致也有相同的表现,而这在一定程度上自然也可以归结为受普通话的影响。以下,我们就围绕这一方面,通过一些大陆典型词语在台湾"扎根"并在较大范围内流通,来对此进行说明。

一 数字略语

我们曾经就两岸几部工具书中对含"三"数字略语的收录情况进行过调查,最终得出的结论是,普通话中数字略语是一种十分活跃、有旺盛生命力的能产形式,而在国语中,它更主要的只是一种传统的遗存,既不活跃，也没有太大的能产性。我们考察了台湾 2011 年 1 月份的《国语日报》《生态台湾电子报》《立报》《新闻报》《中华日报》《自由时报》《水产电子报》等的部分新闻，共计 50 余万字，看到的含"三"数字略语只有"三餐、三权、三通、三农、三个代表、三读、三赢、三管五卡"等八个，其中前两个属于旧有的，中间的三个显然都有大陆背景，其中未见大陆工具书收录的大约只有最后三个。① 郑启平基于自己的考察指出："大陆缩略语中最使台胞难以理解的是以数字领头的，如'一看二帮'、'三热爱'、'四无限'、'五位一体'、'六个优先'等等。"②

至于为什么台湾较少使用数字略语，首先要从这一形式的语体特点上找原因。武占坤、王勤提到，从运用的范围来看，简称和数词略语多用于口头和报纸杂志，较庄重的文件（政府法令、公告）不用或少用，而正式文件为表示郑重，不能用数词略语。③ 总体而言，国语中一度很少使用数字略语，主要就是因为其与"庄雅"的风格适配性较差。

如果说，上述考察大致反映了 21 世纪初及以前的情况，那么时至今日，国语中数字略语及其使用状况已经有了较大的变化，其具体表现就是数量增加、使用频率提高，而具体的使用情况也比较复杂。我们把这一变化看作两岸语言风格融合的一个比较典型的具体表现。

以下，我们仍以用量相对较多的含"三"形式为例，这样的形式如：

（1）另外，则有 26.8% 的人欣赏小英严以律己的"新三不"行事作风。（2016.5.20）

（2）在智慧健康领域，先前已有针对银发及三高族群、与医疗院所共同打造的"Health 健康 +"APP。（2016.5.24）

但是，像这样不带任何解释说明的用法并不多，因为这样的数字略语形式需要社会有较高的认知度才不至于不知所云，而较高的认知度在一般情况下与该形式产生和使用的时间有密切关系，当然也与使用频率有很直接的关联。

---

① 刁晏斌：《海峡两岸数字略语使用差异考察与分析》，《澳门语言文化研究》2011 年卷。

② 郑启平：《从台湾中学生作文探海峡两岸词语差异》，《语文教学与研究》1992 年第8 期。

③ 武占坤、王勤：《现代汉语词汇概要》，外语教学与研究出版社 2009 年版，第 320 页。

比较常见的，是数字略语和其所表达的具体内容同时出现的"双重表达"形式，具体有以下两种不同的表现。

一种是总分式叙述，即先列出数字略语，然后对其进行解释与说明。例如：

（3）陆客中转已经与对岸达成 3 项共识，包括"不入境、不验证、不盖章"。（2016.1.26）

（4）我进庙拜天上圣母，先按住了顶上三光，这三光是"佛光"、"灵光"、"净光"。（2016.5.24）

（5）群益期顾推出三大亮点及加值服务，分别有 KD520 盘中选股工具、选择权价差策略工具、期货价差锁利工具。（2016.7.4）

除了这种用动词连接的形式外，还有一些不用动词的直接列举：

（6）应景食物的采购也应特别注意，把握三不原则：（1）外包装标示不明不买（2）来路不明食品不买（3）颜色过度鲜艳不买，让你买的安心也吃得安心。（2015.12.14）

（7）陈以信归纳蔡英文的两岸立场其实是"三不政策"，"不接受九二共识"、"不排斥台湾独立"、"不让两岸关系朝正面进展"。（2015.12.28）

（8）就算是佛，也有三不能。一、不能度无缘。二、不能转定业。三、不能度众生尽。（2016.3.16）

（9）蔡三不　不挑衅不忘谦卑不和社会脱节。（2016.4.30）

另一种是归总式，即先列出具体事项，然后用数字略语予以总括，也是一种很常见的形式。例如：

（10）国人家户普遍喜好种植盆栽，美化居家环境，优质的盆栽摆设应注意合法、安全、卫生、美观、健康等五大重点，及不妨碍交通、不孳生蚊虫、不制造脏乱等三不作为。（2016.2.5）

（11）新北市长朱立伦……表扬在"市场拓展"、"资金募集"与"技术升级"三大面向表现优异的新创团队。（2016.5.24）

（12）免除一再走纸本授权书至银行核印的繁复作业，有效解决耗时、耗力又耗纸的"三耗"问题。（2016. 6. 29）

此外，国语中还有很多并列两套数字略语的形式，数量甚至比大陆还多。例如：

（13）妇幼队特别提醒约会时须注意"三不四要"原则：除了不与不太熟悉的对象约会、不要单独前往对方住处赴约、不要任意食用不明食物或饮料之外，民众在约会前更要了解约会对象个人生活背景、要选择正常约会时间、要在熟悉的社交场所或人多的地方约会，还有约会之前要告知家人或亲友预定返家时刻，以备不时之需。（2014. 8. 12）

（14）环保局崔浩志科长呼吁参加跨年晚会的民众，落实资源回收及垃圾减量，力行"三不、三要"行动。"三不"：1. 不开车，尽量搭乘大众运输工具，2. 不使用荧光棒，避免毒物伤身，3. 垃圾不乱丢，维护环境整洁；"三要"：1. 要自备环保杯，不用瓶装水，2. 要自备环保袋，少用塑料袋，3. 垃圾要分类，资源应回收。（2014. 12. 29）

（15）中信房屋副总刘天仁建议，此时正是进场多看屋的好时机，若能够掌握"购屋三要三不要"的原则，早日购得黄金屋不是梦。第一，要选择有基本面，同时也要有"后市看涨"潜力的地段与产品；第二，要详细了解该区域过去几年的成交行情；第三，要买符合自己生活型态的房子。至于三不要，第一，不要过度膨胀自己的能力，以免缴不出自备款或房贷，乐极生悲；第二，不要冲动，不要被感觉牵着走而忽略安全、实用等理性考虑；第三，不要一味追逐名牌地段。（2015. 3. 19）

相对于以上这样较长的句子，一般所见多为比较短小精练的形式，叙述式和总括式都有。例如：

（16）"三不、四要"宣言，大家不缺席、迟到、早退，要健康、学习、快乐、幸福。（2013. 3. 24）

（17）美国中小型股具有"三不一没有"的特色，此时正适合积极型投资人。所谓的"三不"，指的是不怕升息、不怕 QE 缩手、不怕中国大陆经济减速；"一没有"则为没有盈余成长疑虑。（2013.8.5）

（18）警政署再次呼吁民众面对黑道帮派应秉持"三不一要"原则："不"请托黑道调解纷争、"不"屈服于黑道、"不"提供黑道金钱利益、"要"挺身报案，协助警察机关扫黑除恶，共同维护社会治安。（2014.6.5）

（19）王瑞德以"四要三不"与水利署的同仁共勉："要纪律严谨、要团队合作、要传承精进、要开创愿景、不畏学习、不怕承担、不断创新"。（2015.11.10）

（20）马英九登上太平岛，并提及实践"南海和平倡议"路径图，包括"要合作，不要冲突"、"要共享，不要独占"、"要务实，不要僵持"的"三要三不要"架构，并提出"一条可行途径，两项必要说明，三个推动进程"。（2016.1.29）

按，特别是最后一例，与我们常见并习以为常的表达方式如出一辙，确乎深得大陆"政治话语"的"神韵"。

由于数字略语比较常用，且形式相对单调，所以造成了比较严重的一名多实问题，联合知识库近十年仅"三要三不要"就有 13 例，所指多有不同，《自立晚报》近十余年的语料中也有 7 例，情况大致也是如此。

比如以下一组"三不原则"的用例：

（21）落实灭鼠行动"三不原则"，亦即"不让老鼠进出"、"不让老鼠吃喝"及"不让老鼠居住"。（2013.11.7）

（22）在游戏方面的制作，秉持三不原则：不制作限制级游戏、不情色、不血腥。（2013.12.25）

（23）石头纸标榜三不原则，不用强酸、强碱和漂白剂，不用木浆不砍树，不污染大地水源，并可回收再生。（2014.8.4）

（24）至于是否参选党主席，他秉持"不闻、不问、不言"三不原则。（2014.12.9）

（25）警政署呼吁民众应秉持"不请托黑道调解纷争"、"不畏惧黑道"、"不提供黑道金钱利益"之"三不原则"。（2015.2.6）

（26）吴芳珍老师同时在讲座中告知旅友，"不接触、不喂食、不干扰"的三不原则是与野生动物接触时所必须遵守的。（2015.2.17）

（27）应景食物的采购也应特别注意，把握三不原则：（1）外包装标示不明不买（2）来路不明食品不买（3）颜色过度鲜艳不买，让你买的安心也吃得安心。（2015.12.14）

（28）陈水扁4日北上参加凯达格兰基金会感恩餐会，这是医疗活动，会遵守不上台、不公开讲话及不受访三不原则。（2016.6.4）

"三不原则"还经常表述为"三不政策"，也是一名多实，比如蒋经国所订对大陆的"三不政策"是"不接触、不谈判、不妥协"；而马英九的"三不政策"则是"不统、不独、不武"。其他的再如：

（29）同时提倡"中秋三不政策"——礼盒不过度包装，不吃不符三低二高（低油、低盐、低糖、高纤、高钙）的月饼、最好不要烤肉。（2008.8.27）

（30）医院经营的三不政策是：不赚钱的病人不收、不能赚钱的医疗团队不聘、不能付出昂贵医药费用的病人不救！（2011.4.23）

（31）相关单位应速研拟如何利用小型机构在小区内扮演小区照顾之平台据点，并在三不政策（不得享受租税减免、不得接受补助、不得对外募捐）之外，予以充权充能且挹注资源。（2012.5.26）

（32）防鼠工作的最高原则是"三不政策"，也就是"不让鼠来、不让鼠住、不让鼠吃"。（2013.7.27）

（33）中小型机构目前在老人福利法中有三不政策，不能接受政府补助、不能接受捐赠、也不能减免税收，在经营上的压力相当大。（2014.10.20）

我们发现，普通话中新近也出现了一些数字略语与其具体内容并存的现象，并指出这多少有些"为使用数字略语而使用数字略语"的意思，[1]现在，同样的现象也在国语中大量出现，也从一个侧面说明两岸数字略语

---

① 刁晏斌：《海峡两岸数字略语使用差异考察与分析》，《澳门语言文化研究》2011年卷。

已经有了很高程度的融合。

对国语中数字略语开始大量出现和使用的现象，我们有以下几点认识：

第一，这一现象近三四年有急剧增长之势。这一点，对照我们 2011 年的研究，笔者有非常明显而强烈的感受；另外，由以上所列举均为近几年的用例也可以显示出这一点，因为这并非我们的有意选择，而是同一报纸较早时间很少有这样的用例，这种前无后有、前少后多的对比同样明显而强烈。台湾数字略语数量剧增，与普通话近年来对国语影响加大、加深，以及后者由前者的引进及向前者靠拢加速的趋势完全一致，在时间节点上也有相当的一致性，因此正可以作为两岸共同语及语言表达风格融合的一个绝好事例。

第二，国语中数字略语多取双重形式，如前所述，这与其产生和使用的时间有密切关系，而这也从一个方面证明了这些数字略语的历史确实较短，因为如果使用时间较长，人们的认知度自然会更高一些，这样数字略语所指称的具体内容就不一定非出现不可了。所以，台湾的语言使用者做出这样的选择和安排，并非出于对烦琐表达的偏好，而是一种无奈之举：一方面乐于使用数字略语，另一方面又要避免因其陌生化程度较高甚至过高而导致的读者"不知所云"问题，所以只好采取双重表达形式。

第三，台湾数字略语的使用频率总体较低，这一点与大陆相比，就显得非常明显和突出。大陆的基本情况是，每一个时期和阶段，都会有自己的相当流行且含义明确的"代表性"数字略语，如"三反、四清、三忠于四无限、四项基本原则、三个代表、三讲、双学一做"等。正因为如此，大陆数字略语以单独使用为常。前边提到，台湾数字略语多采用双重表达形式，这与它的使用频率有很直接的关联，也就是说，依然能够证明其总体上的使用频率不高。

第四，两岸的数字略语同中有异，就国语而言，一是如前所述多用双重表达形式，二是在使用领域和范围上有明显差别：大陆多用于"大"的方面，如大政方针、中心工作、宣传导向等，基本属于"政治话语"的范畴，① 也正因为如此，它才会有上述的明确性、流行性等特点；台湾则更多地用于日常生活，包括那些以"原则、政策"等为中心语的形式

---

① 刁晏斌：《海峡两岸数字略语使用差异考察与分析》，《澳门语言文化研究》2011 年卷。

（此外还有"－主义、－精神"等），虽然在习惯于大陆语言表达模式的人看来未免有些"大词小用"，但也真实地反映了台湾的政治生态及社会生活，或者也可以看作融合过程中结合本地实际情况的一种"本地化"表现。

我们见到的国语中含"三"数字略语及其构成的语言单位还有以下一些：

> 三不取，三不变，三不舍，三不能，三不入，三不度，三不确定，三不女人，三不公约，三不露政策，三不怕精神，新三不主义，防骗三不原则，三不一问，三不三通，二会三不，三反三不，三低二高，三不二是，三可三不可，三不一没有，三不、二没有，三不、一清楚，三不一揭露，三不一主张，"三不三要"原则，"三不两全"措施

二　虚义动词"干"

现代汉语中，有一组口语性和俚俗性都很强的虚义动词，包括上一节已经讨论过的"搞"和"抓"，以及下面将要讨论的"干"和"弄"等。

有香港学者曾经指出，内地语言"自解放后多从俗不从雅",[1] 这话虽然不能一概而论，但也并非无根游谈，而是有相当的事实依据。在我们看来，可以作为事实依据之一的，就是这一组虚义动词的较多甚至大量使用。"搞"在新中国成立后使用"井喷式"的增长就是一例，而当下国语中也很常用，这本身就是两岸语言风格方面的趋同表现。本小节中，我们主要讨论由台湾"干"使用频率的增加所反映的两岸语言风格融合。

本书第四章第二节已经讨论过国语相对于普通话所具有的庄雅色彩，而这样的色彩及其取向，基本与"干"等所具有的语体和风格色彩是不兼容的，而这也正是此词一度在台湾很少使用（特别是在报纸杂志中）的一个最重要的原因。

根据一般的认识，来自方言的"搞"有很强的口语性和俚俗性，但

---

① 姚德怀：《对〈从"汉语拼音"和"中文拼音"所想到的〉一文的回应》，《语文建设通讯》（香港）2011 年总第 99 期。

是"干"的这一色彩比"搞"更浓更强，可以说是口语性和俚俗性最强的虚义动词。①

按《现汉》释义，"干"有两个主要义项，分别是"做（事）"和"担任、从事"，这两个意思的"干"以前在台湾都很少使用，② 而当下却用得比较多。

先来看"做（事）"义的"干"。目前，国语中此义的"干"在用法上与普通话完全一致。最常见的是句中不出现受事者，"干"前带各种修饰语，例如：

（1）有这群活泼又能干的女生来加入我们，让台湾的产业在人手不足的时候，有生力军的加入。（2015.7.3）

（2）基隆人现在相信，只有在地方苦干实干，实际耕耘付出的人，才值得把权力交付给他。（2015.8.15）

（3）我不相信蛮干、硬干、对立、冲突，我相信共识与沟通，就是凝聚台湾改革的最重要动力。（2015.8.16）

（4）改革不是用讲的，改革也不是埋头苦干，不问社会需不需要，也不问被改革到的人的心情。（2015.9.6）

（5）他向媒体表示，绝对会释出善意，还说曾跟前华航总经理张有恒说过不能硬干，但张有恒就是不听。（2016.6.24）

另一种是受事者以不同的形式出现，有的出现在"干"前，这种情况相对较多，例如：

（6）妈妈什么事都安排好，小孩子无法独立；主管什么事都能干，部属不负责任。（2004.7.21）

（7）一般政治人物……能在镜头前讲上几句，叫他换成完全不同于他自己平时的一张脸，也是可以干的。（2005.2.21）

（8）毕竟以前什么都可以干，现在有这么多限制，心情很难好。（2007.5.18）

---

① 刁晏斌：《现代汉语虚义动词研究》，辽宁师范大学出版社 2004 年，第 326—327 页。
② 同上书，第 329 页。

（9）按照台湾军方的辩称，这的确仅仅是"误操作"所致……这支军队还有什么样的"误操作"干不出来呢？（2016.7.2）

也有不少按一般的"述—宾"顺序，例如：

（10）陈菊在气爆前都持续透过通联掌握状况，并怒呛杨秋兴"可以干点有益高雄的正经事吗？"（2014.9.9）

（11）她批评国民党过去3年都在阻挡，快选举才要谈改革，"请问国民党过去3年在干嘛？"（2015.12.4）

（12）别人问他："你是在干什么啊？"小明说："我是在验算。"（2016.3.2）

后两例中的受事者分别是用疑问代词"嘛"和"什么"替代的，而"干嘛"与"干什么"均有不同的意义和用法（这一点也是与大陆相同的），我们将在下边讨论。

再看"担任、从事"义的"干"，同样也很常见，例如：

（13）所以历朝历代都有许多针对娼妓的"就业资格审查"，绝不是谁想干就能干。（2005.1.30）

（14）再恶化下去，他这个院长能干多久？（2006.4.17）

（15）他曾一遍一遍地告诉儿子说："你长大后能干的工作太少了，你必须有一样是出色的。"（2007.8.14）

（16）张晓风干不下去是意料中事，能干完任期才是意外。（2013.3.15）

（17）然而让他看不下去的，是那些退职政务官。"他们更不得了，干不到一、二个月退休了，18%拿6、7万"。（2015.12.5）

（18）暴雪娱乐今日应邀至"暴雪校际电竞运动联赛"总冠军校东海大学参访，并与校方共同举办"他们干的，是电竞这行"座谈会。（2015.12.9）

最后一例，"干"竟然出现在了座谈会的名称中，可见它已经是很普通而又普遍使用的词了。

普通话中，"干什么"和"干嘛/吗"都很常用，现在国语中大致也是如此，比如近十几年《自立晚报》中"干什么"有216例，"干嘛"181例，其意义和用法与普通话完全相同，或者是相当于一个述宾词组，或者是作为疑问副词，主要表示反问。

前者的用例如：

（19）洪秀柱认为，很多事不要说太早，要看社会氛围、民意走向。社会愿把责任交给他，那很重要，"不是你想干什么就干什么的，是人家想不想要你干什么的问题"。（2014.12.12）

（20）我为什么出生？我活在世间干什么？我从哪里来？我向哪里去？我活着是为了什么？我为什么而活？（2016.1.15）

（21）请问过去这几年政府在干什么？（2016.5.3）

（22）不能因为选民投你，民进党想干嘛就干嘛。（2014.1.28）

（23）应晓薇批评，那我们40年来都在干嘛？（2015.7.20）

（24）养了那么多军队，每年军费上万亿，都干嘛去了？（2015.11.4）

相对于大陆，同样的意思台湾用"干吗"的相对较少，但也还是能看到一些，例如：

（25）警察再问其：既然没牙痛妳带这个干吗？刘女顿时语塞！（2012.5.15）

以下一例中，采用了"干什么"的离析形式，其述宾关系就更加明显了：

（26）国民党在大陆，干了什么？落荒而逃逃到台湾；在台湾，国民党又干了什么？（2015.6.1）

用于反问时，"干什么"一般只能用于句末，而"干嘛"一般用于动词前，例如：

（27）然而，县府不管民间事，官员领的是纳税人钱，百姓痛苦不堪，县府束手推脱，要这样的县府干什么？（2014.7.27）

（28）我又不要移民，学英文干什么？（2012.11.2）

（29）投资了就要把他赚回来，不然他投资干什么。（2013.5.2）

（30）台商很疑虑，不懂干嘛"捅马蜂窝"。（2015.10.8）

（31）当她定神一看发现是生日蛋糕，眼泪喷的比说话还快，激动大叫"你们干嘛这样啦！"（2009.8.24）

（32）如果神仙都做不了，那干嘛不自己逍遥去作神仙。（2016.1.12）

"干嘛"有时也可以位于句末，比如例（30）同文中另有"捅这个马蜂窝干嘛？"。

普通话中，"干"有时义同"打仗/架"的"打"，也是一种俚俗化程度相当高的表达方式，例如：

（33）王宝泉：队员们已经适应　该真刀真枪地干一仗。（天津网2016.1.26）

（34）动物园管理员和袋鼠干了一架，最后招架不住求助群众。（《环球时报》2016.6.1）

（35）美国大选：干起来了！特朗普炮轰希拉里句句在理！（第一黄金网2016.6.23）

（36）美团员工打群架　美团和饿了么干上了。（维度女性网2016.7.16）

当下在国语中，这一意思和用法的"干"已不鲜见，例如：

（37）大家见状立即召集附近十余艘渔船左右包抄，正准备与日本巡逻艇好好大干一场后，想不到我海巡苏澳队PP5025艇却适时出现，让日本舰安全离去，阻止我渔船攻击，甚至还警告渔民，若不听，进港后将予以法办。（2005.6.9）

此例后边的"阻止我渔民攻击"，大致把前边"大干一场"的意思说清楚了，即"大干一仗（架）"。

（38）经过此次补选，台联士气大振，年底立委不再像上届一样"玩家家酒"，而是真刀真枪的干一场，过去台联与民进党之间是联合大于斗争，未来可能会变成斗争大于联合。（2004.7.19）

此例因为有"真刀真枪"的修饰，"干一场"的意思也比较明显，加之下边的"斗争大于联合"等，也可佐证。

（39）社会观感差点惹得立委与监委干起来。（2012.11.5）

此例出处的文章标题为《1人1台车1司机　立委监委只差没打架》，其中的"打架"是对"干"的最好解释。

这样的"干"一般都不独立使用。以下再举两个"干上了"的用例：

（40）想要打击他们的最好方法就是"伤害他/她的骄傲"，保证他们将一切抛在脑后，怒发冲冠和你干上了。（2007.12.15）

（41）台护渔日御海"干上了"新政府辣手。（2016.5.2）

此外，还有几个普通话中比较常见的"干"类词，在台湾也有一定的使用频率，同样也反映了两地之间的融合。

一个是"对着干"。《现汉》收此词，释义一为"采取与对方作对的行动来反对或搞垮对方"，用例并不罕见，《人民日报》数据库中一共有877条记录。现在，台湾偶尔也能见到这样的用例，如：

（42）中共总书记习近平昨天罕见大篇幅阐述两岸方针，重申"一国两制"，大陆学者特别点出，习近平强调，对分裂国家行径"绝不会容忍"，相当表明大陆要跟台独对着干了。（2014.9.27）

（43）双方有共同见解，他从没说要和任何人对着干。（2015.8.12）

不过，更为常见的形式是似乎以前不见于大陆的"对干"，例如：

（44）两位国亲的不分区委员毫不掩饰的对干起来，连寡廉鲜耻的话都说出口，真是让支持国亲的民众开了眼界。（2006.1.9）

（45）所有县市首长也不希望跟乡镇市长对干，谢长廷呼吁大家应该将心比心。（2007.11.25）

（46）双方追逐 200 公尺后，何嫌突然想反击和警方对干，才刚从腰际掏出手枪时，即被后面追赶警察 1 枪击中左小腿，顺利逮捕。（2008.5.15）

（47）可是白狼正好相反，屡次高姿态在媒体挑衅学生，一副与人对干的态度。（2014.4.2）

（48）国际政治讲实力，否则要跟美国对干吗？（2015.1.9）

（49）此项签署举动也可能逼迫蓝委势必要选边站，可能刺激不同支持者对干或表态。（2015.3.20）

（50）都是口业 3 亿罗生门两柯对干。（2015.4.13）

（51）朱洪对干 洪：不能接受 宋：一场骗局。（2015.10.6）

现在，台湾的这一形式也"回传"大陆，例如：

（52）男子对抗广场大妈被围，买扩音喇叭和大妈"对干"惹祸。（中国网 2016.3.17）

（53）谷歌跑印度和苹果对干，为什么中国不再是他们撕。（IT 时代网 2016.7.16）

按，由例（52）加引号来看，这应该属于比较"新"的形式。

另一个是"干掉"，《现汉》收此词，释义为"铲除、消灭"，也是一个俚俗性很强且火药味很浓的词，《人民日报》数据库中一共有 316 条记录。

近十年的联合知识库中，此词共有 573 条，而《自立晚报》中也有 31 个用例，例如：

（54）民进党、国民党、亲民党正在进行更赤裸裸的党对党斗争，民进党原来与亲民党联合可以干掉国民党。（2005.4.5）

（55）经建会有人"官大学问大"，自己订个原则就把原住民族

一年的道路预算干掉了。(2007.10.5)

（56）希望陈菊不要放任部下，不支持的就要把人家"干掉"。(2012.5.7)

（57）民进党成功的消灭台联，但也同时干掉了绿营，算是赔了夫人又折兵。(2013.9.27)

（58）我是出师未捷身先死，我没有被火场的吞噬掉，先被内部人员干掉了。(2014.9.12)

此外还有"能干"和"苦干实干"，前者是普通话中一个比较常用的褒义形式，《人民日报》数据库中一共有6039条记录，联合知识库近十年就有1000例，《自立晚报》也有86例；后者在大陆经常用于口号，也用于对一些"实干家"的评价，堪称"干"的一个标志性使用形式，《人民日报》数据库中一共有1011条记录，联合知识库中一共有201条记录，《自立晚报》中有26个用例。以下各举二例：

（59）屏东好山好水，要有能干的执行者发挥这些优势，让屏东起飞。(2014.11.16)

（60）政治上有太多人不择手段，视不真诚与反复为能干，视能卷起风潮以谋取政治利益为本事。(2015.9.6)

（61）（周朝炎先生）婚后为了买房努力卖水产，常常要骑车近百公里才能摆摊，为此遭遇交通意外，右脚终生不良于行，但仍秉持传统农家苦干实干精神，坚持咬牙为家庭付出。(2015.8.1)

（62）尊严不会凭空而来、从天而降，尊严是靠大家苦干实干，落实纪律，发挥专业，一点一滴累积起来。(2016.7.13)

三 "弄"与"闹"

上一小节讨论的"干"是一个比较典型的俗语词，这样的词的经常性使用，自然会冲淡国语的庄雅风格色彩。本小节中，我们再举例性地考察两个类似的词语，来进一步证明国语中风格色彩一定程度上与普通话趋同性的变化。

1. 弄

"弄"在"做、办、干、搞"义（见《现汉》）上，是一个典型的俗语词，在大陆有一定的使用频率，而国语在比较长的时间内一直用得较少。然而，"弄"目前在台湾却已经有了一定的使用频率。

《自立晚报》2016年4月9日有一篇报道，题为《大陆首次表态　巴拿马文件还需搞清楚》，正文第一句是："大陆外长王毅8日与德国外长会晤后在记者会表示，大陆有意弄清楚与'巴拿马文件'有关的细节。这也是大陆最高领导层成员首次针对巴拿马文件公开表态。"同文中下一段还有一处相同的表述：

> 路透报导，王毅与德国外长史坦麦尔共同面对国际媒体的记者时，王毅表示大陆政府已经看到了巴拿马文件所透露和澄清的讯息，有意弄清事实真相。

按，从标题中的"搞"，到正文中出现的完全同义的"弄"，这是有比较明显大陆背景的使用，而正是由于这两个动词的使用，使得这篇报道的语言风格与"庄雅"拉开了一定的距离。我们的意思是，像这样的大陆常用俗语词的直接、无障碍使用，不可能不对台湾当下的语言及语言表达产生影响。

其实，这样的影响确确实实已经产生了，以下是一个可能稍显极端的证据：据《自立晚报》2008年3月26日报道，马英九在当选台湾地区领导人后，于当天上午到台中县谢票时强调，要"做牛做马，好好替大家把台湾治理好，把台湾经济弄好，把政府弄干净、人民弄和谐，把两岸弄和平、把环境弄永续、把文化弄更多元。"长长的排比句，竟然一口气用了六个"弄"，而这在大陆恐怕也是极难见到的。

这样连续使用的例子自然不多，但是非连续性的使用却早已比较多见，例如：

（1）台湾弄公投的目的，主要是给陈水扁自己的台独主张找出路。（2004.1.17）

（2）有人有确切证，因为他们把那个拿去弄刘董，会不会影响到你？（2004.3.15）

（3）身份证是很重要一项证件，千万不能弄丢，也不要任意的外借；如果不小心弄丢了，一定要去警察局登记遗失。（2004.4.22）

（4）像我们这边的大草坪，还可以滑草，或是弄一些可以休息的地方，也可以体验飞行伞、沙滩车和越野车的骑乘。(2009.6.2)

（5）台湾现在弄那么多队，结果水平一直起不来没有票房。(2012.1.31)

（6）虽然弄了好几条公交车路线，但机场没有车站，还要走出去。(2013.7.26)

（7）台湾光是一个开发案就要5年，现在弄下去，10年搞不出来，台湾怎么办。(2014.1.5)

（8）一件可以光明正大讨论解决的事情，怎么会弄到如此激烈？(2015.8.6)

（9）因此希望能把实体经济弄起来，吸引更多好的公司来上市，就有更多资金进入资本市场。(2016.7.11)

以上各例中"弄"的意思和用法与大陆完全相同，基本同于"搞"，也是要根据其受事宾语或实际对象的不同而有所不同。比如，例（1）大致是"设立/置"的意思，例（2）同于"整人"的"整"，例（3）则基本不与某一特定的意思相联系，是真正的"虚义动词"或"形式动词"。

除了少量直接带宾语的用例外，多数情况下，"弄"都是与不同类型的词语构成述补结构，独立使用或再带其他成分，比较常见的形式如"弄错、弄懂、弄（不）清楚、弄坏"等，其中用得比较多的，是"弄（不）好"。先看"弄好"的用例：

（10）当地的业者，要把自己的特色拿出来，要把环境弄好。(2009.6.2)

（11）像交通到底有没有弄好，其实是一个很大的问题。(2011.5.27)

（12）丁守中强调，当前重大课题是怎么把经济弄好，没把经济弄好，谁参选都很困难。(2012.11.4)

（13）军方人士透露，542旅当时的确有交代医院，报告弄好后会派人取回。(2013.7.22)

（14）台湾没有什么产业了，再不把观光弄好，台湾就没什么了。(2014.1.4)

（15）观察公听会12位学者专家发言，除2至3位持先推动电业自由化、台电先弄好营运绩效等不同看法外，其他8位都很清楚表达现在应该订公式。（2014.12.25）

以下一例"弄好"与"弄不好"并用：

（16）红颜知己就是男人心里的一个帮衬，弄好了，能以家庭朋友的身份，公开往来，弄不好，就得在地下维持关系。（2007.11.27）

此例的"弄不好"与前边的"弄好"相对，因此有比较明显的实义，这样的用例再如：

（17）如果学校和教师会、家长会关系弄不好，是种内耗，教育成果也会打折扣。（2004.8.23）

（18）马政府的4年500亿基层建设，如果任由原民规划，那是做不好；任由汉民处理，也是弄不好。因为大家都有私心。（2009.6.6）

"弄不好"的意思也可以比较虚，此时大致相当于一个副词，表示一种［－期望］的可能性，也是普通话的一种经常性用法，在国语中也有用例，如：

（19）妈，这里面有一只鸟，弄不好就会从窗口里飞走，一飞走，游戏就砸了。（2007.7.9）

（20）干什么事情都不会轻易服输，甚至采取一种游戏娱乐的态度来讽刺他人，弄不好会引起公愤。（2007.12.27）

另一种比较常见的用法是以"弄得"的形式带补语，与"搞得"的意思和用法相同，例如：

（21）一些短视的政客在台湾"乱搞"，弄得民不聊生，草木皆

兵。(2004.1.17)

（22）选战期间李登辉先生在关键时机，抛出兴票案，立刻弄得宋楚瑜先生灰头土脸、百口莫辩。(2004.4.9)

（23）一只小黄鸭都可以将台湾弄得这么热闹，船只要做的好，一定更多人跟着跑。(2013.9.3)

（24）最近又发生违规车队，将公路当赛车场，弄得暖暖区住民快气炸！(2015.1.12)

（25）冯世宽强调，他一定要把调查事情弄得非常清楚，给老百姓、军中一个真相。(2016.7.4)

台湾与大陆略有不同的是"弄掉"。台湾《中国时报》2016 年 3 月 5 日刊登一篇报道，题目是《想弄掉川普　共和党改游戏规则》，文章的第一句话是："'CNN'报导，罗姆尼已和其智囊团寻求在 7 月党代表会议期间修改党代规则，阻止川普获得提名。"按，这里的"阻止川普获得提名"表达的也就是"弄掉川普"的意思。类似的用例再如：

（26）为防止"被别人弄掉"，亲民党提名区域立委必须比十席还要"多一点"。(2011.7.15)

（27）相关的问题很复杂，像台湾自己也有很多测地震气象的器材被拖网渔船弄掉。(2016.4.27)

相同的意思，大陆一般会用"搞掉"，例如：

（28）若中美通过制裁搞掉朝鲜，中国的压力就会减轻？（中华网论坛 2016.2.29）

有趣的是，我们在百度新闻上以"弄掉"为关键词进行检索，结果显示的却几乎都是"搞掉"。台湾偶尔也有用"搞掉"的，例如：

（29）就好比四年前高雄市长选前的最后一夜，陈菊用"走路工奥步"，搞掉黄俊英的胜利，虽然司法后来还给黄俊英师清白，但选举结果已经无法改变。(2010.11.23)

此外，台湾的"弄掉"有时相当于大陆的"弄丢"，即表示"丢失"的意思，例如：

（30）屏东县内埔乡民罗宜屏意外弄掉 2 岁儿子最爱的毛毯，儿子天天吵着要毛毯。（《联合报》2011.10.22）

（31）举例来说，持卡人把卡片弄掉了，如果是无记名式悠游联名卡，银行会在信用卡有效期限届满之后，才退还卡片余额。(2012.2.12)

2. 闹

动词"闹"有多个意义，其中的一个是"干、弄、搞"，而在这个意义上，它是一个比较典型的俗语词，《现汉》所举的例子有"闹革命、闹生产、把问题闹清楚"。此外，再如"闹不明白、闹不懂、闹得一头雾水、闹离婚、闹分手"等，都是大陆语言用户比较熟悉的形式。

现在，国语中也时能见到一些类似的用例，如：

（32）感情不够坚定的比较容易闹分手；婚姻不圆满的也容易签下离婚协议书。(2004.1.21)

（33）双方发生激烈的拉扯，妇人因为过度紧张而昏倒，闹上警局后因有目击者的指证，才揭穿是诈骗集团伪装流动摊贩，设下陷阱栽赃诈财。(2007.8.6)

（34）他表示，"整合过程中一直在闹，最后的结果就是我们边缘化。"(2014.3.19)

（35）汪志冰痛批，闹了半天，事情几乎回到原点。(2015.4.14)

（36）他们住旅馆时，同学们因为误将痰盂当洗脸盆，闹了不少笑话。(2015.6.26)

（37）警方随即火速赶抵现场，得知该林姓男子因稍早与女友发生口角后，即联系不上女友，进而闹自杀。(2015.10.15)

（38）他故意寄情人节卡片给一千个家庭，让接卡片的家庭闹革命。(2015.12.1)

用得比较多的，是"闹得"后接谓词性成分的形式，正可以前边讨论过的"搞得"后接四字格的形式相比较。例如：

（39）事情闹得台湾政坛沸沸扬扬，许董却一句话也不再说，独自跑去日本渡假。（2005.3.29）

（40）台湾土地开发投资公司联贷案，引发内线交易闹得满城风雨，检调传讯、收押一大堆人。（2006.5.31）

（41）日常生活中、工作中，为一些鸡毛蒜皮的小事闹得鸡飞狗跳，未免太小题大作了。（2008.2.25）

（42）车商因已完成过户手续拒绝退款，双方因而闹得不愉快，转向消保官翟威宁求援。（2009.3.6）

（43）黑心食用油事件闹得人心惶惶。（2013.10.24）

（44）有关台大医院摘器官疑云，闹得满城风雨。（2014.11.21）

"闹"后的"得"也可以用"到"替换，表示情状或结果，这一点也与"搞得—搞到"相同。例如：

（45）如今大家弄得泾渭分明，甚至于闹到不共戴天，真个何苦来哉！？（2005.2.16）

（46）黄昭顺在恩托时表示，在庆祝党庆时，她的心情却无比沉重，因为目前民进党闹家变，却闹到国民党分裂。（2010.11.21）

（47）两个女人的战争势必一触即发，迟早闹到郝市长难以收拾。（2011.10.4）

（48）难道法官认为夫妻一定非得闹到反目成仇，连朋友都做不成才能离婚吗？（2014.7.22）

（49）夫妻之间就开始争执，本来没有的变成有，最后闹到离婚，这个律师就可以赚离婚的钱。（2015.12.1）

此外还有"闹成"，主要表示结果，例如：

（50）他批评金管会主委龚照胜，平时没有做好监督才会闹成这种地步。（2005.7.3）

（51）游客到五峰不是只有赏枫树，樱花也将与枫树闹成一片，

绝对让游客不虚此行。(2007. 4. 2)

（52）两个一级单位却无法互相配合驰援，甚至闹成彼此互相扞格。(2012. 10. 7)

四 关于本节的一点说明

本节中，我们从一个方面，通过数字略语和三个虚义动词"干、弄、闹"在台湾由少到多、由简单到复杂的发展来初步展示其语言风格上向大陆靠拢的趋同表现。

从宏观的角度说，在两岸共同语呈现明显化异为同趋势这一大背景下，语言及其应用的各个方面都有表现，集各种因素而形成的语言风格自然也不例外，但是却与一般语言要素的发展变化不完全处在相同的层次，因而其具体表现也不完全相同。

就层次而言，语言风格是由诸多语言要素的运用取向而体现出来的，它显然处于更高的层次，但是无论要宏观还是微观地了解和认识语言风格的发展变化，都要立足于对诸多具体要素的考察与分析。换句话说，语言风格及其变化，存在于具体的语言现象的使用及其变化之中。正因为如此，所以我们就必须从具体语言现象一定程度上的化异为同，来考察和认识语言风格的趋同表现。这样，实际上就应该采取两步走的战略：第一步，先对语言的各个要素及其发展变化进行充分的研究，形成全面完整的认识；第二步，在此基础上再来研究语言风格的变化及其发展趋势。

然而，如本书第四章所述，时至今日我们对两岸语言风格的对比研究进行得很少，现有的只是一些零星的表述和认识，在这种情况下来谈融合，其难度可想而知。所以，我们现在能做的，只能是举例性地略为谈及，相关的进一步研究，也要留待以后。

第四节 两岸共同语融合的历时考察

所谓融合，说到底一定是一个动态的过程，由历时的发展变化呈现出来，而两岸共同语之间，也确实经历了一个由相互封闭到局部性的有限开放，再到较大规模的互相开放和吸收这样一个过程。本节中，我们试图在一定程度上还原这一过程，从而使读者诸君对此有一个相对清楚的了解和认识。

以下我们将延续本章甚至本书的视角，即以国语为考察和叙述的对象，而对普通话部分的相关发展变化，只作简要的叙述和说明。

一 着眼于普通话的简单叙述

以 20 世纪末为界，普通话对国语的吸收，大致可以分为以下两个阶段。

1. 大量引进阶段

这一阶段始于改革开放后的 20 世纪 80 年代中期，止于 20 世纪末或 21 世纪初。此时两岸关系松动，台湾当局开放民众赴大陆探亲和旅游，加之港台大众文化产品大举涌入，使大陆民众一下子看到了一个不一样的外部世界，以及不一样的语言表达系统。于是，大量的港台词语源源不断地涌入大陆，成为后者新时期新词语的一个重要来源；一些新的语法形式和表达方式也被引进普通话，甚至成为流行的新形式；一些趋于退隐的语法形式和表达方式等也由于引进港台同样的形式而被进一步"激活"，甚至重新焕发青春。仅从词汇的角度看，在这一阶段，在港台词语的影响和冲击下，普通话词汇的变化主要有以下七个方面：增加新词语、增加新义项、非常用义变为常用义、提高了使用频率、古旧词语复活、产生仿造词语、出现新的搭配形式，[①] 而这也就是普通话大量引进后的表现，同时也是两岸趋同的重要表现。

关于这些方面，在很长时间的当代汉语以及两岸共同语对比研究中，始终是一项很重要的内容，有大量的研究成果与此相关，所以我们此处不再赘述。

2. 趋于饱和阶段

进入 21 世纪以后，普通话"引进"的步伐明显放慢，进入普通话的"外来"形式自然也明显减少，[②] 这一点，每一个从事相关研究的人都会有非常明显的感受。关于从上阶段到本阶段的这一变化，可以引用《战国策·齐策一》中邹忌劝说齐王纳谏，使之广开言路，改良政治的故事为喻："令初下，群臣进谏，门庭若市；数月之后，时时而间进；期年之后，虽欲言，无可进者。"现在虽然还不至于"无可进者"，但确实是过了"门庭若市"的阶段，而进入"时时而间进"时期了，即我们这里所

---

① 刁晏斌：《流行在大陆词语中的"港台来客"》，《北方论丛》2001 年第 2 期。

② 刁晏斌：《海峡两岸及港澳地区现代汉语差异与融合研究》，商务印书馆 2015 年版，第 432 页。

说的趋于饱和阶段。

这当然不会是没有原因的，而具体的引发因素大致有以下几点：

其一，整个两岸四地民族共同语甚至于全球华语，无疑都是大同小异，就词汇方面而言，有差异的词语只是很小的一部分（两岸之间大概在百分之三左右），其中还有很多由于各种原因而较难流动（详后），所以能够输出和被他方引进的，都只是很小的一部分，总体而言数量有限；

其二，随着大陆政治和经济地位以及综合国力的不断提高，普通话也开始由弱走强，由此就在一定程度上改变了语言的流向，开始由单向的输入变为既输入又输出的双向流动，就输入来说数量在减少，而输出的数量则持续增加；

其三，就普通话而言，此时最初的"引进饥渴期"已过，大量引进后，实际上已经没有太多可以并且亟须引进的形式和用法了；

其四，随着网络的日益普及和自媒体的日趋繁荣，此期大陆民众的语言创造热情空前高涨，因而更趋向于自己创造反映时代和社会发展变化的新的表达方式，在总体上有一个由"拿来主义"到"自力更生"的转向。

在两岸的语言关系中，普通话引进轨迹的发展变化及其原因是一个非常值得深入研究的课题，由于本书考察的侧重点在台湾而不在大陆，所以这个问题我们就此打住，而把更多的篇幅和精力用于以下各个小节。

二　着眼于国语的重点考察

相较于大陆，国语引进普通话词语的路径、趋向和选择性等又有很大的不同，但是根本的一点是相同的，这就是与其社会生活、社会意识以及一般民众对对方的看法和态度等的发展变化密切相关。

时下，如果我们随意浏览台湾媒体，会不时看到大陆首创的词语，并且有很多还有不低的使用频率。比如，我们 2016 年 4 月 9 日在联合知识库中以下列大陆比较流行的词语为关键词进行检索，所得使用数量如下：

> 阿里 13674，互联网＋3469，山寨 2843，一带一路 1732，全国人大 1637，一国两制 1266，亚投行 969，中国梦 524，十三五规划 289，大众创业、万众创新 146。

这反映的就是台湾"当下"而不是"从前"对大陆词语的引进情况，

而看了以下一个例子，我们或许对当下大陆语言形式在台湾的使用情况就有一个比较直观的印象了：

（1）叶宇真表示，由中国经济转型带动的牛市同时具备了"天时、地利、人和"三大要件。"天时"为全球增长模式重构中，依赖互联网代表的技术推动，中国不仅具备天然互联网基因，一带一路、亚投行推进中国走出去正由大变强；"地利"是国家政策培育新兴行业、助力制造业升级，多层次资本市场促进融资优化，启动大众创业、万众创新；至于"人和"则为中国工程师红利助推产业结构调整，生活质量提升激发多样化需求，人力资本创新、创业机会无限。（2015.6.10）

如果说以上一例中的大陆词语还只是引用的话，以下则是自用，与前者相比，显然属于更高级阶段的使用：

（2）追欠税只拍拍苍蝇不打老虎？"议员"指军公教欠税数万元的追缴达标率92.48%，但对欠税百万、上千、上亿元的欠税大户却束手无策，痛批税务局没执行力，增加人手、成本支出多了2000多万元，但成效不成比率。（《联合报》2015.5.9）

（3）他也呼吁……不要只打苍蝇、打蚊子，不敢打老虎，应该向社会大众公布事实真相。（2015.9.10）

这些大陆"反腐"流行语，不仅已经成为台湾媒体的常用话语形式，同时也成为一般民众所了解和接受的表达方式。

海峡两岸的交流势不可当，两岸共同语也在这一过程中见证、记录和反映了这个过程，并且在这一过程中不断地缩小差异、化异为同，而这也正是两岸社会及民众向心力的具体体现。

1.两个阶段和两个层次

台湾对大陆语言形式的引进，①从历时的角度考察，大致可以分为两

---

① 通过以上三节可以看出，无论是词汇，还是语法与语言风格，具体主要都落实在词语上，即台湾国语主要通过对各类大陆词语的引进或对于有"大陆特色"词语的扩大使用来实现两岸词汇、语法以及语言风格的融合，所以我们主要以各类词语为着眼点进行讨论。

个阶段和两个层次。

所谓两个阶段，就是以 20 世纪 80 年代末为界划分出的两个时间段。

前一阶段，两岸处于敌对与隔绝状态，虽然有一批大陆词语进入台湾，但是有一个非常明确的价值取向和选择范围，这就是那些能够对大陆形成负面评价和感观的词语，其中以"文革"时期的政治流行语为最多，使用范围也最广，并且一直以来基本都是贬斥性的使用，表达的自然也是贬义，其中不少一直沿用到今天。台湾社会此时对大陆词语的引进和使用，有非常明确的政治倾向性，这样的引进可以称为"贬损性引进"，而这个时期自然就应该称为"贬损性引进阶段"。

如果我们对台湾 1949 年以后的社会历史及其发展稍有了解，就会明白为什么会出现这样一个阶段。

1949 年 5 月 19 日，当时的台湾省政府主席兼台湾省警备总司令陈诚颁布《台湾省警备总司令部布告戒字第壹号》（后一般简称为《台湾省戒严令》），内容为宣告自同年 5 月 20 日零时起在台湾省全境实施戒严。戒严令在许多方面对人民的行为进行具体的规定，如严禁聚众集会、罢工、罢课及游行请愿等行动，严禁以文字标语或其他方法散布谣言等，而对违反规定的诸如"造谣惑众者、聚众暴动者、扰乱金融者、抢劫或抢夺财物者以及罢工罢市扰乱秩序者"等，均要"依法处死刑"。另外，戒严之初，有关部门还陆续颁布了一些相关的配套管制法令，如《戒严期间防止非法集会结社游行请愿罢课罢工罢市罢业等规定实施办法》《戒严期间新闻杂志图书管理办法》《惩治叛乱条例》等。戒严期间，台湾社会几乎所有公私机构单位都实施连坐保证制度，人民的言论自由受到普遍限制，政府运用相关法令条文对政治上持异议的"亲共"人士或有"叛国"之实者进行逮捕、军法审判、关押或处决。从 1950 年起到 1987 年解除戒严为止，台湾共发生 29000 余件政治相关案件，牵涉人数达 140000 人，其中有 3000—4000 人遭到处决。1987 年 7 月 14 日，台湾地区最高领导人蒋经国颁布命令，宣告自同年 7 月 15 日零时起解除在台湾本岛、澎湖与其他附属岛屿实施的戒严令（简称"解严"），在台湾实施达 38 年的戒严令自此走入历史。①

后一阶段，随着 20 世纪 80 年代后期台湾解严，当局开放民众赴大陆

---

① 以上内容据"百度百科"改写。

探亲旅游，两地语言逐渐开始真正的交流和互动，一些反映大陆当下社会生活和观念意识等的词语开始进入台湾，内容范围相对较广，并且也不限于"负面词语"。如果再分得细一些，这一阶段又可以以世纪之交为界一分为二：

前半期两岸共同语的融合主要通过大陆对台湾的吸收，或者说向台湾的靠拢来实现，而台湾新引进的大陆词汇语法等形式相对较少。虽然已有汇集大陆词语的一些工具书和手册之类开始出现，但总体而言这一阶段的词语引进数量不多、范围不广、使用频率不高、用法变化不大。因此，二者是不平衡、不对等的，更多地表现为单向性。

后半期这种情况有了很大改观，台湾对大陆词语的引进"提速"和"扩容"始于此时。就我们的调查结果来看，基本是时间越靠后数量越多、用例越多，并且表达负面信息的越少、中性或客观的越多。《自立晚报》可检索的最早时间是 2003 年 12 月，而我们检索到的用例多为近五六年，特别是近几年的。这从一个方面说明，台湾地区真正较大规模地引进大陆词语，时间并不长，甚至可以说还很短。

与前阶段的贬损性引进相比，此时可以称为中立性引进，李行健、仇志群则称为"积极性的融合"。① 那么，与此相对，前一阶段也可以称为"消极性的融合"。

所谓两个层次，实际上是说大陆词语进入台湾后的使用和发展情况，分别可以概括为"引进"和"吸收"（与前边所说的"引用"与"自用"大致相当）。

引进是大陆词语进入台湾的第一个层次，通常是指台湾媒体及语言用户直接或间接引用大陆媒体用语或一般用语，或者是报道大陆相关新闻和事件等时用到大陆词语，其结果自然都是使大陆词语出现在台湾媒体上，或者是进入台湾民众的具体使用中。但是，在这个层次上，通常都是用例不多（甚至很少）、用法也基本保持原貌。就我们所见，目前处于这一层次的大陆词语占不小比例。

吸收是指大陆词语进入台湾后，在一定或很大程度上"站稳脚跟"，具体表现大致是：其一，离开或模糊了上述引进时的大陆语境；其二，有

---

① 李行健、仇志群：《汉语文词典编纂的新课题——两岸合编语文词典的一些感受》，《辞书研究》2012 年第 6 期。

了一定（甚至较高）的复现率；其三，在原有基础上有所扩展或延伸（比如意义泛化、类推使用等）。以上三点表现大致也可以表述为引进后吸收的三个阶段，而到了第三个阶段，表明该词语已经真正的"融入"国语之中。到目前为止，真正被国语吸收，或者说已经融入其中的普通话词语已经越来越多，因此我们可以说，海峡两岸民族共同语的融合已经由最初主要是大陆向台湾靠拢，发展到基本均衡的双向互动交流，这无疑是令人非常高兴和很受鼓舞的可喜变化。

相对于大陆对台湾词语引进的前多后少，台湾则是前少后多，所谓"风水轮流转"。

2. 贬损性引进

我们先看一个"红卫兵"的例子。

据《中国大百科全书（简明版）》（中国大百科全书出版社 1996 年版）"红卫兵"条下介绍："中国文化大革命期间建立的主要由青少年学生参加的群众性组织。1966 年 5 月 29 日，北京清华大学的一部分学生在'左'的思潮影响下，发起组织红卫兵，参加文化大革命。同年 8 月 1 日，毛泽东写信给清华大学附中红卫兵，认为他们的行动'说明对反动派造反有理'，向他们'表示热烈的支持'。从此，红卫兵的组织迅速遍及全国。"

我们考察联合知识库，《联合报》中此词最早的用例见于 1966 年 8 月 25 日的一篇报道，连标题带正文一共出现了 6 次，其第一句是："日本'产经新闻'今天说，中共年轻的'红卫兵'已发出最后通牒，要求除共党外，其他各党派须于七十二小时内自行解散。"另外，还对"红卫兵"有一个简短的介绍："'红卫兵'是特别组成的中共青年团体，以保护毛泽东及'中央委员会'为职责。"由此看来，这一产生于"文革"初期的新词，在台湾从引进到现在，已经有整整 50 年的时间了。以下是近年的用例：

（4）想不到段宜康不但不思悔过，到现在还像红卫兵一样到处给别人戴帽子。（2004. 2. 26）

（5）"打手"的作风与文化大革命时代的红卫兵一样，先将人扣上帽子再来斗争。（2008. 3. 5）

（6）这是一个非常吃力不讨好的工作，得罪人的工作，我也被

有些人骂作"红卫兵"。(2010.12.19)

如果说以上几例的"红卫兵"基本还属引用的话，那么下一例就不完全如此了：

（7）阿扁有红卫兵，陈菊也有；更可怕的是，还几乎是新潮流人马＋外地人。(2010.11.8)

以下两例显示，"红卫兵"在台湾还有了一定的组合能力和类推能力，这显然不是"初级阶段"所可能有的表现：

（8）不能用这种红卫兵心态，到处乱扣别人帽子，年纪这么小就用政治斗争方式，"我觉得他们的教育失败了"。(2014.4.4)

（9）国民党……诬指民进党煽动学生，抹黑热情的学生是"红卫兵"、"绿卫兵"，是恐怖分子。(2015.8.1)

与大陆一样，"红卫兵"在台湾也是经常和学生联系在一起的。除上边的例子外，再如：

（10）吴育升痛批学生像红卫兵（《中国时报》2014.4.5）

按，这是一篇关于台湾"太阳花"运动报道的标题，以下是正文中的一句话：

立委吴育升直批学生心态有如"红卫兵"，自己攻占立院、破坏公物还敢指别人违法，别仗着社会对学生的包容，就有恃无恐。

时至2015年，台湾又爆发了"反课纲"运动，台湾《青年人》2015年8月2日一则报道的标题是《台湾反课纲高中生周天观殴打父亲　母亲评价他就像红卫兵》。

对"红卫兵"一词在台湾的使用情况，我们大致可以总结出以下几点：

第一，从表义来说，基本属于"本用"，即仍然保有原有基本语义（包括贬义色彩）；

第二，就指称对象来说，有一定程度的"移用"，即由专指而变为移指或泛指其他对象；

第三，从用法上看，略有扩展，即可以有限地用于构成新的语言单位；

第四，使用时间较长，基本从引进之初一直沿用到当下。

"文革"一词在台湾的使用情况大致也是如此。

首先，是作为指称大陆一个特定历史事件的"本用"，如：

（11）一个民族都有他历史的创伤和疤痕——中国的文革，日本的长崎广岛，德国的第三帝国。（2004.11.9）

（12）外界认为，这像当年大陆文革一样，最后使大陆因此落后十年，许多当年红卫兵现在都感到后悔。（2014.4.14）

（13）勇于内斗　大鸣大放　绿选党魁一如文革（2012.5.12）

但是，以下就显然并非专指了：

（14）谢公秉强调，当前改革的确很重要，但陈"总统"近年来推动的是文革而不是改革，一切政治挂帅，欠缺诚信，打压异己。（2005.10.10）

（15）洪奇昌指出，他对"头家来开讲"对他的生活、婚姻、名誉全面性污蔑、抹黑，这种变本加厉以文革式批斗、清算的手段深感不耻。（2007.1.19）

（16）这些指控没有一项是真实的，都是有心人士企图鼓动风潮进行文革式的舆论公审。（2008.8.28）

按，特别是后边二例，均为"文革式"，表明"文革"在台湾已经有了一定的组合能力。

以下两例中"文革"的全称形式"文化大革命"也是如此：

（17）记者询问民进党"去蒋"是在搞"文化大革命"的问题，

谢长廷响应，其实这几年来，大家都讲来讲去，不利的时候，就说对方搞文革。文革是跟你挂上一个罪名。(2007. 3. 17)

（18）国民党立院党团上午由书记长赵丽云、副书记长潘维刚召开"大陆都唾弃文革了，蔡英文妳想搞文化大革命吗?"记者会。(2011. 9. 28)

以下三个"阶级斗争"的例子，大致反映了所指对象由专指到泛指的过程：

（19）令我们好奇的是，他们的先人历经……阶级斗争、十年文革的浩劫，但在他们的脸上却看不出任何痕迹、怨恨。(2007. 5. 21)

（20）所得重新分配常被过度解读为劫富济贫，被刻意强调阶级斗争，这样的意识型态或指控很难背负得起。(2012. 3. 24)

（21）但是，现在国民党主张军公教退抚金要砍一半、民进党更主张砍三分之二，都只会利用军公教做为阶级斗争的工具，根本不曾考虑军公教的权益。(2015. 12. 22)

我们在第二节讨论"抓"的时候举了"娼妓经济，一抓就灵"的例子，并且认为它脱胎于大陆"文化大革命"时的一句流行语"阶级斗争，一抓就灵"，以下就此举例说明。

《人民日报》数据库中，"一抓就灵"共有401条记录，主要集中在20世纪六七十年代，最早出现的形式是"阶级教育，一抓就灵"，再稍后以及整个"文化大革命"期间，最常用的固定组合就是"阶段斗争，一抓就灵"。这一形式也出现在台湾媒体上，例如：

（22）毛泽东宣布中国大陆"到处莺歌燕舞"。雷锋的奇特作用使……更加深信，"阶级斗争，一抓就灵"。(《联合报》1990. 3. 4)

此例显系引用，而以下二例则是自主性的"化用"，即类推性的使用：

（23）近年来，当局一向以鼓动民气对外开衅，做为巩固权位、

扩张权力的主要民粹手段。而且，似乎屡试不爽；所谓"两岸斗争，一抓就灵"。(同上 1997.5.2)

(24) "族群斗争，一抓就灵"，不论是谢氏的"美丽岛律师逻辑"，或是民进党的乌贼战术，其实都不难理解。(同上 2007.7.19)

以下再看一组分别使用不同"文革词语"的句子：

(25) 从制度上改革吧！用制度来节制政客们<u>无限上纲</u>的哗众取宠，用制度来节制台湾的动辄选举。(2004.5.27)

(26) 格调就是把"高尚"理解成穿着、气质、爱好的品味和室内装潢。也就是<u>大老粗</u>只会表现谈吐的庸俗，"<u>小资</u>"们已经有能力庸俗他们的心灵了。(2004.6.25)

(27) 中选会上午首度举行政党票号次抽签，结果成了小党抗议中选会的<u>批判大会</u>。(《联合晚报》2007.12.19)

(28) 民进党这个"本土政党"当然要把马英九和他带领的"外来政党"彻底"<u>斗垮、斗倒、斗臭</u>"，然后再"<u>踏上两三脚，叫他永世不得翻身</u>"。(《联合报》2007.7.19)

(29) 事实上，将阿扁<u>斗臭斗垮</u>，<u>牛鬼蛇神</u>全上，一直是国民党最高选举策略。(2008.3.22)

(30) 光盘事件有三部曲……第二这些人其实是反谢长廷，"<u>打着红旗反红旗</u>"，从光盘内容出现长昌旗帜，竞选文宣等，乍看之下让人误以为是谢长廷的支持者，第三部曲就是典型的特务手法，制造<u>黑函</u>光盘，使人民、社会反感进而嫁祸谢长廷。(2008.3.9)

(31) 蔡英文与苏贞昌决战是不可能避免的。唯一与 2008 年不同的是以前为<u>武斗</u>，现在则为<u>文斗</u>，也就是较斯文的斗争。(2011.3.24)

(32) 国民党政策会执行长林鸿池说，国民党提出 26 案，民进党也有提出版本，应该会用表决决定。表决对绿不利，临时会变成<u>样板戏</u>。(2014.6.13)

(33) 台北市府观光传播局机要秘书陈思宇，前天参加三立政论节目引发争议，市议员徐弘庭痛斥市长柯文哲放任公务员上节目<u>批斗</u>。(《联合报》2015.7.10)

（34）大众觉得台湾好像进入一个混乱的时代，好像<u>造反有理</u>。（2015. 7. 24）

例（28）是对"文化大革命"期间一句"标志性"惯用语略加变化的使用，其与以下《人民日报》中用例的派生关系是非常明显的：

（35）我们将继续发扬"舍得一身剐，敢把皇帝拉下马"的无产阶级革命大无畏精神，誓把党内最大的一小撮走资本主义道路的当权派斗倒斗臭斗垮，把他们打翻在地，再踏上一只脚，叫他们永世不得翻身！（1967. 4. 23）

除"文革"词语外，国语中也还在使用少量大陆此前或此后极富特色的词语，例如：

（36）刑事局队查获<u>山寨版</u>台北富邦运动彩券网站案。（2009. 6. 24）

（37）民进党前主席许信良为"证明"自己<u>一穷二白</u>，昨邀记者参观淡水租屋，陈旧的榻榻米垫上棉被，就是他的床铺。（《联合报》2011. 4. 11）

（38）语言训练测验中心（LTTC）与《好读》合作，推出"生活英语加油站"专栏，透过情境式的阅读与会话，帮助您<u>活学活用</u>英语字汇。（同上 2011. 8. 22）

（39）笔名"南方朔"的作家王杏庆，于去年马王政争期间，投书媒体指马英九与金溥聪决定"杀王大计"，并指称金等人是"<u>四人帮</u>"。（同上 2014. 7. 10）

（40）大学生不用穿制服，但弘光科大昨<u>反潮流</u>，举办"全校制服日"活动。（同上 2014. 10. 17）

（41）（美国）终于采取军事行动，派军舰进入大陆人造岛礁的十二浬，以免被看成<u>纸老虎</u>。（同上 2015. 10. 28）

（42）新北市袁姓妇人怀疑吴姓丈夫外遇，借口出差其实去跟<u>小三</u>幽会，偷偷三度下载丈夫卫星导航内的行车路线轨迹，查出丈夫出差地点竟是"旅馆"，备齐证据跟丈夫对质；丈夫辩解不过，承认通

奸一次，交代出潘姓小三身分。（同上 2016. 7. 12）

以上词语在引进后以及台湾自主的使用中，几乎都是表示负面信息，多数都有比较强烈的贬斥意味，而这也就是我们所说的"贬损性引进"。

不过，也有少量词语表示中性义，例如：

（43）3月蔡英文将启动台湾民间国是会议，她表示，国是会议性质类似思想改造运动，以前的台湾思想改造不完整。（2009. 2. 1）

（44）在马英九全力抢救失业的最高指示下，各部会无不秉持"就业如救灾"的精神，分头展开抢救失业大作战。（2009. 4. 28）

（45）连续举办11年的"1919单车环台大串连"今上午7时30分鸣笛声响。（《联合晚报》2015. 12. 19）

上述词语的指称对象，多是一些"标志性"的人物、事件及动作行为等，显示国语大致是在这一层次上来进行贬损性引进和使用的。

至于这样的词语为什么会集中进入国语，并成为有较强"生命力"的表达形式，大致有以下几方面的原因：

其一，两岸本为同根一体，虽然时势变迁，但是海峡对岸的中国人始终没有停止对此岸的关注，无论是在隔离敌对的时期，还是开放交流的时期。

其二，由于历史原因而形成的意识形态及社会心理，使得很多台湾同胞在相当长的时间里，基本是以负面的态度看待大陆的事物，特别是在一共持续了38年又56天之久的"戒严"时期，一般媒体报道多以此类新闻及事件为主，经过这样的"过滤"，能够进入国语的，当然主要是表达负面信息的词语，并且引进之后，也主要是在这样的感情色彩下推广使用。

其三，大陆自1949年以后，经历了曲折的发展过程，特别是十年浩劫的"文革"，确实给国家和人民带来巨大损失，而这无疑也在客观上为上述贬损性的引进提供了一定的事实基础。

其四，台湾解严以后，虽号称进入民主社会，但"斗争"思维一直延续甚至不断升级，蓝、绿以及其他派别党争不断，"社会运动"不时爆发，选举文化登峰造极，而这些都在"民主"的旗号下得以公开甚至放大，成为重要的新闻资源和民众关注的话题。这样的社会现实在客观上与大陆的历次政治斗争，特别是"文化大革命"中"你死我活"的阶级斗争有很大的相似性和相关性，而这也正是"文革词语"较大面积引进台湾、特别是在大陆改革开放后基本都弃而不用的今天却仍显示出并保持着较强"活力"的最重要原因。也就是说，台湾当今社会客观上仍然保有这些词语存活的土壤和条件。

3. 中立性引进

随着台湾的解严，社会环境日益宽松，与大陆的交流和交往持续进行，在这样的社会背景下，两岸共同语的交流和交融也进入了一个新的阶段，具体表现是进入台湾的大陆词语数量大增，使用频率也在提高，而最能反映两岸关系以及台湾民众对大陆态度和心理变化的，就是由前一阶段的贬损性引进和使用到本阶段的中立性引进和使用。

所谓中立性引进，就是不带有特定的感情色彩，比较理性、比较客观地引进当时或当下反映大陆社会及民众生活的语言形式，特别是那些同实异名的大陆词语，有很多都在台湾获得了一定的知晓度和使用度。

据台湾《自立晚报》2012年10月3日报道，新任陆委会主任王郁琦对大陆的认知能力和水平受到质疑，在赴"立院"质询时，再度面临各方考问，其中有以下一段话：

> 蓝委江启臣也特地拿出"U盘"（随身碟）、"博客"（部落格）、"沙发"（抢头香）等词汇来考验王郁琦，最后他都顺利通过考验，就连最难的"B超检查"（超音波检查）也难不倒他。

由此可见，这些与台湾异名同实的大陆词语在台湾还是有一定知晓度的，而它们无疑都是"中性"的。

"一带一路"是一段时间以来非常火的一个大陆词语，它在台湾媒体中也有很高的复现率。比如以下一例：

> （46）从沪港通、国企改革、一带一路战略，到即将推动的深港通、七大领域基础建设项目，在在显示中国政府稳定经济成长、推动政策改革的决心，也成为股市突破前波高点的一大助力。（2015. 1. 14）

《人民日报》2013 年 12 月 19 日第一次出现"一带一路",但从 2014
年 5 月以后,用例才日渐增多,至今(2016 年 7 月 5 日)共有 3445 条记
录;台湾联合知识库中第一次出现是 2014 年 5 月 14 日,至今共有 1917
条记录;《自立晚报》出现的时间稍晚,是 2014 年 11 月 17 日,到现在已
有近 100 例。

下边我们再看一下 2015 年度大陆十大流行语在台湾的使用情况。

上海的语文刊物《咬文嚼字》近年来每年都会评选上一年度的十大
流行语,其 2015 年上榜的年度热词依次为"获得感、互联网 +、颜值、
宝宝、创客、脑洞大开、任性、剁手党、网红、主要看气质"。以上十个
流行语,在台湾媒体中都已出现,以下各举一例:

(47)习近平强调,要充分考虑两岸双方社会的心理感受,努力
扩大两岸民众的受益面和获得感。(2015.5.4)

(48)相关行业如信息经济的云端计算、大数据、互联网 +,现
代服务业的医疗养老、体育文化等,随政策对新兴服务消费产业的扶
植力度可望进一步加强,将有利于未来消费服务类股表现。
(2015.11.10)

(49)王朝辉:青春气色好　激似裸妆颜值高。(2015.8.5)

(50)陈建宇致词时……谈到同仁们的努力,更引用时下流行语
"宝宝心里苦,但宝宝不说"来形容。(2016.5.19)

(51)于 6 月底成立"台北创客帮"社群网络,结合"台北创客
聚"聚会活动,邀请新创事业奖得主担任"创业梦想导师"。
(2014.5.20)

(52)小米科技联合创始人洪锋日前表示,MIUI 8 系统将在 10
日与小米 Max 手机同时发布,将有大家期待很久的新功能,也有
"脑洞大开"的新设计、新体验。(《经济日报》2016.5.8)

(53)"有钱就是任性!",叶宇真强调,目前有三个趋势证明增
量资金持续流入 A 股市场。(2015.3.24)

(54)一年一度网络购物节日"双 11"又来了,剁手党们也摩
拳擦掌蓄势待发,准备发挥"一指神功"抢便宜。(《经济日报》
2015.11.16)

(55)时下众多新热词,无论是"网红经济"还是"眼球经

济"，皆与数位内容产业脱不了关系。(2016.6.1)

（56）（王心凌）最特别的是还拿下大陆 2015 年十大流行语的"主要看气质"。(《联合报》2016.1.4)

以上十大流行语中，有的还有较高的使用频率，并且有一些属于自主性的使用。再如：

（57）为深化各位经理人对虚实通路整合、数字转型思维的共识，一银藉本次行务会议的机会，邀请台湾大学工商管理学系主任兼商学研究所所长黄俊尧博士，以"互联网＋"为主题，探讨"互联网"下的"共享经济"模式。(2016.3.7)

（58）5 吋颜值美美机 OPPO F1 配备 800 万画素前镜头，F2.0 大光圈及 1/4 吋感光组件，提高更大进光量，加上内建极致美颜 3.0，无须再下载任何 APP，多种美颜及滤镜模式给你超高颜值的自拍玩美体验。(2016.7.7)

再如，说到"剁手党"，它的主要背景是"双十一"购物节，以下另一则报道对大陆读者来说应该是耳熟能详的：

（59）令消费者疯狂的"双十一"又将至，今年"双十一"全面升级为全球狂欢节，将设置土豪专场，贩卖巨星麦可杰克森的梦幻别墅等土豪商品，六百万种商品让土豪、屌丝一次买个够。(《联合报》2015.10.20)

像"土豪、屌丝"以及"一次买个够"这种"一次×个够"的大陆特有形式，与更具国语特色的"令、贩售"以及"麦可杰克森"（大陆译为"迈克尔·杰克逊"）并存并用，正是两地语言交互与交融的绝好体现。

以上词语不仅涉及的面广，而且基本都不含贬损义，因此也属于中立性的引进。另外，有的词语还充分体现了两岸一体的交融性，如"主要看气质"被台湾歌手王心凌"拿下"，也就是说，它起于台湾，在两地网民中流行，然后又扩展到更大的范围，表现为一种积极的互动。

以下我们再看"工程"一词在台湾的使用情况。

《词典》此词的释义是：

①指将自然科学理论应用到具体工农业生产部门中形成的各学科的总称。如水利工程、生物工程、建筑工程、海洋工程等。②指作业规模庞大，流程复杂，对经济发展有重要影响的建设项目。[例] 地铁～|高铁～。③泛指某项涉及社会发展或人民生活，须投入较大人力和物力的工作。[例] 希望～|菜篮子～。

其中第三个义项标注为"陆"，表明认为是大陆特有义。其实，国语中表示此义的"工程"也不乏其例，如：

（60）以民粹取代军事专业幕僚的规划，这样所谓的民主深化工程，怕是开了一个恶例。（2004.1.27）

（61）虽然黄先生一向乐善好施，时常捐助，但她认为还不够，而且方法不对，小仙女希望他成立基金会，有规划、有规模的做起慈善工程。（2004.2.17）

（62）他相信"教育脱贫"的理念，故长期以来一直支持中心的助学工程，不遗余力地协助孩子就学。（2015.12.30）

（63）周丽芳认为，文化扎根是项重要的社会软实力工程。（2016.1.9）

（64）宪政层次改革工程不是单一政党可独力完成，须靠各党派委员团结与合作。（2016.2.1）

（65）两岸关系也是承先启后的历史工程，在不同阶段，因为环境背景和客观条件的差异，往往会有截然不同的发展轨迹和经验。（2016.4.27）

此义的"工程"在国语中使用最为充分的，是由其构成的"希望工程"，我们将在下一小节进行讨论。

以下再看"给力"一词在台湾的使用情况。

"给力"本是一个方言词，2010 年世界杯期间开始成为网络热门词语，并在 2010 年 11 月 10 日登上《人民日报》头版头条（《江苏给力文化强省》),这种被官方媒体的认可和使用,使得此词有如鲤鱼跳过龙门,一下子成了一个真正的热词,并在稍后被收入 2012 年的《现代汉语词典(第 6 版)》中。此词《现汉》释义有三,前两个是动词义,一是"给予力量、给予支持",二是"出力、尽力",三是形容词,义为"带劲儿"。

据《自立晚报》报道,2012 年 8 月 13 日,台湾地区领导人马英九在出席《两岸常用词典》台湾版的新书发表会时说,大陆的"给力"他也看不懂,后来才知道是"in power"的意思,就是使他有力量;而"雷人"则是指云层放电时打到人。

笔者曾经看过这段新闻的视频,觉得特别有意思:这种新鲜而又似懂非懂的状态,或许正是一般台湾民众对引进之初的大陆词语的最正常、最自然的反应。

其实,在此之前,"给力"一词在大陆刚火起来不久,就登陆台湾了。台湾《苹果日报》2010 年 10 月 28 日曾有一篇文章报道大陆的十大口头禅,文章最后一句是:"而'给力'一词,也在今年南非世足赛后暴红,如玩游戏时闯关成功,网友就会欢呼'给力'表示'真带劲!'"。2011 年 1 月 10 日,《苹果日报》还报道了一则消息:深圳海关为了打击走私,向携带 iPad 入境的旅客课税 1000 元人民币,但脑筋动得快的旅客为了避税,干脆把黑白大头照显示在 iPad 屏幕上,想充当遗照蒙混过关,作者认为这种"数字相框"、"给力",同时文章中也引用了部分网友的评论,如"无敌,想法很超前"、"给力(带劲、酷)雷人层出不穷"等。

此后,"给力"一词在台湾就一直都在使用,大致涵盖了上述三个义项。例如:

(66)最给力的试乘体验,周周再抽按摩沙发。(2011.6.6)

(67)今年县政府更持续给力,透过台湾农渔会超市中心、枋山乡公所及枋山地区农会共同创意促销。(2012.6.5)

(68)目前公园第一排住宅单价每坪 20 万—22 万元,往外围发展住宅单价每坪 23 万—25 万元,越往外围,房价越给力。(2012.8.15)

(69)定期定额回温　大中华基金最给力(2013.7.25)

(70)参与本次活动的国泰志工,更响应乌来"一同给力,让爱延续"活动,订购饭店指定料理捐出 20% 金额做为"乌来国中小清

寒学童奖学金"。(2013.9.27)

（71）随时随地来两粒 Airwaves 深呼吸，轻轻松松"嚼对有精神"，面对熬夜挑战、长途开车超给力，助你打起精神向前进！（2014.1.24）

（72）今年美力妈妈庆祝表扬活动共有六个奖项类别，分别为"毅力妈妈"——奉献家庭照顾及社会公益；……"给力妈妈"——全心不懈教养身心障碍子女。(2014.5.10)

（73）新北市政府观光局，看准未来观光成长动能，率团赴北京营销观光，于旅展期间带来限定版"新北游 GO 给力"宣传折页。（2015.6.26）

（74）行动装置不给力　经济成长下修为 1.47%。(2016.2.17)

（75）全球中小型股给力　基金单月涨逾 5%。(2016.3.9)

台湾"国语"对大陆词语从贬损性引进到中立性引进，其间的主要变化，大致可以归纳为以下几点：

其一，两岸社会生活的变化以及台湾各界和普通民众对大陆态度及感观的变化，导致了所引进大陆词语感情色彩的"整体性转换"。

其二，引进词语的范围和数量都有明显变化：就前者而言，由比较明显地集中在"政治"方面，到比较均衡地分布在社会生活的各个领域和各个方面；就后者来说，目前虽然我们一时还难以给出一个比较准确的表述，但前少后多的表现是非常明显的。

其三，引进词语的质量发生明显变化，这里主要是指有更多的大陆词语引进后，一是使用频率增加，甚至成为台湾主流媒体的常用词语；二是自主性的使用更为明显，本小节以及下节我们的讨论中，已经或将要涉及一些这方面的情况及表现。

其四，从贬损性引进到中立性引进，反映的社会现实是，大陆越来越成为对台湾社会及民众的生存与发展有巨大影响，甚至是决定性作用的一个重要因素，因此受台湾各界关注的程度日益提高，虽然仍然有一些敌对时期对大陆思维和态度的"惯性"，但总体而言日趋理性和客观，并且引进和使用的"正能量"词语也日益增多，如前边提到的"学雷锋"，下小节将要讨论的"希望工程"等。

其五，互联网的强力助推，是造成上述变化的一个重要因素：一是无远弗届的网络拉近了海峡两岸的距离，使得"沟通无处不在"，此方的一个新词语，几乎可以即时传到彼处，进而成为一个共有词语；二是网络世界模糊了一些词语的地域标记，有些新词语甚至不太好判断它的具体出处（关于这一点，我们下边还要讨论），这样客观上也减少了可能在一定范围、一定程度上存在的引进"阻力"。

4. 从"进入"到"融入"

考察国语与普通话的趋同现象，不能只看"数量"，还要看"质量"，前者反映大陆词语是否进入台湾，代表着趋同的初级阶段；后者则说明大陆词语是否融入台湾"国语"，即是否由初级阶段进入高级阶段。

所谓融入，就是变简单的引用为自主性的使用，甚至是"化用"，而时下这在国语也早已不是个别现象了，以下就"一国两制"的使用情况来进行分析说明。

自从邓小平就香港回归中国提出"一国两制"政策以后，就在港澳台地区引起高度关注，特别是港澳先后回归以后，能否把这一模式用于两岸统一成为台湾媒体以及政治人物与民众普遍关心和热议的话题，由此进一步拉高了它在台湾的使用频率，并且在使用范围上也有新的拓展，最主要的表现有以下两点：

一是引申性使用，即凡是不同地区或人群等在物价、税收、待遇等方面有所差异，均可使用，因为涉及的范围较广，所以此义的使用频率相当高，本章第一节已经举过这样的例子，以下再举两例：

（76）县府建设局最后强调，多数的县民对水价一国两制的问题深表不公平。（2004. 1. 7）

（77）其他住在急慢性病房的病人也需要照护服务，却没有被加收生活照护费，"一国岂能有两制"，医院不应该向呼吸照护病房病人收取这笔费用。（2016. 2. 5）

特别是后一例，采取拆分使用的形式，大致属于前边所说的化用，是只有在高级阶段才可能有的变化。

二是作为类推的基础形式，衍生出新词语，以下一例很有代表性：

（78）周柏雅指出，台北市垃圾筒的设置不只是一市两制，甚至是一区两制。同样是大安区，有些路段摆设的很密集，有些路段却完全不设，让人搞不清楚市政府设置人行道垃圾筒到底有无标准？(2010.9.27)

除了此例的"一市两制、一区两制"外，我们看到且有一定使用频率的还有"一县两制、一法两制、一路两制、一本两制"，以及"一国两区、一国多制"等仿造形式。

以下我们再以大陆家喻户晓的"希望工程"为例，来进一步了解和认识普通话词语融入国语的具体情况及表现。

"希望工程"第一次见于《人民日报》是在1989年10月31日，此日，该报第二版发表一篇报道，题为《"希望工程"为失学孩子带来希望 我国设立救助贫困地区失学少年基金》，文章开头的两段是：

> 本报北京10月30日讯　新华社记者张宿堂、本报记者袁建达报道：中国青少年发展基金会今天在这里作出决定：设立救助贫困地区失学少年基金会，长期资助我国贫困地区品学兼优而又因家庭困难失学的孩子重新获得受教育的机会。
>
> 这项被命名为"希望工程"的救助活动，得到了许多党和国家领导人特别是老一辈革命家的赞许和支持。

"希望工程"这一称名几天后就出现在台湾媒体上，例如：

> (79) 大陆"中国青少年发展基金会"日前宣布成立大陆第一个救助贫困地区失学少年基金组织，并将展开一项被称为"希望工程"的活动。(《联合报》1989.11.2)

此例见于该报大陆版的新闻报道，自然属于引用，而此后这样的引用也时能见到，再如：

> (80) 中国尚有多少穷困的家庭，儿童没有受教育的机会？旧金山侨委李竞芬每年在侨界努力募款，以支持希望工程，希望协助这些失学儿童。(2004.6.4)

如果仅有这样的用例，那充其量只能说这个普通话特色词语已经进入国语，只有当国语中出现了自主性使用，特别是借助这一形式表达另外的意思，它才算是真正的融入。其实，就《联合报》的使用情况来看，这样的用例早在20世纪90年代初就产生了，例如：

（81）期待院长以大气魄、大决心为台湾的弱势同胞搭建"希望工程"，以合理分配的社福预算使弱势者得到基本生存权的保障。（1992.12.31）

台湾本土产生的、与大陆最初含义不同的各种"希望工程"为数不少，仅《自立晚报》中这一指称形式就有6页，100余例，其中多数均为此类。比如以下一例：

（82）杨秋兴十五大对策，包括：……（八）希望工程：贫困、单亲、隔代教养等孩子，接受完整教育，摆脱贫穷循环。（2014.9.16）

按，这里对"希望工程"作了定义，显然不同于大陆的希望工程，但似乎还相去不远，而以下各例差得就更远一些了：

（83）希望以"社会福祉"的追求及"社会经济"的发展为承载基础，运用投资创新概念，协助处于发展体质弱化的地区，建构地方永续活动的经验，也为政府挑战2008厚植城乡下一个世纪竞争力的希望工程作准备。（2004.5.31）

（84）体育运动总会与新境界文教基金会29日共同举办的"台湾体育希望工程—2005高峰论坛"，邀请一百七十位产官学界与优秀教练、选手出席，展开一天的讨论议程。（2005.8.29）

（85）杨秋兴表示，四年前他以产业科技、观光文化为主轴，提出八大希望工程，作为"县政蓝图"。（2005.11.21）

（86）谢长廷不回应，仅说，新的一年，希望台湾恢复秩序、恢复安定，有一个新的希望工程，这个希望工程就是社会安定、经济发展、人民能够平安过日子。（2006.12.30）

上述"希望工程"有的是专指，有的是泛指。我们所见，《自立晚报》中以"希望工程"构成的指称形式有以下一些：

> 就业希望工程、台湾高尔夫希望工程、校园创造力教育希望工程、单亲妈妈希望工程、教育希望工程、复育屏东市河岸新绿带的希望工程、滚球运动希望工程、一二三希望工程、苗栗教育新希望工程、原住民孩童希望工程、三星希望工程、百年环境希望工程、三中一青希望工程、客家希望工程、征服疾病—癌症希望工程、美若康视光希望工程、再生计算机希望工程、棒球希望工程协会、希望工程超值纪念组、高雄县低收入户新生代希望工程脱贫计划、屏北地区弱势家庭第二代希望工程脱贫助学方案、辅导单亲妈妈创业与就业的希望工程计划、新生代希望工程计划、希望工程教育基金、青年希望工程计划、台湾希望工程学会、部落希望工程委员会、屏东市希望工程服务协会、灾民重建家园的希望工程

很多贬损性引进的大陆词语，在长期的使用中，也早已完成了从进入到融入的过程，除前边涉及的词语外，以下再举几个这样的例子。

先看"破四旧"两个层次的例子：

> （87）不管是鼓队、宋江阵或八家将，都充分展现台湾的民俗、活力，其实这些很多都源自于大陆，但大陆文革破四旧后大多失传，现在在台湾反而保存的很好。（2012.9.17）
>
> （88）公督盟常务理事顾忠华强调，本次选举就是要破四旧立四新。（2014.11.30）

再看几个"造反"的融入性用例：

> （89）口才一流的吴敦义还批评少数拥连续任的"老人"，在县市长选举中造反。（2005.5.24）
>
> （90）红衫军领袖施明德说，阿扁敢戒严我就敢造反。（2007.11.26）
>
> （91）被媒体解读为"造反"的郝龙斌，也致电台中市长胡志强

"交换意见"。(2009. 10. 27)

1958 年至 1960 年，大陆全国上下掀起了轰轰烈烈的"大跃进"运动，使得此词成为那个年代最为流行、同时也是现代中国历史进程中非常重要的标志性词语之一。此词也是早已引入台湾，并且始终保有一定的使用频率，且有较多的发展变化，因此是大陆词语从进入到融入国语的一个比较典型的词。

此词现在仍有少量用于贬义性的使用，例如：

（92）周刊质疑苏嘉全没有利益回避，让妻子的官职大跃进，从荐任变简任。(2005. 8. 10)

但是，在更多的情况下，主要是中性甚至褒义性的使用，即感情色彩产生变化。例如：

（93）保德信投信桃园分公司将举行"投资无国界，财富大跃进"全球投资展望说明会。(2004. 3. 22)
（94）这是政府便民措施革命性的大跃进，三县市地政信息系统结合后，实质也大大提升了为民的服务质量。(2007. 12. 26)

并且，在较高频率的使用中，还产生了一些变化性的用例，主要是用为一般动词，例如：

（95）台湾的数字生活时代即将大跃进，中华联网宽带公司正式宣布，台湾第 1 家行动电视开始试播。(2007. 4. 30)
（96）美商亚洲美乐家有限公司台湾分公司……从去年业绩成长率排名第 181 名，大跃进至第 109 名。(2009. 5. 15)

另一个重要表现，是由"专义"到"泛义"，这一点，主要通过与之共现的修饰限定成分或陈述对象显示出来。仅《自立晚报》中不同的组合形式就有以下一些：

业绩大跃进、空货运大跃进、观光产业大跃进、进步大跃进、台北县府大跃进、两岸观光政策大跃进、性福观念大跃进、现代文明大跃进、屏东发展大跃进、排名大跃进、竞争力大跃进、奥黛莉新品大跃进、环保健康大跃进、营运大跃进、扣关 WHO 大跃进、再生医疗技术大跃进、学习效果大跃进、技术能力大跃进、台湾银行在陆拓点大跃进、相关产业大跃进、消费大跃进、全球豪华房车市场大跃进、航空城大跃进、W 钢圈机能大跃进、整体机能大跃进、上榜企业数大跃进、陆资陆客大跃进、科技基金表现大跃进、餐饮业绩大跃进、交通运输环境大跃进、营收大跃进、民主大跃进、受欢迎指数大跃进、发展大跃进、4G 涵盖范围大跃进、生活机能大跃进、规格大跃进、投资金额大跃进、类别大跃进、电信产业大跃进、承销业务大跃进、大陆推案量大跃进、承销业务大跃进、环教大跃进、收益大跃进、全天候水感大跃进、太阳光电大跃进、屈臣氏大跃进、欧元区看好度大跃进、幸福指数大跃进、广告点阅成绩大跃进、保险服务大跃进、居家安全大跃进、高雄大跃进、观光产业大跃进、居家防护大跃进、居家安全意识大跃进、营销大跃进、实力大跃进、节能减碳大跃进、名次大跃进、商业智慧化大跃进、品牌价值大跃进、绿色金融大跃进、欢乐耶诞城大跃进、节省成本大跃进、PM2.5 采样设备大跃进、营收成长大跃进、获利大跃进、外观与配色潮力大跃进、简单大跃进、经济大跃进、微信支付大跃进、武魂系统的大跃进、科技的大跃进、拍照性能上的大跃进

"山寨"是目前在台湾比较流行的一个词。据石定栩、邵敬敏、朱志瑜介绍,早在 1954 年 6 月 21 日的香港《工商日报》中,就已出现"'山寨'式的预算"的说法。① 台湾也较早地引进了"山寨"的这一意义,例如:

（97）香港新成立的假发业公会临时会长刘文汉日前宣布:目前香港百分之八十的假发厂暂时停工,有四万位工人投闲置散。这当然

---

① 石定栩、邵敬敏、朱志瑜:《港式中文与标准中文的比较》,香港教育图书公司 2006 年版,第 99 页。

使得各有关方面人士颇为震惊。他所说的八成停工系指代大厂加工的所谓"山寨式"小厂,而所谓失业的四万工人实际多属散工。(《经济日报》1970.12.9)

但是,表示此义的"山寨"此后在台湾鲜能见到,它的真正流行,始于2008年此词在大陆开始流行以后。以下是《人民日报》中最早的用例:

(98)"山寨"是今年的潮流词汇之一,最早是指国内一些厂家"比照"国内外名牌数码产品制作的价格低廉的"国货",如"山寨手机"。随着"山寨"涵义的不断延伸,许多网友就将那些模仿热播电视剧的剧情、人物和风格,并改头换面的"本土"电视剧,形象地称为"山寨剧"。调查发现,当前不少热播的影视剧其实都有"山寨"的影子,荧屏似乎刮起了一股"山寨风"。(2008.10.22)

就在2008年当年,"山寨"一词开始流行的时候,它就第二次进入台湾,或者说是被此词在大陆的流行重新"激活",时间比上引《人民日报》的首见时间还早。以下两例是联合知识库中所见的最早用例:

(99)总直接把联发科的一元解决方案与大陆手机市场的黑手机或山寨机等画上等号,这对公司形象有一定程度的影响,对辛苦研发团队也很不公平。(《经济日报》2008.6.4)

(100)大陆媒体报导,去年中国的"山寨手机"产量至少达1.5亿支,造就了庞大的地下产业,严重威胁到品牌手机的生存空间,深圳已自16日起开始打击山寨手机等仿冒商品。(《联合晚报》2008.6.17)

在接下来的一段时间里,山寨现象持续引起台湾民众的关注,相关的报道也时能见诸报端,例如:

(101)"山寨风"吹遍大陆各地,各类山寨版如雨后春笋般冒出。始作俑者的"山寨手机"更是可观,中间利润高达100%,去年至少 1.5 亿支产量与大陆品牌手机市场等量齐观。山寨不但成为流行用语，更有厂商突发奇想引进"山寨明星"大捞钱……从山寨手机起源，如今山寨风已吹遍中国大陆各地，发展到不同行业，铺天盖地而来，例如一名酷似台湾周董的"山寨版周杰伦"代言"山寨 iPod"的广告，"山寨周华健"代言皮鞋，"山寨 F4"代言运动鞋。快餐店、食品饮料、生活用品皆充斥山寨版。(《经济日报》2008.11.2)

"山寨"现象虽然盛行大陆，但其最初的引发或促成因素，应该也有台湾的一份"功劳"，比如上例的那篇文章在介绍大陆的山寨现象时，还不忘加上这样一句：

(102) 台湾联发科技是山寨手机的最大零件供货商，估计大陆手机市场十部之中至少有四部是用联发科技的零件，堪称"山寨机之父"。(同上 2008.11.2)

在这样的背景下，"山寨"一词在台湾也流行起来了，到 2016 年 7 月 24 日，联合知识库中已有 2878 条记录。在较高的使用频率下，此词在台湾还有了用法上的较大变化，主要是可以直接用为动词，大致义同"模仿"。例如：

(103) 现场为搭配情人节气氛，还将电影喝酒桥段搬上首映礼现场，现场五对情侣山寨劳马帅气喝酒方式，引得台下笑声连连。(2009.2.14)

(104) 陈其迈说，从去年五都选举到现在，当家执政的国民党不认真提出福国利民的政策主张，只会用抄袭的手法，模仿、山寨民进党提出的进步政策。(2011.8.14)

(105) 轰动 18 年，春呐继烟火热，汽球也遭山寨？(2013.3.22)

(106) 积极寻求台湾观光的创新之路！只山寨不创新，台湾观光大国的梦想终将泡沫！(2014.2.28)

(107) 游戏被山寨　DeNA：寻求法律途径解决　(2015.4.1)

同样的意思，大陆经常用"克隆"来表示。

我们在《自立晚报》中见到的"山寨"直接和间接组合形式有以下一些：

> 山寨机、山寨手机、山寨手机游戏、山寨游戏、山寨品、山寨货、山寨版、山寨化、山寨文化、山寨产业、山寨零件、山寨仿冒产品、山寨大楼、山寨豪宅、山寨王国、山寨杨贵妃、山寨威而钢、山寨"钢铁人"、"山寨"泛绿议员、山寨运彩网站、山寨剽窃、山寨的中国圆楼建筑、山寨的防火屏障、山寨的白宫记者会
>
> 山寨版政策、山寨版政府、山寨版台湾商品、山寨版捷运、山寨版老师、山寨版 BRT、山寨版 App、山寨版的国民党、山寨版的"九二共识"

通过本小节以及本书以上各节所举的例子及相应的分析，我们可以看到，台湾"国语"对大陆词语的引进和吸收已经步入"快车道"，不仅引进词语的范围拓展、数量增加、质量提高，而且引进后的融入过程也在加速，融入程度也在不断加深。上述事实清楚地说明，两岸共同语融合的天平，由最初大陆向台湾一方倾斜，到现在已经基本平衡，处于一种积极的双向互动之中，也可以说是两岸共同语化异为同的进程明显提速，这是我们非常希望和愿意看到的。

第五节　余　论

本来，在我们最初的构想中，本书第五章"两岸共同语融合研究"并非重点，甚至在一定程度上只是"备类"而已。但是，通过我们稍微细致一点的工作，对两岸共同语融合的曲折过程及其与各自社会及相互关系的变迁之间的直接关系有了比较清晰的认识，同时也发现了国语近几年对大陆词语引进速度和范围等的变化。这样，一路考察和写下来，本章就成了各章中字数最多，同时也可能是本书分量最重的一章。在基本完成了本章的主要内容后，我们益发坚信，不仅两岸共同语的差异值得深入研究，她的融合过程、具体表现及其规律性等，同样也是既有实际意义又有理论价值的一个重大课题，值得花大气力进行专门的深入研究。

在本章的"余论"部分，我们还是着眼于台湾"国语"，主要讨论两个问题，一是哪些大陆词语易于或不易被台湾"国语"吸收，二是大陆词语主要借由哪些渠道批量进入台湾"国语"。

一　哪些大陆词语易于被台湾吸收

在国语与普通话趋同的过程中，哪些大陆词语比较容易引进，且引进后比较容易有较高的使用频率？对这个问题的全面回答，有赖于进一步的深入研究，这里我们就观察到的情况主要提出以下几点。

1. 反映引起高度关注事物的词语

比如前述的"一国两制"就是如此，此语先是一般性地引用，在此基础上，又有了用于其他方面的"移用"，甚至还出现了以此为"模板"的仿拟。再比如"钓鱼岛"，近年来中日之间岛争不断，特别是从2012年日本政府不顾中方反对，强行购岛以来，持续发酵，广受关注，而主角无疑是中国大陆和日本，影响所及，大陆一直使用的"钓鱼岛"不仅进入台湾，而且还挤占了台湾原有"钓鱼台/臺"的一部分使用空间。此外，像"山寨现象、一带一路、亚投行"等，都是如此。再比如，近两年已经演变为全球性购物狂欢的"双十一"，在台湾同样也引起巨大关注并开始积极参与，仅《自立晚报》中相关的指称形式就有"双十一节、双十一光棍节、双十一购物节、双十一网购狂欢节、双十一网路节、双十一商机、双11购物节、双11网购节、双11光棍节、双11电信网购节、双11买疯购物节、双11购物狂欢、双11光棍商机、双11优惠组、'双11'网购、双11物流货代、双11活动、双11疯狂购、双11热潮"等。

时下，每当大陆党和政府有什么新的举措或方针政策，社会有什么影响较大的事件等，相关的指称形式在极短的时间内都会登陆台湾，甚至差不多是即时出现，两岸共同语体现了越来越强的同步性。

2. 表现力较强，且可弥补对方不足的词语

台湾中国文化总会秘书长杨渡先生在接受《中国艺术报》记者采访时说："这些大陆用语会流行，主要是具有鲜活的形象和简短有力的特质。例如：山寨、钉子户、小资、小三、铁杆、微博等，最近则是某某哥、某某姐等，其中尤以网络用语流行最快。"杨先生进一步就此举例说，"山寨"比台湾原来使用的"盗版"更形象鲜明，又有喜剧效果，就被民众采用而取代了原先的"盗版"。"小三"在台湾原本叫"第三者"

"情妇"，但"小三"则相当有趣，又有新鲜感，于是被大量使用。①

"小三"的例子前已举过，以下再举两例：

(1) 相信不管妳是犀利人妻还是性感小三，只要找到最适合自己的内衣，挑到最能展现自信的内在美衣着，就能完全掌握曼妙绝美身型，成功掳获占领男人的心！(2011.3.9)

(2) 开发金副总吴春台妻子米凯莉不满遭李珍妮指为"小三""劈腿"而求偿，台北地院 6 日判李珍妮应赔新台币 300 万元并登报道歉。(2014.3.6)

此外，再看几个其他的用例：

(3) 在上层指示下，AIT 高雄分处开始协助美国海关与台湾相关人员交涉，刚开始时双方摸石头过河，面临许多困难。最后都一一克服了。(2005.8.16)

(4) 外资今年来在东协 3 国买超持续扩增，除了使东盟股市持续引领亚股多头走势之外，也推升相关目标成为亚洲区域股票型基金的绩效领头羊。(2016.7.21)

(5) 破坏公物别人买单，找不到高薪工作就上街、回家啃老，属于不面对人生、极不负责任的表现。(《联合报》2014.6.13)

3. 理据性更强或更合理的对应词语

比如大陆的"导弹"与台湾的"飞弹"，二者音节相同，结构相同，中心语素相同，所指也相同，即"依靠自身动力装置能高速飞行，并依靠控制系统制导的武器"（见《现汉》）。但是，它们的理据性有明显的优劣之分：前者保留并凸显了"依靠控制系统制导"这一核心语素，而后者却丢失这一意义。所以，我们的调查结果显示，"导弹"不仅进入台湾，而且显然已经"挤占"了后者很大的一部分空间。在近十年的联合知识库中，"飞弹"有 5281 条记录，而"导弹"已有 1050 条。我们相信，假以时日，二者还会有此消彼长的进一步变化。再如前述的"钓鱼

---

① 见《那一岸的"大陆话"》，《中国艺术报》2012 年 12 月 9 日"大视野"第 2 版。

岛"与"钓鱼台/臺",就通名部分来说,"岛"显然要比"台"更加准确、使用更加普遍。

再如以下几组两岸对应词(台—陆):"土石流—泥石流、恐攻—恐袭、匿踪战机—隐形战机、智慧财产权—知识产权、薪资—薪酬",现在后者在台湾都有一些用例,有的还为数不少。以下各举一例:

(6)受热带季风影响,泰国中部乌泰他尼府村庄被淹没,成为一片泽国。大批良田、民居被淹,并引发泥石流、山体滑坡等灾害。(Upaper2011. 10. 13)

(7)冒名登马航　查是否涉恐袭。(2014. 3. 9)

(8)天弓三型防空飞弹具有拦截隐形战机能力,并已通过初期作战测试。(2012. 11. 5)

(9)中华电信……更陆续接下多部电影的吃重后制特效运算任务,同时发展出具独立知识产权的"云端电影项目管理系统"、"云端动画师"等高科技云端电影制作工具。(2014. 12. 18)

(10)大学系统大部分都订有系统校长薪酬支给规定,可是却都表示系统校长没有领取薪酬,规定与执行上显有落差。(2015. 9. 10)

4. 产生于网络并且主要借助网络传播与流行的词语

我们发现,在进入台湾的大陆词语中,起于网络的流行语占有相当的比重,这并不奇怪,因为相对于两岸的"现实语言",网络语言产生的时间晚得多,它没有那么多的"传统"同时也没有那么多的"负担",而网络世界沟通的即时性和无远弗届的特点,使得整个华人世界的网络语言比现实语言具有更高的一致性和同步性。所以,网络世界中新词语的流行和传播速度远比现实世界迅速快捷,而有很多大陆网络词语正是由这一快捷通道迅速进入台湾,从而成为两地或多地之间的共同用语。本章中分别调查过的2012年大陆网络流行词语和2015年度大陆十大流行语(其中有几个是网络流行语),以及上文中列举的不少例词,都有共同的网络背景,以下再举几例:

(11)"屌丝"原本是粗话,是出身卑微的"矮穷丑"青年男性的自我解嘲用语,和"高富帅"恰成对比。但因为富人容易引起反

感，现在很多人喜欢以屌丝自居，所以也逐渐成为涵盖中国多数年轻消费者的流行语。（《联合晚报》2014.2.16）

（12）网友说：小猪没演，<u>躺着也中枪</u>。（《联合报》2014.6.13）

（13）成龙十多年前拍摄的洗发精广告影片，近日成为大陆网友恶搞大热门，广告中的状声词"<u>duang</u>"更成为网络热门语，网友把简体字"成龙"上下组合成为对应字。男星黄晓明、导演冯小刚都跟上这股"duang"风潮。（同上 2015.3.4）

（14）春节<u>猴赛雷</u>　买房送游艇。（《联合晚报》2016.2.12）

（15）伊能静怀孕装嫩　挑战<u>A4 腰</u>失败。（Upaper 2016.3.22）

二　哪些大陆词语不易为台湾吸收

简单回答了上述问题，那么接下来的一个问题自然就是，哪些大陆词语不容易被台湾吸收和引进？我们初步的认识是，大陆词语能否引进台湾，大概至少要受制于以下几个因素：

1. 词语所反映内容的限制

反映此有彼无的事物，或者是与台湾已有事物"不兼容"的词语一般不易引进，或者即使引进，也不太容易流行。比如就当今的网络流行语来说，一些与焦点人物或事件联系密切，或者是由其衍生出的词语，指人的如"超女/男、房姐/叔/爷/祖宗、表叔"，指事物的如"欺实码、最炫民族风、杯具、围脖"，指动作行为的如"筑巢引凤、待岗、被××、蒜你狠"等，基本就是如此。上引对台湾杨渡的采访中，杨先生也提到，"大陆用语进入台湾，主要是看社会生活中有无此种现象"。此类词语即使引入台湾，也大致只限于进入的层次，而不太可能融入其中。例如，"一带一路"当下在台湾的"引用率"虽然很高，但是化用的可能性却很小，而实际上我们也没有看到这样的用例，因为至少到目前为止，它与台湾的关联似乎还不是特别大，对台湾普通民众的影响似乎也还没有显现，另外，这一指称形式的"专指度"可能也太强，这也在一定程度上降低了它"泛用"的可能性。

2. 风格色彩上的取舍

虽然本章第三节讨论了国语与普通话在语言风格上的融合倾向及其表

现，但总体而言，国语仍然"尚雅崇旧"，因而具有相当明显的"古旧色彩"，① 受此决定和影响，那些太俗白、俚俗性过强的词语，往往会受到较大的限制，从而降低了引进和吸收的可能性，如"拼爹、牛B、忽悠、－爷"等，大致即为此类。第一节第三项调查中的"打横炮"没有用例，而与之对应的"搅局"却有60例，应该也有这方面的原因。另外，该项调查中"侃爷"与"盖仙"均无用例，一定程度上也是因为后者在台湾是一个不太能登大雅之堂的"俗词"，所以，它一般不会出现在正式的书面语中，而与之风格色彩相同的"侃爷"自然也是如此。

3. 词语类型的制约

这里的"类型"可以从多个角度来划分。比如，就使用频率来说，一般的低频词语，包括临时仿造及随机简缩的，前者如"学星"，后者如由"义诊、义卖、义修、义宣"归纳的"四义"；② 从构成类型来看，大陆的字母词语中有一类汉语拼音字母词语，因为台湾目前主要还是使用注音符号，所以一般也不会直接引进诸如"GG（哥哥）、MM（妹妹）"之类的字母词语；就构成机制而言，比如有一类俚俗性、地域性较强的谐音造词，如"气管炎（妻管严）、马大嫂（买汰烧）、莫斯科（没事科）、仿羊皮（仿洋皮）"等，③ 都很难扩展到更大的范围。

三 大陆词语引进的主要方式和渠道

在信息时代的今天，两岸之间的沟通与交流日益便捷，语言的流通和借贷也异常方便快捷，这无疑给大陆词语引进台湾提供了更多的"绿色通道"。实际上，有越来越多的大陆词语正是借由这样的通道而源源不断地进入台湾。

总体而言，目前国语引进普通话词语的方式和渠道主要有以下四种。

1. 媒体直引

两岸之间，不仅有很多记者常驻对方，媒体之间的交流和互动也相当频繁，加之网络中信息的实时传播，可以即时性地加以转载、引用，由此就使得一方的新生、独有或特色词语可以快速进入对方，并且有可能扎下根来，成为双方的共用词语。

---

① 刁晏斌：《台湾语言的特点及其与大陆的差异》，《中国语文》1998年第5期。
② 杨华：《汉语新词语研究》，黑龙江教育出版社2002年版，第25—26页。
③ 陈光磊：《改革开放中汉语词汇的发展》，上海人民出版社2008年版，第135页。

以下是两个并非刻意寻找到的例子：

（1）如何以渐进的方式，由量变转为质变，放弃、调整一些不切实际的主张与作法，解放思想，与时俱进，此其时矣！（《中国时报》2014.6.14）

（2）善用数据的人才是赢家，博威顾问董事长何坤谦日前获颁金炬奖时，用了这句话勉励有意要竞局全球市场的企业，在大数据时代，靠的就是数据力量，而不是拍脑袋决策。（《联合报》2015.7.29）

按，前一例如果去掉最后一句的"此其时矣"，不看句末的出处，一般的读者恐怕都会以为这是出自大陆《人民日报》或其他官方媒体，大概不会想到是台湾四大报之一的《中国时报》中的句子，而这说明，其实进入台湾的不仅仅是一些具体的词语（如大陆非常流行的"解放思想、与时俱进"），还有使用这些词语的语境，即一种表达方式或话语模式，而这无疑是更高程度和层次的融入。后一例的"拍脑袋"是大陆俗语，它也可以直接进入台湾的主流媒体。

如果是在引进之初，或者是对台湾民众而言可能陌生程度太高，则还有一种"救济"措施，即采取文中加注的形式，以下仍是"拍脑袋"的用例：

（3）大陆证监会主席肖钢的熔断机制，遭市场反扑数日内鸣金收兵，想探究为何有此"拍脑袋"（大陆用语形容全凭主观、靠经验做决策）政策，需先回到谁是根正苗红的"赵家人"身上。（《联合晚报》2016.1.11）

总之，在两岸共同语内部，借由对意思理解无障碍词语的直接引进，以及可能略有障碍词语的"辅助性引进"，大陆词语基本都可以"长驱直入"台湾。

以下再举一个辅助性引进的例子：

（4）中国银联近日发布大陆"2015 行动互联网支付安全调查"

报告指出，大陆民众"移动（行动）支付"最常使用的工具就是手机。（《联合报》2015. 12. 3）

2. 网络互融

时下，社交媒体以及其他各种网络平台为两岸民众之间直接的对话和交流提供了无限的可能，加之虚拟世界与现实世界之间的界线日趋模糊，网络语言与自然语言之间的交流和交融也成为现实，而有很多一方的词语及表达方式等正是借由这一渠道，先是成为网络世界的共同语，然后还有可能进一步成为现实世界的共同语。本章第一节引用俞剑明的文章对此作过一些举例说明。① 再比如，《自立晚报》2005 年 1 月 12 日刊登一篇《成都美女分类和美女地图》，注明为网友 Venson 提供，由其对大陆的历史以及当地风土人情的熟悉程度来判断，应该是一位大陆写手，文中一共出现了三个使用"弄"的句子，即"但选不正确弄一个垃圾股来被套牢也说不定""最保守的也要弄个白领干干""仿佛旧时女人的裹脚，是把人的器官弄成畸形为美"。前边讨论"弄"在台湾已有较多使用，而像这样来自网络的文本可能正是一个推高的因素。

网络世界的特殊性，很大程度上模糊了作者的身份，也大大淡化了网民国家、地域以及阶层等的区分，自然也就模糊了某一"原创"词语的"身份"信息和来源信息，这样更容易成为所有网民的共同财富，自然也就更容易进入更大的使用和流通范围，从而实现从由网络世界的语言互融，到现实世界的语言互融。

购物及相关的活动一直是网络上的热闹话题，以下就举一组与此有关的台湾用例：

（5）今天是大陆双十一"光棍节"（又称网购节），大陆网购族全员戒备，网友称，双十一大战在即，应该"断网断电，守好婆娘！"男性网友纷纷慨叹曾经的大学生光棍节，已变成"败家节"。（《联合报》2014. 11. 11）

（6）剁手党是谁买啥 淘宝揭秘　80 后、90 后占网购族73%，小鲜肉爱篮球、足球　女性 35 岁前喜欢买泳装。（《经济日报》

---

① 俞剑明：《两岸语言差异》，《浙江日报》2010 年 5 月 26 日第 8 版。

2015. 12. 11）

就是这样的用例，混淆了网络世界与现实世界的语言界线，而其实不少相关词语早已进入台湾媒体，成为现实世界的真实用例，如：

（7）平常就很喜欢到地下街来逛街挖宝，这里许多专柜品牌的衣服，却仅仅地摊价，款式流行又好搭配。除了服装，也有些饰品小配件可以逛，每次来都忍不住败家一番。（《联合报》2006.8.13）

（8）对日复一日毫无改变的工作厌烦，想脱身休一个假，体验一点新事物，这时要作什么？登山？旅游？出国血拼？（《经济日报》2006.8.27）

（9）今年"双11"为土豪推出的拍卖专场，除了珠宝首饰，还有价值人民币逾亿的海外房地产，不过，似乎没有打动土豪的心，逾亿海外房产乏人问津。相对于土豪的理性，剁手党就有些疯狂。今年还出现一个新名词，叫"吃土族"。（同上2015.11.12）

3. 影视作品输入

通过各种渠道（特别是网络）大陆影视作品进入台湾数量和种类都今非昔比，由此，也使得台湾民众及其语言受到一定程度的影响。笔者曾经在电视上看过一期台湾的谈话节目，主持人说"台湾演大陆剧，大陆词语就进来了"，而实际情况也正是如此。比如，《自立晚报》2013年2月22日刊登一篇台湾溪头明山森林会馆总经理、妖怪村村长、鹿谷观光产业促进会理事长林志颖的采访记录，其中有以下一段话：

我们在迷大陆的甄嬛传，舌尖上的中国，我们都会去看这些，难怪我们会被统战、被洗脑，发现原来中国是地大物博……我们看了这些纪录片会感动。

正因为如此，所以联合知识库中有307条"舌尖上的"的记录，而《自立晚报》中不重复的组合形式也有以下一些：

舌尖上的台湾、舌尖上的台湾美食、舌尖上的台湾美食佳肴、舌

尖上的美味、舌尖上的绝凡美味、舌尖上的艺术、舌尖上的宝丽、舌
尖上的悸动、舌尖上的黄金蚬、舌尖上的艺术、舌尖上的诗人

喜好美剧和韩剧、日剧的人，对"字幕组"都不会陌生，《联合报》
2014 年 7 月 2 日的一则报道中，有以下一句：

> 随着大陆视频网站逐渐站稳脚跟，过去与收看美剧息息相关的
> "字幕组"与"下载软件"正在改变。大陆 4 大字幕组：伊甸园、风
> 软、破烂熊、人人影视，过去近 10 年间，成为美剧在华语地区火红
> 的幕后推手。

在这种情况下，字幕组推动的，就不仅是美剧等在华语地区的快速
传播，同时还包括字幕中所显示的与大陆语言相关的一些因素。笔者曾
经看过一个台湾的综艺节目，一位嘉宾说自己是通过字幕组认识简体
字的。

4. 人员交流

前边提到的台湾谈话节目主持人除了说"台湾演大陆剧，大陆词语
就进来了"外，同时还提到"大陆新娘、大陆观光客，也带来大陆词
语"。

比如，据《联合报》2010 年 1 月 29 日报道，大陆权威财经作家吴晓
波，受邀参加台北国际书展，为他的成名作《大败局》宣传。他接受专
访，特别提到台湾的文化创意产业将可能是未来两岸共创"大胜局"的
关键。在接下来的采访记录中，出现了"搭着'市场经济'顺风车、民
营企业、宏观调控、跟媒体打交道打得'过火'了、扩大内需、硬件、
软件"等，而这些都是大陆比较流行的形式。

近年来，大陆到台湾求学和交流的学生越来越多，他们自然也会把很
多大陆词语带到台湾。笔者的一名硕士生 2016 年上半年到台湾东吴大学
交流半年，从同学和老师处就了解到，他们从"陆生"那里听到好多大
陆词语并不知其义，于是向她询问或求证，如"U 盘、鼠标、高富帅、
白富美、高大上、靠谱、接地气、女汉子、票贩子、黄牛、煎饼果子、麻
辣烫、驴打滚、鸡蛋灌饼、豌豆黄、创可贴、小卖部、家属院、打的、忽
悠"等。

人员交流是双向的，也有大批的台商以及其他或长期或短期在大陆逗留的人，必然也把一些大陆词语带回台湾，正像有一些台湾词语也是借由这样的渠道来到大陆一样。以下一句话就很有意思：

> 台湾人高谈阔论叫"开讲"，大陆人言论争执叫"抬杠"。我常跑大陆，与一些来过台湾多次的大陆人，会有异中求同的争辩，我们叫"开杠"，融合了两岸用语，也与"开讲"同音。（《联合报》2016.6.19）

正是在这种往来甚至争辩中，两岸共同语不断互相靠拢，不断地化异为同。

第六章

海峡两岸民族共同语对比研究新视角

要使两岸共同语研究可持续地深入向前发展，一方面要注意多发掘新的语言事实，从而拓展研究内容的广度和深度；另一方面则要不断探索新的角度、新的方法。本书前几章中所做的工作，主要属于前一方面，而以下一章中，我们则主要从后一方面，来做一些深度性的探索。

第一节　两岸共同语的"深度对比"研究

本节我们主要以两岸词汇及其对比研究为立足点，来讨论相关问题。

海峡两岸词汇对比研究开展至今已有三十多年的时间了，在此期间，所有的词汇对比研究几乎都是围绕着两岸有差异的词语而进行的。那么，海峡两岸到底有哪些差异词语，它们可以划分为哪些类型？我们经常看到和用到的划分有同形异义、同义异形、同形偏项，以及此有彼无、此无彼有等。不久以前，有人从编纂词典收词立项的角度，尝试对两岸差异词做出全面、细致的分类，如李行健、徐复岭等人的文章。李文先按"显性差异词"和"隐性差异词"分为两大类，前者包括同名异实词、异名同实词、一方特有词三小类，后者则包括义项差异词、色彩差异词、搭配差异词、应用频率差异词、方言差异词和异形差异词共六小类；[①] 徐文对上述分类作了一些调整，把显性差异词改名为"绝对差异词"，隐性差异词改名为"相对差异词"，[②] 前者所指范围不变，后者则包括偏项差异词（同形异项词）和同形同义异用词两类，其中同形同义异用词也包括六个

---

① 李行健：《两岸差异词再认识》，《北华大学学报》2013 年第 6 期。
② 徐复岭：《试论两岸同形同义异用词》，《武陵学刊》2014 年第 1 期。

不同的小类，详后。

对上述几类显性或绝对差异词，人们比较容易感知，所以在最初以及后来很长时间内，两岸词汇差异对比研究主要在这一范围内展开，一般的工具书收词立条也基本都集中在这样的词语，而对相对或隐性差异词，则既无明确的概念，更无系统的研究。时至今日，我们认为这一状况应该得到改变。

针对当下两岸词汇对比研究的上述实际情况，本节提出一个"深度对比"的理念，并强调今后的两岸词汇对比研究应该是以此为目标的深度对比研究。

所谓深度对比以及深度对比研究，就是在现有基础上进一步拓展和加深，寻求新的增长点，从而无论在局部还是整体上都达到一般本体语言研究所追求的三大目标：对两岸词汇差异及其发展变化充分观察、充分描写、充分解释。

要进行两岸共同语的深度对比研究，可以选择从不同的角度、不同的方面来进行，比如扩大考察范围、加大对一些现象描写的广度和分析的深度、增加研究的理论性等，但是最为重要的一点，是研究对象的选择和研究目标的确定，本节就着眼于此，来展开讨论。

我们的基本观点是，要想达到上述目标，应该遵循一个原则、确定一个主要着力点，而进行两岸词汇深度对比研究有多方面的意义和价值。

一　进行深度对比研究的基本原则

要进行两岸词汇的深度对比研究，首先要明确并强调一个基本原则，这就是立足于两岸实际运用中的词汇差异。

以往的研究有很多是从工具书中选取比较对象和内容的，这一点，仅从一些文章的标题就可以清楚地看出。比如，以《两岸现代汉语常用词典》（北京语言大学与台北中华语文研习所合编，北京语言大学出版社2003 年版）为对象的就有不少，像《〈两岸现代汉语常用词典〉台湾汉语特有词语及词语特有义项考察》，《从〈两岸现代汉语常用词典〉看两岸的同实异名词语》，《台湾汉语词语特有义项考察——基于〈两岸现代汉语常用词典〉的研究》等。至于不在标题中标明，而只在正文中加以说明的就更多了，比如苏金智提到，文章是对两岸几部有影响的词典进行研究，从中选取 200 个差异较大的同形异义词语进行剖析；①另有一篇两岸外来词对比研究的文章也在引言部分说明，文章是以《汉语外来词词典》《国语日报外来语词典》《港台语词典》《当代港台用语辞典》《大陆和台湾词语差别词典》《大陆及港澳台常用词对比词典》为主进行比较研究的。②因此可以说，以往的很多词汇对比研究（也包括笔者自己的某些研究在内），都全部或在一定程度上倚重、甚至依赖于已有工具书。

当然，我们无意否认这种做法的必要性与合理性，但是也想指出，因为是使用词典提供的间接性材料，有时就难免与现实使用中的词语的实际情况有一定距离，而由此又可能会造成某些局限，主要表现在：

第一，有可能使用"失真"材料。吴礼权从九个方面分析了台湾《两岸常用词语对照手册》中存在的问题，③其中多是台湾作者不了解大陆语言运用实际所致，而如果以此为准来进行两地之间词汇的对比研究，其结果可想而知。吴文的标题是"还原海峡两岸现代汉语词汇差异的真实面貌"，已经指出了这些工具书收词释义等的失真问题。很显然，基于这样的工具书所做的研究，不可能反映海峡两岸民族共同语词汇差异的真实面貌，相反，却会因"以讹传讹"而导致研究结果对语言事实的扭曲或错误反映。

第二，使用的多是"后时"材料。即使最新出版的工具书，从搜集材料到编纂成书，到编辑校对，再到最后印刷出版，都要有一定的周期，因而对"当下"而言，总会有一定的后时性，更遑论有些研究是利用多年前出版的工具书，这一点自然就更加明显和突出了。关于这一问题，我们下边还要举例说明。

第三，研究范围有一定局限性，一般词典收词总会有薄弱环节，难免会有少收、漏收等情况，因此对词汇状况的反映即使是正确的，往往也难说是全面的。前引李行健和徐复岭的差异词语分类，均着眼于两岸对比工具书编纂中的收词立项，后者明确指出，含有"异形""异义"或"异项"的两岸词语差异现象在有关文章中多有论及，这类差异词语多数在近年来编写出版的有关语文工具书中也可以查找得到，但是那些不易被察

①　苏金智：《海峡两岸同形异义词研究》，《中国语文》1995 年第 2 期。

②　朴贞姬：《中国海峡两岸外来词对比研究》，《山东教育学院学报》2002 年第 2 期。

③　吴礼权：《还原海峡两岸现代汉语词汇差异的真实面貌——略论海峡两岸词汇差异的对比研究问题》，《楚雄师范学院学报》2011 年第 1 期。

觉到的差异现象尚未引起论者的足够关注，因此当然不会在已有工具书中有充分的反映。所以，过分倚重工具书，一是考察范围不会对已有差异词语实现全覆盖，二是在差异词语的类型覆盖上也有明显欠缺，即主要集中在绝对差异词，而为数众多的相对差异词往往就不在视野之内。

强调研究两岸实际运用中的词汇差异，无疑可以在很大程度上突破上述三点局限，从而把我们的研究引向全面和深入。

要研究两岸实际运用中的词汇差异，主要应从语料入手，必须充分注意和高度重视以下几点：

一是语料的常用性。这里"常用"的内涵大致有两个：第一个是从载体来说，应主要立足于常用、常见且与现实社会生活非常贴近的文本形式，如媒体新闻、反映当代生活的文学作品等；第二个是就使用范围和频率来说的，即首先应该把目标锁定在那些常用的词语。我们强调常用性，主要是基于以下两点考虑：

其一，语言研究的目的是认识语言、掌握规律，仅从这一点来说，它的主体目标和内容就应该集中在那些普遍常用的现象，因为越是这样的现象，才越能代表和反映语言的基本面貌。张永言、汪维辉指出，因为常用词大都属于基本词汇，是整个词汇系统的核心部分，它的变化对语言史研究的价值无异于音韵系统和语法结构的改变。词汇史的研究不但不应该撇开常用词，而且应该把它放在中心的位置，只有这样才有可能把汉语词汇从古到今发展变化的主线理清楚，也才谈得上科学的词汇史的建立。① 词汇史的研究如此，两岸词汇对比研究同样也应如此。

其二，词汇发展的常识告诉我们，越是常用的词语，其义项越多、用法越复杂，而发生变化的可能也越大；另外，因为常用，所以人们往往习焉不察，因而有些时候对那些细微但却非常重要的发展变化以及由此而造成的差异往往更容易忽略。比如，本书第二章第三节中讨论过的"坚强"，我们起初只是基本个别与普通话不同的用例，想进行一些对比考察，当看过《自立晚报》中的所有用例后，不禁发出一声惊叹：这个两岸常用词的差异竟然如此之大啊！笔者的一位以两岸词汇对比为学位论文的博士毕业生，在看过这部分书稿后也说以前从来没有注意到此词的差异。

---

① 张永言、汪维辉：《关于汉语词汇史研究的一点思考》，《中国语文》1995 年第 6 期。

　　二是语料的可比性。就两岸词汇对比研究来说，对于常用词语，我们强调其两岸之间的可比性。比照上边"常用性"中提到的两点，所谓可比性，至少应该包括载体和使用范围及频率等，此外在时间和空间等方面，同样也有一个是否具有可比性的问题。例如，李行健、仇志群提到，国语中，"手形"（义为支票）"口座"（义为账户）主要用于台湾南部地区（是台湾闽南语中源自日语的外来词），在台湾地区还没有普遍性，所以着眼于两岸通用词汇，显然没有太大的可比性①。同样，吴礼权也提到，大陆的"路条、奶头"早已不用，因此与台湾的"通行证、奶嘴"之间自然也没有多少可比性。② 不过，这个问题牵涉到的头绪比较多，因而非常复杂，值得专门讨论。

　　三是语料的当下性。关于这一点，前边已经结合工具书语料的后时性简略谈及，以下再举例说明。比如，一般工具书都会把大陆的"导弹"与台湾的"飞弹"列为对应词，这如果着眼于"以前"，用于说明两岸存在这样一对同义异形词，无疑是正确的，但是如果以为二者始终"井水不犯河水"，那就是认识不全面，并且也跟不上"形势"的发展了。现实的情况是，台湾当下的使用中，虽然仍以"飞弹"为主，但是"导弹"也比较常用了，我们2015年1月10日在台湾《自立晚报》对近十余年的使用情况进行检索，看到含"飞弹"的文章有580篇，含"导弹"的有140篇。一年多以后，我们又在近十年的联合知识库中进行调查，结果显示"飞弹"有5281条记录，而"导弹"有1050条（见本书第五章第五节）。另外，就大陆一方看，虽然主要使用"导弹"，但是"飞弹"现在也有一定的使用频率，并且在使用中往往还有语境、搭配等方面的选择性（台湾大致也是如此）。我们认为，只有基于当下语料，把上述情况加在一起考虑，才有可能对这两个词及其使用中的差异形成完整认识。

　　另外，我们一直认为，进行两岸共同语（包括词汇）的对比研究，应该采取"两翼"模式，即不仅要研究差异，也要研究在差异基础上的相互融合，而后者应该也是深度对比研究的重要内容之一。差异主要是以前形成的，而融合却是在当下发生和进行的，所以对后者的研究来说，语

---

　　① 李行健、仇志群：《两岸词典中差异词的界定及其处理——两岸合编语文词典中的新问题》，《语言文字应用》2012年第4期。

　　② 吴礼权：《还原海峡两岸现代汉语词汇差异的真实面貌——略论海峡两岸词汇差异的对比研究问题》，《楚雄师范学院学报》2011年第1期。

料的当下性尤为重要。

四是语料的丰赡性。此点与第一点关系密切，这里指的主要是应该搜集更多的语料，并且在更大的范围内展开考察。这一点对深度对比研究而言至关重要，李行健、仇志群提到，有的词语概念意义全等，只是色彩义表现差异，而如果没有某种特定的"语感"，没有对语料的宽幅度的扫描，不一定觉察出来，所以文章强调要"把该词在两岸的实际用法铺开来，全面比较"。① 这里提到的"宽幅度的扫描"和"铺开来全面比较"非常重要，因为只有充足的语料，才能更充分地展示一个词的全部意义和用法，特别是一些细微、极易被忽略之处；而对于研究者来说，只有通过对大量实际用例的排比归纳和对比分析，才能更充分地比较、鉴别，从而发现更多的差异，并在更多的实际用例中加以验证。

二　进行深度对比研究的主要着力点

要对两岸共同语的词汇差异进行深度对比研究，除了明确上述基本原则外，还要有一个主要的着力点。我们认为，本阶段的着力点应该是有隐性差异内涵的词语，即前边提到的隐性/相对差异词语。

隐性与显性是语言研究中经常用到的一对概念，在词汇学范围内，就前者而言，孙维张讨论过隐性词义形象色彩问题，② 王艾录讨论过隐性关系的复词，③ 丁金国提出隐性语义问题，④ 而在两岸词汇对比研究中首先提出隐性差异词概念的是李行健。⑤ 此外，徐复岭还提出了"同形同义异用词"的概念，⑥ 把它作为隐性差异词的下位类型，所作的界定是形式完全相同、词汇贮存义或核心意义也都相同，只是实际语用或附加意义不尽相同的词语，这里的"不同"包括使用范围不同、搭配对象不同、语法特点不同、文化附加义或色彩附加义不同，以及活跃程度和使用频率不同。

不过，到底什么是词的隐性差异，隐性差异词又包括哪些方面的哪些

---

① 李行健、仇志群：《两岸词典中差异词的界定及其处理——两岸合编语文词典中的新问题》，《语言文字应用》2012 年第 4 期。

② 孙维张：《略论词义的形象色彩》，《吉林大学社会科学学报》1981 年第 5 期。

③ 王艾录：《论偏正复词的内部组合特征》，《汉语学习》1989 年第 4 期。

④ 丁金国：《语义问题说略》，《烟台大学学报》1995 年第 1 期。

⑤ 李行健：《两岸差异词再认识》，《北华大学学报》2013 年第 6 期。

⑥ 徐复岭：《试论两岸同形同义异用词》，《武陵学刊》2014 年第 1 期。

种类，都还是没有完全解决因而下一步应当深入探讨的问题。

　　无论李行健，还是徐复岭，主要都是从词义角度来界定和表述隐性差异词语并给它分类的，所以我们也从这一角度来讨论。按照葛本仪词义三分的观点，词的概念义基本属于显性义，隐性差异多表现为语法义和色彩义的不同，而上引徐复岭所列六点中的前五点，① 基本都属于这两个方面。至于徐文所列第六点，即活跃程度和使用频率的不同，与前五点并不属于同一个角度的划分，因而也不在同一个层次上，简单地说，着眼于两岸对比，具有前五方面表现的隐性差异词都可能有这方面的表现。

　　就词汇对比研究而言，显性差异词往往一见便知或稍加比较就可发现，而隐性差异词则需要深入探索，反复比较才能发现，② 也正因为如此，加之考虑到已有研究对这方面有相当程度的忽略，所以我们才以之为两岸词汇深度对比研究的主要着力点。不过，我们也相信，随着这方面研究的开展和不断深入，人们一定还会找到新的增长点，来持续进行两岸词汇的深度对比研究。

　　要进行两岸隐性差异词的研究，首先要确定一个立足点，这就是义项/义位而不是整个词义。以前的两岸词义对比主要立足于整个词义，着眼于一方或双方义项的有无、多少与异同，比如同形异义、异义同形、同词偏项等差异，都是在这一层次上比较的结果。这样，得到的多是显性差异，而要抓住隐性差异，则必须进一步深入到具体的义项/义位之中，以它的构成单位即义素/语义特征为考察对象。蒋绍愚指出："首先应该明确一点：分析词义的发展变化，应当以义位为单位。否则，笼统地谈词义的发展变化，有许多问题就不易说清楚。"③ 要把不易说清楚的问题说清楚，这是一条必由之路。

　　此外，我们还要特别强调两点：一是多做综合考察，二是多做定量分析。

　　我们强调综合考察，很大程度上也是针对以前乃至当下的研究状况而言的。以往的两岸词义对比研究中，人们关注的主要是概念义，对色彩义注意不够，至于语法义，很多时候都排斥在词义之外，推给了语法研究。前边提到以往的研究对隐性差异很少关注，与此也有密切关系。强调综合

---

① 徐复岭：《试论两岸同形同义异用词》，《武陵学刊》2014 年第 1 期。
② 李行健：《两岸差异词再认识》，《北华大学学报》2013 年第 6 期。
③ 蒋绍愚：《词义的发展和变化》，《语文研究》1985 年第 2 期。

考察，就是要将这三方面的意义以及其他可能的相关因素紧密结合起来，进行多维性、复合式的研究，从而深入对比、完整揭示一个词本身及其两岸差异的立体全貌。

强调定量分析，也是针对两岸词语对比研究的实际。上文提到，徐复岭提到的隐性差异中，还包括活跃程度和使用频率不同，这无疑是词汇实际使用状况的一个重要指标，而以往人们在这方面做得还很不够。史有为指出，词汇研究目前最薄弱的就是精度和量化，很少人采用计量方法去研究，动态研究是当前词汇研究的突破方向，词汇活跃度则是动态研究中的重要课题。[1] 对于两岸词汇的对比研究来说，这话也同样适用，所以这也应该成为一个重要的研究方法和内容。

我们有一个基本的理念：要研究两岸某一词语的差异（研究其他现象大致也应如此），首先应该在共时平面确立一个"最大值"，即对于该词语共时面貌或其某一方面（视研究目标而定）最充分、最全面的分析与描写。这样做的目的有二：一是建立了一个这样的最大值，就有了一个对某一词语或其某一方面最全面的认识；二是以此为基础和抓手，就可以较为充分地考察和比较分析两地之间的参互异同及其发展变化过程。比如，在笔者的指导下，博士生邹贞做了国语中"起跑"一词用法的发展变化及其与大陆异同的考察，首先就立足于词义，找出其语义特征的最大值，即 [＋人] [＋比赛] [＋开始] [＋奔跑] [＋自主动词]。以这组语义特征为起点，就可以深入考察和细致描写此词内涵（语义特征）不断缩小、外延（使用范围）不断扩大的变化过程，同时由此来进行两岸的多维对比。比如就前一方面来说，在这一"本义"的基础上，此词在台湾经历了作为过渡的 [－人] [±比赛] [＋开始] [＋奔跑] [－自主动词] 阶段，最终实现了 [－人] [－比赛] [＋开始] [－奔跑] [－自主动词] 这一意义变化；反观大陆，上述变化也一定程度地存在，但一是与台湾并不同步，二是在活跃程度和使用频率上也有明显不同，由此就形成了此词在两地当下使用中的差异。[2]。

当然，以上只是对现象的"描写"，如果要进一步追求研究性以及研究的深度，这个问题到此并未结束，应该还可以找到新的拓展角度。比

---

[1]　史有为：《动态视角：词汇活跃度纵横谈》，《江苏大学学报》2008 年第 3 期。

[2]　邹贞：《论两岸通用词语的隐性差异——以"起跑"为例》，《武陵学刊》2014 年第 6 期。

如，语义特征之间是互相发明、相互制约的，例如有了［＋比赛］等语义特征，［＋开始］只能是"开跑"义，而当前者淡化以至于退隐后，后者也就失去了原有的制约或提示，只剩下一个笼统的核心义，至于具体意义是什么，则有赖上下文的规定，比如在"大学多元入学方案今年起跑"中是"实施"义，而在"台湾投资高峰论坛下周起跑"中则是"开幕"义，① 等等。这样，其实就又涉及另外一个重大问题：张仁立较早提出了"静态词义"和"动态词义"问题，② 后来也有不少人对此以及相关问题进行过讨论，如葛本仪、刘中富，③ 陈长书等，后者还进一步提出了"动态中的深层词义"问题。④ 上述概念与本文论题的关系是，着眼于两岸词的义位及其构成成分即义素/语义特征的差异问题，同样也有静态义和动态义，以及动态中的深层义等问题。我们相信，这些概念的引进，有助于我们开阔思路，从更多的角度和方面来研究两岸词汇的隐性差异。

三　进行深度对比研究的意义和价值

选择词的隐性差异作为主攻方向，来进行两岸词汇之间的深度对比研究，有多方面的意义和价值，而其中最重要的是以下三个方面。

1. 对两岸词汇对比研究的意义和价值

如果说，以前的相关研究有很多还停留在"初级阶段"的话，那么作为下一步努力方向的深度研究，则基本属于这一研究的"高级阶段"。从学术的发展来看，这也符合由低级到高级、由简单到复杂的过程，其结果是必然给相关研究带来一个较大的发展，并使之提高到一个新的层次和境界。具体而言，主要表现在以下两个方面。

（1）由简单对比到复杂比较

两岸词汇对比研究主要使用对比（比较）分析法，这一方法就是把客观事物加以比较，从而认识事物的本质和规律并做出正确的评价。就实际运用看，以往的比较和深度研究的比较主要表现为以下三个方面的不同：

---

① 以上二例均引自邹贞《论两岸通用词语的隐性差异——以"起跑"为例》，《武陵学刊》2014 年第 6 期。

② 张仁立：《静态词义和动态词义》，《山西师大学报》1989 年第 2 期。

③ 葛本仪、刘中富：《论动态词义》，《文史哲》1994 年第 1 期。

④ 陈长书：《论动态中的深层词义》，《语言文字应用》2005 年第 2 期。

其一，以往的研究在对象的选择上，主要取材于已有相关工具书，集中在那些同形异义、同义异形等有比较显豁差异的词语；深度对比研究则要在很大程度上摆脱对工具书的依赖，直接从大量鲜活的、即时性的语料中选取那些有各种隐性差异的词语，对其精细幽微之处进行全面比较。

其二，在方法的使用上，以往主要是简单的有无对比，一是对比的项目少，二是对比的内容单一，三是范围往往也不够大；深度对比研究要求进行更为复杂的比较，即选择更加丰富的内容在更大的范围内进行多元、多维、有深度的比较。

其三，在最终的表达和呈现形式上，以往的不少研究成果与以上两点相一致，多是采取"说明—举例"式，另外再加上一些对差异原因的分析，形成一个简单的"三段式"表述；深度对比研究的表达和呈现形式自然也要与它的对象选择和方法运用相一致，这就是涉及更多角度、更多方面，更加强调定性分析与定量分析、静态描写与动态考察的有机结合。

总之，相对于前者而言，后者属于复杂性更大、难度更高的真正意义的比较研究。

（2）由相对粗疏到更加精细

从立足于整个词义到立足于义项/义位，从满足于义项多少以及异同等的对比，到对其构成成分义素/语义特征的进一步开掘和比较，再到对一些项目的定量分析，以及历时的考察，这些无疑都在深入和精细方面前进了一大步，同样也将达到一个新的、更高的层次。

2. 对词汇学研究的意义和价值

两岸词汇对比研究隶属于汉语词汇学，是汉语词汇学的一个内涵独特的分支。由于深度对比研究对象和内容的特殊性，以及研究目标的差异，其所得出的结论、总结的规律等，一定程度上会充实汉语词汇学，甚至能够基于以上独特性而补其某些方面的不足。比如，前边在讨论"起跑"一词时，简单提及静态词义、动态词义和深层词义等问题，而基于两岸独特的隐性差异词语的深入对比，不但首先能够形成一系列认识，而且这样的认识对上述问题的解决，也一定会提供一些帮助。再比如，着眼于对比，两岸差异词语中有隐性差异一类，那么，如果不是着眼于对比而是着眼于普通话词汇的"本体"研究，是不是也可以分为显性词义和隐性词义？由这样的二分，应该也会给传统的汉语词汇研究带来一些新的内容和变化，特别是着眼于词义的发展变化以及对其进行的描写与分析。另外，词义与语素义之间的关系一直是热点问题，而深度对比研究主要立足于义位，并且从义素/语义特征的角度进一步挖掘，这无疑也会对探讨二者之间的关系提供一定的帮助。

再举一个社区词的例子。社区词的概念最早由香港学者田小琳提出，指的是"在一定社会区域流通的词语，反映本社会区域的社会制度和社会的政治、经济、文化背景，首先或主要在本社区流通"。① 现在，这一概念已被学界广泛接受，人们也基本认可它和文言词、方言词、外来词等一起，作为现代汉语词汇一般词语的重要来源和组成部分。不过，相对于汉语词汇研究中的"老节目"文言词、方言词以及外来词等，社区词的研究显然还有很大的发展空间，比如以下两点：

其一，汉语词汇研究主要是在"本体"的范围内展开，一般涉及的比较，通常只有古今之间、普方之间，以及汉外之间，而海峡两岸词汇对比研究则属于同一言语社区下两个不同子社区之间的比较，因而在角度、范围、目标及诉求等方面均和其他的比较有所不同，由此而成为汉语词汇学范围内比较研究的有益补充。

其二，有了社区词的概念，相应的是不是还应该有社区词义（义项），以及同一义项内部的社区差异？另外，邵敬敏、刘宗保提出"跨社区词"的概念，② 同样，有了跨社区词，也应该有跨社区的词义（义项），以及跨社区义项内部的社区差异及相互关系等。以上仅是就静态表现而言的，如果再着眼于动态，即加上各个因素相互之间的关系及其消长变化等历时因素，自然就更加复杂了。对两岸词汇的深度对比，必然会触及这些内容，从而引发人们进一步深入探讨这些问题，进而形成新的认识并进一步完善社区词理论及其内涵。

3. 对两岸语文对比词典编纂的意义和价值

前边提到，李行健和徐复岭均着眼于两岸对比工具书的编纂而提出"显性/绝对"和"隐性/相对"差异词的概念并着重对后者进行讨论，其原因就在于要给以后新编类似工具书寻找新的增长点，或者说是弥补以往工具书的不足，而这正好说明隐性差异词的深度对比研究对今后相关工具书编纂的意义和价值。具体来说，借由对两岸隐性差异词或词的隐性差异

---

① 田小琳：《香港词汇研究初探》，《语言文字应用》1997 年第 2 期。

② 邵敬敏、刘宗保：《华语社区词的典型性及其鉴定标准》，《语文研究》2011 年第 3 期。

的深度对比研究，至少会给相关工具书的编纂带来以下几点变化：

一是收词立条方面，会有更多的隐性差异词被收作词条，从而使两岸词汇对比更加详备、更加全面；

二是释义方面，或者添立新的义项，或者增补新的解释说明内容，从而使两岸词义对比更加深入、更加细致；

三是增加学术内涵，使之更具研究性，从而更好地发挥和实现这类工具书的功能；

四是可以作为一种模式，推广到更大的范围，比如用之于两岸四地乃至于全球华语词典的编纂中。

第二节　两岸共同语的"直接对比"研究

时至今日，两岸共同语对比研究已经持续进行三十年了，在此期间，我们取得了巨大的成就，但是也仍然有一些不足之处。比如，就研究内容而言，远未达到均衡和系统。就前者来说，主要表现是尚未形成对各个方面的全覆盖；就后者来说，则是尚未能按某一方面对象或内容的系统来进行全面的研究。①

上述问题的存在有多方面的原因，既有宏观层面的理论基础、学科定位问题，也有具体的研究观念、目标取向等问题，此外，还有一个重要方面，这就是语料的取舍及其标准问题。

本节主要就语料问题切入，提出两个概念：间接对比研究和直接对比研究。前者是指我们长期以来一直使用的语料采集与选取方式，以及基于这一方式的研究；后者相对于前者而言，是指有意识、有目的地选取能够形成"直接对比"的两岸语料，并以此为基础而进行的相关研究。

我们的一个基本认识是，表面上看，上述间接或直接对比的研究似乎只是语料及其选取的问题，实际上却是方法问题，而由直接对比语料，可以进一步拓展研究范围，加深认识，从而达到更高的水平和层次。

本节中，我们以美国 Simon & Schuster（西蒙与舒斯特公司）2011 年出版的 Steve Jobs by Walter Isaacson（沃尔特·艾萨克森著"Steve Jobs"）的两岸翻译文本，即大陆的《史蒂夫·乔布斯传》（中信出版社 2011 年

---

① 刁晏斌：《两岸四地语言对比研究现状及思考》，《汉语学习》2012 年第 3 期。

10 月第 1 版）和台湾的《贾伯斯传》（天下远见出版股份有限公司 2011 年 10 月第 1 版）为例，来对相关问题进行说明和举例。

一　两岸共同语的间接对比研究

三十年来，我们进行的基本都是两岸共同语的间接对比研究，如果主要从语料的选取及使用着眼，大致可以分为两个阶段。前一阶段，人们的一般做法是选取某些台湾的文本形式（如文学作品、报纸等），进行阅读，然后凭各自的普通话语感，挑出其中有较大、较明显差异的点，来进行比较、分析和说明。此时，由于受制于阅读（语料）范围、个人的语感以及专业知识背景等，提取的语言点比较有限，一是多集中在差异最为显豁的词汇方面，二是往往停留在诸如此有彼无、此无彼有以及同形异义等较为浅表的层次。后一阶段，就一些主要的研究来说，大致都建立和使用了规模不等的语料库，虽然由此而扩大了语料的数量和种类，并且可以方便地进行一些定量统计，但是就研究对象的获取而言，仍然基本同于前一阶段，即主要还是以普通话语感为基础，通过对台湾语料的阅读来发现可以研究的问题。当然，也有一些是对已有问题的重新研究，则另当别论。

这样的研究模式，如果着眼于研究的最初或起始阶段，无疑有完全的必要性，甚至是唯一性；但是，如果一直持续不变，没有新的发展和突破，随着研究的不断深入以及学术要求的不断提高，可能就会暴露出一些问题和不足，约略言之，主要有以下几个方面。

其一，盲目性较大，效率不高。在研究之初，因为可以研究的"生"问题比较多，所以往往随便就可以"碰"到。随着相关研究的持续进行，这样的可能和机会就会逐渐减少。那么，此时更多的就要依靠"找"了——可能很快就找到，也可能一时找不到，由此自然就带来了盲目性较大，而效率也不高的问题。从笔者个人的研究实践以及指导学生从事相关研究的实际来看，大致就是如此，因此有比较切身的感受。

其二，可能会漏掉一些语言点。这显然与上一方面有直接的关联：即使我们努力寻找，包括不断扩大范围，然而相对于总体上数量庞大无比的语料而言，终究只能是沧海一粟，所以其局限性也是不言而喻的。也就是说，我们很可能会漏掉一些语言点，甚至是比较重要的一些点，这样，我们的研究就会出现死角，很难形成对研究对象的全覆盖。综观三十年的研究，前边我们所说的就研究内容而言远未达到均衡和系统，在相当大的程度上就与此密切相关。

其三，与进行全面、深入、细致研究的要求不完全相适应。如果说，此前我们的语料选取模式以及基于此的研究方法与当时的研究要求基本相适应的话，那么随着研究目标的调整、学术标准的提高，就越来越显示出不足和局限。对现在的研究目标及要求，我们表述为主要是对已有研究的拓展和加深、提高学术含量，目的是真正全面、深入、细致地描写和分析两岸共同语全部的同与不同，以及融合与发展，在此基础上，进行定位、定性，最终形成一个准确完整的表述。① 正是基于这一定位，我们才提出了前述的均衡与系统问题，而这一问题的解决，需要多方面的突破，首当其冲的就是语料问题。

二　两岸共同语的直接对比研究

如前所述，所谓直接对比研究，是指有意识、有目的地选取两岸能够形成"直接对比"的语料，以此为基础而进行的相关研究。所谓直接对比语料，指的是两岸来自同一源形式的文本，如某一部外国作品或著作的两岸译本、同一部古籍的两岸白话译本等。这样的语料能在很大程度上给我们的研究提供以下便利：

第一，因为来自同一部作品或著作，所以内容完全相同，而遣词造句等往往也受制于源形式，由此而有了充分的可比性；

第二，能够提供大量的语言对比事实，比如最小的独立使用单位词的不同翻译形式，由此可以提供大量的直接对应词语；

第三，词汇以外，在其他方面（如语法、修辞以及表达方式等方面），往往也能提供大量的直接对比材料；

第四，能够在某一范围内提供比较详尽的对比资料，比如如果是一部某一科技领域的著作，则关于该领域的主要词语、话语模式以及习惯性表达方式等基本都会出现；

第五，由单向的比对到双向的对比，以往的研究更关注和强调的是台湾与大陆的不同，而这种直接对比的结果，不仅是看台湾与大陆有哪些差异，同时也关注大陆与台湾有哪些不同，进而总结各自的特点，以及揭示

① 刁晏斌：《两岸四地语言对比研究现状及思考》，《汉语学习》2012 年第 3 期。

隐藏在其背后的原因。

仅由以上五个方面来看，直接对比研究能在相当程度上避免间接对比研究的不足，而对这样的语料有目的、有意识地使用，一定会促进我们的两岸共同语对比研究。

使用直接对比语料，采取的是类似于古籍校勘中"对勘"的阅读方式，进行的是逐词逐句的对比，由此可以一次性地提取大量的各类差异形式，虽然速度可能不快，但是有效避免了盲目性；另外，这样的对读方式在某一范围内自然也不会漏掉任何语言点，并且借由这种穷尽式的搜索，以及相对一方同一对比点的显示或进一步明确，还可以发现一些通过间接对比语料很难发现的语言点，从而掌握更多的语言事实，因此总体而言不失为一种简单高效的问题发现方式。

另外，因为在某一范围内进行的是穷尽性搜索，所以得到的材料也应该是最全面的，由此就可能做一些封闭环境下的定量分析，从而使我们的研究进一步走向精确化和精密化，而这自然也能从一个角度或方面弥补以往研究的某些不足。另外，这样的直接对比语料以及在此基础上的相关研究对于两岸对比工具书的编纂也有非常重要的意义和价值。

当然，直接对比语料也有它的局限，大致有以下几点：

一是选择对象的限制，即并非在所有方面都能找到合适的直接对比语料，目前所知最为直接对应的就是各种翻译（包括各种文字作品以及视频、音频材料等）文本，其他方面则较难找到，因此显然无法满足平衡语料库的"平衡"要求；

二是内容的限制，就任何一组直接对比语料来说，它的内容往往只涉及某一或某些方面，因而肯定不会是特别全面的，这样它对语言事实的反映基本上也就不会是特别全面的（比如从词汇的使用上，可能就会有一些"死角"或薄弱方面）；

三是使用上的某些限制，甚至一定程度上可能存在"误导"的可能。比如就翻译而言，有时一句原文，两岸可能有翻译方法上的区别（比如直译或意译，准确翻译或"译述"，甚至于"造译"等），由此也可能造成最小对比单位并非严格对应，或者是对比"失真"的情况。

要克服上述局限，一是尽可能地利用数量更多、覆盖面更广的不同类型的直接对比语料，从而互相弥补和补充；二是与间接对比语料相结合，形成精与粗、点与面，以及不同文本、不同语体形式等的合理搭配。

三　直接对比研究示例

本小节中，我们结合以上讨论，列举一些我们在对读两本译著时记录下的一些例子，来进一步说明和验证直接对比研究的功能与作用。需要说明的是，这里只是举例说明，并非穷尽性的研究（这样的研究以待来日）。

1. 用词差异

这可以说是直接对比语料作用最大、最充分的一个方面。乔布斯是美国苹果公司前总裁，他的一生，有如大陆译本内容提要所说："史蒂夫·乔布斯有如过山车般精彩的人生和炽热激越的性格成就了一个传奇，一个极具创造力的企业领袖，他追求完美和誓不罢休的激情使个人电脑、动画电影、音乐、移动电话、平板电脑以及数字出版六大产业发生了颠覆性变革。"

从专业用语的角度，本书大量使用了上述六个方面的专业术语，而其中有很多已经成为当今高科技时代的日常用语；

从一般用语的角度，此书叙述的是乔布斯波澜壮阔的一生，具有传记文学的一般特征，所以也大量使用了现实生活中的常用词语；

从翻译及汉语外来词语的角度，两岸译本对原作中出现的大量人名、地名、机构、产品以及专业术语和某些一般词语等都进行了对等的翻译，而采取的方式在共性的基础上又带有各自的显著特点，因此也有独特的研究意义和价值。

最常见的情况是，由两岸译本，可以直观地发现两地的对应词语，例如：

台：二次大战结束后，保罗·贾伯斯从海岸防卫队退伍。
陆：第二次世界大战后，保罗·乔布斯从海岸警卫队退伍时……
（第一章）

按，由此例的最小对比显示，普通话中的"海岸警卫队"在国语中叫"海岸防卫队"，二者是对应词语。

台：贾伯斯的父亲是高中中辍生，而且是黑手，从汽车零件交易中获利。

　　陆：乔布斯的父亲是个高中<u>辍学生</u>，他在修理汽车的过程中学会了如何通过买卖零部件赚取可观的利润。（第二章）

　　按，除"中辍生"与"辍学生"构成对应词语外，此例的"黑手"在台湾义指从事机械修理的技术人员（见本书第四章第一节），而在大陆此词义为"借指暗中从事阴谋活动或在幕后指挥、操纵阴谋活动的人或势力。警惕黑手操控股市｜斩断伸到建筑市场的黑手。"（见《词典》）也就是说，这里显示了一个彼有此无的义项，同时也给工具书中相关的释义提供了一个最佳的对比书证。

　　台：贾伯斯想赚钱买新车，于是请沃兹尼克载他到德安札学院，看<u>公布栏</u>上的征人启事有没有他可以做的工作。

　　陆：为了想办法赚钱买一辆新车，乔布斯就让沃兹尼亚克开车带他去了迪安札学院，到那里的<u>公告板</u>上寻找招工启事。（第三章）

　　此例的"公布栏"与"公告板"自然也是直接对比词。以下是我们随手摘录的部分两岸对应词语（括号内为大陆词语）：

　　五角大厦（五角大楼）、行销部主任（市场总监）、同理心（共鸣）、有焦点（专注）、最高竿的行销天才（顶级的营销专家）、冷感（不感兴趣）、作业系统（操作系统）、发想（创意、构思）、这<u>支</u>广告（这<u>则</u>广告）、侧录带（盗版录音带）、试算表（电子表格）、市调（市场调研）、<u>跑</u>了个应用程式（<u>运行</u>了一个应用程序）、位元组（字节）、随机存取记忆体（内存）、网球肘（肘关节发炎）、海芋百合（马蹄莲）、鹰架（脚手架）、绣帏（挂毯）、人资（人力资源）、产品的先知（产品架构师）、外送（外卖）、影本（副本）、告诉（指控）、工作站（智能终端）、征信社（侦探所）、云霄飞车（过山车）、街友（流浪汉）、飞官（飞行员）

　　假如是一个在这方面素无积累与研究的人，仅由这些简单的例子，就能对两岸的词汇差异形成一些初步的印象：比如有词与词之间严格的、且具有唯一性和排他性的对应，有一对多或多对一的非严格性的对应，也有词与非词之间的对应。此外，还可能有语境性的临时对应，以及由于其他某种或某些情况造成的"表面对应"，这些则可能提供进一步考察与研究的某些线索或触发点。

借由直接对比语料，不仅可以发现或明确大量的对应词语，有时还可以发现其他一些值得注意的事项，而这些也都会为了解和认识某一词语增加新的内容。比如，上例中的"黑手"即是如此，其他的例子再如：

> 台：（沃兹尼克）甚至还和父亲一起考上了<u>火腿族</u>的执照。
> 陆：他还和父亲一起获得了<u>业余无线电</u>执照。（第二章）

按，"火腿"以及"火腿族"在大陆也有，均指业余无线电爱好者，此词有明显的"谐趣"意味（它对应的是英语的 ham，此词既有"火腿"义，又有"业余无线电爱好者"义，于是有人就用"火腿"来戏称业余无线电爱好者），目前在大陆的使用范围还不广，主要见于网络世界，而现实世界的使用通常还要加引号，大致处于"初显"阶段，而台湾则没有这样的限制，说明已经过了这一阶段。

> 台：他们都不是重要<u>干部</u>，对苹果而言，根本可有可无。
> 陆：我要带走的都是级别很低的<u>员工</u>。（第十八章）

按，此例提醒我们，台湾"干部"的意思与大陆并不完全一致，使用范围也与大陆有一定差异，这应该是受到日语的影响，值得注意（详见本书第二章第一节）。

> 台：（她）得知他的新父母保证把他好好抚养成人，才愿意在<u>出养</u>同意书上签字。
> 陆：她说当时她承受了很大压力才在<u>领养</u>文件上签字，而且她是在被告知他会在新父母家非常幸福才签字的。（第二十章）

按，有一家台湾的"儿福联盟收出养服务"网站，首页的宣传语中有以下几句话："出养父母是第一棒，用爱来孕育孩子的生命，收养爹妈是下一棒，用爱陪伴孩子成长。"本人对"出养"一词相当陌生，上网查了一下，在大陆范围内确实很少使用。即目前大陆基本仍只有一个"收养"，而台湾则细分为二：着眼于不同主体的"出养"与"收养"，这当然是语言表达精密化发展的一个表现。

> 台：贾伯斯本想将辞职信付邮，巴恩斯说这么做显得<u>姿态过高</u>。
> 陆：乔布斯觉得，辞职信寄到苹果公司就行了，但是苏珊·巴恩斯认为这样会显得<u>太过傲慢</u>。（第十八章）

按，《现汉》收"高姿态"，标为名词，释义为"指处理问题时对己严、待人宽的态度"，而由大陆对应处的翻译，加之结合上下文语境，可以提示台湾此语意思与大陆不同，而如果没有这样的对比，台湾这一表达形式的意思可能就不会引人注意。

> 台：贾伯斯把他自己被亲生父母弃养的痛苦<u>说给她听</u>。
> 陆：乔布斯<u>跟她</u><u>分享</u>自己被领养的痛苦。（第二十章）

按，此句原文是"and Jobs shared with her his own pain about being put up for adoption"，即陆译本直接以"分享"来对译原文的 shared。汉语一般用法中，"分享"通常只用于"好"的方面，如"分享幸福/喜悦"等，而香港的"港式中文"因为受英语的影响，可用于"坏"的方面，[①]仅由此例看，台湾保守汉语传统，而大陆则向港式中文靠拢，出现变化。

以下再简单讨论外来词语。

对于外来词语（包括人名和地名），两地译本可以提供完备的从类型到使用情况的直接对比，由此自然就可以对两岸这方面的异同形成比较完整的认识。

除了记音、用字、音节数目，以及意译时的差异（比如书名"Be Here Now"，台湾译为《活在当下》，而大陆则译为《此时此地》；杂志名"Whole Earth Catalog"，台湾译为《全球目录》，大陆则译为《全球概

---

① 石定栩、邵敬敏、朱志瑜：《港式中文与标准中文的比较》，香港教育图书公司 2006 年版，第 346 页。

览》），由书中反映的一些带有比较明显倾向性的差别主要有以下几点：

一是翻译与否的差异。两岸都有一些直接移用英文原形而不加翻译的情况，通常一是指称显著度比较高的事物，比如 IBM、Facebook 等，二是有些专业性比较强的词也不译，例如：

台：皮尔斯团队表示，RenderMan 不像 Excel 或 Adobe 图像工具 Illustrator 那么容易使用，想藉此劝阻贾伯斯。

陆：皮尔斯团队试图劝阻他，他们认为 RenderMan 并不像 Excel 或 Adobe 图像工具 Illustrator 那样易于使用。（第十九章）

但是除此之外，有不少词语台湾用汉字形式（意译或音译），而大陆直接使用原形或汉外混合形式，前者如"苹果一号—（The）Apple I、财务长—CFO、执行长—CEO"；后者如"赛特/戴—Chiat/Day 广告公司、电脑断层扫描—医疗 CAT 扫描、麦金塔电脑——Mac（电脑）"。不过也有相反的情况，但是似乎少一些，例如台湾用"polo 衫专卖店"，大陆则用"马球服装店"；台湾用"google"，大陆则用"谷歌"。

二是人名翻译繁、简不同。对人名的翻译，两岸基本都采取在译名后括号给出原文的形式，而这方面最大的区别是台湾只翻译人名的一部分，大陆则全部对译。这种繁简的对立十分普遍，例如 Frances Moore Lappé，台湾译为"拉佩"，大陆则译为"佛朗西斯·摩尔·拉佩"；Andrew Lloyd Webber 台湾译为"韦伯"，大陆译为"安德鲁·劳埃德·韦伯"；David Paulsen 台湾译为"栢尔森"，大陆译为"戴维·保尔森"。

三是音译、意译取舍不同。多数情况下，两岸音译与意译的取舍是相同的，但是也有不同的时候，我们所见几乎都是台湾用音译，而大陆用意译，例如 Digital Equipment 台湾译为"迪吉多"，大陆译为"数字设备公司"。

此外，还有一些相对次要（主要是用例不多，因此对比不够明显）的差异，比如，台湾喜用"好字眼"音译法，[①] 而大陆则用一般的音译甚至于不译。前者如德国的家电品牌 Braun，台湾译为"百灵牌"，大陆译为"博朗"；后者如 Sun 电脑公司，台湾译为"升阳电脑"，而大陆则直

———————

① 贺国伟：《汉语词语的产生与定型》，上海辞书出版社 2003 年版，第 81 页。

接用"Sun 公司"。不过,偶尔也会有颠倒过来的情况,可以看作两岸的相互影响,甚至一定程度上化异为同的表现。比如 Sylvania,台湾译为"希凡尼亚公司",而大陆则译为"喜万年公司"。

外来词语对比如果做得好,会是直接对比研究中最有特色、最能体现其优越性的部分。比如,无一遗漏地汇集书中所有的外来词语,然后对其类型进行全面的归纳,对其使用情况进行全面总结,在此基础上进行两地之间的细致对比,给出精确的定量分析,无疑会使我们的两岸外来词语对比研究深入一大步。

2. 语法差异

直接对比语料对于两岸语法异同的比较也有非常重要的作用,借由这样的直接对比,一是能够凸显某些差异,二是有利于抓住一些以往不为人们注意的差异点。

前一种情况最为普遍,比如某些类型的复句,大陆通常使用配套的关联词语,而台湾则保留早期国语的传统,有时会只用一个,像下文中"尽管……(但是)"的对比就非常明显:

　　　台:尽管贾伯斯已名利双收,(　　)依然认为自己是反主流文化之子。

　　　陆:尽管已经名利双收了,但乔布斯还是把自己看做一个反主流文化的孩子。(第九章)

　　　台:盖兹和贾伯斯两人尽管一样野心勃勃希望称霸科技与商业领域,(　　)背景和个性却迥然不同。

　　　陆:尽管两人对技术和商业的融合都抱有相似的雄心,但是他们背景不同,个性迥异。(第十六章)

以下台湾用例中的"不但……"也是不配套的:

　　　葛赛不但取代贾伯斯,成为麦金塔部门的主管,苹果二号部门也由他掌管。(第十七章)

我们认为,就句子成分及其语法—语义关系而言,两岸差异最大的是述宾结构,① 即台湾"国语"中，有更多的动词可以带宾语，而在大陆，它们则主要用为不及物动词，以下对比就能清楚地显示出这一点：

台：我这辈子<u>合作</u>过许多企业，没看过如此愤怒的一群经理人。

陆：在我进行过商业合作的企业中，从来没有见过人们如此愤怒。（第十八章）

台：贾伯斯很<u>气</u>苹果。

陆：他对苹果很气愤。（第十八章）

台：于是贾伯斯<u>去电</u> IBM 执行长艾克斯。

陆：于是，乔布斯拿起电话打给 IBM 的 CEO 约翰·埃克斯。（第十八章）

按，正因为两岸用法不同，所以大陆一般要用另外的表达方式。

以下一例中台湾"灌输"带了双宾语，也与大陆不同：

台：（他）也灌输她各种灵性特质。

陆：他还赋予她各种各样的精神特质。（第二十章）

国语较多沿用早期现代汉语的句法结构，比如"述 + 宾 +（介 + 宾）"形式就是如此，而普通话中则有所发展变化，例如：

台：凯尔和亚特金森抱怨说，贾伯斯让他们<u>花太多时间在标题栏的设计细节上</u>，害他们无法做更重要的事。

陆：卡雷和阿特金森曾一度抱怨说乔布斯<u>在标题栏的修改上耗费了他们太多时间</u>，而他们有更重要的事情要做。（第十二章）

台：丽莎太昂贵了。我们努力把丽莎卖给大公司，但力有未逮，因为我们的强项向来是<u>销售平价电脑给一般消费者</u>。

陆：它太贵了，我们试图把它卖给大公司，但我们擅长的是<u>出售给个人用户</u>。（第十三章）

---

① 刁晏斌：《差异与融合——海峡两岸语言应用对比》，江西教育出版社 2000 年版，第 172 页。

类似的显示两地差异的对比形式非常多，再如：

台：卡特基说："史蒂夫不但拥有蒂雅克双卷盘录音机，还收藏了大量的狄伦演唱会侧录带。他真的<u>很高科技</u>、很酷。"

陆："史蒂夫有一台 TEAC 牌双卷盘录音设备，还有大量迪伦的录音带，"科特基回忆说"他真的很酷，又<u>科技感十足</u>。"（第三章）

按，台湾"程度副词＋名词"形式远比大陆常见，上例的对比就清楚地显示了这一点。

有时，借由某一形式的使用与否，还可以进一步追寻其中的某些原因和规律，例如：

台：而他们的直觉要比世界其他地方的人<u>来得</u>发达。在我看来，直觉是非常强大的力量，要比理性<u>来得</u>有力。

陆：而他们运用直觉，他们的直觉比世界上其他地方的人要发达得多，直觉是非常强大的，在我看来比思维更加强大。（第四章）

按，《现汉》收"来得²"，释义如下：

〈口〉 动 （相比之下）显得：海水比淡水重，因此压力也～大｜下棋太沉闷，还是打球～痛快。

因为是口语词，所以"来得"在大陆的使用范围就比较受限制，而实际的使用频率确实也不高。因此，这里采用了与台湾不同的翻译方式，而在台湾，此词的使用较少受限，频率也比较高，仅在这一句话中就两次出现。

与间接对比一样，直接对比也可能"碰"到一些值得注意的语法差异，比如以下两个台湾用例：

他拖着虚脱的身体回到家，倒头大睡，打算好好睡个一天以上。（第十五章）

贾伯斯也答应给《新闻周刊》独家，而且出刊时间会比《财星》

早个几天。（第十八章）

按，以上两例中的"个"就非常值得关注。吕叔湘主编《现代汉语八百词（增订本）》（商务印书馆 1999 年版）221 页收"个"，第二项"跟动作有关的用法"中第二条是"动＋个＋约数"，举例是"哥儿俩才差～三两岁丨每星期来～一两趟"等；后面的说明是"跟不用'个'比较，有'个'显得语气轻快、随便"。与此形成对比的是，以上两例中，前一例"个"后并非约数，后一例"个"前为形容词，而结合上下文看，两例也都没有明显的"轻快、随便"意味。就笔者的印象来说，台湾民众口语中，类似的"个"用得比较普遍，因此值得进一步深究。

在语料的直接对比中，我们还会发现一些陌生化程度比较高的形式，例如台湾的以下一例：

　　　　这个设计滥透了。颜色背景太深，有些线条的粗细不理想，按纽也太大颗了。（第十二章）

按，此例的最后一句，大陆作"按键也太大了"。就我们所见，在台湾的当代表达中，程度副词与一个含有形容词或形容词性语素的语言单位的跨层组合形式比较常用，这里的"太大颗"就是一例，类似的再如"相当/更为快速、比较多人、比较好命、极为/这么负面、非常资深、非常厚脸皮"，这一现象似乎还没有人进行过专门的研究。

再看以下的例子：

　　　　台：1983 年 5 月，阿尔卑斯才坦承至少还要再一年半的时间，才能生产和索尼一样的磁碟机。
　　　　陆：1983 年 5 月，阿尔卑斯电子公司的人承认，至少还需要 18 个月，才能生产出索尼驱动器的仿制品。（第十三章）

很显然，台湾译本中的这个"再"很有特点，也与大陆有明显的差异。

3. 表达方式差异

这里的表达方式并非一个严格意义上的学术概念，着眼于两岸对比，大致是指同一意思的表达，两岸分别采取了反映不同语体风格及语用取向的不同形式。具体而言，它可以体现在某一个词语的使用上，也可以落实在某一句式的选择上。总之，不同的语言单位都有可能承担并反映表达方式的差异。

以下，我们仅通过两对相对的概念，来举例性地说明两岸在表达方式上的差异。

（1）古雅—通俗

在本书第四章第二节，我们专门讨论了国语的庄雅色彩及其表现，而大陆日常表达口语化、通俗化取向与台湾相比也是非常明显的，由此就形成了两岸共同语表达方式的差异，用例非常多见，例如：

　　台：在这个数位时代，美国努力走在创新的最前头，世界其他国家也<u>汲汲</u>建立创新经济。

　　陆：如今，美国正在寻找方法保持自身的创新优势，全世界都在<u>努力</u>建设创造性的数字时代经济。（前言）

　　台：他们的婚姻幸福美满，<u>鹣鲽情深</u>，直到四十年后才被死神拆散。

　　陆：事实证明这是一段幸福的婚姻，<u>两人厮守</u>了四十年，直至死亡将他们分开。（第一章）

　　台：许多里德学院的学生把这三条奉为<u>圭臬</u>。

　　陆：许多里德学院的学生把这三条告诫奉为<u>座右铭</u>。（第三章）

　　台：我们参与了有史以来最伟大的一场革命。能<u>躬逢其盛</u>，我深觉<u>三生有幸</u>。

　　陆：我想我们参与了历史上最伟大的革命，我很高兴自己是其中的一分子。（第五章）

　　台：文中提到："贾伯斯的<u>舌粲兰花</u>，以及他那无条件的信仰，连早期基督教殉道者都<u>自叹弗如</u>。一脚踢开世界大门，让个人电脑<u>登堂入室</u>的，<u>非贾伯斯莫属</u>。"

　　陆：文中写道："他有高超的推销技巧，他的盲目信仰甚至让早先的基督教殉道者都嫉妒不已，正是他——史蒂夫·乔布斯——开启了个人电脑产业。"（第十三章）

　　台：贾伯斯赞成让苹果入股，但其他人却<u>期期以为不可</u>。

陆：乔布斯愿意接受苹果公司的投资，但是在座的其他人<u>认为这样做不明智</u>。（第十八章）

（2）活泼—平实

相对于<u>上一组</u>表达方式差异，这一组对比尚不为人们注意，本书第四章第一节已经对此作了一<u>些</u>考察分析。其实，这样的对比同样明显，实例也非常多，如：

台：他看到一只小牛出生的经过：<u>小牛宝宝</u>在出生几分钟内，就试着自己站起来，开始行走，这一幕教他看得目瞪口呆。

陆：他看到了一只<u>小牛犊</u>的出生，让他惊讶的是，这只<u>小动物</u>才落地几分钟就挣扎着站起来开始走路。（第一章）

台：从此，贾伯斯就要向他的主食罗马牌谷物脆片<u>说拜拜</u>，其他如米食、面包、谷类食品、牛奶也都不能吃了。

陆：这就意味着，即使是麦片也<u>不能再吃了</u>——还有所有的米饭、面包、谷类以及牛奶。（第三章）

台：然而有一小撮人，也就是我们现在口中的"骇客"，<u>拥抱</u>电脑，将之变成解放的工具。这就是真正通往未来的<u>王者之路</u>。

陆：但有一小部分人——也就是后来被称做黑客的人——欣然<u>接受</u>了电脑并开始将它们转变成解放的工具。这一举动后来被证明是通向未来的<u>正确道路</u>。（第三章）

台：沃兹尼克得知贾伯斯光是为了摊位就付了 5000 美元，<u>惊讶得下巴快掉下来</u>。

陆：于是他预先支付了 5000 美元，这让沃兹<u>大感震惊</u>。（第六章）

台：亚特金森于是请贾伯斯亲自出马为 WYSIWYG 护航。

陆：阿特金森只好搬来乔布斯<u>帮忙</u>。（第八章）

台：谁还在乎苹果二号？过几年，苹果二号就<u>死翘翘</u>了。

陆：谁在乎 Apple Ⅱ 啊？用不了几年 Apple Ⅱ 就会<u>消亡</u>了。（第十章）

台：因为我们两人的<u>波长相同</u>，因此可以帮对方接话，说出未说出的话。

陆：我们<u>志趣相投</u>，因此能够说出对方没有说完的话。（第十四章）

台：他说，跟他走的人对公司可有可无，却带走五个<u>老鸟</u>。

陆：他说准备带走几个中层职员，结果却要带走五位<u>资深人士</u>。（第十八章）

台：艾森史达特说，贾伯斯的大胆，让他<u>眼珠子差点跳出来</u>。

陆：艾森斯塔特回忆，自己为乔布斯的厚颜无耻<u>瞠目结舌</u>。（第十八章）

在上述用例背后，有很多应该而且值得发掘的东西。

第三节　两岸共同语的"微观对比"研究

我们曾经在 2012 年讨论过两岸共同语微观对比研究问题，主要观点是，在以往的海峡两岸民族共同语对比研究中，人们往往更关心一些大或者比较大的方面，做的多是一些大而化之的题目，这固然有它的合理性，但是也有明显的不足，其中最重要的一点就是微观层面的观察、描写和解释难以做到充分，最终由此而影响到研究的质量和水平。有鉴于此，文章提出应"以小观大"，由既是词汇单位又是语法单位的微观个体——词入手，通过对其意义和用法等进行尽可能全面、深入、细致的考察分析，来了解和把握两岸共同语的差异，而这就是微观对比的研究。①

四年以后，在继续进行了一系列相关研究后，再进一步深入思考这一问题，我们认为有必要和可能在"词"的基础上再深入一步，进行更加微观的研究。具体而言，大致包括两个方面：一是由形式入手，由词深入到词的构成单位即语素；二是由意义入手，由词义、义项（义位）深入到义素即语义特征。我们认为，把"触角"下探和内移，深入微观语言单位即词的内部，从更加微观的角度着眼和入手，不仅有助于探讨两岸共同语的细微差异及其对各自有特点形式和用法的影响，同时也有方法论上的意义和价值：借用语法研究中的本位观，则是由以前的"词本位"深

---

① 刁晏斌：《试论海峡两岸语言的微观对比研究——以"而已"一词的考察分析为例》，《北京师范大学学报》2012 年第 4 期。

入"语素/义素本位"。

本节即从上述这两个"本位"入手来进行讨论。

一　"语素本位"的微观对比研究

语素是最小的语音、语义结合体，也是最小的语法单位，因此仅就语法研究而言，它是最基本的起点，而在以往的词汇研究中，无论是研究词形还是词义，人们也都离不开语素，甚至还经常必须由此入手。所以，无论对语法还是词汇研究而言，语素及其研究都是非常重要的。对两岸共同语对比研究来说，除上述"原本"的意义和价值外，还有"额外"的意义和价值，而这也就是"语素本位"微观对比研究特殊的贡献。

两岸有不少构词语素或词语构成成分的使用有较为明显的差异，由此造成了一些词（语）族的数量多少之别。比如，"－面、－民、同志－、弱势－"等在台湾用得较多，由此构成了不少在大陆比较少见少用的词语，如"资通面、里民、同志观光、弱势孩子"；"假－、－啤、－工程、山寨－"大陆用得较多，由此也构成了不少在台湾少见少用的词语，如"假烟、扎啤、菜篮子工程、山寨路牌"等。但是，与这种"显性"的差异相比，更具有隐蔽性的是有些语素，其在两岸的差异长期被人们忽略，由此就造成了人们对该语素和以之为核心语素的一组词的差别认知的缺失，而借助"语素本位"的研究却能够比较充分地发现和较好地解决这些问题。

以下我们就以语素"案"及由它构成的几个词为例，来进行对比考察和分析。

1. 案

《词典》"案"的第一个义项是"事件、案件"，所举例子是"个案"和"警方宣布破案"。释义中未作大陆与台湾的区分，则显示这一义项是两岸共同的。然而，如果从语素的角度看，两岸的"案"在意义和使用上还是有差异的。

"案"在台湾一定程度上属于自由语素，即除了用于构词外，也可以独立作为一个词使用，这是两岸差异之一。例如：

（1）（苏迪勒台风）造成三峡多处灾情，其中 11 案将于 5 月 30 日完成外，其余 36 案已完成复健。(2016.5.6)

（2）该署于 2015 年 7 月及 8 月针对科技部 3 个科学工业园区 9 件环评开发案，计 65 家高科技厂共查核 130 厂家次，其结果皆符合各案环评承诺之规定。（2016.5.24）

（3）市府所推动的交通建设，每一案都是重要的，不会因为金额高低而有所区别。（2016.5.27）

大陆虽然也有"此案""该案""第一案"等，看似"案"也是作为词独立使用，但是实际上它们已经成为一个固定组合，具有相当的凝固性。比如"第一案"，我们 2016 年 6 月 9 日在百度新闻进行检索，结果显示含这一组合形式的新闻共有 47300 篇。

国语中作为语素的"案"与普通话最大的区别，是它的意义。在上述"事件、案件"这个义项下，普通话使用的主要是"案件"义，（因此《现汉》与此相对应的义项只有"案件"而无"事件"），而国语中经常使用的却不是此义。两相比较，如果用语义特征来表示的话，则普通话是〔+案件〕，而国语是〔±案件〕义。

台湾在使用〔-案件〕义时，却也不一定就是"事件"义。《现汉》"事件"的释义是"历史上或社会上发生的不平常的大事情"，而以下各例所表示的，显示算不上这样的事情：

（4）翁启惠……因此可全力投入研究，不必像多数年轻学者忙着四处筹措经费、申请研究案。（2016.5.10）

（5）石榴班新建厂房建设工程……预估可创造当地 100 多人的就业机会，是今年度云嘉地区最大的投资案。（2016.5.31）

（6）在药物研发方面，胰脏癌新药之第三期临床试验收案顺利，至年底已完成收案的 50% 以上。（2016.6.3）

（7）已批准桃园机场董事长林鹏良请辞案及总经理费鸿钧自请处分案。（2016.6.6）

以上 4 例中，例（4）的"研究案"大致是指研究项目（这一点由其支配动词"申请"也大致可以证明），而例（6）的"案"大致也是指项目，"收案"或许与普通话的"结项"意思相类。另外两例中的"投资案"和"请辞案、自请处分案"，"案"的所指已由其修饰限定语显示得很清楚了。

国语中，像这样可以由组合中的修饰限定语明其所指的"案"类固定或临时组合还有很多，我们在近两年的《自立晚报》中所见就有以下一些：

> 建案、旧建案、新建案、开发案、合资案、招标案、研究案、约定案、采购案、授信案、调涨案、法律案、预算案、规划案、联贷案、并购案、复议案、仲裁案、人事案、小区案、总辞案、内阁总辞案、投资申请案、申请上柜案、股息分派案、股票承销案、市地重划案、环评开发案、亚泥采矿案、对台军售案、国道关厂案、高铁财改案、大林蒲迁村案、世大运转播案、股票上柜申请案、横向国道收费案、两人同行优惠案、游艇专区污染开发案、初次上柜股票承销案、水资源回收中心兴建案、德翔台北货柜轮搁浅案、支持台湾成为国际刑警组织观察员案

如果简单归纳总结一下，上述"案"的意义，大致都是指需要投入人力物力处置或处理的分门别类的"事情"，而这也就是它与普通话表义的根本区别所在。

2. 案子

由于"案"所具有的上述"事情"义，它在和其他语素一起构成合成词时，仍然大量保有这一意义，从而使该合成词也与普通话的意义及使用范围形成明显的差异。

"案子"一定程度上就是双音化了的"案"，所以《词典》义项二的释义是"案件、事件、专案"，所举例子是"～已终审定案，不得上诉｜这个～经过媒体报道后，引起各方激烈的讨论"。其实，与"案"的意义和用法一样，以上二例只能反映"案子"在普通话中的一般使用情况，但是却没能反映国语的全部情况。以下一个例子很能说明问题：

> （8）由于不少公司年底没有多余的人事预算，因此改采外包策略，将项目以委外的方式转由专业接案工作者承接。这样的趋势在年底至少成长三成以上，也就是说靠接案子的"阿鲁族"（阿鲁：日语，打工或兼差的意思），过年荷包满满喔！（2003.12.11）

　　按，此例先有"接案"后有"接案子"，正说明"案"与"案子"所指相同；而它们的共同所指，就是前边的"项目"。以下各例中的"案子"大致也都是指项目的：

　　（9）扣除中船无法参与造舰等因素，整个案子可以减价的空间，应该比新台币一千亿元还大。（2004.7.1）
　　（10）谢前市长交待的几件重要工作，如红毛港迁村、爱河整治、港市合一等案子，都顺利推动。（2005.9.12）
　　（11）至于大都会歌剧院，包括预算及工法的克服，市府都在努力中，他一定会尽全力让这个案子完成。（2009.6.1）
　　（12）海悦广告接的案子以北台湾为主，北从基隆，南至桃园地区，都可以看见其代表性建案。（2011.2.24）
　　（13）因双方长久配合、默契度高、调性又相近，建商习惯把案子交给同一建筑师设计。（2016.3.17）

3. 个案
　　"个案"《词典》的释义是"特殊的或个别的案例"，这一释义大致符合普通话的实际，但也未能准确反映国语的真实情况。
　　如果"个案"的主体是人，或者是关于人的，则此时可以指人，这种情况比较常见，是台湾此词的使用特色之一，以医疗方面用得最多。例如：

　　（14）嘉义县7日确诊今年第7例本土性登革热病例，这名女个案发病前活动于台南市，评估是在台南地区感染，目前已痊愈。（2015.9.7）
　　（15）根据现行规定，疑似精神疾病患者必须经2名专科医师鉴定，接着送委员会审查，会中委员将与病患视讯沟通、了解实际情况，并经委员全数审查通过，家属、个案签名后才可强制住院。（2016.3.30）
　　（16）针对设籍桃园市年满65岁以上独居老人、高血压、糖尿病个案进行收案家户管理，提供转诊转检。（2016.5.19）
　　（17）甘霖基金会在台中地区送餐服务已十多年……每一份餐都

是依照个案的疾病、牙口或咀嚼能力来设计制作。(2016.6.6)

非指病人的其他用例也有不少，例如：

（18）有 114 人是维冠大楼的罹难者，另 1 名特殊个案还待寻，据了解，待寻的个案是林姓女。(2016.2.13)

（19）农委会水保局反驳，依政府采购法公开招标，但受质疑个案尚未响应。(2016.3.31)

（20）从小陪伴他长大的经验，让她日后在辅导个案时更能感同身受。(2016.4.4)

另外，有些用例中，"个案"其实并没有多少"特殊"或"个别"的意思，就是指某一个具体的"案子"，其中用于"建案"即房地产项目的比较多，例如：

（21）目前新成屋个案至少有 20—30 个正在销售。(2015.11.24)

（22）但是由于"时间差"的问题，通常成交的个案行情要至少晚 1 个半月到 2 个月才会被公开揭露。(2015.12.11)

（23）此笔交易是 2015 年第 2 高总金额的个案。(2016.1.12)

（24）单一总价最高的个案，为多丽国际顾问以 8.9 亿购置东森国际在杨梅区的渡假村。(2016.4.13)

用于其他方面的例子再如：

（25）市府秉持"一人一案"的方式，预先规划个案所需的经费及人力，拟定相关工作计划。(2015.9.9)

（26）从去年开始，2 年来已提供金融支持超过 420 亿元，有 2 万 5 千件个案受惠。(2015.11.5)

4. 案件

"案件"《词典》释义为"与诉讼或违法有关的事件"，这其实也是指出了普通话的使用范围，但是却不能用于约束台湾用法，因为后者超出这一范围的用例比较常见，例如：

    （27）在去年一整年，四座垃圾处理场（厂）接获民众要求，协助寻找失物的案件共有十件，顺利找回失物的有四件。（2004.1.16）
    （28）多年来服务处服务市民的案件很多，包括……交通事件、身心障碍、老人服利等。（2005.3.23）
    （29）服务项目更为全面、相对费用也较高的精致搬家服务，特别是免动手打包的案件，2014年也达到快速成长。（2014.12.5）
    （30）新北市政府……成功签约12大公有土地招商案……每一个案件都顺利兴建或完成中。（2015.12.24）

以下我们所见的各种"案件"，基本都不属于诉讼或违法方面的：

    报税案件、招商案件、求助案件、服务案件、承租案件、结婚案件、户籍案件、建管案件、火灾案件、车祸案件、水患案件、简易案件、停工案件、陈情案件、咨询案件、成交案件、投增资案件、简易登记案件、登记测量案件、户籍登记案件、劳资争议案件、消费金融案件、股票上市案件、企业并购案件、民众服务案件、土地开发案件、申请居留案件、公共建设案件、公共工程案件、不当行为案件、忧郁症寻短案件、一氧化碳中毒案件、企业法人申贷案件、买卖房屋登记案件、建筑执照申请案件、青创贷款申请案件、台湾对印度尼西亚投资案件、戏水溺毙的不幸案件、警察过劳死的案件、失智老人走失的案件

5. 专案

此词《词典》列两个义项，其一是"单独立案处理的案件或事件"，其二是"指学术上的专门研究项目或案件"，后者标为"台"，表明是台湾特有义，所举例子是"防治禽流感～研究小组｜人类基因～研究，成果颇丰"。

受此词核心语素"案"上述"指需要投入人力物力处置或处理的分门别类的'事情'"义的规定和影响，国语中"专案"有时既不指"案件"也不指"事件"，另外也不限定在学术范围，而这才是此词表义及用

法的独特之处。例如：

（31）台湾大哥大自即日起推出 VR 专案，申办 4G 指定专案，搭配 Galaxy S7/S7 edge 给用户崭新的感官体验。（2016.4.3）

（32）高雄市寿山动物园于 5 月 1 日推出劳工半票优惠专案，劳工朋友凭证至园区参观可享半票优惠。（2016.4.29）

（33）象征台湾品牌最高荣誉的台湾精品奖及近年享誉两岸的大陆台湾名品展等，均为其执行之专案。（2016.5.10）

（34）企业用户伙伴也可透过专案服务方式联系微软升级 Windows 10，享有最安全的作业环境。（2016.5.25）

有意思的是，当笔者使用 Word 操作系统把下载的台湾繁体字例句转换成简体时，所有的"专案"都自动替换成了"项目"，而当笔者再用"简转繁"转换成繁体字时，这些"项目"又变回"专案"。可见，在系统的设计者看来，这些台湾的"专案"就等同于大陆的"项目"。不过，准确地说，此词与大陆当下很常用的"专项（活动）"有更高的一致性。

以上通过语素"案"和以它为核心语素构成的几个词的分析，我们试图从"底层"而不是"表层"抓住该词族的特点，并由此来总体上认识和把握其与普通话的差异，应该说这是一个比较新的角度，同时也有它的长处，具体而言，大致有以下几点：

其一，着眼于语素（主要是核心语素）义而不是词义，有可能排除干扰，抓住影响甚至决定某词意义及用法的关键，从而进行更直接、更有效的对比；

其二，由语素到词，再到词族，有以简驭繁之效；

其三，着眼的是一组词（同一词族），而不是某一个具体的词，从而确立了一个比较独特的、以前极少涉及的研究角度，同时也建立了词族这一新的比较单位。

二　"义素本位"的微观对比研究

"义素是义位的组成成分，是分解义位得到的。由于义素不像其他语义单位那样差不多都直接依附可以感知的语音形式上，因而人们不容易觉察到它"。① 这里的"不容易觉察",正好从一个方面说明了义素的微观性所在,而事实上也是正因为如此,所以在一般的研究中也就经常被人们忽略了,从而造成了相关研究的某些不完备或局限。

以下我们以两个词为例来进行说明。

1. 乡亲

此词《现汉》的释义是:"①同乡的人:招待远来的~。②对农村中当地人民的称呼:~们丨父老~。"现在义项一两岸均不常用,常用的是义项二,由它的释义至少可以归纳出以下的义素:一是作为称呼语使用,二是用于称呼"农村人",可以记为〔+称呼〕〔+农村人〕。

国语中,"乡亲"一词相当常用,仅 2003 年至今的《自立晚报》中,包含此词的文本就有 5200 多个,可见其使用频率之高。

作为称呼语,"乡亲"既可用于面称,也可用于背称,这一点两岸是相同的。但是,第二个义素〔+农村人〕,在两岸却有一定的差异,具体而言,这一义素主要在大陆范围内显现,而在台湾却一定程度、甚至很大程度上隐而不显,或者是比较模糊,其具体表现就是经常可以用于称呼"典型农村人"以外的其他人群。例如:

(1) 让台湾观众与海外乡亲都能感受客家、体验客家。(2015.9.21)

(2) 小港区各国中小校长、师生家长及小区乡亲等,共数百人莅临会场共襄盛举。(2015.11.21)

(3) 台北市上午飘起细雨,仍有乡亲冒雨站在路旁帮朱立伦加油、打气。(2016.1.15)

(4) 凡设籍大台北地区,含台北市、新北市、基隆市之乡亲,出示本人有照身分证件独享"台北乡亲 FUN 疯优惠价 599 元"。(2016.3.3)

(5) 每次看到海外侨胞乡亲,她都会想到"黄昏的故乡"这首歌。(2016.5.21)

也就是说,与大陆的〔+农村人〕不同,台湾是〔±农村人〕,由此就决定了此词在两岸的使用范围不同。另外,国语中"乡亲"经常带各

---

① 贾彦德:《汉语语义学》,北京大学出版社 1999 年版,第 31 页。

种修饰限定语，这在普通话中也是不多见的，例如：

（6）希望……都能抬头挺胸，不要让农渔民乡亲忍无可忍。
（2016.6.1）

"乡亲"前冠以地名的特别多，如"台南乡亲、桃园乡亲"，此外我们所见还有"客家乡亲、地方乡亲、市民乡亲、在地乡亲、妇女乡亲、环保乡亲"等。

2. 表扬

《现汉》此词释义为"对好人好事公开赞美"，另收"表彰"一词，释义为"表扬（伟大功绩、壮烈事迹等）。"由后者释义可知二者为同义词，差别只在动作对象的"量级"：用于"好人好事"的"表扬"基本是［＋轻度］［±正式］的，而用于"伟大功绩"等的"表彰"自然是［＋重度］［＋正式］的。这里的［＋重度］大致有两方面的表现，一是表彰者多为重要或权威的机构、团体等，二是被表彰者往往有比较突出的业绩，而这两方面都与"表扬"有十分明显的区别。普通话中，二者区分非常清楚，例如：

（7）居民心存感激，拨打市长热线表扬了顺城街道的党员们。
（2016.5.31）
（8）世界卫生组织总干事陈冯富珍27日将阿联酋卫生基金奖授予中国新疆维吾尔自治区公共卫生医师蒴丽泽·买买提，表彰她在近30年时间中致力于提高少数民族地区公共卫生水平的工作。
（2016.5.29）

另外，在一般性的使用中，表扬的"公开"含义（《现汉》释义为"不加隐蔽的，面对大家的"，前者适合其所举例子"公开活动"，而"表扬"的"公开"应为"面对大家"义）经常并凸显，比如我们也可以说"领导和我谈话时表扬了我""他在电话中表扬了我"等，而"表彰"却不能加这样的时间或处所限定。以下《人民日报》的例子中"表扬"分别加了"公开"和"当众"的修饰，大致也显示了这一点：

（9）对于信息报送及时、执法力度大的地区，环境保护部将公开表扬。（2015.4.21）

（10）他在劳动中一有好的表现就当众表扬，使他切身感到劳动光荣。（2000.6.20）

这也就是说，普通话中的"表扬"所含的义素［＋公开］，已有一定程度的模糊，因此可以记为［±公开］。

而在国语中，一般的"表扬"多是"表彰"的意思，即相对于普通话的［＋轻度］［±正式］［±公开］，它基本都是［＋重度］［＋正式］［＋公开］的。例如：

（11）记者会中邀请去年荣获节水绩优表扬殊荣的台湾明尼苏达矿业股份有限公司（3M）出席。（2015.3.16）

按，由把"表扬"看成"荣获殊荣"，可见其远非一般的"公开赞美"。以下各例大致也是如此：

（12）11月19日在台大医院国际会议中心举办"2014中小企业投资博览会暨育成加速成果表扬"，除表扬杰出育成单位及优质创新新创企业外，也有闭门式的一对一投资媒合会。（2014.11.19）

（13）新光人寿高峰会即将于28日在新加坡滨海湾金沙酒店举行表扬大会暨荣誉晚宴，场面盛大隆重。（2015.4.24）

（14）台北市政府社会局3月31日举行"助人前线，温暖无限"台北市优良社会工作专业人员表扬活动，由社会局局长许立民亲自表扬，得奖的36名优秀社工人员是由各公私部门推荐，并经初审及复审脱颖而出。（2016.3.31）

按，由此例看，台湾的"表扬"不仅是"公开的赞美"，其结果还有被表扬者"得奖"。正因为如此，"表扬"经常与"颁奖""获奖"等共现，例如：

（15）新北市副市长侯友宜12日出席第4届"药事服务奖"颁

奖典礼，表扬获奖的 12 位药事人员、2 所医疗机构。(2016.1.12)

（16）工艺中心除举办公开的颁奖仪式表扬外，另办理展览、专辑出版、录像带拍摄等相关奖后活动。(2016.3.3)

（17）新北市政府教育局于 8 日举办"孝行奖暨社教公益奖、补校绩优学校及人员颁奖典礼"，共有 11 人获得"孝行奖"表扬，成为社会大众学习的典范；"社教公益奖"计有 8 个团体、17 人获奖；"补校绩优学校及人员"评鉴共有 10 所补校及 5 位得奖者获表扬。(2016.6.8)

以上各例显示，就台湾的"表扬"与大陆的同义词对应关系而言，大致是"表扬 = 表彰 ≈ 表奖 ≈ 奖励"。

此外，"表扬"还常用于一些组合之中，大致也都能表明它所具有的与大陆不同的义素：

> 表扬奖、表扬会、表扬大会、表扬晚会、表扬典礼、表扬庆典、表扬餐会、表扬茶会、表扬活动、表扬平台、表扬项目、表扬奖项、表扬案例、颁奖表扬大会、颁奖表扬典礼、选拔表扬活动、表扬颁奖典礼、表扬誓师大会

以下再通过一组数字来进行两岸之间的对比：

台湾《自立晚报》2003 年至今，含"表扬"的文本约 3300 个，而含"表彰"的文本仅 680 个，二者之比接近 5∶1；与之形成对比的是，《人民日报》截至 2016 年 6 月 8 日，含"表扬"的文本共 15212 个，含"表彰"的有 21560 个，二者之比大致为 1∶1.4。在上述 3300 个台湾文本中，含"表扬大会"的 52 个，"表扬活动"34 个，"表扬典礼"10 个，另有"颁奖表扬"88 个；在 15212 个大陆文本中，含"表扬大会"的仅 10 个，且有 6 个为 20 世纪 50 年代及以前的，20 世纪 80 年代以后的仅 4 个，而最近的 2 个（1986、2011）均为报道台湾新闻所用；"表扬典礼"未见用例；"表扬活动"仅 4 个，时间在 1964 年至 1983 年；"颁奖表扬"仅 1 个，也是见于台湾新闻中。另外，《人民日报》"表彰大会"有 3311 个文本，"表彰活动"有 800 条记录，"表彰典礼"有 3 条记录，"颁奖表彰"17 条；台湾《自立晚报》中，"表彰大会"仅 5 条，"表彰活动"3

条，"表彰典礼" 0 条，"颁奖表彰" 5 条。

此外，台湾"表扬"偶尔还可以表示其他的意思，例如：

（18）他评审的重点，在于作品是否具有美感，其创作意念是否切合参赛主题，可以表扬台湾的人、事、物、景之美。（2015.3.21）

按，同样的意思，大陆通常会用"赞美"。

以上是着眼于静态对比的"语素本位"研究，而如果着眼于动态的历时发展变化研究，则有更为广阔的天地和适用范围。比如，邹贞研究过两岸"资深"一词的差异与融合，就引进了义素分析的方法，把此词的义素分析呈现为 ［＋人］［＋职业］［＋年限长］［＋表彰］，而此词在台湾的发展有非常明显的阶段性，表现为内涵不断减少、外延不断扩大，用义素序列对比表达，即 ［＋人］［＋职业］［＋年限长］［＋表彰］→ ［＋人］［＋职业］［＋年限长］［±表彰］→ ［＋人］［±职业］［＋年限长］［±表彰］→ ［±人］［±职业］［＋年限长］［±表彰］。此词在大陆"复显"以后的发展，大致也是循着这一进程，只是一定程度上表现为"跨越式"的，因此阶段性特点不是特别明显。①

再如"关爱"一词，早在清代即有用例，如：

（19）春瑛受此温存，愈觉丈夫关爱之深，相待之厚。（《八仙得道》）

到民国时期，也时能见到，例如：

（20）凡是关爱我的人，都曾以这些理由来劝我。（《东方杂志》1937 年 34 卷第 1 期）

国语中此词也一直沿用着，较早的用例如：

（21）人生的命运怎么不能互相的关爱？（《联合报》

---

① 邹贞：《海峡两岸词汇差异与融合研究》，北京师范大学 2016 年博士学位论文。

1951. 10. 19)

　　（22）在许多表弟中，我最关爱的就是他。（同上 1954. 3. 13）

　　一般的研究者认为大陆此词是改革开放以后从台湾引进的，其实《人民日报》中早在 1957 年就有用例，即

　　（23）这是中国历史上第一次，这是党和政府对戏曲界最深切的关爱。（1957. 7. 12）

　　此后，这个词基本就趋于退隐了，它在《人民日报》再次出现，是 1982 年，即：

　　（24）我忘不了他们对我的关爱，我也珍惜自己对他们的这一份情。（1982. 9. 29）

　　此例是一篇对台湾作者的书评中引用该台湾作者的话，显示此词的复显应该有改革开放之初台湾词语大量涌入大陆的背景，而这也或许就是论者所说此词来自台湾的依据了。

　　《人民日报》中"关爱"的第一次"自主"使用，见于 1991 年，即：

　　（25）它或者表现为李山对同志的那种骨肉般的亲情，无我的牺牲精神和博大而绵密的关爱；或者表现为李兰芳（《非凡的大姨》）对那种朦胧缥缈又略带几分梦幻色彩的爱情的灼热的永不停歇的追赶。（1991. 1. 3）

　　此后，"关爱"一词日渐多用，它的对象都是指人的，直到 1996 年，《人民日报》中才出现了以下这样的用例：

　　（26）毛泽东先后在水竹居的那些日子里，虽说未曾写下关于植茶、采茶的诗作，然而在他那关爱种茶并采茶的许多思索中、劳动中，以及在他的那些自自然然，无拘无束的说笑中，却已然把他那热烈而深挚的诗情与茶情留在了水竹居，留在了美丽的西湖茶山。（1996. 3. 11）

到这里，我们可以从义素的角度对"关爱"一词在普通话中复显后的阶段性发展过程作一简单描述：由〔+涉人〕到〔+涉物〕，完整的表述则是〔+涉人〕→〔±涉人〕，最终也达到了与台湾法的完全一致，从而实现了"彻底"的融合。

总之，两岸差异及融合的历时研究至今进行得很少，而我们有理由相信，"义素本位"的观念及立足于此的工作，会给相关研究提供一个非常有用的工具。

循上一部分的例，我们也在这一部分的最后对两岸共同语对比中"义素本位"研究的长处及特点作一小结：

第一，以前的对比研究主要关注两岸间的显性差异，而现在人们更加提倡研究其隐性差异（李行健，2013；徐复岭，2014），而"义素本位"则找到了一条由前者到后者的有效途径，因而可以在已有基础上深入一大步；

第二，有助于发现两岸之间的更多、更细微的差异，并对其进行精细化的描写；

第三，对历时发展以及两岸之间融合的研究有独特的作用和价值。

三　微观对比研究的意义和价值

在以上两小节的末尾，分别对两种本位研究的意义和价值做过简单的归纳，但那基本是着眼于具体研究而言的，以下我们则从比较宏观的角度，来讨论微观对比研究所具有的意义和价值。

1. 语言资源观下的两岸共同语微观对比研究

我们曾经讨论过为什么要进行两岸以及内地与港澳之间语言的对比研究，其中的一个观点是，当代汉语因为有两岸四地的各种差异而更加丰富，所有现象和用法的总合构成了当代"大汉语"的共时全貌。这一全貌远比任何一地汉语/国语的单一面貌更为复杂多样、丰富多彩，在形式和内涵上都达到了一个包罗四地的"最大值"，不仅能给人们提供更多的观察角度和研究内容，而且也为更多理论、方法的运用提供了更大的空间和现实需求，所以，这是上天对所有汉语研究者的一份厚赐①。如果站在

---

① 刁晏斌：《关于进一步深化两岸四地语言对比研究的思考》，《北京师范大学学报》2016年第2期。

语言资源观的立场看，这是一笔极为宝贵的资源，我们没有任何理由不充分地开发利用。

两岸共同语对比研究已经进行三十年了，但是我们的研究还很不充分，有很多资源尚未有效地利用，所以我们还应从更多的角度、更多的方面来进行更加充分、深入、细致的研究，而本文所讨论的着眼于语素和义素的微观研究，正是这一努力的一种尝试。

2. 微观对比与两岸共同语对比研究的发展

与世间的世事万物一样，语言研究往往也是"前修未密，后出转精"，其实也就是在以前的基础上不断有所前进，而前进的方向之一就是不断地细化和深化。比如语音研究，由音节到音位和音素；受此启发，词义研究也从词义到义位（项）再到义素，都体现了这样的进步。如前所述，在两岸共同语对比研究中，人们或是以整个语言系统为对象，针对的是"两岸共同语的差异""台湾语言的特点"等；或是由此缩小一点，以某一要素为对象，如两岸词语比较，两岸的语法差异，以及两岸语音的差异等；或是再小一点，也是最为多见的，是对某一类语言现象，如两岸的同形词语、外来词语、缩略词语，以及重叠形式等的讨论。虽然无论哪个层面或内容范围的研究总要涉及或落实到某一或某些微观、具体的语言现象（如一个一个具体的词），但是往往却很难做到对每一个具体对象的三个"充分"：观察充分、描写充分、解释充分，而离开了这些微观现象研究的三个充分，对其上位的中观以至于宏观现象的了解和把握，往往也难以做到清晰和准确①。所以，微观对比研究是两岸共同语对比研究的细化和深化，体现了这一研究的发展。

3. 微观对比研究会带来什么

微观对比研究会在语言研究不同的方面甚或领域带来一些积极的变化，这里我们大致归纳为以下三个方面：

一是两岸共同语对比方面，语素和义素都是词汇的有机构成部分，而词汇横跨词汇和语法两个研究领域，所以，微观对比研究涉及两岸共同语对比的两个最主要方面（其他还有语音对比、文字对比等）。如果能够全面实施，必将给相关研究带来很大的变化，使之在原有基础上有长足的

---

① 刁晏斌：《试论海峡两岸语言的微观对比研究——以"而已"一词的考察分析为例》，《北京师范大学学报》2012 年第 4 期。

进步。

二是可以用之于两岸四地乃至全球华语的对比研究。我们认为，四地语言对比是两岸共同语对比的放大，而全球华语的对比研究，很大程度上也是两岸四地语言对比的放大，即它们所需要解决的问题相近，所用的方法相近。所以，两岸共同语的微观对比研究无疑也可以用之于更大范围的研究。

三是也可用之于现代汉语的本体研究，即这样的方法同样也可以用之于普通话内部某些方面的研究。比如同义词的对比研究，如果也能介入微观的层次，相信会在现有基础上取得新的进步；再比如，当代汉语中，有大量的新词族显现，同一词族内部的词也可能有不同的表现及发展变化，从语素/义素入手，既可以很好地把握其相同的一面，同时也能很好地观察和解释其不同的表现及发展等，总之不仅可以提供有效的观察手段，同时也能起到以简驭繁的效果。

第四节　两岸共同语的"计算对比"研究①

本节中，我们尝试用"计算"的方法对两岸人名翻译方法及其共时差异进行考察和分析。

海峡两岸译名差异问题自两岸开始交流之时就引起了学者们的关注，比如，郑启五列举了两岸翻译同一地名、人名的不同形式；② 邱质朴对比了两岸在国家译名、首都译名和部分世界名人译名上的差别；③ 方梦立在比较两岸人名、地名翻译差异的基础上，指出了统一规范化的必要性和意义；④ 贺文照分析了两岸人名翻译方法的差异，认为其根源在于两岸政治、经济、文化等各个方面。⑤

在人名翻译方面，人们注意到的差别主要有三点，一是音节的长度，二是与中国传统姓名的一致程度，三是性别的区分度。前两方面的意见比较一致，而第三点则有一定的分歧，比如林木森指出大陆译名"性别义溢出"现

① 本节与邹贞博士合写。

② 郑启五：《海峡两岸用语差异》，福建人民出版社1989年版，第76—95页。

③ 邱质朴：《大陆和台湾词语差别词典》，南京大学出版社1990年版，第349—371页。

④ 方梦立：《海峡两岸间人名地名翻译的差异及统一规范化的必要性和意义》，《北方论丛》1999年第1期。

⑤ 贺文照：《海峡两岸翻译的差异及其对策的思考》，《英语研究》2002年第1期。

象非常明显，即在译名选字上体现性别差异，[①] 而周风琴却并不完全赞成此说，她以"希拉里"为例，认为大陆的翻译"全然看不到一点女性的特色"，而台湾的译名"希拉蕊"更"女人"。[②] 周文只是举例说明，并未就此展开更多的论述。在我们看来，林氏和周氏的观点都有其合理性，但是都不够全面，而令人遗憾的是，我们至今尚未看到其他相关的深入讨论。

"义溢出"是潘文国所用的术语，指翻译中源语和译入语双方在意义上的不对等现象。译入语词所表示的意义少于源语言的语词，叫"义缺省"（meaningshortage）；反之，译入语词在意义上多于源语言的语词，则叫"义溢出"（meaning overflow）。[③] 潘氏指出，译名中的义溢出主要体现在姓名、性别、褒贬等方面，其中最显著的便是性别义溢出。

那么，就两岸女性译名而言，性别义溢出状况是否有差别？如有差别，具体情况如何？这是一个很有意思的问题，很有讨论的必要，理由至少有以下几个：

第一，外语词汉译时的义溢出现象是一个非常值得研究的问题，但却一向少受关注，讨论得不多，因此这方面的探究有很大的意义和价值；

第二，人名一向是语言单位中最有文化内涵的部分之一，影响所及，在两岸外来人名的翻译上也有所体现，但是程度、方式以及倾向性等并不完全相同，所以，借由这一"窗口"，正可以从一个侧面了解两岸共同语及文化等的差异；

第三，如果在相关的研究中尝试使用某些新的方法（比如本文所用的"计算"方法），那么它的意义自然就不仅仅局限于这个问题本身了。

有鉴于此，我们收集了部分两岸女性译名，主要就性别义溢出方面的表现进行穷尽性的比较分析，并试图以量化的形式反映两地的差异。我们的考察对象有两部分，一是国际政坛女性人物译名，二是欧美娱乐女明星译名。前者的大陆部分主要来自新华网公布的国际政要名，以及外交部网站发布的世界各国介绍，也有部分信息来自新浪、搜狐、百度、维基百科等网站，主要以新华社译名室发布的译名为标准，个别译名参照外交部、人民网等网站的译名形式；后者主要来自中国娱乐网（http://star.yule.

---

① 林木森：《汉语人名地名音译词的"义溢出"现象探析》，《福建师范大学福清分校学报》2006 年第 4 期。

② 周风琴：《两岸三地外国人名地名翻译异同对比》，《皖西学院学报》2009 年第 4 期。

③ 潘文国：《实用命名艺术手册》，华东师范大学出版社 1994 年版，第 575 页。

com. cn/omg/），这些明星涉及模特、歌手、演员等行业，她们在大陆和台湾都有较高的知名度。

至于台湾方面，主要以雅虎奇摩新闻（http：//tw. news. yahoo. com/）、苹果日报网站（http：//www. appledaily. com. tw）以及今日新闻网（www. nownews. com）为资料来源，其中雅虎奇摩新闻可以检索到多家台湾报纸媒体，包括《自由时报》《中时电子报》《台湾醒报》《台湾新生报》《更生日报》《自立晚报》等。

我们共收集到大陆译名 221 个，台湾译名 349 个。其中大陆政治人物译名 108 个，台湾 182 个；大陆欧美明星译名 113 个，台湾 167 个。两地的数据相差比较大，主要原因是大陆译名比较统一（一名一译），台湾译名相对多样（一名多译）。

由于两岸翻译同一人名时在形式上常常不对称，大陆多用全名，台湾多用简称，所以我们抽取译名里共同的译音部分进行比较，比如哥斯达黎加女总统 Laura Chinchilla Miranda，大陆译为"劳拉·钦奇利亚·米兰达"，台湾译为"秦奇亚"或"秦祺雅"，二者共同翻译的部分是"Chinchilla"，因此我们只比较"钦奇利亚—秦奇亚/秦祺雅"；原名有差异，抽取后没有差异的不作比较，比如爱尔兰女总统 Mary Mcaleese，大陆译为"玛丽·麦卡利斯"，台湾译为"麦卡利斯"，二者共同翻译的部分是"Mcaleese"，两地都翻译为"麦卡利斯"，这样的情况不在比较之列。此外，针对同一部分的翻译有多种形式的，放在一组内统计，比如菲律宾前女总统 Gloria Macapagal Arroyo 大陆译为"格洛丽亚·马卡帕加尔·阿罗约"，台湾译为"阿诺育、雅罗育、艾若育、艾洛雅"等，我们将"阿罗约—阿诺育/雅罗育/艾若育/艾洛雅"放在一组进行比较。初步整理的对称差异译名共计 200 组，其中政治人物类 97 组，明星类 103 组，以下的对比分析就在这一范围内展开。

一　女名用字的"女性度"及其计算分析

对于女性取名以及译名用字，人们进行过一些研究，比如潘文国将中国人常用女名用字分为带女旁字、花鸟字、闺物字、珍宝字、彩艳字、柔景字、柔情字、女德字八类；[①] 王奇提到，"女字旁、斜玉旁、草字头、

---

　①　潘文国：《实用命名艺术手册》，华东师范大学出版社 1994 年版，第 212—214 页。

雨字头这些偏旁常见于翻译女名的专用字";① 朱明胜也持同样的观点，并结合译名问题说道："中国女性的姓名中常常带有'花'、'芳'、'莲'、'丽'、'兰'等明显表示女性性别的字，所以在翻译外国女士名字的时候也应该体现此特征。"②

那么，上述这些类别的女名常用字所具有或反映的女性色彩程度是不是一样的？如果不一样，差别在哪，又应该怎样呈现和表述？这个问题似乎从未有人提及，但是无疑很有研究的意义和价值。事实上，不同女名常用字女性色彩的轻重强弱程度并不完全相同，如上文提到的"花、芳、莲、丽、兰"等，其女性化色彩的浓淡应该就有一定的差别。这里，我们试着提出一个"女性度"的概念，义指女性人名用字女性化特征的强弱程度，并试图由此入手来进行一些考察和分析。

我们在百度文库中以"名单、花名册、公示"等为关键词进行表格检索，随机抽取了共包含123767个姓名的164个样本，其中男名66447个，女名57320个。这些样本全部来自大陆地区，在地域上分布较广，除了标注姓名、性别之外，往往还有一些其他信息，如报名号、准考证号、学号、家庭住址、联系电话等，有的甚至还标注有身份证号，这些信息能较好地保证样本的真实性。

我们对这12万多个姓名进行统计（只统计名，不统计姓），根据名字在男女性别中出现的次数和比例，对所用的2853个字赋值，最终按照女性度的高低进行排序，计算公式如下：

$$score(x) = \log_2 \frac{x_f + 1}{n_f + \dfrac{n}{1.5}} \cdot \frac{n_m + \dfrac{n}{1.5}}{x_m + 1}$$

其中，x是女名中的任一用字，n是所有名字所使用的字的个数（重复出现的，只计一次），n_f是女名总个数，n_m是男名总个数，x_f是出现x的女名个数，x_m是出现x的男名个数，$score(x)$是x的女性度。

以"媛"为例，在123767个名字中，一共使用2853个字，"媛"在女名中出现473次，在男名中出现0次，即$n = 123767$，$n_f = 57320$，$n_m = 66447$，$x_f = 473$，$x_m = 0$，$n = 2853$，最终计算出$score$（媛）≈ 9.096。

① 王奇：《外文人名汉译选字探微》，《修辞学习》2003年第3期。
② 朱明胜：《西方人名的汉译》，《长春大学学报》2011年第7期。

　　按照上述公式，我们对上述所有人名用字进行了计算，得出了每一个字的数值，并且列出了直观的数值表。数值以 0 为界，理论上没有上限和下限，数值越大，女性度越高。需要说明的是，每个字的排序及具体数值会因样本大小和计算方法而发生改变，样本越大，排序及数值越接近自然状态。

　　在数值表中，女性度最高的前 20 个字是"媛、花、娜、莉、婷、妮、娟、妍、娇、娥、婉、婕、婧、蓉、薇、娴、雯、女、姗、莎"，具体情况如表 6 所示：

表6　　　　　　　　　　女性度最高的前 20 字及其数值

1	媛	9.096 *	6	妮	8.224	11	婉	7.336	16	娴	6.746
2	花	8.782	7	娟	8.142	12	婕	7.315	17	雯	6.699
3	娜	8.433	8	妍	7.722	13	婧	7.305	18	女	6.699
4	莉	8.254	9	娇	7.560	14	蓉	6.995	19	姗	6.650
5	婷	8.232	10	娥	7.506	15	薇	6.968	20	莎	6.633

　　* 数值标记到小数点后第 3 位，下同。

　　在数值表中，女性度最低的 20 个字是"键、政、龙、富、森、生、栋、柱、豪、虎、伯、勇、强、法、臣、甫、刚、标、左、彪"。它们基本都用于男名，极少用于女名，因而很难体现女性性别义，具体情况如表 7 所示：

表7　　　　　　　　　　女性度最低的 20 字及其数值

1	键	−4.601	6	生	−4.765	11	伯	−5.269	16	甫	−5.993
2	政	−4.641	7	栋	−4.801	12	勇	−5.364	17	刚	−6.133
3	龙	−4.654	8	柱	−4.902	13	强	−5.514	18	标	−6.444
4	富	−4.698	9	豪	−4.963	14	法	−5.736	19	左	−6.607
5	森	−4.747	10	虎	−5.253	15	臣	−5.816	20	彪	−6.639

　　我们注意到，在数值表中排在最前面的 10 个字（见表 6），有 8 个都是带"女"字旁的字，这也证实了上引潘文国和王奇的观察，而上文提到的"花、芳、莲、丽、兰"等也都有较高的女性度，其中"花"8.782，"芳"3.433，"莲"5.764，"丽"6.393，"兰"4.340。

　　同时，我们也看到，上引潘文提到的其他几类，如花鸟字、闺物字、珍宝字、彩艳字、柔景字、柔情字等，女性度普遍低于带"女"字旁的字，潘书在讨论各个类别时列举了大量例字，我们抽出每个类别的前 4 个字分别考察其女性度，具体情况如表 8 所示。

表 8　　　　　　　　　　　　**潘文各类别例字女性度**

花鸟字		闺物字		珍宝字		彩艳字		柔景字		柔情字	
花	8.782	闺	2.207	金	-0.134	彩	5.817	月	3.190	宠	-1.793
草	0.792	阁	1.014	银	0.184	艳	3.936	媚	6.377	爱	2.692
兰	4.340	钗	2.207	珠	3.802	秀	2.828	波	-2.375	怜	1.207
惠	2.254	钿	-2.378	玉	1.362	美	2.280	云	0.363	惜	1.792

由表 8 中的数据，我们可以看到以下几点：

第一，类别与女名用字女性度之间没有直接关联。虽然"女"旁字普遍具有较高的女性度，但是我们看到，在其他类别里，这种关联并不明显。在每个类别里，都有高低的差异，有的差异甚至还比较大。比如柔景字中的"媚"和"波"，前者女性度高达 6.377，而后者则低至 -2.375。事实上，即使是"女"旁字，其女性度也并不完全一致，因此，不能完全依照类别来判断女名用字的女性度高低。

第二，偏旁与女名用字女性度之间也没有直接关联。虽然我们从感觉上以为女字旁、斜玉旁、草字头、雨字头等多用于女名，但是每个偏旁里的女名用字女性度并不相同，以草字头字为例，"花"的女性度为 8.782，"莉"为 8.254，而"草"仅为 0.792，因此，我们不能完全从偏旁的角度来判断女名用字的女性度高低。

从某种程度上说，类别和偏旁似乎并不能很好地解决女名用字的女性度差异问题，因而我们以数据库为基础，提出女名用字女性度的概念（同样，对男名用字，也可以着眼于"男性度"进行研究，我们认为同样是很有意义和价值的），试图将女名用字的女性度量化，这样或许能够找到一个新的观察、解释和表述角度。我们将尝试使用这一新的概念和方法，来对海峡两岸女性译名的性别义溢出情况进行对比分析。

二　基于女性度差异的两岸女性译名性别义溢出情况比较分析

根据数值表的数值，我们分别统计了两岸女性译名的女性度，以"碧玉"为例，在数值表中，"碧"的数值是 2.516，"玉"是 1.362，那么"碧玉"的女性度就是 2.516 + 1.362 = 3.878。以下我们就按这种方法进行讨论和分析。

（一）基于整体与个体的两岸女性译名女性度差异比较

我们在调查中发现，台湾女性译名的女性度比大陆高，这可以从整体和个体两方面进行比较和说明。

1. 基于整体的比较

根据上述数值表的统计结果，我们对 200 组译名中的每一个字分别赋值并求和（个别不在数值表范围之内的字，如"赖"字，按 0 计算）；组内有多个译名的，按平均值统计（累加组内单个译名的数值，再除以译名的个数），然后计算出大陆和台湾译名的女性度平均值，具体数据如表 9 所示：

表9   两岸女性译名女性度平均值比较

类别 女性度	大　陆		台　湾	
	政治人物	欧美明星	政治人物	欧美明星
各类别平均值	1. 356	3. 673	3. 094	6. 688
总平均值	2. 549		4. 945	

表 9 可以清楚地反映以下几点：

第一，无论在大陆还是台湾，欧美明星译名的女性度都高于政治人物译名。就数值来看，在大陆，欧美明星译名的女性度是政治人物译名的2. 709 倍（3. 673／1. 356）；在台湾，这个比值是 2. 162（6. 688／3. 094）。

第二，无论政治人物译名还是欧美明星译名，台湾译名的女性度都高于大陆。前者的数值对比是 3. 094：1. 356；后者则是 6. 688：3. 673。

第三，如果从整体上看，把政治人物和欧美明星两类译名合并比较，台湾译名的女性度仍然高于大陆。合并后，大陆译名的女性度是 2. 549，台湾是 4. 945，后者是前者的 1. 94 倍。

2. 基于个体的比较

台湾译名女性度平均值高于大陆，这在很大程度上是因为台湾单个译名的女性度比大陆高。从翻译的角度来看，在译音相同（不考虑声调）的情况下，台湾译名往往选择女性度更高的字，而在译音不同的情况下，这种倾向更为明显和普遍。

就前一种情况来说，有些译名两地翻译大体相同，但是在个别字（往往是同音字）的选择上有所不同，从而导致两地译名的女性度有所差异，有时这种差异还比较大，如表 10 所示：

表 10　　　　　　　　两岸女性译名同音字的女性度比较

大　陆		台　湾	
译名	女性度[①]	译名	女性度
英拉	3.301	盈拉	3.560
安吉·艾佛哈特	-1.518	安姬艾佛哈特	3.529
弗林特	-2.805	芙琳特	6.037
莫斯科索	-2.216	莫丝柯索	1.687

①标记的是左侧译名中加点字的女性度。译名中有两个加点字的，如"弗林特"，标记"弗"与"林"的女性度之和。

这一组例子译音基本没有差别，但是从数值和语感上看，大陆译名的女性度都没有台湾高，主要原因在于译名中选择的字女性度有所不同：台湾译名中的"盈、姬、芙、琳、丝、柯"要比大陆译名中的"英、吉、弗、林、斯、科"女性度更高，因而整个译名也更具女性化特征。这样的例子还有不少，比如"伊萨贝尔—伊沙贝尔、萨拉·佩林—莎拉帕林/莎拉·培林/莎拉裴琳、伊丽莎白—伊莉莎白"等，在我们的统计范围内共计 32 组。

就后一种情况来说，在译音不同的情况下，台湾译名更倾向于选择女性度较高的字，如表 11 所示：

表 11　　　　　　　两岸女性译名不同译音形式女性度比较

大　陆		台　湾	
译名	女性度[①]	译名	女性度
拉尼娅	9.182	蕾妮亚	12.692
科拉松·阿基诺	-5.005	柯拉蓉艾奎诺	5.521
米歇尔	-0.586	蜜雪儿	7.753
米夏埃尔·让	-0.616	蜜雪儿尚恩/庄美楷[②]	1.923

①标记左侧译名的整体女性度，即译名中每个译字的女性度之和。

②有两种及以上对应形式的，按平均值计算，即分别统计每个译名的女性度，求和后再除以译名的个数。

这几组译名形式上相差比较大，有的甚至很难让人看出翻译的是同一个人名，比如最后两例。这样的情况比前一种似乎更普遍，类似的再如"托宁·施密特（-0.775）—桑宁·施密特（1.888）、卡巴耶娃（0.843）—卡贝耶娃（2.924）、西尔维拉（-1.969）—史薇拉（7.212）"

等，共有 111 组。在表 11 中，最后两组译名台湾都有"蜜雪儿"的译法，但是我们发现二者的女性度差别较大，这里面的原因恐怕有两个：一是作为译名一部分的"尚恩"女性度不高，"尚"的女性度是 -2.203，"恩"的女性度是 -1.698；二是作为另一种翻译形式的"庄美楷"女性度不及"蜜雪儿"，二者求和后拉低了平均值（关于影响译名女性度的因素，我们将在下文讨论）。在我们考察的语料之外，也有人提到这个问题，比如吴礼权谈到，美国前总统克林顿的女儿 Chelsea Clinton 大陆译为"切尔西"，而台湾译为"雀儿喜"，相比之下，后者的女性度显然更高。①

（二）基于女性标记使用强度和使用范围的比较

译名的女性度高低与译名中女性标记的使用情况密切相关，两岸女性译名在女性标记的使用强度和使用范围上均有不同，台湾更倾向于使用强标记，其译名中所使用的女性标记的用字范围也比大陆译名要广。

1. 基于女性化标记使用强度的比较

在数值表中，如果以 0 为界，数值大于 0 的一般可视为具有一定的女性化色彩，在我们的统计中，"媛"排在首位，数值为 9.096。为便于比较，我们在 0—10 之间，取"1、3、5、7"为分界点，比较两岸译名在标记使用强度上的差异。

我们对 200 组译名中每个字分别赋值，然后再按照数值的大小进行归类。以"希拉蕊"为例，在数值表中，"希"为 -0.155，"拉"为 0.037，"蕊"为 4.821，"希"和"拉"赋值都小于 1，因而不作统计，"蕊"符合"≥1、≥3"这两个条件，在这两类中分别计入，两岸女性译名女性化标记使用强度的具体数据如表 12 所示：

表 12 两岸女性译名女性化标记使用强度比较

等级 \ 类别	大 陆			台 湾		
	女性政治人物	欧美女明星	合计	女性政治人物	欧美女明星	合计
≥7	19	39	58	25.44	52.84	78.28
≥5	19	68	87	38.54	76.24	114.78
≥3	42	107	149	79.39	136.44	215.83
≥1	120	194	314	156.47	238.76	395.23

① 吴礼权：《还原海峡两岸现代汉语词汇差异的真实面貌——略论海峡两岸词汇差异的对比研究问题》，《楚雄师范学院学报》2011 年第 1 期。

需要说明的是，台湾译名和部分大陆译名存在多种翻译方式，200 组译名存在一对多或者多对多的关系（如"贝娅特丽克丝—碧翠丝/碧翠斯"、"卡法娜/卡尔法尼亚—卡法格纳/卡芳娜"），两地译名的数量并不完全对等，大陆译名共 214 个（政治人物类 111 个，欧美明星类 103 个），台湾译名共 298 个（政治人物类 144 个，欧美明星类 154 个）。

由于两地译名数量有较大差异，一般而言，译名数量较多的从理论上讲会包含更多的女性标记，如前所举"贝娅特丽克丝—碧翠丝/碧翠斯"，"碧、翠"在两个译名中都有出现，如果直接累加对比势必有失公平和准确，因为台湾译名所包含的女性标记数量必然远多于大陆译名。

为公平比较起见，我们对台湾译名中标记的数量按比例进行折算。政治人物方面，台湾按 77.08%（111/144）折算，欧美明星方面，台湾按 66.88%（103/154）折算，两地译名在使用标记强度上的差异依照以折算后的数据进行比较。

表 12 显示，在四个等级的区分中，台湾译名所使用的标记数量都多于大陆译名，以强标记（≥7）为例，这一级别的译名用字主要有"媛、花、娜、莉、婷、妮、娟、妍、娇、娥、婉、婕、婧"等，就数量来看，大陆使用 58 次，台湾使用 78.28 次，比大陆多 34.97%；如果结合译名主人的身份，可以看到，大陆女性政治人物译名用了 19 个，台湾此类用了 25.44 个；大陆欧美女明星译名用了 39 个，台湾此类用了 52.84 个。这四个数据可以带来以下三点认识：一是就类别来看，明星译名使用了更多的强标记，大陆和台湾都是如此；二是就地域而言，台湾译名使用的强标记数量更多，政治人物译名如此，明星译名更是如此；三是就合并后的数值来看，台湾译名使用的强标记多于大陆译名。其他几组（≥5、≥3、≥1）也是类似的情况，由于台湾译名使用了更多的女性标记，其译名的女性度也就更高。

2. 基于女性化标记使用范围的比较

一般来说，女性度较高的字能较好地"标记"译名的性别特征，不过，两岸译名在这些标记的使用范围上存在一定的差别，台湾译名使用的女性标记比大陆译名范围更广。

为了便于比较，我们按女性度的高低进行分类，将两岸对称翻译的译名中用到的标记一一列出，分五个等级即 X≥8、6≤X<8、4≤X<6、3≤X<4、2≤X<3 来进行比较。在同一等级的译名中，两地译名都使用

过的标记，如"娜、莉、妮"等直接列出，只在一地译名中出现的（如"蓉"等，只在台湾译名中出现，在大陆译名中没有出现）用着重号标示，以示区别，具体数据如表 13 所示：

表 13   两岸女性译名女性化标记使用范围比较

等级 \ 类别	大陆		台湾	
	译名中出现的标记	数量	译名中出现的标记	数量
≥8	娜莉妮	3	娜莉妮	3
6≤X<8	薇莎娅丽	4	蓉薇莎娅丽	5
4≤X<6	珊茜丹素兰菲珍伊曼	9	莲香翠蕊柔兰蜜丹菲琴珍伊曼	13
3≤X<4	雅蕾姬英琼玛琳芙采	9	雅洁蕾盈依姬芳荷英绮琼玛沙露琳芙朵嫚	18
2≤X<3	爱姆麦尼黛碧柳丝美苏赛贝纳咪舒密	16	爱岚雪姆麦尼黛妲碧柳丝美苏赛芮贝纳咪密	19
总计	41		58	

由表 13 我们可以看到，在"≥8"这一等级别中，两地译名所使用的标记大致相同，在其他四个等级里，台湾译名所使用的标记范围都比大陆广。从总体上看，大陆译名中出现而台湾译名中没有出现的标记有"素、珊、茜、采、舒"5 个；台湾出现而大陆没有出现的则有"蓉、莲、香、翠、蕊、柔、蜜、琴、洁、盈、依、芳、荷、绮、沙、露、朵、嫚、岚、雪、妲、芮"22 个。

三 女性译名性别义溢出情况差异的影响因素

一般而言，具有较强女性特征的字，也就是强标记（数值表中排名靠前的那些字）的使用与否，对译名的性别义溢出情况影响较大，人们根据这些常见于女名的字可以推断译名主人的性别，但是事实上，女性译名性别义溢出的影响因素并不仅限于此，一些其他因素也会影响人们对译名的性别判断，其中主要有男性及中性标记的使用、音节长度、女性标记的数量和位置等，以下就此进行初步的讨论。

1. 男性及中性标记字的使用

马玥璐通过问卷调查证明，对人名的性别判断会受"人名中汉字原本的性别化倾向"影响，因为人名中明显的性别化特征已经事先被人们内化成"心向"，人们根据这种"心向"来判断名字的性别可能。① 另外，马文还提到，无明显性别特征的中性词组成的人名更多地倾向于归类为男性特征，而较少归为女性特征。可见，男性及中性标记会对整个译名的女性化判断产生负影响。

当译名中有女性特征字时，男性标记的出现会降低整个译名的女性度。比如，加拿大女星 Elisha Cuthbert，大陆译为"伊丽莎·库斯伯特"，看前一部分，很容易和女性关联起来，但是后一部分"库斯伯特"就会有一些干扰，因为"库、斯、特"都属于中性甚至偏男性的字，而"伯"字更是如此，仅这一个字就使整个译名的女性度降低了 5.269。相比之下，台湾翻译的"艾莉莎库丝柏"女性化程度就高一些。虽然"柏"字也不常用于女名，但比"伯"的女性度要高。这两个名字的女性度也证明了这一点：前者为 6.994，后者是 12.742，后者几乎是前者的 2 倍。在此例中，"库斯伯特"属于姓，而姓一般是中性的，甚至是男性化的，所以潘文国认为女名女译是正常的"义溢出"，而女姓女译则是"翻译过度"。② 台湾有时不受姓氏的影响，甚至把姓也当成名的一部分，由此而"过度翻译"，这样一方面离原名的距离比较大，另一方面与大陆的差异也比较明显。

当译名中没有明显的女性特征字时，男性标记就显得更为突出，整个译名的性别判断趋向于男性，比如冰岛女歌手 Bjork，大陆翻译为"比约克"，这三个字都没有明显的女性特征，因而很难判断为女性，台湾翻译为"碧玉"就有明显的女性特征；再如美国好莱坞女演员 Drew Barrymore，大陆翻译为"德鲁·巴里摩尔"，这六个字几乎都没有女性色彩，整个译名甚至让人感觉有较强的男性色彩，而台湾的译名是"茱儿芭莉摩"，前四个字"茱、儿、芭、莉"都有一定的女性色彩，因此整个译名很容易让人作出女性的性别判断。类似的还有美国女演员 Bridget Fonda，大陆译为"布里奇特·方达"，台湾译为"布丽姬芳达"；菲律宾前女总统 CorazonAquino，大陆译为"科拉松·阿基诺"，台湾译为"柯拉蓉·艾奎诺"等。

2. 音节长度

当译名中女性标记数量一定时，音节越长，译名的女性度就越低，而

---

① 马玥璐：《探讨人名性别化的 Stroop 效应》，《中国市场》2009 年第 26 期。

② 潘文国：《实用命名艺术手册》，华东师范大学出版社 1994 年版，第 590 页。

人们对译名的女性化判断也就越弱。

　　我们以女名常用强标记"莉"为对象,分别考察其在不同音节译名中的情况。当译名中只有"莉"字能凸显女性特征时,译名音节越长,它的女性感受度就越低(见表14):

表14　　　　　　　　　译名音节长度对译名女性度的影响

原　名	译　名	音节长度	女性度
Michelle Bachelet	巴契莉	3	8.254
Lauren Holly	劳伦·霍莉	4	5.942
Ashlee Simpson	阿什莉·辛普森	6	3.001
Yulia Timoshenko	尤莉亚·季莫申科	7	3.416
Nathalie Kosciusko-Morizet	纳塔莉·科希丘什科—莫里泽	11	-2.372

　　当译名音节较少时,"莉"的标记性比较突出,随着音节的增加,"莉"的女性标记性越来越弱,在11个音节的译名"纳塔莉·科希丘什科·莫里泽"中,"莉"几乎被埋没在其他男性及中性特征字当中,整个译名的女性感受度也降到最低。从女性标记来看,如果三个音节里有一个女性标记,那么女性标记的数量在整个音节中所占比例为1/3,而当译名音节增加至11个时,唯一的一个女性标记只占到整个音节长度的1/11,也就是说随着音节的增加,女性标记在译名中的"浓度"从总体上被"稀释"了;而从中性及男性标记的角度来看,这个比例由2/3增加到了10/11。换言之,音节增加后,中性及男性标记的比例也随之增加,而这必然会对整个译名的女性化判断造成干扰。

　　在我们收集到的材料中,译名形式较长(超过10个音节)的,女性度普遍不高(见表15):

表15　　　　　　　　　音节较长的女性译名及其女性度

原　名	译　名	音节长度	译名女性度
Pratibha Devisingh Patil	普拉蒂巴·德维辛格·帕蒂尔	11	-2.786
Madeleine Korbel Albright	马德琳·科贝尔·奥尔布赖特	11	-12.432
Gloria Macapagal Arroyo	格洛丽亚·马卡帕加尔·阿罗约	12	3.937
Patricia Espinosa Cantellano	帕特里夏·埃斯皮诺萨·坎特利亚诺	14	0.618
Cristina Fernandez de Kirchner	克里斯蒂娜·费尔南德斯·德基什内尔	15	-4.318

在这五个译名中，有两个女性度大于 0，但数值并不高，有三个女性度为负数，其中"马德琳·科贝尔·奥尔布赖特"达到 - 12.432，这个译名看上去基本没有女性色彩，一般人会更倾向于判断为男名。

3. 女性标记的数量和位置

一般来说，女性标记数量越多，女性化特征越明显，译名的女性度也就越高。在台湾的译名中，尤其是欧美明星的译名中，这种特征体现得非常明显，许多女明星的译名都包含 3 个甚至更多的女性标记，例如"布丽姬芳达、伊莎贝艾珍妮、芮丝薇丝朋、蕾妮齐薇格、凯萨琳丽塔琼斯"等。

相反地，译名中女性标记数量越少，译名的女性化特征就越不容易体现，译名的女性度也就越低，比如"碧昂斯—碧昂丝"，大陆的译名只有一个标记，台湾则有两个，相比之下，大陆译名的女性度就不及台湾高（前者为 0.966，后者为 2.345）。类似的还有"比约克—碧玉、安吉—安琪、艾佛哈特—艾芙哈特、克里斯蒂娜·里奇—克莉丝汀蕾西"等。

从译名的位置以及读者的心理来说，女性标记出现在前要比出现在后给人的印象更深，这里边或许存在一种"先入为主"的主观判断。例如"丽芙·泰勒、莉苔希娅·考斯特、克莱尔·丹丝、布鲁克雪德丝"这四个译名，都有两个较强的女性标记，只是有的在前，有的在后；有的比较集中，有的位置分散。相比而言，标记出现在前的（前两个），更容易判断女性性别。此外，如果分别比较前两例和后两例，我们发现，集中出现的"丽芙"和"丹丝"要比分散出现的"莉苔希娅"和"雪德丝"女性化心理感受度更高。

四　余论

"语言的共时差异往往反映历时的演变"，[①] 两岸女性译名在性别义溢出上的共时差异大致也包含了历时发展的因素。简言之，台湾译名继承和保留了早期国语的译名特点，而大陆则拉大了与它的距离，从而形成了两岸译名的共时差异。

早期国语中，无论是人名、地名或者其他专名的翻译都有义溢出的习

---

① 戴庆厦、田静：《从共时差异看语言濒危——仙仁土家语个案研究之三》，《中南民族大学学报》2004 年第 2 期。

惯。比如 1940 年傅东华首译《飘》，为 Katie Scarlett "取名为思嘉，小名叫加弟"，陆颖就此说道："毋庸多言，'加弟'符合中国传统习俗，将父亲盼生男孩的期望表达得淋漓尽致。"① 其他人的译名，如"白瑞德、韩白蝶、韩媚兰、汤伯伦、温艾伯"等，从这些译名中，不难看出译者对"人物身份、志向、性格、命运等的考虑"。② 李韧之、沈刚、吴灿中认为这种"民族化"的译名"性别分明"，但是"读者感到很不自然"。③ 由此我们可以看到，早期的译名"中国化"的不仅仅是音节形式，整体内涵甚至性别区分等也都反映着中国人的命名心理。时至今日，台湾依旧保留着这种中国风的译名方式。与台湾不同，大陆对异域文化的差异性给予更多的关注和尊重，所以译名体现出较强的"异域辨识度"，即如岳静、付吟璐指出的，在为外国人名汉译形式选字时，应"尽可能避开汉语人名常用字和常用搭配，选用汉语人名不常用、组合意义不明显的汉字"，④ 这基本反映了我们的译名习惯。

在台湾作家的作品里，女性名字的女性化倾向也往往比大陆突出，比如琼瑶的作品就是如此：

莫雁华、余仲芳、董伊红、姜巧绢、沈淑贞、方依依（《哑妻》）
夏婉君、张玉琴、崔尚琪、李明芳（《婉君》）
章念琦、章念瑜、章念琛、章佩如、叶霜华（《三朵花》）
陆依萍、陆如萍、陆梦萍、方瑜、李可云、傅文佩、王雪琴（《烟雨濛濛》）

这些名字中的"华、芳、红、绢、淑、贞、琴、瑜、萍、雪"等都具有较强的女性特征，读者由名字就能大致推断出小说人物的性别特征甚至性格特征。

此外，在现实生活中的真人真名中，这一点同样也有所反映。我们考

---

① 陆颖：《历史、社会与文化语境中的复译——Gone with the Wind 中译研究（1940—199 年）》，《同济大学学报》2008 年第 4 期。
② 张逵：《英汉文学作品人名的意蕴及翻译》，《山西师大学报》2000 年第 1 期。
③ 李韧之、沈刚、吴灿中：《从译名现状看外国人名翻译的必然趋势》，《中国翻译》1991 年第 6 期。
④ 岳静、付吟璐：《浅析外国人名汉译的规范化问题》，《文学界》（理论版）2012 年第 5 期。

察了台湾一些学校部分班级的学生名单，包括桃园县立经国国民中学2009学年度七年一至十班名单、新竹县自强国中2010学年度新生编班名单以及花商2009年编班名单等。我们以一个班级为例，该班共有女生17人，即（此处隐去姓氏）：

钰婷、乃慧、雯琪、倬慧、书萍、怡静、芷婷、采轩、芷琳、湘庭、歆容、琇珊、宇薇、贞邑、子瑭、思懿、立廉

为了和上述台湾班级的名字稍作比较，我们从大陆玉山县某中心小学2007—2008学年度新生花名册中，按照学号顺序从前往后抽取17名女生，他们的名字是：

梦露、海燕、晨、小玉、佳欣、佳、龙艳、芳燕、江玉、艳芳、明新、薇薇、金燕、苗苗、哲、萍、明羽

我们分别计算了每一个名字的女性度，最后将两组名字的女性度求和进行比较，台湾17个女名的女性度之和是70.807，大陆是47.907，前者是后者的1.478倍。

吴礼权认为，两岸译名差异不仅仅是文字的问题，更是两地中国人不同语言心理的折射，反映出海峡两岸中国人在对待外来文化和传统文化上的微妙心理差异，台湾翻译外国人名注重姓氏化、在译字的选择上更多地体现了中国传统文化"以我为中心""万物皆备于我"的心态；而大陆的外国人名译字则表现出"一种开放多元的文化心态"，中国传统文化的烙印渐趋淡化。这种对比在"雀儿喜、白芙倩"一类译名上表现得最为明显。①

此外，有人认为受众的欣赏趣味也会对人名翻译产生一定的影响，杨晓荣曾以《飘》为例说，20世纪90年代的两个版本（上海译文出版社1990年版，外国文学出版社1990年版）都不约而同地放弃了"郝思嘉、白瑞德"的译法，部分原因就在于"社会发展了，读者的欣赏趣味不同了，翻译标准也要随之变化"。②

---

①　吴礼权：《从海峡两岸对西方人名翻译的修辞行为看中国传统文化心理在两岸存续的现状》，载《两岸四地现代汉语对比研究新收获》，语文出版社2013年版。

②　杨晓荣：《翻译批评导论》，中国对外翻译出版公司2005年版，第197页。

海峡两岸民族共同语不仅只有差异，还有在差异基础上的融合。十多年前，我们曾经指出，两岸共同语某种程度的融合，主要是通过大陆向台湾靠拢而实现的，① 但十多年后的今天，情况已经明显改变，即由单向吸收和引进转变为真正的双向互动、彼此吸收（见本书第五章），而这一现实在女性译名中同样也有表现。就本文的考察对象而言，在我们收集的 87 位女性政治人物的译名中，两岸译名大致相同的有 23 人；113 位欧美明星译名中，有 12 人译名完全相同，还有部分译名只在个别译字上稍有不同。比如，国际货币基金组织（IMF）总裁 Christine Lagarde，两地都翻译成"拉加德"；爱尔兰女总统 Mary Mcaleese，两地都译为"麦卡利斯"；新西兰前女总理、联合国开发计划署署长 Helen Clark，两地均译为"克拉克"；美国食品药品管理局（FDA）局长 Margaret Hamburg，两地都有"汉伯"的译名形式。需要说明的是，因为大陆的译名相对统一，台湾的译名比较复杂，所以这种对应关系主要是台湾的某一个译名形式和大陆译名基本相同。

这种双向互动式的融合一方面得益于近年来大陆经济的繁荣与发展、国际地位的不断提高，以及两岸交往与交流的持续升温，另一方面也与互联网的普及与日渐放开有直接关系。就后者来说，我们可以见到大陆主流媒体经常转载台湾网站的新闻，同时也能看到台湾网站直接转载或引用大陆媒体的稿件。可以说，两岸已经初步搭建起语言相互交流和影响的平台，而这无疑会大大促进两地语言进一步的趋同与融合。

就两岸共同语对比研究来说，国语与普通话本来就同宗同源，再加上正处于不断由差异趋向融合的过程中，因此实际的情况是，就绝大多数语言现象的差异而言，都不是有无之异，而是多少之别，或者说是只有倾向性而没有本质性的差异。所以，我们在研究中，除了必要的定性分析外，应该更多地借重定量的分析。在以往的研究中，所谓定量分析，多是在相对封闭的语料中对某一或某些项目的使用数量和频率等进行简单的统计、对比和说明，不但范围有限，经常也难以深入。为了改变这一现状，我们尝试使用数学计算的方法进行与以往不同的数据提取、处理和分析，这或许可以为今后的研究开辟一条新的路径。

---

① 刁晏斌：《差异与融合——海峡两岸语言应用对比》，江西教育出版社 2000 年版。